Collection **marabout service**

D1148891

Afin de vous informer de toutes ses publications, **marabout** édite des catalogues et prospectus où sont annoncés, régulièrement, les nombreux ouvrages qui vous intéressent. Pour les obtenir gracieusement, il suffit de nous envoyer votre carte de visite ou simple carte postale mentionnant vos nom et adresse, aux Nouvelles Editions Marabout, 65, rue de Limbourg, B-4800 Verviers (Belgique).

En 1966, l'Office international de la vigne et du vin décernait le prix de la classe « Littérature, histoire et philosophie » à l'*Encyclopedia of Wine* de M. F. Schoonmaker.

Le Jury général avait estimé que cet ouvrage offrait une documentation riche et toujours exacte, et exprimait des opinions parfaitement impartiales, qualités précieuses pour un livre destiné plus à un public instruit qu'à des spécialistes de la question.

On pouvait regretter cependant que le texte, à portée mondiale, fût seulement anglais, ce qui en ôtait le bénéfice à de nombreux lecteurs.

Cet inconvénient a maintenant disparu, puisque voici l'édition française qui, avec la traduction en d'autres langues encore, accroîtra la portée de ce très intéressant dictionnaire.

L'O.I.V., dont l'un des soucis est de mieux faire connaître le vin, de montrer qu'en plus des agréments de son usage, il constitue un immense centre d'intérêt intellectuel et artistique, ne peut qu'apprécier la contribution apportée à cette tâche par cette nouvelle encyclopédie.

R. PROTIN
Directeur de l'Office
international de la Vigne
et du Vin

FRANK SCHOONMAKER
Christian R. Saint Roche

Le guide marabout des

Vins de France

et du monde entier

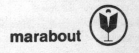

marabout

Titre original : *Encyclopedia of Wine.*

L'auteur a revu et complété le texte français de cet ouvrage,
traduit et adapté par
Alain Frénois, Luce Wilquin et Marc Baudoux,
d'après la troisième édition révisée,
publiée en 1968 par Hastings House, à New-York.

A paru précédemment aux éditions marabout sous le titre *le livre
d'or du vin.*

L'édition originale de cet ouvrage, *Encyclopedia of Wine,* a obtenu
en 1965 le Grand Prix de l'Académie du Vin de France.

Le chapitre introductif « La qualité des vins » et la remise à
jour complète du dictionnaire ont été réalisés en 1981 par
Christian R. Saint Roche, journaliste œnanthologue et
diplômé de viticulture et d'œnologie.

Toute reproduction d'un extrait quelconque de ce livre par quelque procédé que ce soit,
et notamment par photocopie ou microfilm est interdite sans autorisation écrite de
l'éditeur.

Les collections **marabout** sont éditées par la S.A. Les Nouvelles Éditions Marabout, 65,
rue de Limbourg, B-4800 Verviers (Belgique). — Le label **marabout**, les titres des
collections et la présentation des volumes sont déposés conformément à la loi. —
Distributeurs en **France** : HACHETTE s.a., Avenue Gutenberg. Z.A. de Coignières-
Maurepas, 78310 Maurepas, B.P. 154 — pour le **Canada** et les **États-Unis** : A.D.P. Inc.
955, rue Amherst, Montréal 132, P.Q. Canada — en **Suisse** : Office du Livre, 101, route
de Villars, 1701 Fribourg.

Sommaire

La qualité des vins

La vigne représente une entité économique, technique, législative et commerciale qui permet de faire vivre une collectivité importante d'hommes et de femmes.

Outre cet aspect humain, il en est un autre culturel qui, à un certain niveau, confine à l'art spirituel. Le vin (les vins devrait-on dire), intéresse les individus qui le consomment, par le plaisir qu'il suscite. Les sens du plaisir chez l'homme s'éveillent avant, pendant et après la dégustation ou la consommation du vin. Ce qui conduit au plaisir suprême qui mêle agréablement l'intelligence, la mémoire, l'excitation des sens ; la synthèse de ces facultés forme ce plaisir avoué et divin que peu de produits terrestres sont capables de dispenser.

La conception même de cet ouvrage nous oblige à apporter quelques enseignements préliminaires, indispensables à la connaissance générale de la vigne et du vin.

FACTEURS DÉTERMINANTS DE LA CULTURE DE LA VIGNE

Cycle végétatif

Nous considérons uniquement le cycle végétatif des vignes cultivées sous nos climats tempérés européens.

Après la vendange, la vigne va commencer sa période latente. La taille d'automne ou d'hiver mutilera ses sarments pour la conserver productive et pour lui assurer sa longévité. Le réveil printanier se manifestera par l'apparition des *pleurs*. La sève remonte et transpirera par les plaies de la taille. Les bourgeons vont commencer à gonfler puis à éclater. La bourre protectrice laissera le passage aux pousses vertes en embryon. C'est le *débourrement* ou *bourgeonnement*. Quinze jours après, les petites feuilles apparaissent, c'est la *feuillaison*. Les premières grappes à l'état végétatif grossiront pour montrer leurs boutons floraux qui s'organiseront en fleurs bien distinctes de la grosseur d'une tête d'épingle. Les fleurs hermaphrodites (portant un ovaire à deux loges et un cycle d'étamines autour, protégé par une corolle formée de cinq pétales qui se sépareront après fécondation). C'est le stade de la *floraison*. La fécondation conduira les grains à se gonfler, à s'arrondir, à grossir. C'est la *nouaison* du fruit. Une fécondation compromise peut amener à la *coulure* ou *millerandage*. Le grain de raisin noué est vert, (riche en chlorophylle) et continue à grossir jusqu'à son volume définitif. La maturation va commencer. Le grain rosit. C'est la *véraison*. Puis la *maturation proprement dite*. Le grain s'enrichit en sucres, la proportion d'acides organiques diminue, puis le rapport sucre/acide se stabilisera. On vendangera avant la *surmaturation* ou *passerillage*. Après la vendange, les sarments verts vont mûrir, ils se lignifient. C'est l'*aoûtement*. Puis la chute des feuilles ou *défeuillaison*, qui se produit lorsque les réserves émigrent vers les racines pour revenir à la période latente. C'est la nouvelle phase du repos végétatif.

Composition du raisin.

Il se compose de : la rafle et des grains (baies) ; les grains sont constitués par la pellicule (peau), les pépins (graines, la pulpe (chair).

La rafle

C'est la partie ligneuse supportant les fruits. Elle représente 4 à 6 % du poids de la grappe.

Elle contient des traces de sucre et d'acides organiques. La tanin constitue l'élément le plus important qui jouera le rôle essentiel dans le vin. Le tanin a une saveur astringente. Il appartient aux polyphénols, constituants complexes du vin. Ils entrent à 33,5 %, tandis que l'eau représente environ 80 % de la rafle. Il faut noter aussi la présence de 3 à 4 % de matières minérales.

Le grain

La **pellicule** ne représente que 6 à 8 % du poids de la grappe. Elle possède un vernis extérieur fait de cuticule qui supporte une cire, ou pruine dont le rôle est de retenir des micro-organismes dont les levures. Ensuite, l'épiderme et l'hypoderme qui renferment les matières colorantes et aromatiques. Ces granulations de matière colorante portent le nom d'anthocyanes pour les pigments rouges des cépages rouges et de flavones, pigments jaunes, pour les cépages blancs.

La **pulpe** est volumineuse et donne le moût, après pressurage ou pendant la cuvaison. Ses cellules aux vacuoles géantes contiennent une solution aqueuse qui porte les sucres, les acides et d'autres substances essentielles (matières azotées et pectiques, matières minérales...).

— les *sucres* sont constitués de glucose et de fructose. Ils entrent pour une quantité variant avec le cépage, la maturité, les événements météorologiques, le sol et surtout le terroir ou la région viticole. Peuvent atteindre entre 150 g à 300 g par litre. A savoir que pendant la fermentation, 17 à 18 g donnent 1° d'alcool ;

— les *acides organiques* jouent un rôle essentiel dans le moût d'abord, puis dans le vin. Leur teneur varie de 2 à 12 g par litre et varie selon les facteurs identiques vus précédemment. Les principaux sont : l'acide tartrique, l'acide malique, l'acide citrique et autre en plus faible dose ;

— les *matières minérales* ou sels minéraux représentent entre 2 et 4 g/l de moût. Les principaux : les sulfates, les chlorures, les phosphates, puis le calcium, le magnésium, le fer, le potassium... ;

— les *matières azotées* (environ 1 g/litre) se trouvent sous forme ammoniacale (acides aminés et azote ammoniacal sont les aliments des levures) ;

— les *matières pectiques* (polyholosides qui contribuent à la qualité du vin) ;

— les *vitamines* : surtout la vitamine C et du groupe B que l'on retrouve dans le vin fait.

Les **pépins** (environ 3-4 % du poids de la grappe). Trois à quatre par baie. L'absence de pépins s'appelle : apyrénie. Contiennent du tanin et autres polyphénols. Mais aussi de l'huile.

Variation de la composition : la maturation

La maturation perturbera cette composition pour déterminer la qualité de l'ensemble, puis du produit fini : le vin. La valeur de cette qualité (raisin-produit fini) dépend en partie des éléments naturels (sols, micro-climat, porte-greffe, cépage, maladies, accidents...) sur lesquels l'homme n'a que peu d'action, sinon un choix restreint. Par contre, il peut intervenir sur la date de vendange, sur la vinification, la conservation, la mise en bouteille, le vieillissement...

Le **sol**, support de la plante, garde-manger indiscutable, joue un rôle de premier plan quant à son origine ainsi que le sous-sol, bien entendu. Les cépages ne se plaisent pas dans tous les sols, indifféremment. Chacun s'épanouit dans un type de sol bien défini.

L'**exposition** des vignobles compte énormément. Une excellente exposition par rapport au soleil, aux vents dominants, aux courants naturels des intempéries... créera ou non un facteur favorable.

Le **climat** et mieux, le **micro-climat** entreront, pour une bonne part, dans la personnalité du vin. C'est ce qui deviendra le millésime.

Le **porte-greffe et le cépage** feront l'objet d'un choix minutieux pour en obtenir le meilleur rendement et une excellente et durable qualité.

Les **façons culturales** et le **mode de conduite** peuvent modifier la qualité du raisin, lui permettre une bonne maturation ou non. Le choix de la taille est important comme les opérations qui s'effectuent toute l'année (palissage, labours, traitement...) La densité de plantation joue aussi un rôle.

Le viticulteur peut influencer certains facteurs, donc opérer un choix selon ses désirs sur la **date de vendange**.

La maturation

Ceci nous amène à expliquer les modifications qui se produisent dans le grain de raisin.

Celui-ci passe d'abord par une phase dite de *croissance herbacée*. Les parties sont vertes, les sucres vont commencer à émigrer tout doucement, tandis que les acides sont à leur maximum. Au stade optimum de la croissance de la vigne (correspondant à la véraison), l'évolution s'accélère. Advient l'arrêt de croissance où apparaît un équilibre hormonal entre les matières de croissance et celles de maturation. Les baies vont commencer à changer de couleur, devenir translucides (cépages blancs) ou colorées (cépages rouges). Les sucres s'accumulent (passant de 5 g/l à 80 et même 100 g/l).

L'acidité baisse parallèlement.

La maturation s'amorce. La baie grossit (s'enrichit en eau de constitution), prend de 15 à 20 g de sucre par semaine tout en perdant de l'acidité.

La *surmaturation* se caractérise par une dessiccation de la baie, une concentration du jus, une nouvelle augmentation des sucres et une perte (puis stabilisation) de l'acidité.

La détermination de la maturité est établie grâce à certains indices, scientifiquement détectables. On sait que le rapport poids du sucre/poids du grain est une constante du cépage. L'indice de maturation (sucre/acidité) donne chaque jour une idée précise de l'évolution des sucres et de la diminution de l'acidité. Un tableau des résultats permettra de voir le meilleur rapport, celui de la maturité dite industrielle. Le vigneron peut vendanger, mais il devra parallèlement, tenir compte de l'état sanitaire du raisin et du temps.

Facteur climatique : influence sur la vendange

Vendange manquant de maturité

Le climat et les conditions climatiques ne sont pas toujours favorables à la maturité ni à son évolution normale. Période froide, humide, peu ensoleillée... peuvent conduire l'état sanitaire sans grand dommage, mais avec une maturité qui a mal évolué. Cela aboutit généralement à une faible teneur en sucre et à une acidité assez élevée, par rapport à la normale.

Le rôle du vinificateur et de l'œnologue sera de remédier à ce manquement de la nature. Il devra augmenter la richesse du sucre (par chaptalisation : adjonction de sucre de betterave ou de moût concentré selon les termes de la loi). Il peut aussi rétablir l'équilibre (s'il est trop défavorable) en désacidifiant (opération également réglementée).

La *quantité de sucre* à ajouter dépend, bien sûr, de la différence de la quantité alcoométrique qui manque pour parvenir à la quantité alcoométrique minimale nécessaire pour obtenir l'appellation. Sachant que 17 g de sucre augmente le titre alcoométrique de 1 degré pour un litre de vin (soit 1,7 kg pour un hl de moût). Si on doit augmenter son moût de 3 degrés, il suffira (théoriquement, car dans la fermentation alcoolique on a toujours une déperdition d'alcool) d'ajouter : 1,7 kg x 3 soit pour 1 hl = 5,1 kg de sucre. Cette quantité sera, pratiquement supérieure pour les raisons expliquées. La loi sur la chaptalisation précise ces quantités, mais aussi la quantité maximum à l'hectare.

La *désacidification* des moûts ne doit en rien rompre l'équilibre des constantes chimiques de la baie et du moût. La loi n'autorise cette désacidification qu'à titre exceptionnel sur décret du Ministère de l'Agriculture (comme la chaptalisation). On utilise le tartrate neutre de potassium, le carbonate de calcium et le bicarbonate de potassium. Ces corps agissent sur l'acide tartrique et le bitartrate et provoquent une précipitation de bitartrate ou de tartrate neutre de calcium suivant le produit utilisé. L'acide malique ne sera pas atteint immédiatement. Seule la fermentation malo-lactique le dégradera. C'est une opération difficile qui doit être effectuée avec prudence et en tenant compte de la fermentation malo-lactique qui permet une baisse sensible de l'acidité.

Quel que soit l'état de la vendange on recherchera tous les ans cette fermentation qui, en fait, est une désacidification biologique, obtenue selon la réaction :

$$\text{Acide malique}$$
$$COH - CH_2 - CHOH - COOH \rightarrow \text{Fermentation}$$

Vin dur, un peu trop vert, âpre pointu...

$$\text{Fermentation} \rightarrow \text{Acide lactique}$$
$$CH_3 - CHOH - COOH + CO2$$

Vin obtenu plus souple, plus rond, plus agréable.

Vendange manquant d'acidité

Le micro-climat joue, là aussi, un rôle néfaste. La richesse en sucre est satisfaisante mais pas la teneur en acides. Au-dessous de 3 - 4 g d'acidité, le vin fait manquera de fraîcheur. A la dégustation on remarquera le déséquilibre et le manque d'harmonie. Cela peut compromettre la conservation du vin qui risquera de s'altérer. Pour corriger la nature, on aura recours à l'acidification. Seul l'emploi d'acide tartrique est autorisé (à condition de ne pas dépasser 1,5 g d'acidité exprimée en acide tartrique, par litre). Théoriquement, 1,53 g d'acide tartrique ajouté au moût permet d'augmenter l'acidité de 1 g (exprimé en acide sulfurique) par litre.

Vendanges altérées

Les vendanges, enfin, peuvent être altérées à la suite de différentes causes et pas seulement à la suite d'intempéries. Bien sûr, les pluies, la grêle, le vent sont autant de causes directes mais aussi indirectes puisqu'elles favorisent l'apparition de champignons (cochylis, eudémis...). Il en résulte une diminution du jus et une augmentation des matières solides, un état sanitaire inquiétant donc une vinification difficile.

VINIFICATIONS

Transformation de la matière première

Différentes phases communes aux vinifications.

Le foulage est une opération qui permet de faire éclater les baies sans abîmer les rafles ni les pépins. Il en résulte une homogénisation du moût, une meilleure dispersion des levures, une aération pour aider le départ de la fermentation...

L'égrappage appelé aussi l'éraflage permet de séparer la rafle de la vendange (moût, pépins, pellicules...). Peut se faire pendant ou après le foulage. Actuellement des fouloirs-égrappoirs assurent les deux opérations en une seule phase. Il est indispensable pour obtenir des vins plus souples, moins taniques, plus colorés.

Le pressurage permet l'extraction du jus ou moût mêlé aux parties solides de la vendange, qui une fois compressées et séchées deviennent le marc de raisin.

On presse la vendange déjà fermentée (vinification en rouge) mais on presse avant la fermentation pour les blancs et rosés.

Le sulfitage consiste à mettre de l'anhydride sulfureux dans le moût pour assurer une bonne vinification, maintenir un milieu microbien assaini et préparer la conservation du vin. L'anhydride sulfureux est représenté par sa formule chimique SO_2. Celui-ci favorise aussi la clarification des moûts, retarde toute oxydation et acidifie légèrement le moût.

Le levurage est en principe naturel puisque le moût fermente à partir des levures contenues sur la pellicule du raisin. Mais on pratique le levurage (on ajoute des levures sélectionnées en pleine activité) pour démarrer plus vite la fermentation, pour augmenter le degré alcoolique (ces levures sélectionnées pour produire la même quantité d'alcool que les autres, absorbent moins de sucre), et assurer une transformation totale des sucres. Ces levures sélectionnées sont indispensables dans les vendanges altérées ; elles résistent mieux au SO_2.

Surveillance des fermentations : cette phase essentielle de la vinification est le rouage principal, la clef miraculeuse pour élaborer de bons vins. La fermentation est l'acte par lequel la matière première (moût) se transformera en vin. D'où une surveillance et un contrôle permanents pour qu'elle s'effectue dans les meilleures conditions.

La fermentation

Que se passe-t-il pendant la fermentation ? Un bouillonnement apparaît puis les matières solides remontent poussées par le gaz carbonique en formant de gros bouillons. Il se forme un chapeau. La température augmente, la densité diminue, le goût se métamorphose et passe de sucré à alcoolisé.

L'augmentation de température est due à l'élaboration de l'alcool par les levures à partir du sucre. La transformation dégage de l'énergie. Autrement dit des calories. Une molécule de glucose dégage 33 calories. Ceci est théorique puisqu'en réalité, les levures absorbent une partie de ces calories et, en plus, il y a une certaine déperdition de chaleur. On sera plus près de la vérité en disant que 180 g de glucose donnent 24 calories.

On surveille donc la température qui ne doit pas être trop élevée. Sinon on s'expose à une diminution de la richesse et de la finesse des arômes, à une altération de la couleur, au final à un vin qui aura moins de personnalité, moins d'élégance. Tous les vins ne peuvent fermenter à des températures identiques. Les blancs doivent être maintenus à 17 (minimum) - 22 degrés centigrades (maximum), les rouges entre 25 et 30 degrés, les liquoreux entre 18 et 22 degrés... Pour maintenir cette température de fermentation, on utilise plusieurs procédés. On réfrigère, bien entendu les cuves, avec un serpentin plongé dans le moût, dans lequel circule une saumure réfrigérée, on arrose la cuve en inox, on emploie des cuves à double parois...

La densité du moût diminue puisque le sucre se transforme en alcool. Elle approche de la densité de l'eau puis descend à 0,995 environ qui sera la densité définitive du vin fait.

La température ne doit pas baisser, ce qui aurait pour effet d'arrêter la fermentation. Dans ce cas, on chauffe la cave ou le chai pour maintenir la température ambiante à 20-25° environ. Le moût doit avoir une température d'environ 17 à 18°C., pour assurer aux levures un milieu favorable à leur action.

Responsables de la transformation du moût : ce sont les levures. Leur corps unicellulaire, de petite taille, microscopique ne peut être décelé que par l'intermédiaire d'un microscope. Ce fut Pasteur qui les découvrit pour aboutir à une série de travaux sur la fermentation alcoolique.

Ces levures appartiennent à la famille des Ascomycètes. On les retrouve dans d'autres fermentations (dans la pâte de pain, dans le Roquefort...) mais certaines sont aussi néfastes et responsables de fermentations que l'on peut qualifier de dangereuses pour l'homme dans l'alimentation (fermentations anaérobies provoquant putréfaction, moisissures...).

Les levures se trouvent dans la pruine (matière cireuse) sur la peau du raisin. On en élève en laboratoire pour les sélectionner et les rendre plus alcoogènes. Elles se reproduisent très vite par bourgeonnement, par scissions ou par ascospores (reproduction sexuée).

Elles transforment les sucres (glucoses, fructose, lévulose...) en alcool. Certaines absorberont 17 g de sucre pour donner 1° d'alcool. D'autres 20 ou 22 g pour 1° d'alcool. Les premières sont donc plus rentables que les secondes. D'où l'idée de sélectionner en laboratoire pour obtenir des levures moins exigeantes dans l'absorption de sucre.

Donc plusieurs espèces de levures. L'une des meilleures est la levure elliptique (saccharomyces ellipsoideus), S. oviformis, la levure apiculée (kloeckera apiculata), une Torula (Torulopsisis bacillaris). En réalité, plusieurs espèces de levures jouent un rôle dans la fermentation et pas uniquement une seule espèce. Certaines provoquent la fermentation (la levure apiculée), d'autres la continuent (S. ellipsoideus), enfin certaines la terminent (S.

oviformis).

Pour travailler (transformer le sucre en alcool), les levures ont besoin de s'alimenter. Pour cela, elles puisent dans le moût l'essentiel de leur nourriture, puisqu'elles ne peuvent, contrairement aux végétaux supérieurs, synthétiser elles-mêmes les glucides, les lipides ni les protides, à partir du carbone, de l'azote, de l'hydrogène, et de l'oxygène. Quant à leur travail proprement dit (la transformation) il est le résultat de l'action conjuguée de diastases qui, comme dans toute cellule vivante, existent dans la levure et permettent de réaliser ces transformations. Il s'agit notamment de la *déshydrase*, enzyme qui permet d'absorber l'hydrogène et d'aboutir à l'alcool éthylique (à partir de l'acétaldéhyde) et de la *carboxylase* qui permet la création d'acétaldéhyde et de gaz carbonique.

La fermentation alcoolique : depuis 1789, on connaît le phénomène de la fermentation alcoolique grâce à Lavoisier. Mais les levures ne furent découvertes que par Pasteur en 1860. Entre les deux, Gay Lussac établit l'équation chimique :

$$C_6H_{12}O_6 \quad \rightarrow \quad 2CH_3CH_2OH \quad + \quad 2\,CO_2$$

glucose   alcool   gaz carbonique
                             éthylique

Pasteur éclaira le monde par sa découverte fondamentale et lui apprit aussi que le résultat de la fermentation n'était pas uniquement l'alcool et le CO_2, mais aussi de la glycérine, de l'acide succinique et de la matière sèche.

Autres fermentations : Pendant la fermentation alcoolique nous savons actuellement qu'il se produit une autre fermentation : la *fermentation aromatique*. Les arômes pré-fermentaires contenus dans le raisin subissent des transformations qui aboutissent (après la fermentation alcoolique) à d'autres arômes post-fermentaires plus complexes, plus diversifiés et plus subtils. Ce phénomène est donc le résultat d'une série d'actions dirigées par des diastases et favorisées par la fermentation alcoolique.

Une autre fermentation, appelée *malo-lactique* a lieu après la fermentation alcoolique. Elle transforme le biacide malique en mono-acide lactique, avec dégagement de gaz carbonique. Ceci conduit à rendre le vin plus souple, donc moins dur, moins vert. Actuellement, cette fermentation est même recherchée pour assouplir certains vins. Quelques types de vins, par contre, ne doivent pas subir cette fermentation, au risque de se piquer (piqûre lactique) ou de perdre leur fraîcheur. C'est le cas des vins doux et de certains blancs secs ou champagnisés. La fermentation malo-lactique est une fermentation de finissage et presque d'affinage du vin. Elle le stabilise biologiquement.

Vinification en rouge

Outre le foulage, l'égrappage ou éraflage, le sulfitage, le levurage, voici quelques opérations spécifiques à la vinification en rouge :

Cuvaison ou cuvage : matières solides et moût vont fermenter ensemble dans une cuve. Il se produira une macération d'où un enrichissement du moût en tanin, matières colorantes, matières aromatiques, matières azotées, matières minérales... On obtiendra un maximum de couleur au bout de 6 - 8 jours de cuvaison. A 1 - 2 jours on obtient des rosés colorés et au-delà de 8 jours on perd un peu de couleur (dissolution des matières colorantes dans les parties solides).

Décuvage et pressurage : après fermentation totale (en vinification en rouge la législation française interdit la moindre quantité de sucre résiduel) on égouttera le moût devenu vin. C'est un *vin de goutte*. On pratique une saignée au bas de la cuve qui se videra lentement. Resteront à l'intérieur les marcs ou parties solides encore imprégnées de vin. Le pressurage permettra de tirer le *vin de presse*.

On sépare le vin de goutte du vin de presse, mais si celui-ci, est d'excellente qualité, ils seront mélangés après que ce dernier soit passé par diverses opérations de clarification, de centrifugation, de filtrage, de collage... C'est l'exception dans les vignobles de qualité. On préfère les séparer bien qu'on cherchera, aujourd'hui, à rendre les vins de presse d'une qualité intéressante grâce aux moyens techniques modernes.

Fermentation malo-lactique : elle sera nécessaire et même indispensable. Autrefois, elle s'effectuait vers les premiers jours du printemps car le maximum de conditions était réuni à ce moment-là. A présent on a intérêt à la réaliser juste après la fermentation alcoolique ce qui assure une stabilité biologique pour la bonne conservation du produit.

Vinifications modernes en rouge

Thermovinification : on extrait la matière colorante du raisin en chauffant la vendange (environ 70°C) pendant quelques minutes. On la presse ensuite pour obtenir un jus à température normale. Cette méthode peut s'employer surtout pour les vendanges altérées. Bien qu'elle représente des avantages, n'est plus tout à fait naturelle (morts des levures, destruction des enzymes naturels...).On mélange ensuite jus et matière colorante, bien entendu.

Macération carbonique : elle consiste à placer des raisins entiers dans une cuve, dans une atmosphère de gaz carbonique. Il se produit trois formes de transformation :
a - le jus qui s'écoule fermente sous l'action des levures ;
b - les raisins avec les grains entiers fermentent par macération et il se crée des échanges (aromatiques et colorants) intracellulaires à l'abri de l'air donc sans oxydation ;
c - le gaz carbonique favorise des réactions enzymatiques et intracellulaires qui permettent d'augmenter la teneur alcoolique (+ 1,5 à 2° d'alcool), dégradation immédiate d'une partie de l'acide malique sans formation d'acide lactique, le pH sera plus élevé, enfin passage des tanins, des matières colorantes, minérales, azotées... sans difficulté, mais à des vitesses moins brutales.

Cette vinification s'est fortement généralisée dans de nombreuses régions viticoles. Elle ne convient pas à toutes sortes de types de vin, bien sûr, donc rejetée dans certaines autres régions où une vinification plus simple et traditionnelle se prête mieux à leur typicité.

La macération carbonique donne des vins plus souples, plus aromatisés, plus ronds, agréables, moins acides mais frais.

Vinification en blanc et rosé

Elle n'a rien à voir avec la vinification en rouge dans la mesure où on élimine les matières solides immédiatement avant fermentation. Donc on effectue l'opération du pressurage juste à l'arrivée de la vendange dans le chai ou la cave. Pas ou peu de coloration, richesse en tanin très faible, matières échangées en petites quantités... puisque peu ou pas de macération. Ce qui conduit à la possibilité d'élaborer des vins blancs à partir de raisins noirs (ex : Pinot noir en Champagne).

Les vins blancs peuvent fermenter totalement et on obtient alors des vins secs. Ils fermenteront en partie et le vin sera demi-doux ou liquoreux selon la quantité de sucre résiduel (moins de 5 - 8 g/l = sec ; 8 à 20 g/l = demi-doux ; 20 à 30 g/l = doux ; + de 30 g = liquoreux).

Les vins jaunes sont issus de vendanges cueillies tardivement, la fermentation se fait lentement pendant de longues années avec formation d'un voile sur le vin.

Les vins rosés sont vinifiés à partir de cépages rouges mais obtenus par le procédé de vinification en blanc. Ce qui permet d'obtenir des vins de coloration différente selon les cépages utilisés et la faible durée de macération. Les vins gris obtenus à partir de cépages gris ou d'un pressurage immédiat d'un cépage rouge à jus blanc. Les vins rosés (corail, saumon...) d'un pressurage d'un cépage rouge. Les clairets, les vins de café et les rosés d'une nuit ont macéré de 12 à 24 heures avant le pressurage.

Cette vinification réclame une non-oxydation de la matière première, condition sine qua non pour obtenir un vin de qualité.

Entre le pressurage (et égouttage) et la mise en cuve, on procède à un débourbage. On supprime le maximum de particules (bourbes) en suspension, formées par : débris de rafles, pellicules, substances pectiques... Ce sont des impuretés que l'on peut éliminer par le froid, par un dosage d'anhydride sulfureux, par centrifugation...

Les vins blancs seront collés. On utilise en général la bentonite qui élimine surtout les matières protéiques, ce qui assure une limpidité parfaite.

La fermentation de ces moûts est plus délicate que celle des rouges. Eviter les températures élevées, l'oxydation... Elle devra se faire lentement... puis, le soutirage à la fin de la fermentation s'effectuera à l'abri de l'air. La fermentation des blancs se réalisera à une température d'environ 18 à 22°.

La thermorégulation permet de maintenir ces températures grâce aux procédés et matériels modernes de refroidissement.

Vinification en mousseux

La particularité de cette vinification réside dans le fait qu'elle conduit à l'obtention de vins non tranquilles, mais de vins mousseux ou pétillants. Une seconde fermentation produira du gaz carbonique qui formera une pression offrant ainsi de la mousse emprisonnée dans un récipient bouché. Ce type de vin particulier donne des vins de qualité appréciés par un large public.

Plusieurs méthodes peuvent aboutir à ce type de vin :

Méthode rurale dite aussi traditionnelle : utilisée encore pour élaborer la Blanquette de Limoux, la Clairette de Die ou les mousseux de Gaillac. On met en bouteille un vin dont la fermentation principale ne s'est pas faite totalement. Il reste encore du sucre non fermenté, mais qui fermentera en bouteille.

Méthode champenoise : c'est la méthode utilisée en Champagne et aujourd'hui elle s'est propagée dans de nombreuses régions viticoles pour obtenir des mousseux de qualité.

La méthode champenoise se réalise en deux temps. D'abord les raisins sont triés pour éliminer les grains défectueux. On presse la vendange en plusieurs phases. Les pressoirs reçoivent en Champagne 4.000 kg de raisins. Les 3 premières serres donneront *la cuvée*. Ces trois serres mélangées (certaines maisons mettent la cuvée à part) rempliront 10 pièces contenant chacune 205 litres, soit 2.050 litres (20 hl 50). La 4ème et 5ème serres après taillage du marc donnent 3 pièces de 205 litres, soit 615 l (6 hl 15). Donc 4.000 kg de raisins auront donné au total 26 hl 65 de vin, dont 20 hl 50 de cuvée. Le marc restant représente la *rebêche* et sera soumis à un pressurage qui fournira un vin de médiocre qualité utilisé pour la consommation des ouvriers du domaine.

Le moût obtenu (la cuvée) fermentera et donnera un vin dont la teneur alcoolique sera d'environ 10 - 11°. La fermentation terminée on soutire, on colle et on essaiera, en laboratoire ou salle de dégustation, de préparer des échantillons d'assemblage de cuvées. On assemblera des vins de provenances différentes, des vins de l'année avec des vins vieux… Lorsqu'on aura trouvé le type que l'on désire on assemblera ces mêmes vins dans les cuves à grandes échelle.

La deuxième phase commence. Mise en bouteille en ajoutant une liqueur de tirage (solution sucrée + levures sélectionnées) qui fera démarrer la deuxième fermentation. La pression obtenue sera de 5 à 6 atmosphères à l'intérieur de la bouteille. Cette fermentation porte le nom de prise de mousse. Elle s'effectuera sur lattes (bouteilles horizontales) à 15 - 16° C, donc lentement, pendant 2 à 3 mois. Les bouteilles seront ensuite placées sur pupitre pour être remuées (remuage manuel). Cette opération consiste à faire tourner les bouteilles chaque jour en les inclinant un peu plus afin de faire descendre la lie sur la capsule.

On dégorgera ensuite ces bouteilles pour éliminer ce dépôt, en utilisant la pression de CO_2 de la bouteille. Autrefois elle se faisait à la volée ; aujourd'hui on glace (-12 à -14°C) le goulot de la bouteille en le plongeant dans une saumure pendant quelques minutes. Le bouchon de glace emprisonne ainsi le dépôt qui sera éliminé en décapsulant la bouteille.

On remplira les bouteilles dégorgées avec une liqueur d'expédition (vins vieux + sucre à doses variables selon que l'on veuille obtenir du brut, du demi-sec ou du doux). Bouchage définitif et muselage, enfin habillage. Les bouteilles seront stockées pour mûrir et être consommables.

Méthode cuve close : cette méthode de vinification en mousseux évite toutes les manipulations de la méthode champenoise mais donne des vins de moindre qualité. La prise de mousse se réalise dans de grandes cuves et non en bouteille et rapidement (en quelques jours).

Méthode Transfert : cette méthode utilise la prise de mousse en bouteilles. Une opération de transvasement isobarométrique (de la pression) se réalise avec clarification simultanée du vin. Une cuve inox spéciale permet de stabiliser le vin par le froid. Une filtration est nécessaire avant la nouvelle mise en bouteilles au cours de laquelle on réintroduira la pression. Cette méthode donne des résultats divers dont certains sont assez excellents.

Vinifications en vins liquoreux et vins de liqueur

Vins liquoreux : type Sauternes ou Anjou.

A la vendange les raisins sont très mûrs (cépages Sémillon, Muscadelle pour les Sauternes, pour l'Anjou Chenin blanc...). La fermentation n'est pas totale puisqu'on l'arrête lorsque le moût contient encore entre 20 et 40 g de sucre résiduel (si on veut obtenir un vin demi-doux on arrêtera à 20 g, si on veut un vin liquoreux, 40 g seront nécessaires). Ces vins plus ou moins liquoreux, sont moelleux, riches en glycérol et matières pectiques. Dans certaines régions on comptera sur l'aide d'un champignon pour provoquer une certaine concentration du moût. Il s'agit du Botrytis Cinerea ou pourriture grise, ici devenue pourriture noble. Ce champignon favorise la formation de glycérol (moelleux du vin), d'acides gluconiques, acétiques et de matières pectiques... D'autres régions viticoles préféreront la surmaturation ou passerillage sur pied.

Vins de liqueurs, VDN ... les vins de liqueur et les vins doux naturels (type Rivesaltes, Banyuls, Muscat de Frontignan...) sont élaborés selon une méthode de mutage à l'alcool ou vinage.

Les vins de liqueur sont élaborés à partir de moûts riches en sucre auquel on ajoute de 5 à 10 % du volume d'alcool avant toute fermentation. Dans le cas du Pineau des Charentes, on ajoute du Cognac.

Les vins doux naturels : ils doivent provenir exclusivement des cépages Grenache, Maccabeu, Muscat et Malvoisie ; et posséder un minimum de 14° d'alcool en puissance, et recevoir en cours de fermentation de 5 à 10 % d'alcool à 95°.

ELEVAGE DU VIN

La vinification et surtout la fermentation modifient la composition du moût. Le vin fait contient des constituants chimiques élaborés plus complexes.

Etude physico-chimique du vin

Le vin contient de **l'alcool éthylique**. Celui-ci représente en volume de 9 à 22 % pour les vins vinés (VND, vins de liqueur...). Jusqu'à présent la mesure se faisait en degrés alcooliques. Aujourd'hui la décision communautaire la définit en pour cent du volume. Dans le cadre des appellations d'origine, la législation française impose un degré alcoolique minimum pour chaque type de vin.

L'acidité est caractérisée par une acidité totale et une acidité volatile. L'acidité totale est l'acidité de titration et s'exprime en grammes d'acide sulfurique. L'acidité est indispensable au vin car elle favorise l'harmonie, conserve le vin en créant un milieu défavorable aux ferments de maladies (minimum 3 g d'acidité régis par la loi) donne de la fraîcheur (sans acidité, le vin est plat, trop d'acidité provoque de la dureté et de la verdeur).

L'acidité volatile est constituée par les acides gras acétiques et s'exprime également en grammes d'acide sulfurique par litre. Ces acides volatiles se forment pendant la fermentation. L'acide acétique est le principal et doit se trouver dans une fourchette comprise entre 0,2 et 0,6 g/l. Au-delà de 0,9 g/l le vin n'est plus marchand. Elle risque de se développer soit pendant la fermentation malo-lactique, soit sous l'action de ferments (mycoderma aceti) oxydant l'alcool. Le vin commence à se transformer en vinaigre à partir de 0,8 - 0,9 g/l. Le vin se pique et doit être vendu à une vinaigrerie.

Extrait sec : c'est l'ensemble des substances dissoutes dans le vin qui ne se volatilisent pas dans le vide ou à la température de l'ébullition de l'eau. Ces substances sont en dissolution ou en suspension colloïdale dans le vin. Ces parties sont représentées par : les tanins et matières colorantes, les acides libres et leurs sels, les matières pectiques, le sucre résiduel et les sels minéraux. Cet extrait sec peut représenter 18 à 30 g, variant avec le type de vin, son âge (mode de conservation), état sanitaire du moût...

Glycérine ou glycérol est un sous-produit de la fermentation alcoolique.

Aldéhydes et esters : les aldéhydes sont des substances intermédiaires entre les alcools et les acides. Proviennent de l'oxydation de l'alcool. Les esters sont le résultat de la combinaison de l'acide sur l'alcool. Aldéhydes et esters entrent dans le processus aromatique (propionaldéhyde, vanilline, benzaldéhydes...).

Matières azotées et vitamines : les acides aminées jouent un rôle important dans le moût pour l'alimentation des levures, puis se retrouvent dans le vin : alamine, arginine, cystine, acide aspartique, histidine, lysine, sérine... Les vitamines sont présentes également (riboflavine, thiamine...)

Tanin et substances phénoliques : les phénols et les polyphénols comprennent les tanins, les matières colorantes (anthocyanes, flavones) les catéchines, les flavonoïdes...

Les tanins sont de loin, les plus nombreux. Ils donnent le goût de l'amer, de l'astringence. Leurs propriétés anti-oxydantes, antiseptiques, ne sont plus à démontrer. En vieillissant, ils subissent des réactions chimiques de polymérisation qui les font évoluer en d'autres éléments plus complexes et en précipitations. A noter que les flavones sont les pigments de raisins blancs, tandis que les anthocyanes, les pigments rouges des raisins rouges.

Quelques propriétés physiques du vin :

— la densité d'un vin est toujours inférieure à 1. Elle est d'environ 0,992 à 0,996 ;
— le vin gèle à environ −6, −8°C ;
— la température d'ébullition du vin dépend de sa richesse alcoolique. Un vin de 9 degrés bout à 93°C, à 12°, il bout à 91,3°C ;
— la distillation d'un vin permet d'obtenir par ordre : les aldéhydes et esters, l'alcool éthylique ; les alcools supérieurs, l'acide acétique. En dernier temps, l'extrait sec ;
— le pH du vin (acidité réelle du vin) varie de 2,7 à 3,8. Le vin est un milieu acide. Le pH joue un rôle très important en œnologie. Il sera sollicité en permanence avant et pendant les très nombreuses opérations de contrôle et de traitement (fermentation malolactique, sulfitage, collage...).

Vieillissement et conservation

Le vin, après la fermentation et ses premiers soins, doit se reposer, subir quelques soins complémentaires, puis mûrir pour retrouver une qualité gustative marchande. C'est le début de sa conservation et de son vieillissement. Les arômes primaires (liés au cépage, au microclimat, au sol et au fruit) vont évoluer, devenir plus complexes, se transformer en arômes secondaires aux noyaux benzéniques et aglycones odorants, en d'autres aldéhydes et esters d'acides gras élevés. En cave, au cours du vieillissement, se développera en un bouquet tertiaire résultant de l'oxydation des aldéhydes et de l'estérification des alcools. Le vieillissement correspondra à une courbe ascendante (donc positive) puis à un optimum (qualités de maturation optimales), enfin à une courbe descendante plus ou moins rapide (période à surveiller pour ne pas perdre les valeurs qualitatives.)

Pendant la conservation du vin quelques soins sont nécessaires. On pratiquera des **soutirages** pour le clarifier (séparation du vin en laissant les dépôts ou lies au fond des fûts ou cuves). On soutire au moment des grands froids de l'hiver qui favorisent les précipitations, au début du printemps et quelquefois avant les grosses chaleurs de l'été.

L'ouillage consiste à maintenir les fûts ou les cuves à un niveau maximum pour pallier les évaporations, prévenir la piqûre acétique... à seule fin de diminuer le volume d'air au-dessus du vin. Une méthode moderne permet d'éviter ces opérations en conservant le vin sous gaz inerte (CO_2 ou azote).

Le collage consiste à placer dans le vin des substances légales et inoffensives (pour la qualité et pour la consommation) qui entraînent les matières en suspension, les matières mucilagineuses... au fond du fût ou de la cuve. C'est une clarification avec précipitation des impuretés.

La filtration consiste à faire passer le vin au travers d'une masse poreuse pour le débarrasser de ses impuretés. Les méthodes de filtration sont diverses et complexes. (par absorption, par tamisage, par centrifugation...).

Traitement particulier : traitement du vin par la chaleur (pendant un temps très court) pour tuer les germes et micro-organismes de ferments de maladies. Le traitement par le froid qui stabilise et améliore la qualité des vins. Cela accélère les précipitations de bitartrate de potassium, de matières pectiques, de protéines... Les micro-organismes ne peuvent développer leur action néfaste. D'où une stabilisation biologique parfaite.

MALADIES ET ACCIDENTS DU VIN

Se rencontrent de moins en moins car les vins sont mieux stabilisés et mieux traités avant d'être commercialisés. On peut, malgré tout, constater certaines maladies ou accidents dans sa propre cave, pendant sa conservation.

La fleur se reconnaît par un voile blanc au-dessus du vin qui transforme l'alcool en eau et en éthanol dans le cas de vin conservé en tonneau.

La piqûre acétique transformera le vin en vinaigre (acide acétique et acétate d'éthyle).

La tourne rend le vin fade et un peu piqué. L'acide tartrique se dégrade.

La mannite provoque une saveur douce et aigre à la fois due à une présence d'acide acétique et d'acide lactique, ainsi que du mannitol, à partir du glucose et du lévulose.

La graisse rend le vin fade, trouble et filant comme de l'huile.

Les casses : ferriques, cuivreuses dues à l'excès de fer ou de cuivre donnant des teintes et des précipitations colorées peu appétissantes.

Les mauvais goûts (de fût, de moisi, de pourri, de bouchon, d'œufs pourris, de lie...). La madérisation est un défaut pour certains vins (sauf pour le Xérés, les rancios...).

ANALYSES ET DÉGUSTATION DU VIN

Analyses chimiques

Pendant la période végétative, comme nous l'avons vu, on analyse les raisins pour mieux connaître l'évolution de la maturation. Les moûts subissent également des analyses. Après la fermentation on poursuit les analyses, plus complexes, permettant un contrôle permanent pour prévenir toutes sortes d'accidents et de maladies susceptibles d'enrayer l'évolution normale de la qualité. L'œnologie doit poursuivre sa vocation, dans la mesure de ses possibilités, plus dans un sens préventif que curatif. Les traitements sont divers et variés mais doivent surtout être appliqués pour corriger ou améliorer la nature. Trop de charlatans, d'œnologues ou techniciens non responsables ont souvent utilisé des pratiques dites œnologiques ressemblant trop à une alchimie où entraient en action des produits nocifs à la qualité du vin et à la consommation. Heureusement que de plus en plus ces gens-là ont été remplacés par des hommes vraiment responsables et dignes de produire des vins honnêtes et de qualité.

Recherche du titre alcoométrique : exprimé en degré alcooliques pour connaître exactement la teneur alcoolique du vin fait.

Recherche de l'acidité : totale et volatile pour mieux envisager l'avenir de la conservation du vin et de son état pour la commercialisation.

Dosage de l'extrait sec et des sucres résiduels

Dosage de l'anhydride sulfureux (bioxyde de soufre) libre et total dans les vins blancs.

La chromatographie permet de contrôler l'évolution de la fermentation malo-lactique.

Détermination du pH pour asseoir un pronostic de conservation et de résistance aux maladies.

Analyse des caractères organoleptiques

Les analyses chimiques ne peuvent pas tout apporter. Elles possèdent leur limite. Notamment pour la détermination des caractères qualitatifs du vin appelés caractères organoleptiques. Des vins ayant des analyses approximativement semblables peuvent être de qualité différente. La dégustation est devenue, par ailleurs, obligatoire pour l'obtention du label VDQS ou AOC. Seule la dégustation si subjective puisse-t-elle être, donc peu objective - car dépendante de nombreux facteurs - apporte des enseignements non dénués de sens, très pratiques, offrant une image sensuelle et gourmande proche de la vérité.

Le goût, l'odorat et la vue sont trois organes essentiels pour déguster. Toute boisson (comme tout aliment) suscite des stimulations agréables ou non que l'on peut définir ou traduire par des mots, donc constituer un vocabulaire qui servira à personnaliser le produit dégusté. La dégustation déterminera donc ces impressions ressenties par nos organes des sens et nous les décrirons le plus fidèlement.

L'œil permet de distinguer la robe (couleur), la limpidité (ou le trouble), le dégagement gazeux...

L'olfaction, c'est l'action de sentir et découvrir les arômes, le bouquet du vin. Un verre doit être rempli au ⅓, être de forme tulipe pour lui imprimer un mouvement rotatif qui aidera les arômes à mieux se dégager au contact de l'air. Cela facilitera l'olfaction. Cet examen est l'un des plus complexes. Notamment pour reconnaître au nez les parfums propres au type de vin dégusté.

L'examen gustatif consiste à analyser le vin en bouche c'est-à-dire à exprimer les sensations et impressions qu'il imprime à nos sens. Un vin trop riche en alcool brûlera, donnera une sensation de brûlant et de chaleur. Un vin trop acide (acidité totale) communiquera une impression de verdeur, de « pointu ». Pour déguster, on prendra une petite quantité de vin dans la bouche pour mieux le mâcher ; puis on aspirera un peu d'air qui le réchauffera afin de développer ses caractères. Enfin, pendant la déglutition, des sensations d'arrière-gorge (carrefour olfaction-gustation) apporteront des impressions complémentaires. Enfin, la synthèse des examens gustatifs et olfacto-gustatif permet de dessiner l'image gustative du vin. Cette impression générale laissera découvrir une harmonie des sensations, des qualités exceptionnelles ou des défauts légers ou profonds. La dégustation ouvrira un horizon nouveau confinant à l'art mais accessible à tous.

Le vin est autre chose qu'une boisson simplement alcoolisée. Elle contient des substances bienfaitrices à l'organisme humain qui sait consommer le vin dans les règles morales et de l'hygiène. Proscrivant les abus de toute sorte, il est normal que nous prenions de sévères mesures contre ceux du vin. Le danger du vin et de son excès ne vient pas du produit, mais son utilisation-même, maladroite et irréfléchie. Le beurre et le sucre ne sont pas des produits dangereux. On peut les consommer quotidiennement sans risquer d'accidents nutritionnels. Leur abus est pourtant néfaste, voire mortel. Trop de sucre conduira à un diabète chronique, trop de beurre aboutit à la cholestérolémie.

Le plaisir de déguster un vin devient un art où l'alcoolisme n'a aucune place.

BORDEAUX

I

Le Médoc

**Classification officielle
des grands vins de Bordeaux**
(1855)

Exception faite des notations mises entre parenthèses, la liste ci-dessous reproduit le classement officiel, le seul autorisé et authentique. Le sens de ces notations est le suivant : les vins marqués (×) ne se trouvent plus sur le marché ou ont cessé d'exister ; les vins marqués (+) se vendent généralement, et à juste titre, plus cher que les autres de leur catégorie ; les vins marqués (−), généralement moins cher. Donc, si l'on établissait une nouvelle classification, les châteaux affectés du signe (+) ou (−) prendraient probablement place dans une catégorie supérieure ou inférieure. Il est intéressant de noter qu'à l'intérieur de chaque catégorie, les vins ne sont classés ni alphabétiquement, ni par commune, mais dans l'ordre présumé de leurs mérites. En 1855 donc, Mouton-Rothschild était le meilleur des « seconds », Pontet-Canet le meilleur des « cinquièmes », etc.

On trouvera plus de détails sur tous ces châteaux dans le corps de l'ouvrage, à leur place alphabétique.

Premiers crus

Vignoble	*Commune*
Château Lafite	Pauillac
Château Margaux	Margaux
Château Latour	Pauillac
Château Haut-Brion	Pessac, *Graves*
Château Mouton-Rothschild (depuis 1972)	Pauillac

Deuxièmes crus

Château Rausan-Ségla	Margaux
Château Rauzan Gassies (−)	Margaux
Château Léoville-Las-Cases	St. Julien
Château Léoville-Poyferré	St. Julien
Château Léoville-Barton	St. Julien
Château Durfort-Vivens (×)	Margaux

Vignoble	*Commune*
Château Gruaud-Larose	St. Julien
Château Lascombes	Margaux
Château Brane-Cantenac	Cantenac-Margaux
Château Pichon-Longueville (Baron)	Pauillac
Château Pichon-Longueville-Lalande	Pauillac
Château Ducru-Beaucaillou	St. Julien
Château Cos d'Estournel	St. Estèphe
Château Montrose	St. Estèphe

Troisièmes crus

Château Kirwan (−)	Cantenac-Margaux
Château d'Issan (−)	Cantenac-Margaux
Château Lagrange (−)	St. Julien
Château Langoa	St. Julien
Château Giscours	Labarde
Château Malescot-St. Exupéry (−)	Margaux
Château Cantenac-Brown	Cantenac-Margaux
Château Boyd-Cantenac	Margaux
Château Palmer (+)	Cantenac-Margaux
Château La Lagune (+)	Ludon
Château Desmirail (×)	Margaux
Château Calon-Ségur (+)	St. Estèphe
Château Ferrière (−)	Margaux
Château Marquis d'Alesme-Becker (−)	Margaux

Quatrièmes crus

Château St. Pierre-Sevaistre	St. Julien
Château St. Pierre-Bontemps	St. Julien
Château Talbot (+)	St. Julien
Château Branaire-Ducru	St. Julien
Château Duhart-Milon	Pauillac
Château Pouget (−)	Cantenac-Margaux
Château La Tour-Carnet	St. Laurent
Château Rochet (−)	St. Estèphe
Château Beychevelle (+ +)	St. Julien
Château Le Prieuré	Cantenac-Margaux
Château Marquis de Terme	Margaux

Cinquièmes crus

Château Pontet-Canet (+)	Pauillac
Château Batailley	Pauillac
Château Haut-Batailley	Pauillac
Château Grand-Puy-Lacoste	Pauillac
Château Grand Puy-Ducasse	Pauillac
Château Lynch-Bages (+)	Pauillac
Château Lynch-Moussas (−)	Pauillac
Château Dauzac (−)	Labarde
Château Mouton Baron Philippe (+)	Pauillac
(appelé Château Mouton d'Armailhacq jusqu'en 1956)	

Château Le Tertre (−)	Arsac
Château Haut-Bages-Libéral (−)	Pauillac
Château Pédesclaux (−)	Pauillac
Château Belgrave	St. Laurent
Château Camensac	St. Laurent
Château Cos Labory	St. Estèphe
Château Clerc-Milon (−)	Pauillac
Château Croizet Bages (−)	Pauillac
Château Cantemerle (+)	Macau

Les plus importants des crus exceptionnels, crus bourgeois supérieurs et crus bourgeois du Médoc

Note : Les sept crus exceptionnels sont marqués d'un * astérisque, et les crus bourgeois supérieurs d'un (s).

Château	*Commune*	*Appellation* (si elle diffère)
Abbé-Gorsse-de-Gorsse (s)	Margaux	
*Angludet	Cantenac	(Margaux)
Anseillan, d' (s)	Pauillac	
Anthonic	Moulis	
Arche, d'	Ludon	(Haut-Médoc)
Arsac, d' (s)	Arsac	(Haut-Médoc)
Barateau	Saint-Laurent	
Beaumont (s)	Cussac	(Haut-Médoc)
Beauséjour	Saint-Estèphe	
Beausite (s)	Saint-Estèphe	
Bégorce-Zédé, la (s)	Soussans	(Margaux)
*Bel-Air Marquis d'Aligre	Margaux	
Bellegrave	Pauillac	
Bellevue-Saint-Lambert (s)	Pauillac	
Bel-Orme-Tronquoy-de-Lalande	St. Seurin-de-Cadourne	(Haut-Médoc)
Bibian (s)	Listrac	(Haut-Médoc)
Bontemps-Dubarry (s)	St. Julien	
Boscq, Le (s)	St. Estèphe	
Breuil, du	Cissac	(Haut-Médoc)
Cambon-La-Pelouse (s)	Macau	(Haut-Médoc)
Canteloup	St. Estèphe	
Capbern (s)	St. Estèphe	
Caronne-Sainte-Gemme	Saint-Laurent	(Haut-Médoc)
*Chasse-Spleen	Moulis	
Chesnaye, La (s)	Cussac	(Haut-Médoc)
Citran-Clauzel (s)	Avensan	(Haut-Médoc)
Clarke (s)	Listrac	(Haut-Médoc)
Closerie, La	Moulis	
Colombier-Monpelou (s)	Pauillac	
Constant-Bages-Monpelou (s)	Pauillac	
Constant-Trois-Moulins (s)	Macau	(Haut-Médoc)

Corconac	Saint-Laurent	(Haut-Médoc)
Coufran	St. Seurin-de-Cadourne	(Haut-Médoc)
*Couronne, La	Pauillac	
Coutelin-Merville	Saint-Estèphe	
Crock, Le (s)	Saint-Estèphe	
Daubos-Haut-Bages	Pauillac	
Dubignon-Talbot (s)	Margaux	
Duplessis	Moulis	
Duroc-Milon	Pauillac	
Dutruch-Grand-Poujeaux (s)	Moulis	
Egmont, d'	Ludon	(Haut-Médoc)
Fatin (s)	Saint-Estèphe	
Fellonneau	Macau	(Haut-Médoc)
Fonbadet (s)	Pauillac	
Fonpetite (s)	Saint-Estèphe	
Fonréaud (s)	Listrac	(Haut-Médoc)
Fontesteau	Saint-Sauveur	(Haut-Médoc)
Fourcas-Dupré (s)	Listrac	(Haut-Médoc)
Fourcas-Hostein (s)	Listrac	(Haut-Médoc)
Galan, du	Saint-Laurent	(Haut-Médoc)
Gloria (s)	Saint-Julien	
Grand-Duroc-Milon	Pauillac	
Grand-St. Julien	Saint-Julien	
Gressier-Grand-Poujeaux (s)	Moulis	
Gurgue, La (s)	Margaux	
Haut-Bages-Averous	Pauillac	
Haut-Bages-Drouillet	Pauillac	
Haye, La (s)	Saint-Estèphe	
Houissant (s)	Saint-Estèphe	
Labégorce (s)	Margaux	
Ladouys	Saint-Estèphe	
Lafitte-Carcasset	Saint-Estèphe	
Lafon (s)	Listrac	(Haut-Médoc)
Lamarque, de	Lamarque	(Haut-Médoc)
Lamothe de Bergeron	Cussac	(Haut-Médoc)
Lamouroux, de (s)	Margaux	
Lanessan (s)	Cussac	(Haut-Médoc)
Larrieu-Terrefort-Graves (s)	Macau	(Haut-Médoc)
Larrivaux	Cissac	(Haut-Médoc)
Lemoyne-Lafon-Rochet (s)	Ludon	(Haut-Médoc)
Lestage (s)	Listrac	(Haut-Médoc)
Lestage-Darquier-Grand-Poujeaux (s)	Moulis	
Liversan (s)	Saint-Sauveur	(Haut-Médoc)
Ludon-Pomiès-Agassac (s)	Ludon	(Haut-Médoc)
MacCarthy-Moula	Saint-Estèphe	
Malécot-Desse (s)	Pauillac	
Malescasse (s)	Lamarque	(Haut-Médoc)
Marbuzet (s)	Saint-Estèphe	
Martinens (s)	Cantenac	(Margaux)

Maucaillou	Moulis	
Maucamps (s)	Macau	(Haut-Médoc)
Médoc	Saint-Julien	
Meyney (s)	Saint-Estèphe	
Monbrison (s)	Arsac	(Haut-Médoc)
Montbrun	Cantenac	(Margaux)
Morin	Saint-Estèphe	
Moulin-à-Vent	Moulis	
Moulin-de-la-Rose	Saint-Julien	
*Moulin-Riche	Saint-Julien	
Moulis (s)	Moulis	
Nexon-Lemoyne (s)	Ludon	(Haut-Médoc)
Ormes, des	Saint-Julien	
Ormes-de-Pez, Les	Saint-Estèphe	
Paloumey (s)	Ludon	(Haut-Médoc)
Parempuyre, de (Cruse) (s)	Parempuyre	(Haut-Médoc)
Parempuyre, de (Durand-Dassier) (s)	Parempuyre	(Haut-Médoc)
Paveil-de-Luze (s)	Soussans	(Margaux)
Payrelebade, de	Listrac	(Haut-Médoc)
Peyrabon	Saint-Sauveur	(Haut-Médoc)
Pez, de	Saint-Estèphe	
Phélan-Ségur (s)	Saint-Estèphe	
Pibran	Pauillac	
Picard	Saint-Estèphe	
Pierre-Bibian (s)	Listrac	(Haut-Médoc)
Pomeys (s)	Moulis	
Pomiès-Agassac (s)	Ludon	(Haut-Médoc)
Pomys (s)	Saint-Estèphe	
Poujeaux-Marly (s)	Moulis	
*Poujeaux-Theil	Moulis	
Priban (s)	Macau	(Haut-Médoc)
Reverdi	Lamarque	(Haut-Médoc)
Roc, Le	Saint-Estèphe	
Rose-La-Biche (s)	Macau	(Haut-Médoc)
Rosemont (s)	Labarde	(Haut-Médoc)
Saransot-Dupré (s)	Listrac	(Haut-Médoc)
Ségur (s)	Parempuyre	(Haut-Médoc)
Ségur-Fillon (s)	Parempuyre	(Haut-Médoc)
Séméillan (s)	Listrac	(Haut-Médoc)
Sénéjac	Le Pian	(Haut-Médoc)
Siran (s)	Labarde	(Haut-Médoc)
Testeron, du	Moulis	
Tour-de-Mons, La (s)	Soussans	(Margaux)
Tour-Milon, La	Pauillac	
Tour-Pibran, La	Pauillac	
Trois-Moulins, des (s)	Macau	(Haut-Médoc)
Tronquoy-Lalande (s)	Saint-Estèphe	
Verdignan	Saint-Seurin-de-Cadourne	(Haut-Médoc)
*Villegorge	Avensan	(Haut-Médoc)

II

Sauternes et Barsac

Premier grand cru

Château d'Yquem	Sauternes

Premiers crus

Château La Tour Blanche	Bommes
Château Lafaurie-Peyraguey	Bommes
Château Haut-Peyraguey	Bommes
Château Rayne-Vigneau	Bommes
Château Suduiraut	Preignac
Château Coutet	Barsac
Château Climens	Barsac
Château Guiraud	Sauternes
Château Rieussec	Fargues
Château Rabaud-Promis	Bommes
Château Sigalas-Rabaud	Bommes

Deuxièmes crus

Château Mirat (disparu en 1976)	Barsac
Château Doisy-Daëne	Barsac
Château Doisy-Dubroca	Barsac
Château Doisy-Védrines	Barsac
Château d'Arche	Sauternes
Château Filhot	Sauternes
Château Broustet	Barsac
Château Nairac	Barsac
Château Caillou	Barsac
Château Suau	Barsac
Château de Malle	Preignac
Château Romer	Fargues
Château Lamothe	Sauternes

III

Saint-Emilion

Classification officielle de 1955

Les vins de Saint-Emilion n'ayant pas été classés en 1855, il a été décidé, exactement un siècle plus tard, en 1955, d'établir à leur sujet une classification comparable à celle du Médoc.
Une commission nommée par l'Institut national des Appellations d'origine a mené à bien cette tâche ingrate et difficile.

Il est à noter que le Château Aurore et le Château Cheval-Blanc sont généralement considérés comme d'une catégorie à part, bien qu'ils portent ici la qualification de premiers grands crus, avec huit autres vignobles.

Comme dans le Médoc, il y a nombre de châteaux mineurs, qui produisent des vins d'excellente qualité, mais qui ne sont pas inclus dans le classement officiel.

Premiers grands crus

Château Ausone
Château Beauséjour-Lagarosse
Château Beauséjour-Fagouet
Château Belair
Château Canon
Château Clos Fourtet
Château Cheval-Blanc
Château Figeac
Château La Gaffelière-Naudes
Château Magdelaine
Château Pavie
Château Trottevieille

Grands crus

Château L'Angelus
Château Balestard la Tonnelle
Château Bellevue
Château Bergat
Château Cadet Bon
Château Cadet Piola
Château Canon la Gaffelière
Château Cap de Mourlin
Château Chapelle Madeleine
Château Chauvin
Château Corbin
Château Corbin Michotte
Château Coutet
Château Croque Michotte
Château Curé Bon
Château Fonplégade
Château Fonroque
Château Franc Mayne
Château Grand Barrail
   Lamarzelle Figeac
Château Grand Corbin Despagne
Château Grand Corbin Pecresse
Château Grand Mayne
Château Grand Pontet
Château Grandes Murailles
Château Guadet Saint Julien
Château Clos des Jacobins
Château Jean Faure
Château La Carte
Château La Clotte
Château La Couspaude
Château La Dominique
Château Clos La Madeleine
Château Lamarzelle
Château Larcis Ducasse
Château Larmande
Château Laroze
Château Lasserre
Château La Tour du Pin Figeac
Château La Tour Figeac
Château Le Chatelet
Château Le Couvent
Château Le Prieuré
Château Mauvezin
Château Moulin du Cadet
Château Pavie Decesse
Château Pavie Macquin
Château Pavillon Cadet
Château Petit Faurie de Souchard
Château Petit Faurie de Soutard
Château Ripeau
Château Saint-Georges Côte Pavie
Château Clos Saint Martin
Château Sansonnet
Château Soutard
Château Tertre Daugay
Château Trimoulet
Château Trois Moulins
Château Troplong Mondot
Château Villemaurine
Château Yon Figeac

IV

Graves

Les châteaux de la région des Graves (négligés par la classification de 1855, à l'exception du Château Haut-Brion) ont été officiellement classés en 1953 par l'Institut national des Appellations d'origine, encore qu'assez superficiellement et incomplètement. Un certain nombre d'autres vignobles, donnant des vins rouges, ou blancs, ou les deux, mériteraient certainement une place dans cette liste ; et l'on aurait pu faire certaines distinctions entre les qualités différentes de ces vins. Voici néanmoins la classification officielle, telle qu'elle existe aujourd'hui :

Crus classés (rouges)

	Commune
Château Haut-Brion	Pessac
Château La Mission-Haut-Brion	Pessac
Château Haut-Bailly	Léognan
Domaine de Chevalier	Léognan
Château Carbonnieux	Léognan
Château Malartic-Lagravière	Léognan
Château Latour-Martillac	Martillac
Château Latour-Haut-Brion	Talence
Château Smith-Haut-Lafitte	Martillac
Château Olivier	Léognan
Château Bouscaut	Cadaujac

Crus classés (blancs)

Château Carbonnieux	Léognan
Domaine de Chevalier	Léognan
Château Couhins	Villenave d'Ornon
Château Olivier	Léognan
Château Laville-Haut-Brion	Talence
Château Bouscaut	Cadaujac

V

Pomerol

Pour Pomerol, qui jouxte Saint-Emilion, aucune classification officielle des vignobles n'a été autorisée ni publiée à ce jour. On range généralement les principaux châteaux plus ou moins dans l'ordre suivant :

Premiers grands crus

Château Certan
Vieux Château Certan
Château La Conseillante
Château Petit-Village
Château Trotanoy

Château Pétrus
Château l'Évangile
Château Lafleur
Château Gazin
Château La Fleur-Pétrus

Premiers crus

Domaine de l'Église
Château La Croix-de-Gay
Château La Grave-Trigant-de-Boisset
Clos l'Église
Château Latour-Pomerol
Château Beauregard
Château Certan-Marzelle
Château Clinet

Château Nénin
Château La Pointe
Château Gombaude-Guillot
Château l'Église Clinet
Château le Gay
Château La Grange
Château La Vraye-Croix-de-Gay
Château Rouget

Deuxièmes premiers crus

Château La Commanderie
Château La Croix-Saint-Georges
Château La Croix
Clos du Clocher
Château Lacabanc
Château Moulinet
Château Plince
Château de Salles
Château Bourgneuf
Château Le Caillou
Château l'Enclos
L'Enclos du Presbytère
Château Gratte-Cap

Clos René
Domaine Haut-Tropchaud
Château Pignon-de-Gay
Domaine de Tropchaud
Château La Violette
Château Lafleur du Gazin
Clos Beauregard
Domaine de Haut-Pignon
Château Cantereau
Château Mazeyres
Château Taillefer
Château du Chêne-Liège

Deuxièmes crus

Château Bel-Air
Château La Croix-Taillefer
Château Ferrand
Domaine de Mazeyres
Enclos du Haut-Mazeyres
Clos des Templiers

Château Haut-Maillet
Château Couprie
Château Franc-Maillet
Château Thibaud-Maillet
Château Hautes-Rouzes

PRINCIPAUX VIGNOBLES ET VINS
DE BOURGOGNE

Les vignobles de Bourgogne n'ont jamais été, et ne peuvent être classifiés avec la même précision et aux mêmes fins que les châteaux de Bordeaux ; car, dans le Bordelais, les vignobles majeurs ont tous un seul propriétaire et un seul nom (→ Bourgogne, domaine, mise du domaine). Dans la région de Chablis et en Côte-d'Or, la plupart des vignobles portant un nom sont répartis entre de nombreux éleveurs différents : quelque soixante producteurs, par exemple, possèdent des vins du Clos de Vougeot ; il s'agit donc, chaque année, non d'un vin mais de soixante vins différents.

Ce serait toutefois une erreur de croire que les vignobles de la Côte-d'Or n'ont jamais fait l'objet d'aucune classification. Il en est une, au contraire, très soigneuse, ni moins officielle ni moins accomplie que le fameux classement bordelais de 1855, qui a été publiée en 1861 par le Comité d'agriculture de l'arrondissement de Beaune. Celle-ci a servi de base aux réglementations touchant l'appellation contrôlée et, grâce à elle, seuls les vins de certains climats bien délimités peuvent légalement porter le titre de grand cru, premier cru, etc.

D'un point de vue très général, elle a tout de même un défaut majeur, car les premiers crus (ou premières cuvées) de certaines communes, comme Gevrey-Chambertin et Vosne-Romanée, sont nettement supérieurs à bien des grands crus (ou têtes de cuvée) de moins noble origine.

La liste qui suit représente une tentative de corriger ces injustices. Elle n'est pas complète (il y a 419 climats reconnus dans la Côte de Nuits et plus de deux fois autant dans la Côte de Beaune), mais elle inclut sans aucun doute tous les noms, ou presque, qu'on a des chances de lire sur l'étiquette d'une bouteille. Bien que non officielle, la hiérarchie est pratiquement celle qu'admettent la plupart des experts, en dépit de quelques divergences d'opinion.

I
Vins de la Côte-d'Or

A. VINS ROUGES
CÔTE DE NUITS
Commune

Fixin ....

Principaux vignobles

Les Hervelets
Clos du Chapitre
Clos de la Perrière
Les Arvelets
Clos Napoléon

Gevrey-Chambertin .... CHAMBERTIN
CLOS DE BÈZE
Latricières-Chambertin
Mazis-Chambertin
Charmes-Chambertin et
Mazoyères-Chambertin
Griotte-Chambertin
Ruchottes-Chambertin
Chapelle-Chambertin
Clos Saint Jacques
Combe aux Moines
Cazetiers
Varoilles
Fouchère
Étournelles
Lavaux

Morey-Saint-Denis .... BONNES MARES
(voir ci-dessous Chambolle)
Clos de Tart
Clos de la Roche
Clos Saint-Denis
Clos des Lambrays
Meix Rentiers
Clos Bussière

Chambolle-Musigny .... MUSIGNY
BONNES MARES
Les Amoureuses
Les Charmes
Les Baudes
Combe d'Orveau
Les Cras
Derrière-la-Grange
Les Fuées
Les Sentiers

Vougeot .... CLOS DE VOUGEOT

Flagey-Échézeaux .... GRANDS ÉCHÉZEAUX
Échézeaux

Vosne-Romanée .... ROMANÉE-CONTI
LA TÂCHE
ROMANÉE SAINT-VIVANT
RICHEBOURG
La Grande Rue
La Romanée
Les Gaudichots
Les Malconsorts
Les Suchots
Les Beaux-Monts
Aux Brulées
Les Petits Monts
Aux Peignots
Clos des Réas

Nuits Saint-Georges .... **Les Saint-Georges**
(y compris Prémeaux) **Les Cailles**
Clos des Corvées
Les Vaucrains
Les Pruliers
Les Porrets
Clos de Thorey
Les Boudots
Les Cras
Les Murgers
Les Richemones
Les Didiers
Perrière
Les Perdrix
Clos des Argilières
Clos des Fôrets
Clos Arlot
Clos de la Maréchale
Clos Saint-Marc
Château-Gris

CÔTE DE BEAUNE

Aloxe-Corton .... CORTON BRESSANDES
(y compris Ladoix et une partie CORTON CLOS DU ROI
de Pernand-Vergelesses) CORTON
Corton Renardes
Corton Perrières
Corton Les Maréchaudes
Corton Chaumes
Corton Languettes
Corton La Vigne-au-Saint
Corton Les Meix
Corton Les Pougets
Corton Les Grèves
Corton Les Fiètres
Corton Les Paulands
Les Chaillots
Les Fournieres
Les Volozières

Pernand-Vergelesses .... *Ile des Vergelesses*

Savigny lès-Beaune .... Vergelesses
Lavières
Marconnets
Jarrons
Dominode

Beaune .... **Grèves**
Fèves
Les Cras
Champimonts
Marconnets
Bressandes
Clos de la Mousse

Clos des Mouches
Les Avaux
Aigrots
Clos du Roi
Les Cent-Vignes
Les Toussaints
Les Theurons
Les Sizies
En l'Orme
A l'Écu
Pertuisots

Pommard .... **Rugiens**
Épenots
Clos Blanc
Pézerolles
Rugiens-Hauts
Petits-Épenots
Chaponières
Chanlins-Bas
Clos Micot
Platière
Sausilles
Jarollières
Chanière
Charmots
Argillières
Boucherottes
Frémiers
Bertins
Poutures
Arvelets
Croix-Noires
Clos de la Commaraine
La Refène
Clos de Verger
Combes-Dessus

Volnay .... **Clos des Ducs**
Caillerets
Champans
Frémiets
Chevret
Santenots
Les Angles
Carelle-sous-la-Chapelle
Bousse d'Or
Verseuil
Clos des Chênes
Les Mitans
En l'Ormeau
Pointes-d'Angles
En Ronceret
La Barre

Auxey .... Duresses

Monthélie .... Les Champs Fulliots

Chassagne-Montrachet .... *La Boudriotte*
Clos St. Jean
La Maltroie
Morgeot

Santenay .... *Gravières*
La Comme
Clos Tavannes

B. VINS BLANCS

CÔTE DE NUITS

Chambolle Musigny .... *Musigny Blanc*
(voir vins rouges)

Vougeot .... *Clos Blanc de Vougeot*
(voir vins rouges)

Nuits Saint-Georges .... Perrière
(voir vins rouges)

CÔTE DE BEAUNE

Aloxe-Corton .... **Corton-Charlemagne**
(voir vins rouges)   *Corton*
(y compris Pernand, Ladoix)   *Corton Languettes*
Corton Pougets

Beaune (voir vins rouges) .... *Clos des Mouches*

Auxey (voir vins rouges)

Meursault .... **Perrières**
Genevrières
Charmes
Poruzots
La Pièce-sous-le-Bois
Blagny
Dos d'Ane
Jennelotte
Santenots
Goutte d'Or
Bouchères
Petures
Cras

Puligny-Montrachet .... MONTRACHET (partim)
CHEVALIER-MONTRACHET
BÂTARD-MONTRACHET
BIENVENUE-BÂTARD-
MONTRACHET

	Combettes
	Blagny
	Chalumeaux
	Folatières
	Claivoillon
	Pucelles
	Cailleret
	Champ-Canet
	La Garenne
	Les Referts
	Sous-le-Puits
	Levrons
	Charmes
	Truffière
	Meix
Chassagne-Montrachet	MONTRACHET (partim)
(voir vins rouges)	BÂTARD-MONTRACHET (partim)
	CRIOTS-BÂTARD-MONTRACHET
	Ruchottes
	Cailleret
	Morgeot

Santenay (voir vins rouges)

II

Chablis

Les vignobles de Chablis ont été légalement définis et délimités en 1938, et leur vins se divisent en deux catégories :

1. Chablis grand cru. Seuls sept petits vignobles portent ce titre, qui est l'appellation la plus haute. Tous les sept se trouvent sur la rive droite du Serein, exposés au sud et au sud-ouest. Six d'entre eux appartiennent à la commune de Chablis proprement dite ; l'exception étant celui de Blanchots, situé sur le territoire de Fyé. Tous produisent des vins de très grande classe, mais un connaisseur pourrait peut-être les classer dans l'ordre suivant : Vaudésir, Les Clos, Grenouilles, Valmur, Blanchots, Preuses et Bougros. Leurs vins doivent tirer au moins 10,5 % d'alcool et leur production ne peut excéder une moyenne de 45 hl par ha. Seul le cépage Chardonnay peut y être cultivé.

2. Chablis premier cru. Les vins provenant de certains autres vignobles portent généralement le nom du vignoble éventuellement suivi de l'importante qualification de « premier cru ». Ces vignobles sont au nombre de vingt et un, et ils relèvent de neuf localités différentes, dont Chablis même. Sur les vingt et un, sept se trouvent sur la rive droite du Serein, plus ensoleillée. Tous sont plantés exclusivement de Chardonnay, et leur production moyenne est légalement limitée à 48 hl par ha, le vin titrant au moins 10 % d'alcool. Les voici, avec leur commune et leur rive, plus ou moins par ordre de qualité.

Vignoble	*Commune*	*Rive du Serein*
Monts de Milieu	Fyé et Fleys	Droite
Montée de Tonnerre	Fyé et Fleys	Droite
Chapelot	Fyé et Fleys	Droite
Vaulorent	Poinchy	Droite
Vaucoupin	Chichée	Droite
Côte de Fontenay	Fontenay-près-Chablis	Droite
Fourchaume	La Chapelle-Vaupelteigne	Droite
Les Fôrets	Chablis	Gauche
Butteaux	Chablis	Gauche
Montmain	Chablis	Gauche
Vaillon	Chablis	Gauche
Sechet	Chablis	Gauche
Chatain	Chablis	Gauche
Beugnon	Chablis	Gauche
Melinots	Chablis	Gauche
Côte de Léchet	Milly	Gauche
Les Lys	Chablis	Gauche
Beauroy	Poinchy	Gauche
Troeme	Beines	Gauche
Vosgros	Chichée	Gauche
Vogiros	Chichée	Gauche

3. Chablis. Vins produits, à partir de cépage Chardonnay, dans certaines zones délimitées, au sol crayeux, relevant de vingt communes. Taux minimal d'alcool : 10 %. Production moyenne maximale : 48 hl par ha. Les communes sont : Chablis, Beines, Béru, Chemilly-sur-Serein, Chichée, Courgis, Fleys, Fontenay, Fyé, La Chapelle-Vaupelteigne, Ligny-le-Châtel, Lignorelles, Maligny, Milly, Poilly, Poinchy, Prehy, Rameau, Villy et Viviers.

4. Petit Chablis. Vins inférieurs des mêmes vingt communes, faits également avec le Chardonnay. Taux minimal d'alcool : 9,5 %.

III

Beaujolais

Il y a neuf crus officiellement classés comme produisant les meilleurs vins de Beaujolais. Dans l'ordre alphabétique, ce sont : Brouilly, Chenas, Chiroubles, Côte de Brouilly, Fleurie, Juliénas, Morgon, Moulin-à-vent, Saint-Amour.

Les vins des trente-cinq communes suivantes peuvent légalement s'appeler Beaujolais-Villages : Arbuissonnas, Beaujeu, Blacé, *Cercié, Chanes, La Chapelle-de-Guinchay, Charentay, Chenas, Chiroubles, Durette, Emeringes, Fleurie, Juillé, Juliénas, Lancié,* Lantigné, *Leynes,* Montmélas-Saint-Sorlin, *Odénas,* Le Perréon, Pruzilly, *Quincié, Regnié,* Rivolet, *Romanèche-Thorins, Saint-Amour-Bellevue,* Saint-Etienne-des-Oullières, *Saint-Etienne-La Varenne,* Saint-Julien-en-Montmélas, *Saint-Lager,* Saint-Symphorien-d'Ancelles, *Saint-Vérand,* Salles, Vaux-en-Beaujolais, *Villié-Morgon.* Les noms en italique sont ceux des meilleures communes. La production de Beaujolais est légalement limitée à environ 60 hl par ha ; celle de Beaujolais supérieur ou Beaujolais Villages, à 55 hl par ha ; et celle des neufs crus à 50 hl par ha. La production totale d'une année moyenne se situe aux alentours de 45 millions d'hectolitres.

Les appellations sont : Beaujolais , Beaujolais supérieur, Beaujolais Villages, Brouilly, Chenas, Chiroubles, Côte de Brouilly, Fleurie, Juliénas, Morgon, Moulin-à-vent, Saint-Amour.

VINS DÉLIMITÉS DE QUALITÉ SUPÉRIEURE (V.D.Q.S.)

rangés par région et par type

R = rouge   B = blanc   Ro = rosé   M = mousseux   D = dessert

	Type			*Département*
MIDI				
Corbières	R	B	Ro	Aude
Minervois	R	B	Ro D	Hérault
Costières du Gard	R	B		Gard, Hérault
Coteaux de la Méjanelle	R	B		Hérault
Saint-Saturnin	R	Ro		Hérault
Montpeyroux	R	B	Ro	Hérault
Coteaux de Saint-Christol	R	Ro		Hérault
Quatourze	R	B	Ro	Aude
La Clape	R	B	Ro	Aude
Saint-Drézery	R	Ro		Hérault
Saint-Chinian	R	Ro		Hérault
Faugères	R	B	Ro	Hérault
Cabrières	Ro			Hérault
Coteaux de Vérargues	R	Ro		Hérault
Pic-Saint-Loup	R	B	Ro	Hérault
Saint-Georges-d'Orques	R	Ro		Hérault
Picpoul de Pinet	B			Hérault

RHÔNE

Côtes du Lubéron	R	B	Ro	Vaucluse
Haut-Comtat	R	Ro		Drôme
Coteaux d'Aix-en-Provence ⎱	R	B	Ro	Bouches-du-Rhône
Coteaux des Baux ⎰				
Coteaux de Pierrevert	R	B	Ro	Alpes de Haute-Provence

LYONNAIS, CENTRE

Vins de Renaison ⎱	R	Ro		Loire
Côte Roannaise ⎰				
Vins d'Auvergne ⎱	R	B	Ro	Puy-de-Dôme
Côtes d'Auvergne ⎰				

LOIRE

Vins de l'Orléanais	R	B	Ro	Loiret
Cheverny	B			Loir-et-Cher
Saint-Pourçain-sur-Sioule	R	B	Ro	Allier
Coteaux d'Ancenis	R	B	Ro	Loire-Atlantique
Gros Plant du Pays Nantais	B			Loire-Atlantique
Côtes de Gien	R	B	Ro	Loiret, Cher

SAVOIE, BUGEY

Vin de Savoie ⎱	R	B	Ro	Savoie, Haute-Savoie, Isère
Roussette de Savoie ⎰				
Savoie Mousseux	M			Savoie, Haute-Savoie, Isère
Vins de Bugey ⎱	R	B	Ro	Ain
Roussette du Bugey ⎰				

LORRAINE

Moselle	R	B		Moselle
Côtes de Toul	R	B	Ro	Meurthe-et-Moselle

SUD-OUEST

Côtes du Marmandais	R	B		Lot-et-Garonne
Villaudric	R	B		Haute-Garonne
Tursan	R	B	Ro	Landes, Gers
Lavilledieu	R	B		Tarn-et-Garonne, Haute-Garonne

LES BONNES ANNÉES

Les cotes, de 1 à 20, se fondent sur la valeur et la qualité des vins aujourd'hui, non sur celles qu'ils avaient à l'origine de leur production ou lors de leur première mise en vente.

18-20	très grande année
16-17	grande
15	très bonne
14	bonne
12-13	honnête
11	médiocre
10 et au-dessous	mauvaise

L'absence de cote indique que le vin considéré est trop vieux pour présenter encore de l'intérêt, ou bien qu'il a disparu du marché.

Bordeaux rouges			
1980	18	1970	17
1979	15	1969	15
1978	18	1967	15
1977	16	1966	18
1976	18	1964	16
1975	19	1962	15
1974	13	1961	19
1973	13	1960	12
1972	13	1959	14
1971	16		

Années précédentes : peu de vins valent la peine d'être achetés, à moins qu'on ne soit sûr de leur origine et de l'excellence de leur entreposage. Dans bien des cas, les 1949 restent admirables. La plupart des autres années n'ont qu'un intérêt historique. Les millésimes médiocres (1963, 1965, 1968) ne sont pas cotés. Certains millésimes sont très inégaux selon les domaines (1959, 1964, 1970 par exemple) ; 1973 surtout et 1974 sont des années d'abondance, donc de qualités diverses selon les crus.

Bordeaux blancs	*sec*	*doux*
1980	16	17
1979	14	10
1978	18	16
1977	12	10
1976	17	19
1975	19	18
1974	14	11
1973	14	12
1972	14	13
1971	16	15
1970	17	16
1969	12	12
1967	15	14
1966	16	11
1964	16	—
1962	15	16
1961	18	19
1960	12	—
1959	14	12

Les Bordeaux blancs plus vieux ne sont intéressants que dans le secteur restreint des Sauternes. D'aucuns, dont je suis, pensent beaucoup de bien de l'année 1956, bien qu'elle soit généralement assez mal cotée : en effet, les grands Sauternes de ce millésime, y compris Yquem, sont plus légers, et moins doux qu'à l'habitude, encore que très racés. Quelques Graves 1955 ont survécu mais uniquement s'ils ont été gardés dans des conditions idéales. Tous les

Graves antérieurs à 1961 présentent des risques. Comme pour les rouges, 1963, 1965 et 1968 ne sont pas cotés ; 1959, 1964, 1970, 1973 et 1974 sont inégaux.

Bourgognes rouges

1980	17	1970	10
1979	15	1969	15
1978	19	1967	14
1977	15	1966	15
1976	19	1964	16
1974	14	1962	14
1973	14	1961	16
1972	16	1959	13
1971	15		

De rares 1949, les meilleurs 1947 peuvent encore être de grandes bouteilles. Ne les achetez qu'en faible quantité chez des fournisseurs parfaitement sûrs.

Quelques millésimes médiocres ne sont pas cotés. Beaucoup de 1959 sont « passés ». Les 1975 sont « petits » en Côte-d'Or. 1973 est une année abondante, comme 1970.

Bourgognes blancs

1980	15	1971	14
1979	15	1970	15
1978	19	1969	18
1977	15	1967	15
1976	15	1966	14
1975	15	1964	17
1974	14	1962	15
1973	15	1959	15
1972	13		

Les Bourgognes blancs ne sont pas des vins qui gagnent avec l'âge. Beaucoup de 1959 sont « passés ». Quelques millésimes médiocres ne sont pas cotés. Le Chablis 1975 est excellent (18).

Beaujolais

1980	18	1974	13
1979	17	1973	12
1978	18	1972	11
1977	17	1971	16
1976	16	1970	15
1975	14		

A part quelques grands crus (Moulin-à-Vent, Morgon, Fleurie, Juliénas, Côte de Brouilly), le Beaujolais se fait très vite ; aussi le consomme-t-on joyeusement et abondamment dans sa première année. 1975 est une année « jalouse », c'est-à-dire très inégale suivant les propriétés.

Côtes-du-Rhône

		méridionale	*septentrionale*
	1980	18	18
	1979	18	15
	1978	19	19
	1977	12	15
	1976	16	18
	1975	13	13
	1974	12	14
	1973	13	15
	1972	15	16
	1971	15	15
	1970	16	16

Vins de Loire

1980	15	1974	13
1979	12	1973	13
1978	16	1972	9
1977	10	1971	15
1976	20	1970	13
1975	15		

Alsace

1980	16	1974	14
1979	12	1973	16
1978	18	1972	12
1977	15	1971	10
1976	19	1970	15
1975	17		

Champagne

1980	13	1975	14
1979	16	1971	16
1978	15	1970	17
1977	10	1969	16
1976	16	1966	17

Un tableau détaillé des millésimes de Champagne ne peut éviter un certain ridicule. En l'espace de cinq à dix ans, aucun Champagne ne peut prétendre arriver sans mélange jusqu'au consommateur ; et le ferait-il qu'il serait vraisemblablement moins bon. Quant aux proportions de vins de différents millésimes qui contribuent à la préparation d'un Champagne non millésimé, c'est un secret bien gardé. Bref, seules les années « millésimées » ou susceptibles de l'être sont indiquées. Les vins millésimés doivent non seulement provenir à 100 pour cent de l'année considérée, mais encore chaque producteur ou négociant ne peut « sortir » en millésime que 80 pour cent au maximum de ses « entrées ». Les vins non millésimés sont des assemblages de vins récents et de vins de « réserve » des années antérieures.

LES AFFINITÉS CLASSIQUES
ENTRE LE VIN ET LES METS

Dans les zones tempérées des deux hémisphères, des centaines de millions de gens boivent quotidiennement du vin, de quelque provenance qu'il soit. Pour beaucoup, ce vin est le produit peu onéreux de leurs vignobles locaux, et il fait partie de leur régime habituel, tout comme la viande, les légumes, les fruits et le pain. Beaucoup d'amateurs et presque tous les connaisseurs tiennent en grande considération ces vins ordinaires et les boivent avec plaisir pourvu qu'ils soient authentiques et bien faits, ce qui est souvent le cas. Ces vins locaux, le consommateur les boira à son gré, sans autre règle que celle d'une saine modération. Beaucoup de paysans français et italiens, qui déjeunent aux champs ou dans leur vignoble, les boivent à la bouteille : les Espagnols les mettent presque toujours dans des *porrones*, petites outres de cuir. A table, on les sert souvent en carafe ou en pichet, et il n'est pas rare qu'on les coupe d'eau. Au bar, il arrive qu'on les allonge d'eau de seltz. Quand il fait chaud, rouges et blancs se boivent d'habitude frappés, ou du moins frais de cave ou rafraîchis dans un seau ou dans le puits. En d'autres saisons, on les servira à la température ambiante. Et c'est ainsi qu'il faudrait toujours faire.

Tout change pour les vins de qualité supérieure. Ils sont *toujours* le résultat d'un effort particulier du producteur, qui a planté tels cépages sélectionnés sur tels coteaux où ils rendent moins à l'hectare mais où ils donnent un raisin meilleur. Ces producteurs sont des artisans spécialisés et parfois de véritables artistes. Ce livre concerne principalement leur œuvre. Au risque de paraître arbitraire, ou même excessif, je dirai que ces vins-ci devraient être traités avec tout le soin et le respect que méritent la science, l'habileté et l'amour de qui les a faits. Il n'y a pas toutefois de règles inflexibles qui en gouvernent le service ; le tableau ci-dessous est simplement le fruit des préférences marquées par des générations de buveurs compétents. On trouvera de nombreux renseignements complémentaires ailleurs dans ce livre (→ verre, service, température, etc.).

Avec :	Servez :	Température :
Caviar	Champagne	Glacé
Saumon fumé, olives, amandes, amuse-gueule, en apéritif	Xérès sec, Montilla, Manzanilla, Madère sec, Champagne	Bien frappé
Huîtres	Chablis, Graves sec, Muscadet, Pinot blanc	Bien frappé
Coquillages	Montilla, Manzanilla, Xérès sec, Pinot blanc	Bien frappé
Consommé	Madère, Xérès moyen, ou ancien vin	Chambré
Bisque et autres potages veloutés	Le vin blanc de la suite	Frappé
Potage épais, pot-au-feu, bouillon, etc.	Le vin rouge de la suite	Chambré
Buffet froid d'été, pique-nique	Rosé	Bien frappé
Barbecue (poulet)	Rosé, blanc sec et léger	Bien frappé
Barbecue (bœuf)	Beaujolais, Zinfandel	Frais
Poisson (poché, grillé ou meunière), crabe, homard, langouste	Fuissé, Graves sec, Alsace, Moselle, Soave	Frappé
Poisson ou fruits de mer (préparation plus élaborée)	Les Bourgognes blancs les plus pleins, comme le Meursault. Graves	Frappé
Volailles ou viandes froides	Vins de Rheingau, Gewürztraminer	
Poulet ou dindonneau	Soit les vins blancs bien pleins, comme ci dessus ; soit, et peut-être de préférence, un Bordeaux rouge léger	Frappé / Chambré
Rôti de porc, jambon	Vin blanc pas trop sec, rosé	Frappé
Veau, ris de veau, etc.	Bordeaux rouge léger, Beaujolais	Chambré
Agneau	Bordeaux rouge fin	Chambré
Bœuf, faisan, etc.	Saint-Emilion ou Pomerol, Bourgogne rouge léger, Rouges italiens tels que Barbaresco, Barolo, Chianti classico	Chambré
Viandes étuvées ou en cocotte, etc.	Beaujolais, Côtes-du-Rhône	Chambré ou frais
Etuvées et ragoûts préparés au vin	Vins rouges charnus (Bourgogne, Rhône)	Chambré
Gibier, sauvagine ou même steak	Bourgogne, Hermitage, Châteauneuf-du-Pape, Barolo	Chambré
Salade	Pas de vin	
Fromage	Vin rouge corsé, Bordeaux puissant, Bourgogne, Rhône	Chambré
Dessert, pâtisserie, Fruits tels que poire	Sauternes doux, Anjou Rhin Beerenauslese, etc. Champagne	Bien frappé
Noix, etc.	Porto, Madère doux, Xérès doux	Chambré

GRANDS VINS, BOUTEILLES EXCEPTIONNELLES

Il peut arriver, en certaines occasions, qu'on désire offrir à des amis, grands amateurs de vin, quelque bouteille de qualité réellement exceptionnelle. En ce cas, il vaudra mieux construire le menu à partir du vin, plutôt que le contraire.

Voici un tableau des mets qui mettent le mieux en valeur différentes catégories de vin.

Vin	Température	Accompagnement
Xérès sec de haute qualité	10°	Amandes légèrement salées et noisettes
Vieux Madère sec	de la pièce	*Terrapin*, surtout par respect pour la tradition
Vieux Madère doux	de la pièce	Seul ou avec des noisettes, après le repas
Bordeaux blanc sec	10°-13°	Sole, turbot sauce mousseline
Chablis grand cru	13°	Huîtres, volaille froide
Montrachet, Bâtard-Montrachet, Corton-Charlemagne, Meursault, etc.	13°	Préparation élaborée de poisson ou crustacés
Médoc ou Graves rouge de grande année	de la pièce	Selle d'agneau ou gigot, saignant (pas de sauce à la menthe, bien entendu)
Saint-Emilion, Pomerol	de la pièce	Côte à l'os, roastbeef, faisan, perdreau, fromage
Grand Côte de Beaune rouge	16°-20°	Pintade, faisan, fromage
Grand Côte de Nuits	de la pièce	Bœuf, canard sauvage, fromage
Rhône rouge exceptionnel	16°-20°	Canard sauvage, bécasse, chevreau, fromage
Champagne	Glacé à 10°	Avant ou après le repas. Avec tous les plats froids
Sauternes ou Anjou blanc de grande année	10°	Pâtisserie ou soufflé bien choisi
Moselle, jusque et y compris les *Auslese*	13°	Truite au bleu, sole grillée
Moselle très fin, de très grande année	16°	Seul, après un dîner léger
Vins du Rhin, jusques et y compris les *Spätlese*	10°-13°	Poisson, poulet
Vins du Rhin très fins : *Auslese, Beerenauslese*, etc.	16°	Pâtisserie légère, soufflé. Ou encore, seuls après le repas
Barolo, Gattinara vieux	de la pièce	Bœuf ou gibier, fromage
Barbaresco, etc.	16°-20°	Veau, fromage
Chianti exceptionnel	16°-20°	Bœuf ou veau, fromage
Porto Vintage	de la pièce	Seul ou avec noisettes, après le repas

N.B. : Par « température de la pièce », nous entendons 18° à 22°. Aucun vin de prix ne peut être servi à plus de 22°, sous aucun prétexte.

abboccato. Mot italien. Se dit d'un vin doux ou demi-sec : c'est l'équivalent du français moelleux. On l'emploie surtout à propos des vins d'Orvieto*, lesquels se répartissent d'habitude en deux catégories : *secco* (sec) et *abboccato* (demi-sec).

abruzzi. Vins rouges et blancs d'Italie produits dans une région montagneuse du Centre-Est. Quelquefois ces vins pétillent ce qui en fait leur originalité, notamment le Montepulciano. Ces vins sont consommés localement.

Abzug. Dans l'expression allemande Schloss Abzug, ce terme désigne ce qu'on nomme, en France, « mise au Domaine ».

acerbe. Apre et acide (les deux en même temps) au goût, c'est-à-dire pendant la stimulation mécanique et chimique due au contact du vin avec les papilles et l'intérieur des joues.

acescence. Altération due aux bactéries acétiques se développant à la surface du vin au contact de l'air. L'alcool se transforme, sous l'influence de bactéries du genre *Acetobacter* (anciennement *Mycoderma vini*), en acide acéti-que et en acétate d'éthyle, avec augmentation de la teneur en acidité volatile. Un vin acescent a une odeur et un goût de vinaigre. On appelle encore l'acescence *piqûre acétique*.

acétate d'éthyle. Ester qui donne les caractères que prennent les vins *piqués*, cette odeur piquante, ce *montant* qui les rendent si désagréables (montré par Peynaud en 1936). Le seuil de perception de l'acescence peut être situé entre 140 et 180 mg d'acétate d'éthyle par litre.

Achaïe. Province de Grèce, au nord du Péloponnèse. L'Achaïe produit, surtout dans la région de Patras, bon nombre de vins de table, des rouges et des blancs.

acide. Le vin, au même titre qu'une limonade, contient un certain taux d'acide. Si le taux est trop faible, le vin est plat, mou, fade, peu attrayant ; par contre, s'il est trop élevé, on peut dire que le vin est vivace, vert ou même acide. Toutefois, s'il s'agit des acides naturels du raisin (acide tartrique ou acide malique), on dira plus justement que le vin est *acerbe* : c'est comme une limonade qui contient trop de jus de citron. L'ensemble des acides d'un vin donnent de la nervosité, de la virilité et de la fraîcheur.

acide acétique. C'est un acide volatil (CH_3COOH) qui se forme dans la vinification, aux dépens des sucres, pendant la fermentation alcoolique (0,02 à 0,04 g par litre) ; le taux est légèrement supérieur après la fermentation malolactique. Il peut se former ensuite pendant une conservation défectueuse du vin, aux dépens de l'alcool, sous l'influence des bactéries acétiques, et aux dépens des sucres, de l'acide tartrique, du glycérol, sous l'influence des bactéries lactiques. La teneur en acide acétique peut alors atteindre et même dépasser 1 g par litre. Dans ce cas, le vin est généralement impropre à la consommation.

Cette formation se fait en présence de l'air. C'est un phénomène respiratoire, selon la formule suivante :

$$\underset{\substack{\text{alcool} + \text{oxygène}\\ CH_3CH_2OH + O_2}}{} \xrightarrow{\textit{Acetobacter}} \underset{\substack{\text{acide acétique} + \text{eau}\\ CH_3COOH + H_2O}}{}$$

L'acide acétique est l'acide du vinaigre*. Il n'a pas d'odeur par lui-même tant que sa concentration n'est pas forte ; pourtant les vins contenant une dose d'acide acétique supérieure à la normale ont généralement une odeur et un goût caractéristiques, désagréables, dus à la formation d'acétate d'éthyle, parallèlement à la production d'acide acétique.

acide lactique. Acide naturel du vin, dont les quantités produites pendant la fermentation alcoolique sont de l'ordre de 1 g par litre. Dans les vins rouges, après fermentation malolactique, la teneur en acide lactique atteint souvent et dépasse parfois celle de l'acide tartrique.

acide malique. Acide naturel qui définit presque à lui seul l'état de maturité du raisin et même, dans une large mesure, la qualité du vin. La verdeur des vins de certaines années, le caractère acerbe des vins jeunes sont dus à l'acide malique. Celui-ci diminue dans le raisin, au cours de la maturation, par combustion respiratoire ; dans le vin, pendant la fermentation alcoolique et enfin pendant la fermentation malolactique. Dans cette dernière fermentation, il se transforme en acide lactique et en gaz carbonique. Un vin qui a subi complètement cette fermentation ne contient plus d'acide malique.

acidité fixe. Somme en grammes par litre, exprimée en acide sulfurique (France) ou en acide tartrique (Allemagne, Italie), des acides fixes du vin (acides organiques et acides minéraux).

acidité réelle. Terme commun qui désigne ce qu'un chimiste appelle le pH d'un vin, c'est-à-dire la force des acides d'un vin. On peut dire, sans craindre une explication trop technique, qu'il existe des acides plus intenses que d'autres. A telle enseigne que des vins peuvent présenter la même acidité, fixe ou totale, et néanmoins avoir un pH tout différent. En général, les liquides ayant un pH de 7 ne sont ni acides ni alcalins : ils sont neutres. Ceux qui ont un pH de 5 ou moins coloreront en rouge le papier tournesol (réaction alcaline). Moins le pH d'un vin est élevé, plus son acidité est intense. Le pH du vin est compris entre 2,8 et 3,8.

acidité totale. Terme technique désignant la somme de l'acidité fixe et de l'acidité volatile d'un vin.

acidité volatile. Ensemble des acides gras de la série acétique, facilement décelable dans un vin, même par un profane, s'il dépasse 0,8 g par litre.

En France, les vins détenus par les producteurs et les négociants en gros qui, au moment de leur vente, présenteraient — par début d'acescence ou pour toute autre cause — une acidité volatile supérieure à 0,9 g par litre, exprimée en acide sulfurique, sont impropres à la consommation. Cette teneur est majorée de 0,1 g/l pour les vins détenus par les détaillants.

acquavite. En Italie, terme désignant ce qu'en France nous appelons « eau de vie ».

acquit. En France pièce officielle délivrée par la Direction des Impôts (Indirects) accompagnant les colis de vins et d'eau de vie afin d'en payer la taxe. Lorsque les taxes sont payées cette pièce s'appelle un congé. Selon le type de produit, cet acquit aura une couleur différente : le papier jaune doré accompagnera l'Armagnac et le Cognac, le papier vert les vins A.O.C. ...

adega. Au Portugal, entrepôt ou cellier pour les vins, généralement construit au ras du sol. C'est l'équivalent du *chai* en France et de la *bodega* en Espagne.

Adige. Fleuve de l'Italie du Nord ; arrose le Tyrol italien* et le Valpolicella*. → Haut-Adige, Bolzano, Trentin.

Adom Atic. Vin rouge de table (sec ou demi-sec) produit en Israël.

Affenthaler. Vin rouge allemand, né au pied des collines de la Forêt-Noire, près de Baden-Baden. Il provient, en général, du Spätburgunder ou Pinot noir. C'est un vin de teinte claire, presque un rosé, et de qualité très moyenne. A l'instar du Zeller Schwarze Katz et du Kröver Nacktarsch, il doit une certaine notoriété à

son nom curieux : *Affenthal* = vallée des singes.

L'Affenthaler est aussi un cépage rouge très répandu dans le Wurtemberg, où on le trouve généralement interplanté avec le Tröllinger ou avec d'autres variétés. Il produit des vins qui manquent de distinction.

affranchissement (des fûts et des cuves). Traitement que l'on fait subir aux fûts et aux cuves en ciment pour éviter que le moût ou le vin ne prennent mauvais goût.

Afrique. L'Afrique ne produit de vin qu'à ses extrémités nord et sud, dans les zones tempérées. → Algérie, Maroc, Tunisie, Afrique du Sud.

Afrique du Sud. La viticulture a commencé en Afrique du Sud au début de la colonisation hollandaise et l'un des vignobles les plus célèbres, le Groot Constantia, a été planté en 1684. La production actuelle est de cinq millions d'hectolitres par an, dont la plus grande partie est exportée vers la Grande-Bretagne. Dans l'ensemble, les vins d'Afrique du Sud n'ont jamais retrouvé la réputation flatteuse qu'ils avaient au XIXe siècle (même en France). Il n'empêche que quantité de ces vins sont de bonne qualité. C'est le cas, particulièrement, des Sherries, pour la plupart des vins de fleur vieillis en *solera*. Les principaux vignobles sont groupés autour du Cap, entre French Hoek et Wellington, dans le Paarl Valley ; dans la région de Stellelbosch et autour de Wynberg, près de Constantia. Il est intéressant de noter que ces vignobles se trouvent exactement à la même latitude sud que les meilleurs vignobles du Chili et d'Australie.

âge des vins. Tous les vins, pour autant qu'ils soient entreposés selon les règles, tendent à s'améliorer avec l'âge. Mais en général on insiste trop sur l'âge d'un vin : comme si l'âge en soi était une vertu. Le cas existe mais il est plutôt rare. Chaque vin a son évolution propre : jeunesse, maturité et vieillesse, mais ce schéma comporte autant de nuances qu'il existe de vins. Beaucoup de vins sont meilleurs jeunes : tous les vins de table (des vins légers, non vinés) perdent leur fraîcheur et leur fruité, se dessèchent si on les garde trop longtemps en fût. Tous les vins de table et certains vins vinés, comme les Portos de grands millésimes, mis en bouteilles jeunes, s'améliorent pour ainsi dire davantage en bouteille que dans le bois. Il n'y a toutefois pas de règle absolue : certains vins ne s'améliorent que pendant six ou huit mois, d'autres pendant cinquante ans. D'une façon générale, les trois quarts des vins du monde atteignent leur plénitude avant leur quatrième année, après quoi ils se dégradent lentement mais sûrement.

Parmi les vins qu'il faut en principe consommer vers leur troisième année et en tout cas avant leur cinquième année figurent : tous les rosés (français, italiens, portugais, etc.) ; la plupart des Bourgognes blancs sauf, dans les grandes années, les vins provenant des meilleurs crus ; la plupart des vins secs de Loire et d'Alsace ; presque tous les vins italiens sauf certains grands vins rouges issus du Nebbiolo (Barolo, Gattinara, Barbaresco, Valtellina), certains Chianti et quelques autres vins, tels l'Aglianico del Vulture ; tous les vins allemands, hormis les mises du domaine de bons propriétaires, les vins provenant des meilleurs crus et les grands millésimes ; beaucoup de Graves secs ; d'une façon générale, les Beaujolais et les vins français moins distingués.

Aglianico. Remarquable vin rouge de la province italienne de Potenza, à l'est de Naples. Les meilleurs vignobles se concentrent sur le sol volcanique du Monte Vulture. Dans cette région isolée et assez arriérée, les caves bien équipées sont rares ; aussi est-il difficile de trouver un Aglianico del Vulture authentique, bien vinifié et non coupé. Mais il vaut la peine de le chercher : c'est un vin plein, séveux et d'un bouquet remarquable. On ne trouve que peu de vins rouges de cette qualité — et aucun ne le surclasse — dans l'Italie centrale et méridionale.

Agly. Vallée dans les Pyrénées Orientales où s'étale sur ses collines l'un des plus nobles vignobles du Roussillon. Autrefois, les Côtes d'Agly représentaient une A.O.C. en vin doux naturel. Aujourd'hui, elles ont fusionné dans l'A.O.C. Rivesaltes.

aigre. Se dit d'un vin contenant de l'acide acétique et de l'acétate d'éthyle. → Acescence.

aigre-doux. Se dit d'un vin présentant à la fois un goût aigre et une saveur sucrée, dus au développement de bactéries lactiques qui attaquent le glucose et le fructose en donnant de l'acide lactique, de l'acide acétique (→ piqûre lactique) et du mannitol. Cette maladie peut se déclarer quand la fermentation d'un vin très peu acide s'arrête sous l'action de l'élévation de la température.

Aisne. Département français situé au nord et à l'est de la Marne. Seule une partie du département appartient légalement à la Champagne vinicole et produit quelques Champagnes (40 000 hl environ par an), la plupart de second choix.

Aix-en-Provence. Coteaux d'Aix-en-Provence.

Ajaccio. Chef-lieu du département de la Corse. Production d'un petit volume de vins à appellation contrôlée, sur la base des cépages *sciacarello* (rouge) et *vermentino* ou malvoisie de Corse (blanc).

alambic. Vient de l'Arabe al-anbiq : vase. Cet appareil permet de distiller des jus fermentés d'origine végétale pour l'obtention d'alcool. Il est composé d'un réservoir ou cucurbite, d'un vase supérieur ou chapiteau qui dirige les vapeurs d'alcool dans un serpentin réfrigéré où se condensent les vapeurs les plus volatiles.

alambrado. En Espagne, bouteille entourée d'une résille de fil de fer (*alambre*) ; présentation courante pour les vins supérieurs à la moyenne.

Alameda. Région du nord de la Californie, sur la côte est de la baie de San Francisco ; un des comtés de la Côte nord. Les principaux vignobles se trouvent dans la vallée de Livermore, au sud-est d'Oakland. Ils sont plantés de Sauvignon blanc, de Sémillon, de Pinot blanc, de Chardonnay et d'autres variétés supérieures : presque uniquement de cépages blancs. Les vins blancs de l'Alameda comptent parmi les plus appréciés et les meilleurs de Californie. Les domaines les plus renommés sont : Wente Bros, Concannon, Cresta Blanca, etc.

Alba. Ville d'Italie (Piémont), célèbre par ses truffes blanches ; un des principaux centres de production des vins fins de l'Italie du Nord. C'est de la région d'Alba que proviennent le Barbaresco* et le Barolo*.

Albana. Vin blanc sec ou demi-sec, riche en alcool, produit en Emilie (Italie) et issu du cépage du même nom. Le meilleur provient de Bertinoro,

près de Forli.

Albanello. Vin blanc de Sicile, issu du cépage du même nom et produit dans la province de Syracuse. Riche en alcool, il rappelle un peu le Marsala ; il existe en sec et en doux.

Albano. Vin blanc, plaisant et pas cher, originaire des monts Albains, au sud-est de Rome. → Castelli romani.

albariza. Terre blanche, mélange de kaolin et de chaux, caractéristique des vignobles qui entourent la ville de Jerez (Espagne) ; produit les vins les plus bouquetés et distingués de Xérès : le Fino et la Manzanilla. On retrouve un sol presque semblable près de Montilla*.

alcool. L'alcool éthylique (C_2H_6O), incolore, volatil, se forme sous l'action d'enzymes sécrétées par des micro-organismes vivants, les levures. Elles transforment le sucre des moûts en parts à peu près égales d'alcool et de gaz carbonique. Ce processus s'appelle la fermentation*. Les vins de table titrent normalement de 8 à 14 ou 15 degrés. Les vins vinés, c'est-à-dire les vins additionnés d'alcool (sous la forme d'eau-de-vie de vin ou d'alcool trois-six) titrent généralement de 18 à 22 degrés.

aldéhyde. Obtenu par l'oxydation de l'alcool. On en trouve une certaine quantité dans le vin. Il joue un rôle essentiel dans le goût, et surtout dans le bouquet, notamment des vins vieillissants.

Aleatico. Nom d'un cépage italien et du vin, presque toujours rouge et généralement liquoreux, qu'il produit. Ce cépage appartient à la famille des Muscats, ce qui donne au vin un goût de muscat souvent très accusé. Le meilleur Aleatico vient de l'île d'Elbe et porte parfois le nom Portoferraio, ville principale de l'île.

Alella. Vin blanc agréable, originaire du village d'Alella, au nord de Barcelone. C'est un des vins de table les plus populaires de Catalogne. Il se vend généralement en bouteilles brunes, minces et élancées, comme les vins du Rhin. En général, l'Alella est demi-sec et assez fortement sulfité.

Algérie. Il y a une centaine d'années, les colons français y plantèrent des vignes sur de vastes étendues, près de trois cent quarante mille hectares au total. En 1959, la production annuelle de l'Algérie atteignait 18 millions d'hectolitres, à peu de chose près la production du Portugal. Près des deux tiers de cette production prenaient le chemin de la France : ils représentaient, approximativement, trois fois le volume total des exportations de vins français. Un tiers de la population laborieuse de l'Algérie (pour la plupart, des musulmans abstinents) était occupé dans l'industrie vinicole.

La plus grande partie de la production de l'Algérie comprenait — et comprend encore — des vins de table ordinaires titrant de 11 à 14 degrés. Mélangés aux vins du Midi* de la France, les vins d'Algérie constituaient la base du vin ordinaire que buvaient les Français. Principaux cépages utilisés : Carignan, Cinsaut, Grenache noir, Alicante-Bouschet.

Les meilleurs vins d'Algérie présentaient une qualité surprenante, surtout les vins rouges et quelques rosés, originaires d'une zone délimitée de qualité supérieure (→ V.D.Q.S.) et comprenant les anciens départements d'Oran, d'Alger, de Mostaganem et de Tlemcen. On compte une douzaine de zones délimitées de qualité supérieure : elles totalisent près de 26 000 hectares de vignes et une production annuelle de plus de 450 000 hectolitres. Les meilleurs vignobles sont situés dans les régions montagneuses, à une distance de 50 à 80 km de la côte, et à une altitude variant entre 450 et 750 mètres. Citons, de l'est à l'ouest, les régions produisant les meilleurs vins : Aïn-Bessem-Bouira (au sud-est d'Alger), Médéa, Côtes du Zaccar (au sud et au sud-ouest d'Alger), Haut-Dahra (non loin de la côte, à l'ouest), Mostaganem et Mostaganem-Kenenda (non loin de la côte, à l'est d'Oran), Aïn-el-Hadjar, Mascara et Coteaux-de-Mascara (au sud-est d'Oran), Monts du Tessalah (comprenant Oued-Imbert, M'Silah, Crêtes des Berkèches, Parmentier, au sud d'Oran, et les Coteaux de Tlemcen au sud-ouest d'Oran, non loin de la frontière marocaine). Les cépages rouges les plus répandus sont : le Carignan, le Cinsaut, le Grenache, le Cabernet, le Morastel, le Mourvèdre, le Pinot, etc. Le Faranah, la Clairette, l'Ugni blanc et l'Aligoté sont les cépages blancs prépondérants.

Il est difficile de prévoir avec une certaine vraisemblance — sans parler de certitude — ce qu'il adviendra des vignobles d'Algérie. Beaucoup de colons français, propriétaires et techniciens, ont quitté le pays. Plusieurs grands domaines, parmi ceux qui produisent des vins supérieurs, ont été confisqués et démembrés.

Alicante. Vins récoltés dans la province d'Alicante, au sud de Valence, sur la Méditerranée. La production d'Alicante comprend principalement des vins rouges doux, mais aussi des vins de table rouges, francs, honnêtes, bon marché, mais faibles en acide ; ces vins proviennent principalement du Grenache (souvent appelé Alicante dans le Midi de la France).

Alicante-Bouschet. Un des nombreux cépages rouges, de grand rendement au détriment de la qualité, développés au XIXᵉ siècle par L. et H. Bouschet, lesquels recherchaient, pour le Midi de la France et l'Algérie, un hybride qui donnerait une forte production de vins très colorés, riches en alcool et pas chers. A l'inverse de la plupart des autres cépages rouges, l'Alicante-Bouschet produit un raisin à jus rouge : il résulte d'un croisement du Teinturier du Cher, de l'Aramon et du Grenache. Largement cultivé en Californie, pendant la prohibition, comme raisin de cuve, par les producteurs-récoltants, il occupe encore en superficie la quatrième place parmi les cépages californiens. On ne le rencontre pas dans les vignobles producteurs de vins fins.

Aligoté. Cépage blanc productif, de seconde qualité, cultivé en Bourgogne dans les terrains les plus pauvres. Il produit un vin blanc très agréable, gouleyant mais de vie courte : bu en primeur, c'est un excellent vin de carafe. Les Bourgognes blancs issus de l'Aligoté doivent s'étiqueter : Bourgogne-Aligoté. Ce vin est rarement exporté.
Production moyenne : 38 500 hl environ par an.

Allemagne. L'Allemagne est, par excellence, le pays septentrional de la culture de la vigne. Mayence, centre du vignoble, étant situé à 50° de latitude. On ne croirait pas rencontrer la vigne lorsqu'on traverse les forêts du massif schisteux rhénan, les contreforts gréseux de la Hardt palatine ou le Hunsrück qui prolonge l'Ardenne, régions froides et humides, balayées par les vents et battues par les pluies. Mais la coupure profonde du Rhin et de ses affluents a créé des zones climatiques tempérées et sèches, où pousse une végétation qui surprend par la présence de plantes méditerranéennes.

Dans ces situations abritées, la culture de la vigne devient possible, à condition de choisir des cépages à courte période végétative, dont les jeunes pousses peuvent échapper aux gelées du printemps et dont les fruits peuvent mûrir avant l'arrivée des brouillards d'automne. Ainsi la vigne est-elle étroitement localisée dans les meilleures situations et ne couvre-t-elle que 0,5 pour cent de la surface agricole utile. Elle occupe 80 000 hectares et son rendement à l'hectare a plus que doublé depuis la dernière guerre, dépassant certaines années 100 hl en moyenne à l'hectare.
Les plus vastes vignobles sont en Palatinat* et en Hesse* rhénane, sur la rive gauche du Rhin. Mais le vignoble accompagne aussi le fleuve en Rheingau*, Hesse-Nassau et Mittelrhein*, s'avançant jusqu'aux portes de Bonn. Elle borde la Moselle, depuis sa sortie de France jusqu'à Coblence. En Bade et en Wurtemberg, on la retrouve face à l'Alsace, au bord du lac de Constance et sur les rives du Neckar jusqu'au-delà de Stuttgart. Enfin, en Franconie, elle atteint ses positions les plus orientales, où le climat est déjà semi-continental : c'est la région de Wurzbourg, sur les rives du Main.
Les cépages blancs dominent largement (85 %). Le Sylvaner* vient en tête pour l'importance des superficies cultivées, devant le Riesling*. Le Müller-Thurgau*, création de la fin du siècle dernier par métissage ou par semis, est également très cultivé car il est extrêmement précoce (il est interdit en Alsace). Viennent ensuite le Chasselas (Gutedel*), le Pinot gris* (Rülander), le Traminer*, le Pinot noir* (Spätburgunder), le Portugais bleu, le Trollinger, le Pinot meunier*, le Gamay*...
La nouvelle loi allemande sur le vin (14 juillet 1971, tous les décrets d'ap-

LE VIGNOBLE ALLEMAND

plication n'étant pas encore publiés en 1972) est conforme aux principes adoptés par la Communauté économique européenne*. (→ Aussi vins de qualité produits dans des régions déterminées.) Les vins de table peuvent porter comme indication de provenance le nom d'une des quatre principales régions (*Weinbaugebiete*) : Rhin et Moselle, Main, Neckar, Oberrhein. Ils peuvent également porter le nom d'une région plus restreinte. Ce sont des vins de consommation courante, qui peuvent être coupés avec des vins étrangers. Si l'on n'a utilisé que des vins allemands, le vin est appelé *Deutscher Tafelwein*.

Les « vins de qualité produits dans des régions déterminées »* sont de deux catégories : a) *Qualitätswein bestimmter Anbaugebiete* (QbA), b) *Qualitätswein mit Prädikat*.

a) Il y a 11 régions productrices pour les QbA : Ahr*, Hessische Bergstrasse, Mittelrhein*, Mosel-Saar-Ruwer*, Nahe*, Rheingau* Rheinhessen (Hesse rhénane) Rheinpfalz (Palatinat), Franken (Franconie), Württemberg, Baden (Pays de Bade). Les vins peuvent avoir été chaptalisés par addition d'une solution d'eau sucrée dans la limite d'un volume de 10 pour cent et d'un enrichissement en alcool de 3°5. Ces vins font l'objet d'une analyse obligatoire et doivent porter sur les bouteilles le numéro de cette analyse officielle.

b) *Qualitätswein mit Prädikat.* Les *Prädikat* (qualificatifs) sont les suivants : Kabinett*, Spätlese*, Auslese*, Beerenauslese*, Trockenbeerenauslese* et Eiswein* ; ils ne peuvent être utilisés qu'avec leur numéro d'analyse. Le *Prädikat* Eiswein ne peut pas être employé seul. Pour ses vins, la chaptalisation est interdite (mais cette pratique est, en fait, incontrôlable). Les degrés minima d'alcool pour les *Prädikatsweine* sont :

pour les Kabinett, Spätlese, Auslese, Eiswein : 7° ;

pour les Beerenauslese et Trockenbeerenauslese : 5°5.

Ces vins peuvent porter un nom de lieu-dit (le nombre de ces noms a été considérablement réduit par des regroupements). Un millésime signifie qu'au moins 75 % d'un vin provient de l'année indiquée. Si le nom d'un cépage est mentionné sur l'étiquette, le cépage doit représenter au moins 75 % de l'encépagement qui a donné le vin. Sont désormais interdites les mentions :

1° *Original Abfüllung,* remplacé par *aus eigenem Lesegut* et *Erzeugerabfüllung.* Ces expressions correspondent à la mise en bouteille à la propriété.

2° *Natur, feine, feinste, hochfein,* et *edel,* qui correspondent aux mots français naturel, grand, supérieur...

3° *Goldbeerenauslese* et *Edelbeerenauslese, Sankt Nikolauswein, Sankt Barbarawein.*

La dénomination « Liebfraumilch », très populaire dans les pays anglo-saxons, a fait l'objet d'une réglementation spéciale. Jusqu'alors, n'importe quel vin pouvait être ainsi étiqueté.

1° Liebfraumilch est un *Qualitätswein* provenant obligatoirement de l'une des régions suivantes : Rheinpfaltz, Reinhessen et Nahe.

2° Le moût, pour un Liebfraumilch, doit titrer au moins 60° Œschlé.

3° Les cépages sont le Sylvaner, le Müller-Thurgau et le Riesling.

4° Liebfraumilch ne devrait plus être présenté avec un Prädikat...

De nombreuses autres réglementations font l'objet de cette loi.

L'Allemagne exporte des vins blancs aux Etats-Unis et en Angleterre, mais également dans les Pays-Bas, le Danemark, la Suède, la Belgique, Les Français n'apprécient pas beaucoup ces vins, qu'ils connaissent mal et qu'ils trouvent à la fois acides et doux, et ils n'en importent que fort peu. Il est vrai que les vins allemands les plus fins atteignent des prix très élevés. Les amateurs de ces vins leur reconnaissent de grandes qualités : ils sont légers (8 à 11° d'alcool), rafraîchissants, faciles à boire, fruités, parfumés, très populaires dans les pays anglo-saxons. Ils sont pour la plupart présentés dans des flûtes, brunes pour les vins du Rhin, vertes pour ceux de la Moselle, mais certains dans des bouteilles trapues, les *Bocksbeutels.*

La région de la Rheingau (rive droite du Rhin entre Wiesbaden et Rüdesheim) est reconnue comme la meilleure, avec des villes aussi célèbres que Hochheim*, Johannisberg*, Rüdesheim*... La Hesse rhénane, très viticole, se glorifie de centres comme Nierstein et Oppenheim. Le Palatinat, avec sa *Weinstrasse,* peut

avancer les noms de Forst, Deidesheim, Wachenheim et Ruppertsberg.
La Moselle produit des vins de Riesling, égaux aux meilleurs vins du Rhin ; ses affluents, la Sarre et le Ruwer, présentent des crus d'une qualité voisine de celle des vins de Moselle. Les autres régions viticoles, le Rhin moyen, le Wurtemberg, le pays de Bade, la Nahe et la Franconie, peuvent offrir des vins intéressants mais n'ont pas l'importance des précédentes. Le coût de production des vins allemands est plus élevé que celui de tout autre pays, en raison des difficultés que présente le climat. Ainsi les vins bon marché sont-ils presque toujours médiocres. Mais les meilleurs peuvent être extraordinaires et rivaliser avec les plus grands vins blancs de Bourgogne et de Sauternes. Ils sont toujours chers mais, pour un grand amateur, de tels vins peuvent valoir leur prix, s'ils sont incomparables !

Almadén. Le plus grand producteur californien de vins de table recherchés, de champagnes et de sherrys traités par la méthode espagnole *solera*. Le vignoble d'origine se trouve sur le bord occidental de la vallée de Santa Clara, à cent kilomètres environ au sud de San Francisco. Il fut planté en 1852 par deux Français, Théo Thée et son gendre Charles Lefranc : c'est le plus ancien vignoble de Californie encore en activité.
Les vignobles d'Almadén (ce qui subsiste du vignoble primitif se trouve cerné par l'extension de la propriété bâtie) comprend actuellement de vastes prolongements dans des régions moins touchées par le progrès : 2 000 hectares de vignobles dans les comtés de San Benito et de Monterey, au sud, et des vignes dans la vallée de Livermore.
Almadén a été la première cave de Californie à produire et à commercialiser un vin rosé. Les autres vins populaires d'Almadén comprennent : le *Mountain Red* et le *Mountain White*, agréables et bon marché ; un bon vin mousseux, issu en grande partie du Pinot français, vendu sous le nom de champagne californien, ce qui est légal aux Etats-Unis ; des sherrys californiens de type *solera* ; un grand choix de *varietal wines* (vins produits à partir de raisins provenant d'un seul cépage) qui doivent leur nom au cépage dont ils proviennent : Cabernet Sauvignon, Pinot noir, Chardonnay (improprement dénommé Pinot Chardonnay), Johannisberg Riesling, Sauvignon, Pinot blanc, Sylvaner, Sémillon, etc.

Aloxe-Corton. Commune viticole réputée de la Côte d'Or (Bourgogne), la plus septentrionale de la Côte de Beaune. Fait unique, ses vins rouges et ses vins blancs jouissent de la même célébrité, encore que les meilleurs ne portent pas l'appellation Aloxe, mais celles de : Corton (rouge), Corton-Charlemagne (blanc), Corton Clos du Roi (rouge), Corton Bressandes (rouge), etc. Bénéficient aussi de cette appellation certains crus des deux communes voisines, Ladoix-Serrigny et Pernand-Vergelesses, qui se récoltent sur les pentes de la même colline. Tous ces vins doivent provenir exclusivement du Pinot noir ou du Chardonnay. Les Cortons rouges des grandes années sont probablement les meilleurs et, à coup sûr, les vins de plus longue garde de la Côte de Beaune : de magnifiques Bourgognes d'une classe et d'une race étonnantes, soyeux, équilibrés et très fins. Les Cortons blancs et les Cortons-Charlemagne égalent les Meursaults les plus réussis et les surpassent même, au dire de certains experts. Les vins vendus sous l'appellation Aloxe-Corton (parfois suivie du nom d'un climat), sont nettement moins distingués : plus lé-

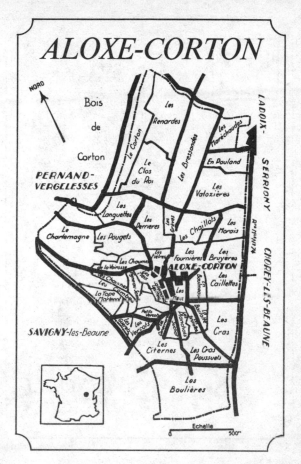

gers, moins nerveux, délicats et séduisants ; ils se font vite et moins longue est leur vie.

Alsace. Ancienne province française, divisée actuellement entre les départements du Haut-Rhin et du Bas-Rhin. Les vignobles qui couvrent le pied des Vosges depuis la banlieue de Mulhouse, au sud, jusqu'aux environs de Strasbourg, au nord, comptent parmi les plus beaux du monde. L'Alsace ne produit pour ainsi dire que des vins blancs (six à huit cent mille hectolitres pour dix mille hectares), auxquels il faut toutefois ajouter une petite quantité de vin rosé et de vin gris ; le meilleur rosé, vendu comme Pinot rosé, provient du Pinot noir exclusivement. Les principaux cépages blancs

LE
VIGNOBLE
ALSACIEN

sont, plus ou moins par ordre de qualité : le Riesling, le Gewürztraminer*, le Pinot gris (ou Tokay d'Alsace), le Pinot blanc (Klevner), le Muscat Ottonel, le Sylvaner et le Chasselas. On peut citer les principaux vignobles (du nord au sud) d'après les villages dont ils portent le nom : Marlenheim (principalement des rosés), Molsheim, Obernai, Goxwiller, Barr, Mittelber-gheim, Dambach, Bergheim, Ribeauvillé, Hunawihr, Sigolsheim, Ammerschwihr, Kientzheim, Kaysersberg, Turckheim, Eguisheim, Husseren-les-Châteaux, Vœgtlinshoffen, Guebwiller. Cependant, beaucoup d'autres villages ont droit à l'appellation « Alsace » ou « vin d'Alsace », conformément à la loi sur les appellations contrôlées. On rencontre parfois — mais, c'est l'exception — des appellations propres à certaines vignes ou certains crus (Kæferkopf, Kanzlerberg, etc.). On ne les confondra pas avec les marques, qui s'appliquent souvent à des vins de qualité moindre.

Les vins d'Alsace tirent généralement leur nom du ou des cépages dont ils proviennent, mais ils portent souvent aussi le nom de leur village d'origine. La mention *Edelzwicker* indiquait un coupage de différents cépages. Elle excluait l'emploi d'un nom de cépage. Mais elle n'est plus admise. La réglementation des appellations communales et locales est à l'étude. L'expression « grand cru », à l'exception de toute autre, y compris les mots « grand » et « cru » employés seuls ou associés à d'autres termes indiquant une supériorité de qualité, ne peut être utilisée que pour les vins provenant des cépages Riesling, Gewürztraminer, Muscat, Pinot gris, Pinot noir, et pour autant qu'ils aient été récoltés à très bonne maturité. Ces vins font l'objet d'un contrôle de la qualité en bouteille. Quant aux vins d'appellation communale ou locale, ils doivent être également dégustés avant la vente.

Présentés dans de grandes flûtes minces — comme les vins de Moselle — peu chargés en alcool (de 10° à 13°), très parfumés et, en général, assez secs, les vins d'Alsace jouissent d'une grande faveur depuis la première guerre mondiale, tant en France qu'en Grande-Bretagne et en Amérique ; ils méritent leur réputation.

Alsheim. Ville vinicole de la Hesse rhénane (Allemagne) ; deux cent quarante hectares de vignobles principalement voués au Sylvaner.

amabile. Mot italien : doux, plaisant. Se dit d'un vin qui, quoique d'ordinaire assez sec, est vinifié en moelleux et même en doux.

amarone. Vin italien, rouge très corsé, élaboré à partir de raisins passerillés.

Amboise. Ville de la Loire, entre Tours et Blois ; produit quantité de vins frais, fruités et coulants, qui portent l'appellation Touraine-Amboise. Les blancs, qui rappellent le Vouvray, proviennent du Chenin blanc ; les rouges et les rosés du Malbec ou Côt, du Gamay et parfois du Cabernet franc. Ils sont, pour la plupart, consommés sur place.

Ambonnay. Une des meilleures communes viticoles de la Montagne de Reims (Champagne française). Cépage : Pinot noir ambré (se dit d'un vin dont la couleur tire sur le jaune foncé).

amélioration. Terme de vinificateur, très largement utilisé pour couvrir différentes pratiques, certaines tout à fait justifiées, d'autres illégales, telles que l'addition de sucre au moût avant la fermentation (→ chaptalisation), la correction de l'acidité, etc. Dans la plupart des pays producteurs de vin, des lois rigoureuses réglementent de telles pratiques.

amer. Terme de dégustation, mais aussi nom d'une maladie des vins. Certains vins rouges prennent en vieillissant une saveur désagréable caractéristique, due souvent à une évolution des tanins ; mais l'amertume légère d'un vin blanc jeune peut être un signe de grande qualité future.

La maladie de l'amer est causée par des bactéries. On l'appelle aussi « piqûre acroléique ». Dangereuse autrefois, surtout en Bourgogne pour les vins rouges, elle a pratiquement disparu aujourd'hui, grâce à une meilleure hygiène et à l'emploi judicieux de l'anhydride sulfureux dans la vinification et la conservation des vins.

américains (vins). D'après les lois et les règlements en vigueur aux Etats-Unis, tout vin récolté sur ce territoire peut s'appeler vin américain. L'usage commercial est légèrement différent : les vins de Californie — des vins américains pourtant — portent rarement cette appellation ; les vins non coupés de New-York ou de l'Ohio ne la portent jamais. On réserve, en général, cette appellation aux vins de coupage de Californie et de l'Est, comme le « Sherry » américain. Dans un sens plus restreint, on appelle vins américains les vins qui proviennent uniquement de cépages indigènes : Concord, Delaware, Catawba, Elvira, cultivés soit en Californie, soit dans l'Est. → cépage, Est, New York.

americano. Nom donné par les producteurs du Tessin (Suisse italienne) aux vins provenant des hybrides américains plantés en remplacement des vignes indigènes détruites par le mildiou* et le phylloxéra*. Malheureusement, ces plants étaient en général de la variété Isabella, de médiocre qualité, cousine — au parfum lourd — du Concord et fort peu susceptible — peu importent les conditions — de produire un vin honnête. L'autre vin local, le Nostrano (littéralement : le nôtre), provient de cépages européens : quoiqu'il manque souvent de distinction, il surpasse nettement l'Americano.

L'Americano est aussi une boisson rafraîchissante, à base de vermouth italien doux et de Campari, additionnée d'eau gazeuse.

Amérique du Sud. La vigne réclamant un climat tempéré, ce n'est que dans la partie sud, plus froide (un tiers du continent sud-américain) que l'on trouve des établissements viticoles. Mis à part quelques vignobles du Pérou (plantés tous à haute altitude), on ne produit du vin qu'au sud du tropique du Capricorne : en Argentine, au Chili, en Uruguay et dans les provinces les plus méridionales du Brésil. Néanmoins, la production et la consommation de vins de l'Amérique du Sud sont de plus de deux fois supérieurs à celles de l'Amérique du Nord. Il s'agit presque exclusivement de vin de table. L'Amérique du Sud n'importe que fort peu de vin et, hormis le Chili, n'en exporte pratiquement pas.

L'Argentine est de loin le plus important producteur, puis vient le Chili, dont les vins sont les meilleurs d'Amérique du Sud.

Ammerschwihr. Important village viticole d'Alsace dont le meilleur climat, le Kæferkopf, doit sa réputation à ses Riesling et à ses Gewürztraminer de très haute qualité.

Amontillado. Xérès espagnol de qualité supérieure, généralement assez sec et plus pâle que la moyenne, mais moins pâle, moins léger et moins sec que le Fino ou la Manzanilla. Il doit son nom au village de Montilla, au sud de Cordoue, dont les vins se vendaient encore jusqu'il y a peu sous l'appellation de Xérès. L'Amontillado est, au sens strict, un Xérès de type Montilla. On le considère traditionnellement comme un vin élégant, d'origine noble et de qualité supérieure, qui acquiert sa coloration et du corps en vieillissant.

Amoroso. Sorte de Xérès espagnol, généralement un Oloroso, assez léger, très adouci et qui doit sa couleur ambrée à l'addition d'un agent adoucissant ou d'un vin plus foncé et plus doux. → Sherry, Arrope, Sancocho, Pedro Ximénez.

ampélidés. Ou ampélidacés, famille de dicotylédones dont le type est la vigne (genre vitis) ; divisé en sous-genre puis en espèces, la seule qui nous intéresse étant *vitis vinifera*.

ampélographie. Science qui traite de l'étude botanique, systématique, classification et identification des variétés de vignes. Etude des feuilles de chaque variété de vigne et comportement de la vigne par variété.

amphore. Vase de terre cuite à anses latérales de grande dimension pour transporter ou conserver des liquides : vin, eau, huile...

Ampuis. Village de la rive droite du Rhône, au sud de Lyon. Ses vignobles, qui remontent à l'époque romaine, produisent le célèbre Côte-Rôtie*. (rouge).

añada. Mot espagnol : se dit des vins d'un seul millésime et âgés d'un an au moins ; *vino de añada*.

Ancenis. Nom donné aux VDQS « Côteaux d'Ancenis » à l'est de la région nantaise (Ouest de l'Anjou). Rouges, rosés et blancs. Cépages . Gamay, surtout pour les rouges et rosés et Chenin (et Pinot gris, mais peu) pour les blancs. 40 hl/ha - 10° minmum.

Andalousie. Région fertile du sud de l'Espagne. Ses vins les plus connus sont : le Xérès, le Malaga, le Montilla*.

añejo. Mot espagnol : âgé. Terme généralement dépourvu de signification, sauf dans son sens premier : vin plus âgé, d'un an au moins, que le vin le plus jeune de la cave.

angélus (L'). Un des nombreux grands crus classés de Saint-Emilion ; on dit aussi Clos de l'Angélus ou Château-l'Angélus. C'est un vin rouge charnu,

précoce, agréable, presque toujours de bonne qualité.

Angludet (château). Important cru bourgeois de Cantenac (appellation contrôlée Margaux).

anhydride sulfureux. Gaz résultant de la combustion du soufre à l'air libre. Appelé aussi par les initiales et la masse moléculaire de son symbole chimique : SO_2. Autrefois, on mèchait les fûts, les foudres, les cuves... en faisant brûler du soufre. Ceci pour aseptiser les parois des récipients, pour tuer les mauvaises bactéries, pour sélectionner les levures... Aujourd'hui, le SO_2 n'est plus obtenu à partir du soufre en mèche. On utilise des bouteilles renfermant du SO_2 et un doseur permettant de connaître exactement la quantité désirée. Il existe aussi des tablettes ou pastilles de métabisulfite de potassium ($K_2S_2O_5$) qui, en solution dans le vin, dégagent du SO_2. Le SO_2 est un sélecteur de microorganismes, un antiseptique, un antioxydant, mais savoir l'utiliser à doses précises.

Anjou. Province du centre-ouest de la France ; l'Anjou viticole comprend principalement le département du Maine-et-Loire, sur les deux rives de la Loire, à l'ouest et en aval de la Touraine.
L'Anjou produit une grande quantité de vins forts variés ; certains d'entre eux comptent parmi les meilleurs vins de table français blancs et doux. A savoir : des vins blancs secs issus du Chenin blanc, appelé aussi Pineau de la Loire (il n'appartient pas à la famille des pinots) ; des vins blancs secs, fruités et de bonne qualité, encore qu'ils manquent parfois de distinction, provenant également du Chenin blanc ; d'excellents vins rouges, très peu abondants, de Cabernet franc, obtenus surtout dans la région de Cabernet franc,

obtenus surtout dans la région de Saumur ; quelques vins de moindre qualité, provenant du Gamay ; enfin une production importante de rosés de Cabernet franc et surtout de Groslot, le plus souvent vinifiés en doux. On trouve aussi à Saumur et aux alentours beaucoup de vins mousseux, la plupart traités par la méthode champenoise, appelés aujourd'hui Saumur d'origine.

L'Anjou doit surtout sa réputation à ses vins de dessert très fruités, riches, délicats, provenant de raisins récoltés tardivement dans les bonnes années. Principales régions de production : Coteaux du Layon*, Coteaux de la Loire*, Coteaux de Saumur. Ces régions, et quelques autres moins étendues, produisent également des vins secs ; on trouve un peu de Muscadet sur la frontière ouest de l'Anjou.

Les meilleurs vins rouges de l'Anjou proviennent spécialement de Saumur, de Champigny* ; quelques rosés très fins, tous issus du Cabernet, viennent des mêmes régions et des environs de Tigné et de Brissac, un peu plus loin à l'ouest : ils peuvent être remarquables. On vend d'ordinaire comme Rosé d'Anjou un vin de qualité inférieure, issu du Groslot : ce n'est à tout prendre qu'un honnête vin de carafe, bon marché, léger, assez fruité et légèrement moelleux. Pour la carte → Loire.

anormal. Sans doute le terme de désapprobation le plus large et le moins spécifique qui puisse s'appliquer au vin. Un « goût anormal » est un goût que le vin ne devrait pas avoir, quelles qu'en soient la raison ou la cause. Cela peut aller d'un défaut dû, par exemple, au fait que le vin a été secoué, et qui se corrigera rapidement de lui-même, à une défectuosité réelle et permanente, telle que la pourriture. Ce terme ne peut cependant pas s'appliquer à un vin qui, bien que médiocre, est simplement grossier ou maigre,

ou qui a un goût de raisin (parce qu'il est issu d'une variété particulière de cépage) ou de terroir.

apagado. Mot espagnol (*apagar* : éteindre). Se dit d'un moût (jus de raisin frais non fermenté) qui a subi le mutage, c'est-à-dire dont la fermentation a été arrêtée par l'addition d'alcool (de 16 à 18 pour cent). Le produit alcoolisé brut qui en résulte s'appelle, en France, vin muté ou mistelle. On l'utilise en Espagne pour adoucir les Xérès ordinaires.

apéritif. Mot passe-partout qui désigne toute boisson qu'on prend avant le repas pour ouvrir l'appétit. Un cocktail est un apéritif au même titre qu'un Xérès (Sherry), un champagne ou un vin blanc pris tel quel. Les apéritifs les plus populaires en France sont : le vermouth, doux ou sec, le Porto, certains vins vinés ou aromatisés, préparés selon des formules spéciales et vendus souvent sous un nom commercial : Byrrh, Dubonnet, Saint-Raphaël ; des boissons plus fortes avec de l'eau ou du soda : Pernod, Ricard, Pastis, Suze, Clacquesin, Amer Picon. Les œnologues prétendent, non sans parti pris sans doute, que les meilleurs apéritifs sont : le Champagne, le Sherry (Xérès) sec et le Madère Sercial.

appellation contrôlée. Cette mention, qui figure, souvent en petits caractères, sur l'étiquette de la majorité des vins français supérieurs, constitue la principale garantie pour le consommateur et sa meilleure défense ; elle présente également une grande valeur pour les producteurs honnêtes.

Les vins d'appellation contrôlée sont produits dans des conditions déterminées pour chacun d'eux par un décret ministériel : l'aire de récolte (la région, la commune ou, dans certains cas, le cru ou le climat dont le vin porte le nom), les cépages autorisés (la loi prévoit même le degré de maturation du raisin), les procédés de culture ou de vinification — titre alcoolique minimal, rendement maximal à l'hectare. L'appellation contrôlée cherche à garantir l'authenticité et la qualité d'un vin. De plus en plus, ces vins sont soumis à un contrôle qualitatif par une commission de dégustateurs désignés par l'Institut national des Appellations d'origine. Le certificat d'agrément délivré par cette commission est exigé lors de la sortie des chais de la propriété. Il existe actuellement en France un peu plus de 250 appellations contrôlées. Le contrôle et la protection des appellations contrôlées ne cessent de se développer et de gagner en sévérité depuis 1935 : la loi prévoit pour les contrevenants des amendes très fortes et même des peines d'emprisonnement.

appellation d'origine. Nom géographique d'un vin, sa localisation ou son origine : une région entière, la Bourgogne ; une vallée, la Moselle ; une commune, Vosne-Romanée ; un lieudit ou climat (ou finage), Clos de Vougeot. L'habitude de donner des noms géographiques aux vins peut se réclamer d'une longue tradition. Les peuples de la Bible, les Grecs et les Romains la connaissaient déjà : la loi moderne se fonde sur ces lointains usages. La réglementation, plus rigoureuse qu'autrefois, réprime les abus sans parvenir à les supprimer complètement.
En France, les appellations d'origine se répartissent en deux catégories définies par l'Institut national des Appellations d'origine des Vins et Eaux-de-vie (I.N.A.O.) A savoir :
a) l'appellation d'origine contrôlée (A.O.C.), qui obtient cette dénomination à la suite d'un décret, et qui

groupe tous les crus réputés ;
b) les vins délimités de qualité supérieure (V.D.Q.S.), qui obtiennent le label V.D.Q.S. à la suite d'un arrêté du ministère de l'Agriculture : on relève dans cette catégorie deux douzaines de bons vins (moins célèbres et moins coûteux), récoltés dans toute la France ;
Citons enfin les vins de table avec indication de provenance, que l'on désigne, en France, sous le nom de « vin de pays », suivi d'un nom de département ou d'une zone fixée par décret. Les vins dépourvus d'indication géographique sont vendus par exemple comme « vin rouge 12° » ou sous le nom d'une firme ou d'une marque. Il s'agit souvent de coupages qui ne contreviennent pas à la loi. On ne peut adresser aucune critique à de tels vins (honnêtes et bon marché) à la condition que le consommateur ne soit pas trompé sur ce qu'on lui propose. L'adresse du négociant ne donne aucune garantie quant à l'origine de ces vins : il peut arriver qu'une bouteille dont l'étiquette porte « vin rosé, Durant-Dupont & Cᵒ, Bordeaux, France » ne contienne pas une goutte de vin de Bordeaux.

âpre. Terme de dégustateur ; se dit le plus souvent d'un vin rouge jeune, assez rude et qui contient beaucoup de tanin. Chez un vin, l'âpreté est une dureté poussée à l'extrême, généralement accompagnée d'astringence. Si le vin possède d'autres qualités — et particulièrement chez les vins rouges — cela disparaîtra parfois avec le temps.

Apulie. Nom que les Anciens donnaient à la région des Pouilles, le « talon » de la « botte » italienne. L'Apulie occupe généralement la première place dans la production totale de l'Italie, avec une moyenne annuelle de plus de cinq millions d'hectolitres.

Le vin typique d'Apulie est le *vino di taglio,* vin de coupage très commun, d'une teinte presque noirâtre, très riche en alcool mais faible en acide. Il y existe également quelques vins de dessert, de qualité moyenne.

Aramon. Cépage commun mais de grand rendement, très répandu dans le Midi de la France. Il produit des vins rouges pauvres en couleur et, en général, de médiocre qualité.

Arbois. Village et région viticole du Jura (est de la France). L'appellation concerne : des vins rouges et des rosés, de qualité supérieure, issus du Poulsard, du Trousseau et du Pinot noir ; des vins blancs secs, issus du Savagnin (Traminer) et du Chardonnay, dont quelques-uns sont traités en mousseux par la méthode champenoise ; enfin, deux vins rares et originaux : le vin jaune et le vin de paille, vinifiés selon des méthodes spéciales. Quelques rosés sont exportés.

Arche (Château d'). Deuxième cru classé de Sauternes. Deux propriétés, désignées sous le même nom, se partagent actuellement le vignoble. Le meilleur vin du Château d'Arche, mis en bouteille au domaine, est un excellent Sauternes.

Arcins. Commune viticole du Haut-Médoc, au nord de Margaux, produisant des vins de seconde qualité.

aréomètre. Appelé aussi mustimètre (pour mesurer le moût comme l'on dit en termes simplistes). Instrument utilisé depuis Chaptal pour connaître la densité du moût. La richesse en sucre d'un moût modifie cette densité. Une table d'équivalence donnera la valeur en alcool du vin fait, à partir de ce moût.

Argentine. Ce pays est, de loin, le plus grand producteur et le plus grand consommateur de vins des deux Amériques. L'Argentine exporte très peu et importe encore moins, sa production (surtout des vins de table) suffisant à ses besoins, qui s'élèvent à la moyenne assez étonnante de sept millions d'hectolitres par an, soit plus de cent bouteilles par tête.

Les vins argentins sont, en général, des vins ordinaires, francs et bon marché. Le rouge, de meilleure qualité que le rosé ou que le blanc, provient des provinces de Mendoza et de San Juan. Les vignobles (290 000 hectares environ) se trouvent le long de la cordillière des Andes, presque à la frontière du Chili. D'autre part, la production de raisins secs s'est développée au point de satisfaire totalement les besoins du pays.

argol. Tartre brut ou bitartrate de potasse — la crème de tarre en est la forme purifiée et soluble — qui forme comme un dépôt cristallin dans les cuves, pendant et après la fermentation, et parfois une sorte de sédiment cristallin dans le vin en bouteille. Dans les grandes exploitations, l'argol constitue un sous-produit important, qu'on vend d'habitude aux fabricants de levure en poudre.

Armagnac. Région du sud-ouest de la France, de l'ancienne province de Gascogne, renommée par ses eaux-de-vie à appellation contrôlée. Il y a trois sous-appellations, qui correspondent à trois régions délimitées : Bas-Armagnac (la meilleure), Ténarèze et Haut-Armagnac. Les eaux-de-vie sont obtenues par un alambic à premier jet, qui a fait l'objet d'une définition officielle. La production actuelle de l'Armagnac est de l'ordre de 5 à 10 % de celle du Cognac, mais elle pourrait être considérablement augmentée.

arôme. Différent du bouquet*, l'arôme d'un vin est plus prononcé et plus facilement connaissable dans un vin jeune, l'arôme provenant directement du raisin. Certaines variétés de raisin (le Gewürztraminer, le Malvoisie, le Muscat et le Concord, pour ne citer que des exemples extrêmes) peuvent s'identifier uniquement à l'odeur. Cet arôme disparaît en grande partie au cours de la fermentation ; pendant cette fermentation alcoolique, il se produit une autre fermentation appelée fermentation aromatique. Il se forme des réactions intracellulaires, des réactions chimiques (formation d'éthers, d'aldéhydes...) qui reconstitueront, après la fermentation alcoolique, des arômes post-fermentaires plus évolués que ceux du moût non fermenté. Les arômes variétaux dépendent seulement du cépage, mais peuvent varier avec le sol et sous-sol. Les arômes pré-fermentaires se forment avant la fermentation dans le moût. Puis, les arômes post-fermentaires évoluent à leur tour pendant le vieillissement ou la conservation en fûts, en cuves ou en bouteilles.

aromatique. Appliqué à des cépages, désigne ceux qui ont un arôme prononcé, tels les Muscats. On peut également dire de certains apéritifs parfumés au moyen d'infusions d'épices et d'herbes qu'ils sont aromatiques.

arroba. Mesure espagnole de capacité, valant approximativement 16 litres.

arrope. Moût concentré réduit au cinquième de son volume par évaporation de son eau. Il acquiert ainsi une teinte brun foncé et un goût de caramel. L'*arrope* sert d'agent adoucissant et colorant dans les Xérès de qualité inférieure.

Arsac. Commune viticole du Haut-Médoc, ayant droit aujourd'hui à l'appellation Margaux. Un cinquième cru, le Château du Tertre*, et plusieurs crus bourgeois.

asciutto. Terme italien (sec) ; en matière de vin, il désigne le contraire de doux.

Asprinio. Vin blanc pâle, sec, léger et assez agréable, produit au nord de Naples.

Assmannshausen. Village situé sur le Rhin, juste au nord de Rüdesheim ; produit ce qui est probablement le meilleur et, à coup sûr, le plus célèbre vin rouge d'Allemagne. Issu du Pinot noir (qu'on appelle ici Spätburgunder), il peut se comparer, dans sa plénitude, à un Bourgogne léger.

Asti. Importante ville viticole située au sud de Turin, dans le Piémont italien. Elle doit sa célébrité surtout à son vin muscat mousseux, assez doux, l'*Asti spumante*, très populaire non seulement dans le pays, mais aussi à l'étranger.
Asti est aussi un centre important du commerce des vermouths. La ville produit un vin de Muscat blanc et léger (issu principalement du Moscato di Canelli) et quantité de vins rouges de bonne qualité provenant des variétés suivantes : Barbera, Freisa, Grignolino, Nebbiolo.

astringent. Terme de dégustation. Caractère d'un vin présentant un excès de tanin. Beaucoup d'excellents vins rouges sont astringents quand ils sont jeunes. S'ils ne sont pas amers, l'astringence n'est pas un défaut grave car ils acquerront du moelleux avec l'âge : dans un vin rouge jeune, l'astringence indique souvent, mais pas nécessairement, que ce vin vieillira bien.

Asztali Bor. En Hongrie, ce terme est l'équivalent de ce que fut notre vin de consommation courante.

Aszu. Vin de Tokay liquoreux, de type spécial et de qualité supérieure.

Aubance. Affluent de la Loire, en Anjou. L'appellation Anjou-Coteaux de l'Aubance concerne des vins blancs demi-secs, de bonne qualité, issus du Chenin blanc. Mais cette région produit surtout des rosés fort honorables, les meilleurs (issus du Cabernet franc) étant ceux de Brissac. La production annuelle de l'Aubance se situe aux environs de 50 000 hectolitres.

Aube. Département français situé à l'est de Paris, formé de la partie méridionale (d'intérêt secondaire) de la Champagne. Le vignoble comprend 4 000 hectares.

Aude. Département français qui, avec 1 200 hectares, vient à la deuxième place, après l'Hérault, dans la production totale de la France. Il fait partie du Midi de la France et les villes principales en sont Carcassonne et Narbonne.
L'Aude ne produit en général que des vins ordinaires. Toutefois la région de Corbières* et le Minervois (en partie dans l'Hérault) produisent, sans doute, les meilleurs vins de table ordinaires de la France et quelques vins qui méritent bien le label V.D.Q.S. qu'ils portent.

aume. En Alsace, autrefois, quand la mise en bouteille n'était pas obligatoire, on expédiait le vin en fûts. Ce tonneau alsacien avait la même contenance que la 1/2 pièce bourguignonne (ou feuillette) c'est-à-dire 114 l.

Auslese. Mot allemand : sélection. Vin allemand de la Moselle, du Rhin, de Franconie ou d'autres régions, de type spécial et de qualité supérieure, qui ne doit être obtenu qu'avec des raisins complètement mûrs, à l'exclusion des raisins atteints par une maladie. Les *Auslese* sont beaucoup plus doux et généralement plus chers que les autres vins de l'année produits par le même producteur. Au moment de la récolte (*Lese*) on retire, pour les presser séparément, les grappes bien mûres et sans défaut, et surtout celles touchées par la pourriture noble (*Botrytis cinerea*).
On appelle *Auslese* le vin extrait de ces raisins sélectionnés. Même dans les bonnes années, l'Auslese dépasse rarement 10 à 15 % de la production. Un Auslese d'une grande année, surtout s'il vient du Palatinat ou du Rhin, peut être considéré comme un vin de dessert. → *Beerenauslese*, pourriture noble, *Trockenbeerenauslese*.

Ausone. Ecrivain latin, né à Bordeaux vers 310 ap. J.-C. Précepteur de l'empereur Gratien qui le nomma consul, à la fin de sa vie.
Ausone possédait un vignoble, auquel il tenait beaucoup, près de l'actuelle commune de Saint-Emilion. Ce vignoble ne se trouvait vraisemblablement pas sur l'emplacement de l'actuel Château Ausone, qui porte néanmoins le nom de l'écrivain. Ausone a écrit un long poème où il célèbre les paysages et les vins de la Moselle.

Ausone (Château). Premier grand cru classé de Saint-Emilion (Bordeaux) ; de pair avec le Château Cheval-Blanc, il se range parmi les meilleurs vins rouges de Bordeaux. Le Château Ausone atteint des prix presque aussi élevés que les Médocs les plus réputés : Lafite, Latour, Margaux, etc.
Les vins d'Ausone étaient en général — surtout avant la deuxième guerre mondiale — d'une qualité étonnante, et ils commencent à reprendre leur

CHATEAU AUSONE

SAINT·EMILION

APPELLATION SAINT-EMILION CONTRÔLÉE

1966

Vᵛᵉ C. VAUTHIER & J. DUBOIS-CHALLON

PROPRIÉTAIRES A SAINT-ÉMILION (GIRONDE)

MIS EN BOUTEILLES AU CHATEAU

DÉPOSÉ

grande place.

Ce vin doit son nom au poète et amateur de vin Ausone, qui possédait une propriété et un vignoble dans cette région, mais vraisemblablement pas sur l'actuel emplacement du château.

Australie. Bien que l'Australie ne possède pas de vignes indigènes, l'histoire de la viticulture et du vin y rappelle celle des Etats-Unis et singulièrement de la Californie. Les premières vignes ont été plantées en 1788 dans la région de Sydney. En 1830, James Busly (l'homologue du colonel californien Agoston Haraszthy) vint sélectionner en Europe des cépages supérieurs. Il ramena dans son pays vingt mille boutures appartenant à six cents espèces. Comme en Californie, les vins reçurent des appellations européennes : Sherry, Bourgogne, Claret, Sauternes, etc. A la suite d'un accord signé entre l'Angleterre et le Portugal, seul le Porto australien a reçu le nom de *Porto type*.

En 1954 :

production : 32 103 857 gallons.
consommation : 8 800 840 gallons
exportations en Grande-Bretagne : 941 689 gallons.

Dans la suite, de nombreux vignobles

eurent à souffrir du phylloxéra et furent plantés de variétés américaines. Comme en Californie encore, dans les vingt dernières années les techniques ont fait de sérieux progrès, de même que la qualité des vins. Beaucoup de vins australiens sont aujourd'hui d'une très bonne qualité — les Sherrys Flor singulièrement — et ne cessent de gagner du crédit en Angleterre. La vigne avait été introduite dans la province de Nouvelle-Galles du Sud, mais Victoria et l'Australie méridionale ne tardèrent pas à supplanter cette région. Le vignoble australien compte 2 000 hectares ; il vaut la peine de noter que les meilleurs vignobles se trouvent à la même distance de l'équateur que San Francisco : entre 34° et 38° de latitude sud.

Autriche. Dans une plus large mesure que l'Allemagne ou même que la Suisse, l'Autriche est par tradition un pays amateur de vin (la surface plantée sur les bords du Danube date d'il y a deux mille ans). C'était surtout vrai au temps de l'Empire austro-hongrois : les meilleures récoltes de l'actuel Tyrol italien, de Hongrie, de Tchécoslovaquie et de Yougoslavie prenaient alors la route de Vienne. Aujourd'hui encore, les Autrichiens consomment une trentaine de litres par tête et par an, et les importations (en provenance de l'Italie surtout) dépassent largement les exportations.

L'Autriche produit essentiellement des vins blancs, qui rappellent par leur caractère les vins du Tyrol italien ou du sud de l'Allemagne (les vins du Bade, notamment). Les vins autrichiens, présentés pour l'exportation dans de hautes bouteilles brunes ou vertes, portent le nom d'un cépage : Riesling, Gewürztraminer, Sylvaner, Müller-Thurgau, ou quelques variétés locales comme le Veltliner ou le Rotgipfler. L'Autriche produit aussi des

Spätlese et des *Auslese*, moins doux que leurs correspondants allemands. Dans l'ensemble, les vins autrichiens sont pauvres en alcool (8° à 11°), fruités, très secs, rafraîchissants, bouquetés et vite prêts à boire.

Bon nombre de vins parmi les plus agréables sont produits pratiquement à Vienne même et vendus comme vins ouverts dans les tavernes de Grinzing et des faubourgs : ainsi du Wiener, du Nassberger et du Grinzinger ; ils portent parfois le nom d'un vignoble. A quelque quarante-cinq kilomètres au sud de Vienne, le village de Gumpoldskirchen produit un vin d'excellente qualité, le plus connu des vins autrichiens : le Gumpoldskirchener. Une troisième région, à une soixantaine de kilomètres à l'ouest de Vienne, le long du Danube, produit les Labner, les Kremser et les Dürnsteiner, également excellents.

Les vins rouges, sans grand intérêt — on les trouve rarement en dehors du pays — proviennent en général du Pinot noir, ou Spätburgunder.

Auvergne. Très réputés autrefois, les vignobles d'Auvergne n'ont plus guère d'importance aujourd'hui. Des noms comme Chanturgues, Chateaugay et Corent n'éveillent plus l'attention de l'amateur. Ces vins proviennent, pour une bonne part, du Gamay, ou rarement du Pinot noir et du Chardonnay : ils étaient — et sont — beaucoup moins remarquables que les Auvergnats ne le laissent croire. Toutefois, certains vins d'Auvergne portent le label V.D.Q.S. : Côtes d'Auvergne, Côtes du Forez, Côtes roannaises, Saint-Pourçain-sur-Sioule.

Auxey-Duresses. Une des bonnes communes viticoles secondaires de la Côte de Beaune (Bourgogne), au nord-ouest de Meursault. Vins blancs et rouges, de bonne qualité, issus du

Chardonnay et du Pinot noir : les premiers, comparables aux moins bons Meursaults ; les autres, pas très différents des Volnays, encore qu'ils manquent souvent de corps et de classe. Ces vins, peu connus, constituent souvent d'excellentes valeurs. Les vignes sont plantées sur les collines, au-dessus du village, sur environ 180 ha, dont la moitié peut revendiquer l'A.O.C., Côte de Beaune, en plus du nom de la commune.

Avelsbach. District viticole de la Moselle, au sud de Trèves (Allemagne) ; peu étendu mais excellent. On classe parfois ses vins — mais plutôt incorrectement — comme vins de la Ruwer. Les meilleurs vignobles sont : Avelsbacher, Herrenberg, Altenberg et Kupp ; les principaux propriétaires : l'Etat et la cathédrale de Trèves, dont les vins se vendent sous le nom de Dom Avelsbacher.

Avensan. Commune viticole du Haut-Médoc, à l'ouest de Margaux. Un cru exceptionnel, Château Villegorge, et plusieurs crus bourgeois.

Avignon. Ville historique du sud de la France, siège de la papauté de 1309 à 1377. Important centre du commerce des vins du Rhône : Château-neuf-du-Pape, Tavel, Lirac, Gigondas, etc.

Avize. La principale commune productrice de Champagne, au sud d'Epernay et de la Marne. Avec Cramant, c'est la plus importante commune de la Côte des Blancs, cotée à cent pour cent dans la classification officielle. Ses vins, issus du Chardonnay exclusivement, ont une finesse et une classe extraordinaires. → Champagne, Blanc de blancs.

Ay. Village de Champagne, sur la rive droite de la Marne, près d'Epernay. Ses admirables vignobles, plantés presque exclusivement de Pinot noir, bénéficient de la cote 100. Une des sept communes auxquelles est accordée cette cote. → Champagne, Blanc de noirs.

Ayl. Important village vinicole de la Sarre. Meilleurs vignobles : Ayler, Kupp et Herrenberg.

Azay-le-Rideau. Commune de l'Indre-et-Loire, au sud-ouest de Tours. Produit un vin blanc agréable et fruité, qui rappelle un peu le Vouvray. Ce vin, issu du Chenin blanc, porte l'appellation Touraine-Azay-le-Rideau.

Bacchus. Nom latin de Dionysos, dieu grec du vin.

Bacharach. Petite ville pittoresque du Rhin, située entre Bingen et Coblence. Cette ville, qui fut autrefois un centre important de commerce des vins allemands, produit aujourd'hui encore un certain nombre de vins du Rhin de second choix, dont le Bacaracher Posten et le Bacaracher Wolfshöhle sont sans doute les plus connus.

Baco. Hybrideur français originaire des Landes ; on lui doit plusieurs hybrides* producteurs, dont le Baco 22 A, utilisé dans le vignoble d'Armagnac.

bactérie. Organisme appartenant aux végétaux inférieurs (sans chlorophyle) unicellulaires et microscopiques, aux formes variées, se reproduisant par scission. Il existe des bactéries aux effets néfastes et d'autres bénéfiques. Exemples de bactéries : mycoderma vini, l'acétobacter ou mycoderma aceti, bactérium tartrophtorum...

Badacsonyi. En Hongrie, appellation d'origine réputée, qui se trouve associée à un nom de cépage dans le cas de plusieurs vins de table corsés ou de vins de dessert très fins : Badacsonyi Rizling (Riesling), Badacsonyi Furmint*, Badacsonyi Muskotaly (Muscatel) etc.

Bade. Importante province du sud-ouest de l'Allemagne, bordée au sud par la Suisse et à l'ouest par l'Alsace. Ses nombreux vignobles sont en majorité plantés le long des contreforts de la Forêt Noire. Les vins de Bade, principalement des blancs, sont très agréables et, exceptionnellement, de haute qualité ; ils sont généralement consommés sur place et presque jamais exportés. Ils comprennent : le Seeweine*, originaire de la rive septentrionale du lac de Constance ; le Markgräfler*, (issu du Gutedel, alias Chasselas) produit entre Fribourg-en-Brisgau et la frontière suisse ; les vins de Kaiserstuhl*, de bons vins intéressants ; les vins de l'Orthenau*, variés et souvent distingués, produits le long du Rhin, en face de Strasbourg ; le Mauerweine*, un vin plaisant originaire des environs de Baden-Baden, qui se vend en *Bocksbeutels** comme les vins de Franconie ; en général les vins de la Bergstrasse, au nord et au sud d'Heidelberg. Pour la carte, → Allemagne.

Bad Dürkheim. Ville du Palatinat (Pfalz), dont les vignobles comptent parmi les plus étendus des communes allemandes. Réputée pour ses vins rouges (moyens) et blancs (très bons). → Dürkheim.

Bad Kreuznach. → Kreuznach.

Balestard-la-Tonnelle (Château). Un des meilleurs grands crus classés de Saint-Emilion : vin vigoureux et de grande classe. Célèbre grâce à François Villon, qui le décrit comme « ce divin nectar, qui porte nom de Balestard ».

balthazar. En Champagne cette bouteille géante fait partie de la gamme établie. Sert plus à la présentation qu'au service, puisqu'elle possède une contenance de 12,8 l.

Bandol. L'appellation s'applique à des vins rouges, à quelques vins blancs et surtout à des rosés produits dans la région de Bandol et de Sanary-sur-Mer, sur la Côte d'Azur varoise.
Récoltés en Provence, les vins de Bandol bénéficient de l'appellation contrôlée. Les rosés proviennent essentiellement du Grenache et du Cinsault, avec un peu de Mourvèdre et de Carignan, alors que dans l'encépagement des rouges domine largement le Mourvèdre associé au Cinsault, au Grenache et à la Syrah. Les vins rosés sont déjà bons six mois après la récolte, mais les vins rouges, à la tête des vins de Provence, nécessitent deux années de vieillissement sous bois avant la mise en bouteille. Ce sont d'excellents vins, de longue conservation, bouquetés et corsés. Citons les domaines Tempier et Ott.

Banyuls. Le plus célèbre et peut-être le meilleur vin de dessert français. On peut le comparer à un Porto léger (*tawny*, topaze brûlé). On considère le Banyuls comme un vin doux naturel. C'est un vin de liqueur, au sens de la nouvelle réglementation économique européenne.
Légalement le Banyuls doit être obtenu avec des moûts ayant une richesse naturelle en sucre de 252 g (minimum) par litre. L'addition, pendant la fermentation de 5 % minimum et 10 % maximum du volume de moût, permettra d'obtenir une richesse minimum totale de 21°5 avec un minimum de 15° d'alcool acquis.
L'appellation Banyuls Grand Cru peut être revendiqué après conservation dans des récipients en bois pendant au moins 30 mois.
C'est un vin brun roux, très doux, qui prend avec l'âge un *rancio* incomparable et développe un bouquet original. On produit le Banyuls dans le Roussillon, en grande partie à partir du Grenache. Le port de Banyuls constitue le centre du commerce de ce vin, mais il faut y joindre Collioure, Port-Vendres et Cerbère. Les vignobles s'étagent en terrasses sur des collines à pente raide et ensoleillée, où les raisins sont cueillis très tard. Même sans être viné, le Banyuls serait un vin plutôt alcoolique, mais il reçoit en plus de 5 à 10 pour cent d'eau-de-vie.

Barbacarlo. Vin de table rouge, de bonne qualité, originaire du sud de la Lombardie (Italie). A l'instar du Buttafuoco et du Sangue di Giuda*, on le produit dans les villages de Broni et de Canneto Pavese ; il est issu de différentes variétés comprenant l'Ughetto, le Croatina, le Moradella, etc.

Barbaresco. Vin rouge réputé du Piémont (nord-ouest de l'Italie), produit à Barbaresco même et à Neive (cépage

Nebbiolo), dans la même région où l'on récolte le Barolo* (cépage Nebbiolo également), fort différent et encore plus remarquable. Plus léger que le Barolo, de moins longue garde, le Barbaresco se fait plus vite et prend, après deux ou trois ans de bouteille, une teinte pelure d'oignon*. C'est un vin d'une grande distinction et d'une classe remarquable : un des dix meilleurs vins italiens.

Barbera. Raisin rouge cultivé principalement dans le Piémont (nord-ouest de l'Italie) ; le vin qu'il produit : d'une teinte foncée, corsé, doux, à boire jeune ; il manque un peu de distinction. Le Barbera s'accorde très agréablement avec les mets italiens.

Bardolino. Excellent vin rouge léger, originaire des environs du village du même nom, sur la rive orientale du lac de Garde (nord de l'Italie). Comme le Valpolicella, récolté plus à l'est, sur un sol fort différent, le Bardolino provient en général du Corvina, du Negrara et du Molinara. A peine plus foncé qu'un rosé coloré, il acquiert sa plénitude entre un et trois ans. Il titre rarement plus de 11° ; c'est un vin fruité, charmant, mais jamais un grand vin ; toutefois l'un des plus délicieux de la région de Vérone.

Baret (Château). Vignoble de Villenave-d'Ornon, dans les Graves, près de Bordeaux. Vin rouge et blanc de bonne qualité.

baril. Petite barrique ou petit tonneau.

Barolo. Le meilleur vin rouge d'Italie sans doute : un vin corsé, qui se fait lentement et qu'on peut comparer aux meilleurs vins du Rhône : l'Hermitage ou le Côte-Rôtie par exemple. On le produit (cépage Nebbiolo) dans une région accidentée du Piémont (au sud de Turin), rigoureusement limitée, dont Barolo occupe le centre et qui comprend également les villages de Serralunga, Castiglione, Grinzane, Monforte, La Morra, Sommariva Perno, Verduno. Généralement conservé trois ans au moins avant la mise en bouteille (des « bourguignonnes »), le Barolo doit en général vieillir un certain temps en bouteille, encore qu'il produise un important dépôt. C'est un vin de teinte foncée, de bonne garde et puissant : en définitive, un grand vin. Pour la carte → Italie.

Barr. Importante ville vinicole d'Alsace du Nord ; son Riesling et son Gewürztraminer comptent parmi les meilleurs du Bas-Rhin.

barrique. Dans le Bordelais, fût d'une capacité de 225 litres (en Bourgogne : une « pièce »), servant à la conservation et à la vente des vins.

barro. Mot espagnol : sol argileux. S'emploie particulièrement en parlant des vignobles du pays de Jerez. Les meilleurs vignobles de ce pays prennent racine dans un sol blanc et crayeux : *albariza* ; ceux qui donnent un vin plus commun et plus lourd, dans l'argile : *barro* ; enfin, les moins bons vignobles sont plantés dans un sol sablonneux : *arena*.

Barsac. Une des cinq communes de Sauternes (Bordelais), la plus septentrionale et la plus célèbre après Sauternes. Elle est située au sud-est de Bordeaux et ses vignobles sont plantés en terrain calcaire sur la rive gauche de la Garonne. Les Barsacs sont des Sauternes qui ont droit à une appellation particulière. Ces vins délicats, doux, sont moins liquoreux que les autres Sauternes, avec un bouquet spécial. Outre les châteaux Climens et Coutet, les plus réputés, on compte

encore quelques vignobles excellents.
La meilleure partie de la production bénéficie d'une mise du château, sauf dans les mauvaises années.
Pour la carte → Graves-Sauternes.

Basilicate. Au Sud de l'Italie, région viticole (rouges et blancs) correspondant à l'ancienne Lucanie. L'un des meilleurs vins porte le nom d'Aglianico et sa culture s'étend surtout sur le Mont Vulture. Sols assez volcaniques. On élabore aussi d'autres vins comme ceux de Muscat, très appréciés dans ces régions méridionales. Vins souvent très colorés, très puissants (12-13° pour les rouges et jusqu'à 15-16° pour les blancs).

Bas-Médoc. Partie septentrionale du Médoc, moins accidentée et plus sablonneuse que le Haut-Médoc ; produit des vins moins fins. Ses vins portent l'appellation Médoc, mais évidemment pas Haut-Médoc (les vins vendus sous cette simple appellation proviennent généralement du Bas-Médoc). Ce sont des Bordeaux rouges de fort bonne qualité mais qui manquent de distinction. Le Bas-Médoc ne compte pas de crus classés ; en général les meilleurs vins viennent des communes de Bégadan, Saint Christoly-de-Médoc, Valeyrac, etc.

Bas-Rhin. Un des deux départements alsaciens. Dans l'ensemble, le Bas-Rhin produit des vins moins distingués que le Haut-Rhin. On récolte à Marlenheim un rosé de première qualité, issu du Pinot noir. Les vignobles, au pied des Vosges, produisent de bons Rieslings, Sylvaners, Gewürztraminers, etc., à Obernai, Goxwiller, Barr, Mittelbergheim, Dambach, etc.

Bassermann-Jordan. Famille allemande de viticulteurs, qui possède d'importantes propriétés (notamment le Fors-

ter Jesuitengarten*) à Deidesheim, dans le Palatinat (Allemagne). Dans le monde des connaisseurs, ce nom est l'un des plus respectés d'Allemagne ; et l'étiquette des vins portant ce nom, l'une des plus belles et des plus célèbres.
Le Dr Friedrich von Bassermann-Jordan, dernier représentant de la famille, considéré comme le doyen des producteurs allemands de vins, écrivit de nombreux ouvrages concernant l'histoire de la vigne et créa dans sa maison un remarquable musée du vin.

Bastard. Vin costaud, rouge ou blanc, de la Péninsule ibérique (Espagne et Portugal). Ce vin, populaire en Angleterre à l'époque élizabéthaine, est cité par Shakespaere dans *Mesure pour mesure* et dans *Henry IV*. On suppose qu'il doit son nom au Bastardo, l'une des principales variétés de raisin qui entrent dans la fabrication du Porto* et du Madère.

basto. Mot espagnol : grossier, commun ; le contraire de *fino*. Se dit d'un Xérès sans race et de médiocre qualité.

Batailley (Château). Cinquième cru classé de Pauillac (Haut-Médoc). Le vignoble se partage actuellement en deux propriétés : Château Batailley et Château Haut-Batailley*. Bordeaux de très bonne qualité.

Bâtard-Montrachet. Un des meilleurs et des plus célèbres vignobles (de vin blanc) de Bourgogne : 11 ha 86 ca. Généralement classé troisième (après Montrachet et Chevalier-Montrachet) parmi les climats qui portent le nom illustre, le vignoble de Bâtard-Montrachet produit depuis la seconde guerre mondiale des vins qui rivalisent avec les meilleurs. Ces vins, issus exclusivement du Chardonnay, d'une teinte or pâle, relativement riches en alcool (13

MIS EN BOUTEILLES
A LA PROPRIÉTÉ

ANNÉE
1962

Bâtard-Montrachet

APPELLATION CONTROLÉE

FRANÇOIS GAUNOUX
PROPRIÉTAIRE A MEURSAULT

Vignobles à Meursault - Puligny - Pommard & Beaune

à 14 degrés), légèrement moelleux, développent un bouquet parfait et une saveur riche. Les meilleurs bénéficient d'une mise de domaine. Pour la carte → Puligny, Chassagne.

Baumé. Le degré Baumé correspond à la densité d'un litre d'eau contenant 17,185 g de sucre. C'est une échelle hydrométrique utilisée pour mesurer la densité des liquides sucrés et, notamment, des moûts et des vins doux.

Baux (de Provence). Les Côteaux des Baux de Provence sont des VDQS. Ils sont élaborés à partir de cépages méridionaux : Grenache, Mourvèdre, Carignan, Cinsault, Syrah... pour les rouges (et rosés) et de la Clairette, Muscat, Ugni blanc... pour les blancs.

Béarn. Ancienne province française, qui occupe une bonne partie de l'actuel département des Basses-Pyrénées. Pau en est la capitale. Elle produit plusieurs vins : le Jurançon*, le plus connu, autrefois moelleux et même liquoreux, aujourd'hui le plus souvent

sec ; des rosés et des blancs secs et frais (V.D.Q.S.), vendus sous le nom de rosé de Béarn, Rousselet de Béarn, ou simplement vin de Béarn ; enfin des vins rouges à appellation contrôlée Madiran*.

Beaujeu. Petite ville située sur la frontière occidentale du Beaujolais ; longtemps considérée comme la capitale du pays, mais éclipsée aujourd'hui par Villefranche-sur-Saône. Les Hospices de Beaujeu sont un hôpital de charité, comparable aux Hospices de Beaune*, et dont les dotations consistent en vignobles ; les vins produits par ces vignobles (ceux de Fleurie et d'autres communes) portent traditionnellement, outre la mention Hospices de Beaujeu, le nom de la commune d'origine.

Beaujolais. Un des vins de France les plus populaires, presque toujours rouge (on produit aussi un peu de rosé, vendu sous la même appellation) ; son pays d'origine se situe dans le sud de la Bourgogne. Le vignoble s'étend du nord de Lyon à une dizaine de kilomètres au sud de Mâcon, à l'ouest de la ligne ferroviaire Paris-Côte-d'Azur. Quoique le Beaujolais appartienne géographiquement à la Bourgogne, ses vins se différencient nettement des grands crus de la Côte-d'Or : ils proviennent du Gamay et non du Pinot noir. Sans compter que, dans le Beaujolais, l'argile et le granit remplacent le calcaire de la Bourgogne proprement dite.

Seuls quelques Beaujolais ont droit à l'appellation Bourgogne ; ce sont les meilleurs et ils proviennent de neuf villages de climat spécifique : Brouilly, Côte-de-Brouilly, Cénas, Chiroubles, Fleurie, Juliénas, Morgon, Moulin-à-vent et Saint-Amour. La présence d'un de ces noms sur l'étiquette d'un Beaujolais constitue en général une indication de qualité.

Le Beaujolais présenté sous cette appellation, ou sous l'appellation Beaujolais supérieur, est un vin de table rouge, léger, agréable, fruité, gouleyant. On le boira plutôt à la tempé-

rature de la cave. C'est un vin pas trop cher et qui atteint sa plénitude à deux ans.

Le Beaujolais-Villages (ou Beaujolais suivi du nom de la commune d'origine, par exemple : Beaujolais-Quincié), de qualité supérieure aux deux précédents, est produit dans 39 communes dont celles citées ci-dessus (Fleurie, etc.) sont les plus célèbres. Ces vins se boivent frais en primeur. Seules quelques bouteilles exceptionnelles s'améliorent après trois ans ; de nombreux gourmets français comptent l'âge du Beaujolais en mois et non en années. Rares sont les vins qui s'allient aussi merveilleusement à la bonne nourriture ; les Beaujolais fins comptent sans conteste parmi les vins rouges de table les plus agréables du monde ; ils sont fruités, corsés, avec une saveur spéciale, presque piquante, mais sans rudesse.

Beaulieu. Un des plus célèbres vignobles de Californie, dans la vallée Napa. Planté en 1900 par le Français Georges de Latour, il produit un choix remarquable de *varietal wines* (vins issus d'un seul cépage), ainsi que des vins issus du Cabernet Sauvignon et du Pinot noir et vendus sous la dénomination de Georges de Latour *private reserve.*

Beaulieu-sur-Layon. En Anjou, ce village est situé dans l'aire A.O.C. « Côteaux du Layon » et a droit d'ajouter son nom à cette appellation.

Beaumes-de-Venise. Commune élue des Romains, avec des vestiges de toute splendeur, elle se caractérise par une production de Muscat, unique dans le Vaucluse, vinifié en vin doux naturel comme à Frontignan et Rivesaltes. Ce Muscat est appelé à petits grains ronds ou Muscat de Frontignan.

Beaumont-sur-Vesle. Une des communes viticoles les moins importantes de la Montagne de Reims (Champagne française).

Beaune. Principal centre du commerce des vins de Bourgogne. La Côte de Beaune a donné son nom à la moitié méridionale de la Côte d'Or. Le vignoble couvre 500 hectares environ, à l'ouest de la ville. Il produit principalement des vins rouges (d'appellation Beaune), dont les meilleurs se caractérisent par leur distinction : des vins équilibrés, généreux, qui peuvent se comparer aux Pommards. Meilleurs crus : les Grèves, les Fèves, les Cent Vignes, les Marconnets, Bressandes, Cras, Champs-Pimont, Clos de la Mousse, Clos des Mouches, Clos du Roi, Teurons, Avaux, Aigrots, etc.

On récolte aussi une petite quantité de vins blancs : le plus connu, le Clos des Mouches, rappelle un bon Meursault. → Côte de Beaune.

Beauregard (Château). Premier cru de Pomerol, l'un des quinze ou vingt meilleurs de cette région. Plusieurs châteaux du Bordelais portent ce nom, mais leurs vins présentent moins d'intérêt.

Beauséjour (Château). Excellent premier grand cru classé de Saint-Emilion ; le vignoble se partage actuellement en deux propriétés, qui n'en formaient qu'une jusqu'en 1869.

Château Bécot-Beauséjour appartenait au Docteur Fagouët et aujourd'hui à M. Bécot. De magnifiques caves sous le roc ;

Château Beauséjour-Duffau-Lagarrosse deuxième partie de l'héritage qui passa, après mariage, aux mains de M. Duffau-Lagarrosse. Tous deux premiers grands crus classés en 1855.

D'autres châteaux du Bordelais s'appellent également Beauséjour : à Mon-

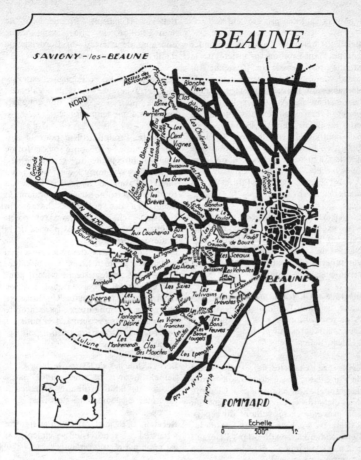

tagne Saint-Emilion, Puisseguin-Saint-Emilion, Saint-Estèphe dans le Médoc, etc.

Beerenauslese. Vin spécial d'Allemagne, rare et coûteux. Il provient de raisins atteints par la pourriture noble ou récoltés à surmaturation, triés grappe par grappe, et même grain par grain, puis pressés à part. Seuls les principaux producteurs, à de rares exceptions près, produisent des *Beerenauslese,* dans les bonnes années, et encore plus par prestige que par profit. Le *Beerenauslese* est un vin liquoreux, fruité et qui développe un bouquet et une saveur très riches. On le sert comme vin de dessert ou à la fin d'un repas. Il compte parmi les vins blancs les plus remarquables du monde et vaut son prix très élevé.

Belair (Château). Excellent premier cru de Saint-Emilion, propriété de la famille qui possède le Château Ausone*, tout proche. Une quinzaine de domaines du Bordelais portent le nom de Château Bel-Air (noter l'orthographe) ; il existe aussi un vignoble du nom de Bélair, non un château. A ne pas confondre avec le vrai Château Belair, de beaucoup le meilleur, encore que le Château de Bel-Air, à Lalande-de-Pomerol*, et un autre Château Bel-Air, à Néac*, produisent l'un et l'autre un excellent vin rouge.

Bel-Air-Marquis d'Aligre (Château). Cru exceptionnel de Soussans-Margaux. L'un des meilleurs crus non classés du Haut-Médoc ; produit un vin supérieur à bien des quatrièmes et cinquièmes crus actuels.

Belgrave (Château). Cinquième cru classé de Saint-Emilion (Haut-Médoc). A ne pas confondre avec de nombreux crus secondaires qui portent le nom de Château Bellegrave.

Bellegarde (Clairette de). Petit village du Languedoc qui a donné son nom à une appellation contrôlée « Clairette de Bellegarde ». C'est un vin blanc qui doit provenir exclusivement du cépage « Clairette », blanc, bien entendu. Cette commune se situe dans l'Hérault et a une sœur jumelle dans le Gard : La Clairette du Languedoc.

Bellet. Vin rouge, rosé et blanc, parmi les meilleurs de Provence, au caractère original, dû à un encépagement particulier et à un microclimat localisé sur les coteaux dominant la ville de Nice. Le vignoble couvre 30 hectares environ ; sa production annuelle atteint 70 000 bouteilles et est consommée dans les restaurants provençaux.

Bellevue (Château). Premier cru de Saint-Emilion, le plus connu d'une douzaine de château du Bordelais ou d'ailleurs qui portent ce nom.

Benicarló. Ville d'Espagne, sur la Méditerranée, au sud de Valence ; connue pour ses vins de coupage, lourds et d'une teinte foncée.

bentonite. Produit utilisé pour le collage des vins. Se présente sous la forme d'une poudre jaune ou verte (origine : argile du Wyoming, c'est-à-dire un silicate d'alumine hydraté). C'est un colloïde électro-négatif provoquant la floculation des colloïdes chargés en électricité (charge contraire) en particulier des protéines et des parties de la matière colorante.
Est employée à la dose de 50 à 100 grammes par hectolitres. On la dilue, avant, dans de l'eau (2 l environ) pour former une pâte assez visqueuse qu'on incorporera dans le vin. Un brassage énergique est obligatoire. La bentonite est peu ou pas recommandée pour les vins rouges. Utilisation surtout pour les blancs.

Bercy. Quartier de Paris, le long de la Seine, où arrivent une grande partie du vin de table ordinaire de la capitale, mais également des vins fins.

Bereich. Ce mot allemand signifie « partie », « subdivision » vinicole et est appliqué régulièrement.

Bergerac. Ville située sur la Dordogne, à l'est de Bordeaux ; centre d'une vaste région vinicole dont la production annuelle atteint 200 000 hectolitres. Vins blancs secs ou doux, courants, et vins rouges de meilleure qualité, rappelant de petits Bordeaux.

Bergheim. Un des meilleurs villages vinicoles d'Alsace, dans le Haut-Rhin.

Réputé pour ses Rieslings, Gewürztraminers, etc. Principal vignoble : Kanzlerberg.

Bergstrasse. Région viticole d'Allemagne, s'étendant le long du Rhin, de Wiesloch à Weinheim près d'Heidelberg ; d'importance secondaire.

Beringer. Les frères Beringer comptent parmi les principaux producteurs de Californie. Leurs caves se trouvent à Sainte-Hélène, dans la vallée de Napa.

Berliquet (Château). Un des meilleurs premiers crus de Saint-Emilion.

Bernkastel. Ville située au cœur de la Moselle vinicole ; ses vins excellents comptent parmi les plus coûteux et les plus appréciés d'Allemagne. Mis en bouteilles au domaine, ils portent le nom d'un vignoble ; les vins vendus sous le seul nom de Bernkasteler, ou de Bernkasteler Riesling, présentent moins de qualité et sont en général chaptalisés. Le vignoble le plus réputé est le Bernkasteler Doktor (ou Doktor-und-Graben) ; d'autres vignobles produisent des vins de qualité équivalente, ce sont notamment : B. Lay, B. Badstube, B. Schawanen, B. Schlossberg, etc. Parmi les meilleurs producteurs et éleveurs, citons : Dr Thanisch, l'hôpital St-Nikolaus, la Pfarrkirch St-Michael, Geller, Melsheimer, Prüm, etc.

bestes Fass. Mot allemand : litt. le meilleur tonneau. Expression qu'emploient, non sans une grande réserve, les éleveurs de vins du Rhin, pour désigner le meilleur tonneau d'une récolte, généralement un *Beerenauslese** ou un *Trockenbeerenauslese**. Dans la Moselle, on dit : *bestes Fuder*. Les vins qui portent cette mention comptent toujours parmi les plus rares et les plus chers.

Beychevelle (Château). Vignoble réputé de Saint-Julien (Haut-Médoc) ; produit un Bordeaux rouge de grande valeur. Classé en 1855 comme quatrième cru, le Château Beychevelle atteint actuellement, et mérite, des prix plus élevés que certains deuxièmes crus ; c'est un vin délicat et racé. Le nom de Beychevelle (« Baisse-voile ») vient du salut que faisaient autrefois les navires passant devant le château, qui appartenait alors au duc d'Epernon, grand amiral de France. D'ailleurs une vieille habitude est demeurée : tous les ans, le Château réserve une partie de sa production pour être commercialisée sous l'étiquette : Clos de l'Amiral.

Béziers. Ville située dans le département de l'Hérault, au cœur de ce que l'on appelle le Midi viticole ; important centre de commerce des vins ordinaires.

bianco. Mot italien ; un *vino bianco* est un vin blanc. → *vino rosso*.

Bichof ou **Bischof.** Boisson qu'on obtient en additionnant au vin (à chaud ou à froid) du sucre, du citron, de l'orange ou des épices (girofle, etc.).

Bienne (lac de). Lac du canton de Berne (Suisse). Sa rive nord ne forme qu'un long vignoble, aménagé en terrasses. On y produit (principalement à partir du Fendant) plusieurs vins blancs légers et de bonne qualité : Twanner, Schafiser, Daucher, Inser, etc.

Bienvenues-Bâtard-Montrachet. La partie septentrionale, peu étendue, du vignoble lui-même fort restreint de Bâtard-Montrachet (Bourgogne). Ses vins admirables, jaune or, comptent parmi les meilleurs de France et doivent dorénavant porter cette appellation, l'une des six appellations de la commune de Puligny-Montrachet. Naguère ces vins se vendaient sous l'appellation Bâtard-Montrachet et seuls quelques experts parvenaient à les différencier.

Bikaver. Vin rouge de Hongrie, de teinte foncée et corsé, produit dans le village et la région d'Eger. Il est issu du Kadarka associé à différents cépages français : le Cabernet et le Gamay notamment.

Bingen. Importante ville viticole (le vignoble s'étend sur près de 300 hectares) de la Hesse (Allemagne), en face du confluent du Rhin et de la Nahe, sur la rive du Rhin opposée à Rüdesheim. Derrière cette ville s'élève le fameux Scharlachberg (« le mont écarlate »), l'un des vignobles les plus réputés de la Hesse. La commune de Bingen comprend actuellement les vignobles voisins de Büdesheim et de Kempten. Ils produisent tous (cépages : Riesling, Sylvaner et Müller-Thurgau) des vins blancs qui sont souvent d'excellente qualité (sauf ceux du dernier cépage cité) et que ne surpassent, en Hesse, que les vins des meilleurs vignobles de Nierstein, Nackenheim et peut-être Oppenheim. Meilleurs vignobles : Scharlachberg, Hausling, Steinkautsweg, Rheinberg, Pfarrgarten, Ohligberg, Mainzerweg, etc. Principaux producteurs : le Domaine de l'Etat, la Villa Sachsen (les héritiers de Curt Burger), Ohlig, etc.
Les Allemands appellent par plaisanterie les tire-bouchons « crayons de Bingen », par allusion au fait que les habitants de Bingen préfèrent avoir en poche des tire-bouchons plutôt que des crayons.

Bischöfliches Konvikt. Internat catholique de Trèves, sur la Moselle ; possède des vignobles à Piesport, Ayl, Eitelbach, Kassel, etc. Les vins qui portent la marque de cette institution sont très recherchés.

Bischöfliches Priesterseminar. Séminaire de Trèves, sur la Moselle ; possède d'importantes propriétés dans les meilleurs vignobles de la Moselle, de la Sarre et de la Ruwer. Les vins mis en bouteilles au domaine portent l'appellation et l'étiquette du séminaire.

Black rot, rot noir. Maladie provoquée par un champignon, et qui atteint les feuilles, les pousses et les raisins, spécialement dans les régions humides ou dans les années particulièrement pluvieuses. La pulvérisation de sulfate de cuivre est utilisée à titre préventif.

Black velvet (littéralement, « velours noir »). Boisson célèbre à l'époque de la reine Victoria, moitié Champagne et moitié stout. On ne peut pratiquement rien dire à son avantage, excepté qu'elle est manifestement meilleure que le *brown velvet* (« velours brun »), composé, lui, de Champagne et de Porto.

Blagny. Hameau de la Côte de Beaune, à cheval sur Meursault* et Puligny-Montrachet*. Le vignoble de Blagny s'étend sur les deux communes. On y produit d'excellents vins rouges et des blancs encore meilleurs. Ces vins se vendent sous plusieurs appellations : les rouges (délicats, fins, rappelant les Volnays les plus légers) portent l'appellation Blagny ; les blancs, celle de Meursault ou de Puligny-Montrachet, hameau de Blagny.

Blanc de blancs. Vin blanc obtenu exclusivement d'un cépage blanc. En Champagne, on désigne sous ce nom — employé alors dans son sens propre — un vin issu du Chardonnay et que l'on veut distinguer ainsi des vins blancs issus du Pinot noir (→ blanc de noirs) ou d'un mélange des deux cépages. Les meilleurs blancs de blancs de Champagne viennent principalement des villages de Cramant, du Mesnil et d'Avize : des vins d'un vert-or pâle, remarquables par leur légèreté et leur bouquet.

Depuis peu, ce terme s'emploie dans d'autres régions (Provence, Loire, etc.), sans raison évidemment, puisque tous les vins blancs de ces régions proviennent de raisins blancs et jamais de raisins noirs.

blanc de noirs. Vin blanc issu d'un cépage noir ; plus particulièrement un Champagne obtenu intégralement à partir de raisins noirs (cépage Pinot noir). Quelques petits producteurs récoltants d'Ay, Bouzy, Verzenay, Mailly, Hauvillers, etc., produisent des blancs de noirs assez corsés, moelleux et de teinte plus foncée que les blancs de blancs.

Blanc-Fumé. Nom donné au Sauvignon blanc dans la région de Pouilly-sur-Loire*. Un Pouilly-Fumé ou un Pouilly Blanc-Fumé est donc un vin issu du cépage Sauvignon blanc et obtenu dans cette région ; il se distingue dès lors des vins ordinaires de la même région, issus du Chasselas et vendus sous l'appellation de Pouilly-sur-Loire. Sec, très bouqueté et d'une grande finesse, il peut se garder longtemps en bouteille. L'origine du mot « fumé » est incertaine.

blancs liquoreux. C'est un type de vins dont la vinification s'est effectuée différemment que celle donnant des types de vins rouges, blancs secs, rosés... La fermentation de ces blancs liquoreux est partielle. C'est-à-dire qu'on l'arrête à un certain moment déterminé, pour conserver une douceur qui apportera du moelleux au vin. Pour éviter que les sucres restants ne fermentent, on pro-

cède de plusieurs façons :
a - on ajoute de l'anhydride sulfureux SO_2 qui tuera les levures et autres bactéries (notamment malolactiques),
b - on peut arrêter la fermentation par le froid ou le chaud (peu recommandé par le chaud),
c - par un filtrage et une centrigugation.

Ces vins liquoreux, outre le sucre résiduel, possèdent aussi de la glycérine et des gommes qui lui confèrent une onctuosité et un gras spéciaux.

Parmi les vins liquoreux réputés : Sauternes, Ste Croix du Mont, Barsac, Cérons, Loupiac, Monbazillac, Quart de Chaume, Bonnezeaux, Côteaux du Layon, Vouvray, Montlouis...

Blancs (Côtes des). Zone caractéristique du découpage de la Champagne appelée aussi Côte d'Avize (au Sud d'Epernay à Vertus), perpendiculaire à la zone dite Montagne de Reims. Le nom de la Côte des Blancs est dû à l'encépagement essentiellement en Chardonnay de ce vignoble. On produit surtout des blancs de blancs. Les meilleurs crus : Avize, le Mesnil s/Oger, Cramant, Vertus (on produit à Vertus des pinots noirs pour obtenir des vins rouges). Ces Champagne possèdent une délicatesse, un raffinement qui les élèvent au meilleur rang des champagnes.

Blanchots. Un des sept grands crus de Chablis*.

Blanquefort. Commune la plus méridionale du Médoc ; le Jalle de Blanquefort marque la limite officielle entre le Médoc et les Graves. Vins sans importance.

Blanquette de Limoux. Vin blanc mousseux produit par le cépage Mauzac, comme le Gaillac*, aux environs de Limoux, près de Carcassonne. Les vins nature de la région ont droit à l'appellation Limoux nature. La Législation autorise 10 % de Clairette blanche. Aujourd'hui on plante du Chenin ou Pineau de la Loire et du Chardonnay pour améliorer la qualité de la Blanquette. Ce n'est peut-être pas évident. L'Appellation s'étend sur 35 communes dont Limoux.

Blaye. Centre d'une importante région vinicole du Bordelais, au nord de Bourg, sur la rive droite de la Gironde. Les meilleurs vins rouges, fruités, moelleux et assez corsés, portent l'appellation Premières Côtes de Blaye. Les vins courants portent l'appellation Blaye ou Blayais, ou se vendent plus fréquemment comme Bordeaux blanc ou Bordeaux rouge, bien que tous les blancs n'aient pas droit à cette modeste appellation.

Bleichert. En Allemagne, ce terme signifie vin pâle, vin rosé.

blend, blending. En Grande-Bretagne, ce terme signifie mélange, coupage.

Boal. C'est un vin de Madère de type plutôt doux, coloré, assez puissant qui dégage des arômes agréables et intenses.

Böckelheim. → Schloss Böckelheim.

Bocksbeutel. Bouteille trapue, aux flancs plats et de couleur verte, en usage pour les vins de Franconie (Würzburger, Steinwein, etc.) et pour le Mauerweine du Bade. Une bouteille du même genre est utilisée au Chili.

Bockstein. Un des meilleurs vignobles d'Ockfen, sur la Sarre (Allemagne). Ses vins blancs, légers, remarquables dans les bonnes années, se vendent parfois sous l'appellation de Bocksteiner et plus souvent sous celle d'Ockfener Bockstein. Comme tous les vins de la Sarre, ils se rangent en général parmi les Moselles.

bocoy. En Espagne désigne un tonneau d'environ 700 l, uniquement en bois de noyer pour le transport des vins espagnols.

bodega. En Espagne, chai ou entrepôt de vin, généralement au niveau du sol ; bâtiment où s'effectuent les opérations de la vinification.

Bodengeschmack. Mot allemand : goût de terroir*.

Bodenheim. Ville viticole de la Hesse rhénane, au sud de Mayence. Ses vins (Bodenheimer), à défaut de l'indication Riesling, proviennent en général du Sylvaner. Moins distingués que les Niersteiner, leurs voisins, ils comptent parmi les meilleurs vins de la Hesse : doux, équilibrés et friands. Meilleurs vignobles : B. Kahlenberg, B. Hoch, B. Sankt-Alban, etc. Principaux producteurs : Oberstleutnant Liebrecht et le Domaine de l'Etat.

bois ordinaires. (fins bois-bons bois). C'est un des secteurs, des terroirs qui entrent dans l'élaboration du Cognac. Il est considéré de qualité moyenne. Les meilleurs étant la Grande Champagne et la Petite Champagne. Les vignobles de Bois ordinaires s'étendent jusqu'au littoral ; leur sol est assez fertile donnant des vins de moindre qualité. La distillation ne permet pas de supprimer certaines négligences de la nature. L'âpreté par exemple qu'on ne trouve pas ailleurs, en Grande Champagne ou Petite Champagne.
Mais les Bois ordinaires peuvent entrer dans les assemblages de Cognac.

Bolzano. Capitale du Haut-Adige, le Tyrol italien ; en allemand : Bozen. La province de Bolzano (comme celle de Trente, au sud) appartint à l'Autriche jusqu'en 1918. Centre important du commerce des vins ; au nord-est et au nord-ouest, les collines sont couvertes de vignobles, et de nombreux vins admirables et réputés sont produits aux portes de la ville : Santa Maddalena, Santa Giustina, etc. → Haut-Adige, Tyrol.

Bommes. Une des cinq communes du Sauternais avec Barsac*, Preignac, Fargues et Sauternes. Bommes compte de grands domaines : Château La Tour-Blanche, Château Lafaurie-Peyraguey, Château Rayne-Vigneau, Château Rabaud-Promis et Château Rabaud-Sigalas : tous classés comme premiers crus.

Bonarda. Cépage rouge largement cultivé dans le Piémont, principalement dans les provinces d'Alexandrie et d'Asti.

bonde. En bois ou en liège, c'est le bouchon du fût, du tonneau, de la pièce...

Bonnes Mares. Ce célèbre vignoble de Bourgogne produit ce qui est sans conteste l'un des douze vins rouges de grande classe de la Côte d'Or. Couvre à peine 15 hectares, à cheval sur les communes de Chambolle-Musigny et de Morey-Saint-Denis. Production légale maximum (presque jamais atteinte) : 400 hectolitres. Le vignoble se trouvant à mi-chemin de Chambertin et de Musigny, le vin de Bonnes Mares, présente certains caractères de ces deux grands vins : la puissance et la grande classe — un peu atténuée — du Chambertin, ainsi que la finesse incomparable du Musigny, quoique à un degré moindre. Pour la carte → Chambolle, Morey.

Bonnezeaux. Un des meilleurs petits cantons vinicoles de la province française d'Anjou ; fait partie des coteaux du Layon*. Le vignoble couvre 100 hectares, plantés de Pineau de la Loire (Chenin blanc). Vins blancs, très doux, d'un fruité et d'un bouquet remarquables, obtenus par tri de la vendange. Le Château de Fesles est le cru le plus célèbre.

bons bois. Voir bois ordinaires et Cognac).

bontemps. Ecuelle en bois, en usage dans le Bordelais, pour enlever le liquide en excès dans un récipient. Comme tel, il est devenu l'emblème d'une confrérie bien connue d'amateurs de vin, celle du Médoc.

Bordeaux. Ville et port de mer situés sur la Gironde, dans le Sud-Ouest. Le vignoble bordelais couvre environ 66 000 hectares d'appellation contrôlée. Pratiquement la moitié des vins produits dans cette région ont droit à l'appellation Bordeaux, qui est une sorte de « plus petit commun dénominateur ». Le Bordeaux supérieur est un peu meilleur : ce vin doit être légèrement plus alcoolique (10,5° au lieu de 9,75°) et sa production maximum à l'hectare se situe un peu plus bas. Les Bordeaux et les Bordeaux supérieurs proviennent généralement des régions les moins bonnes du Bordelais ; s'ils proviennent du Médoc, de Saint-Emilion ou des Graves, ils en portent mention sur leur étiquette. Ce sont généralement des vins coupés, qui résultent d'une production de masse.
Les meilleures régions du Bordelais ont été définies et délimitées avec une rigueur toute cartésienne : elles produisent chacune des vins de caractère ou de classe différents. Ainsi, au nord de la ville, sur la rive gauche, ou occidentale, de la Gironde, se trouvent les collines graveleuses de l'incomparable Médoc, qui produit presque

exclusivement des vins rouges, dont bon nombre des plus grands vins rouges du monde. A l'ouest et au sud de Bordeaux se situe la région des Graves, qui produit des vins blancs (secs à demi-secs) et de nombreux vins rouges excellents. A la lisière méridionale des Graves, on trouve les cinq petites communes qui ont droit à l'appellation Sauternes. De l'autre côté de la Gironde, au-delà des collines et de la Dordogne, se trouvent les vignobles de Saint-Emilion et de Pomerol ; c'est le pays du vin rouge et la production s'en classe, au point de vue de la qualité, immédiatement après celle du Médoc. Le Bordelais comporte également des régions vinicoles secondaires : Côtes de Bourg, Fronsac, Lalande-de-Pomerol, Montagne Saint-Emilion, Néac, etc. ; et des régions de moindre importance et de moindre re-

nommée, produisant du vin blanc : Sainte-Croix-du-Mont, Loupiac, Cadillac, Premières Côtes de Bordeaux, Cérons (Graves), Graves-de-Vayres (qui ne fait pas partie des Graves), Entre-Deux-Mers, Côtes de Blaye, etc. Le Bordeaux rouge est issu principalement du Cabernet Sauvignon, du Cabernet franc et du Merlot, un peu de Malbec, de petit Verdot et de Carmenère ; moins alcoolique que le Bourgogne, il est généralement plus foncé et a une meilleure garde : certains Médocs des grandes années conservent — et même s'améliorent — pendant 50, 60 et même 80 ans.
Les Bordeaux blancs composent une famille entière de vins ; ils existent en secs et en doux, bien qu'ils soient tous issus du Sémillon et du Sauvignon blanc, additionnés parfois de Muscadelle. Les Graves, les Sauternes et les Barsacs sont connus dans le monde entier.
On vend comme Bordeaux blancs un vin assez ordinaire, doré, sec ou demi-sec. Les vins de qualité supérieure possèdent évidemment leurs appellations supérieures et plus limitées.
Les vins de Bordeaux les plus fins, rouges et blancs, portent :
- soit le nom d'une des meilleures régions : Médoc, Graves, Saint-Emilion, Sauternes ;
- soit le nom d'une commune de ces régions : Saint-Julien, Margaux, Pauillac ;
- soit encore le nom du château ou du vignoble où le vin a été produit.
En règle générale, on peut dire que plus le nom est spécifique, meilleur est le vin. Les Bordeaux les plus fins, rouges et blancs, portent — sans exception — le nom et l'étiquette d'un château, outre l'affirmation que le vin a été mis en bouteille à son lieu d'origine (« mise au château » ou « mise en bouteille au château »).

Borderies. Région viticole correspondant à un secteur de qualité dans le Cognaçais, les eaux de vie élaborées uniquement avec des Borderies sont trop corsées, dures, légèrement âpres. Les Borderies peuvent apporter une contribution bénéfique lorsqu'elles sont utilisées dans les assemblages.

bota. Mot espagnol : barrique de 500 à 600 litres.
C'est aussi une gourde appelée « boratxa » dans le nord de l'Espagne. Elle contient entre 0,75 et 1,5 litres. Souvent en peau de chèvre cousue, formant un ballon aplati avec une ouverture dans laquelle on place un roseau ou un bec en bois. Cela permet de boire à « la régalade » sans têter au bec.

Botrytis cinerea. (*Pourriture noble* en français ; *Edelfaüle* en allemand). Pourriture hautement bienfaisante : en fait, une moisissure qui se forme, dans certaines régions (notamment dans la région de Sauternes, dans les vallées de la Loire et du Rhin), sur les peaux des raisins mûrs et qui entraîne une concentration de sucre comme de saveur, améliorant considérablement la qualité du vin qui en résulte. Pour les vins blancs du moins, la pourriture noble ne communique pas le goût de moisi.

bouché. Qualifie une bouteille fermée avec un bouchon (en principe en liège mais on peut, à présent, boucher avec des bouchons faits d'autres matériaux).

Bouches-du-Rhône. Département français qui comprend Marseille, Aix-en-Provence, Arles et le delta du Rhône. Les meilleurs vins en sont : le Cassis blanc, qui accompagne merveilleusement la bouillabaisse ; les vins blancs et rosés de Palette ; les vins des Côtes de Provence ; les vins de Coteaux d'Aix-en-Provence. Des vins dont la qualité a progressé ces dernières années.

Bouchet. Nom donné au Cabernet dans la région de Saint-Emilion, où le Cabernet Sauvignon est appelé Bouchet ou Petit Bouchet, et le Cabernet franc Gros Bouchet. A ne pas confondre avec les métis Bouschet (du nom d'Henri Bouschet), plants de production de masse mais de médiocre qualité : on les trouve dans le midi de la France, en Algérie et en Californie.

bouchon. Corps cylindrique, obturateur de bouteille. Ce terme était autrefois synonyme de cabaret. Il était aussi employé pour désigner l'enseigne elle-même du cabaret (une branche d'arbre ou d'arbuste).

Pour les vins mousseux, les bouchons en matière plastique ont été ou sont encore utilisés pour remplacer ceux d'écorce de chêne-liège *(Quercus suber)* ; ceci en Amérique surtout, mais également en Europe. En Champagne, le bouchon de matière plastique, parfois utilisé lors de la prise de mousse, y est toujours remplacé par un bouchon de liège lors du dégorgement.

La plupart des Xérès et des Portos sont maintenant exportés avec un couvercle à vis, en plastique, ou toute autre « fermeture » du même genre ; de nombreux vins de table français et italiens peu coûteux sont lancés sur le marché avec un simple capuchon, ingénieux, qui ne nécessite pas l'emploi d'un tire-bouchon. Tout ceci inquiète beaucoup les traditionalistes, mais ils ont tort. Le vin ordinaire (au moins 95 pour cent de la production mondiale) est fait pour être consommé presque aussitôt après sa mise en bouteille ; et, pourvu que le récipient soit hygiénique et bon marché, et qu'il ne communique pas un mauvais goût au vin, aucune objection ne peut se jus-tifier : les systèmes modernes sont sans aucun doute meilleurs que les outres en peau de chèvre, les gourdes de cuir, voire les bouteilles réutilisées et tout l'attirail pittoresque du commerce des vins du siècle dernier. Il en va de même pour les « fermetures ».

Toutefois, le contraire est vrai pour les vins capables de vieillir et de s'améliorer en bouteille. Pour cette élite, les vrais bouchons restent irremplaçables et indispensables. Ils permettent la lente évaporation et une éventuelle oxydation légère du vin, qui lui donnent son bouquet et sa distinction. La longueur du bouchon et sa qualité devraient être proportionnelles à la garde espérée du vin que le bouchon est censé protéger : de plus longs bouchons procurent une meilleure garde.

Ainsi, un Beaujolais ou un vin du Rhin peuvent légitimement avoir un bouchon beaucoup plus court qu'un grand Bourgogne ou qu'un grand Bordeaux rouge.

Normalement, la vie d'un bouchon — même des meilleurs — ne dépasse guère les vingt années, même dans les meilleures caves ; ils doivent donc être remplacés après ce laps de temps.

Le fait qu'un bouchon soit lâche plutôt qu'hermétique indique généralement que le vin a été mal entreposé, debout et non couché. Un bouchon sec et difficile à pousser signifie que le vin a été conservé dans une cave trop sèche, mais cela n'a rien à voir avec la qualité du vin. Que le sommet d'un bouchon, en dessous de sa capsule, soit humide ou même noir et taché de moisissure ne signifie rien du tout. A moins que le vin n'ait une odeur de bouchon prononcée, il est impossible, même pour un expert, d'en dire plus du bouchon avant d'avoir goûté le vin.

Certains gourmets versent parfois à un restaurant une certaine somme, un « droit de bouchon », pour obtenir le privilège de posséder leur propre vin, acheté à part, et qui leur sera servi lors de dîners ou de réceptions. S'ils ne sont pas trop élevés, ces frais se justifient (la somme peut atteindre 40 pour cent du prix du vin, à moins qu'il ne s'agisse d'un vin rare et coûteux). Si ce privilège est accordé sans participation financière, il s'agit d'une libéralité, et le sommelier devrait en être généreusement récompensé.

bouchonné. De nombreuses personnes confondent les termes *bouché* et *bouchonné*. Tous les vins embouteillés (sauf s'ils sont fermés par un couvercle à vis en plastique ou par d'autres « fermetures » de ce genre) sont *bouchés* ; un vin *bouchonné* est un vin qui a pris l'odeur et le goût bien définis, et désagréables, d'un mauvais bouchon. Cela peut arriver même aux meilleures caves ; l'odeur et le goût anormaux sont dûs à un défaut invisible d'un bouchon apparemment parfait ; une fois enlevé, le bouchon a généralement lui même une odeur prononcée de bois pourri. La seule solution consiste à jeter les vins bouchonnés ; heureusement ce désagrément ne se produit qu'une fois sur mille, ou moins.

Bougros. Un des sept grands crus de Chablis*.

bouillie bordelaise. Fongicide à base de sulfate de cuivre et de chaux éteinte, largement utilisé en Europe pour lutter contre le mildiou. Les pulvérisations de ce fongicide (ou d'un autre produit similaire) donnent, au printemps, une couleur bleu-vert aux vignes de France et d'Allemagne.

bouquet. Ensemble des qualités olfactives qu'un vin acquiert pendant la fermentation et le vieillissement. Il y a trois sortes de bouquets :
- primaire, ou arôme ;
- secondaire, qui se forme au cours de la fermentation ;
- tertiaire acquis, qui se développe pendant le vieillissement.

Beaucoup d'experts peuvent déterminer, d'après le bouquet, l'origine du vin fin, le cépage utilisé, l'âge du vin, sa classe et sa valeur. Les vins jeunes peuvent présenter un arôme, une odeur, un parfum de fleur ou de fruité ; le bouquet se distingue de ces qualités, encore qu'il les englobe toutes.

Le bouquet provient des esters (éthersels) développés par la lente oxydation de certains éléments du vin : l'alcool, mais surtout les acides des fruits. Les vins ordinaires des régions septentrionales, plus riches en acide, développent plus de bouquet que les vins, plus faibles en acide, originaires de régions ensoleillées. Les vins récoltés sur les sols caillouteux, donc moins fertiles, présentent un plus grand bouquet, tout comme les vins extraits de raisins qui ont mûri lentement dans un climat tempéré, sans chaleur excessive. Il ne faut pas être expert pour apprécier le bouquet d'un vin fin.

Bourg. Ville de la Gironde, centre d'une région vinicole dont l'abondante production comprend principalement des vins rouges (2/3 de la production). Ces vins se vendent en général sous l'appellation générale Bordeaux rouge. Toutefois les principaux crus portent les appellations Bourg, Bourgeais ou Côtes de Bourg : ce sont des vins corsés, fermes, très colorés, issus principalement du Cabernet ; ils méritent plus de crédit. On y produit aussi des vins blancs de médiocre qualité.

bourgeois (cru). Une des principales catégories de vins de Bordeaux, fondée sur des critères de qualité et non sur une distinction géographique. Le Bordelais compte certainement plus de cinq mille vignobles ; moins de deux cents d'entre eux forment ce qu'on pourrait appeler l'aristocratie : les crus classés du Médoc, de Sauternes, de Saint-Emilion, etc. Viennent ensuite les vins produits par un grand nombre de châteaux moins réputés, dont un grand nombre, mais pas tous, pratiquent la mise au château : les *crus bourgeois*, ou *crus bourgeois supérieurs*. On désignait ainsi les crus placés entre les mains de propriétaires faisant travailler leur vignoble sous leur direction ou sous celle d'un régisseur, et apportant généralement plus de soins à la culture, et surtout à la cueillette et à la vinification, que ne le font ordinairement les paysans. On trouvera en annexe une liste partielle de ces châteaux. Notons qu'un cru bourgeois d'un bon millésime n'est en aucun cas un vin ordinaire : il se révèle même souvent d'excellente qualité, parfois d'une qualité égale à celle des vins supérieurs.

Bourgogne. Cette ancienne province française, qui fut longtemps un duché indépendant, produit des vins rouges, blancs et rosés (rares), célèbres dans le monde entier. La Bourgogne englobe les départements de l'Yonne (la région de Chablis), de la Côte-d'Or (région des plus grands Bourgognes, rouges et blancs), de Saône-et-Loire (Mâcon, Pouilly-Fuissé, etc.) et une partie du département du Rhône (Beaujolais).
Cependant les vins produits dans ces quatre départements n'ont pas tous droit à l'appellation Bourgogne. La loi française réserve ce nom aux vins fabriqués à partir de certains cépages, plantés dans des communes précises. Les Bourgognes authentiques possèdent dès lors une qualité supérieure à la moyenne, un type bien défini et une origine connue et établie. La production totale est égale au tiers seulement de celle de Bordeaux : moins de 2 pour cent de la production vinicole française. Ce pourcentage a fortement diminué au cours des cent dernières années ; les vignobles de Bourgogne se sont réduits de plus de moitié depuis 1870. Un Bourgogne vraiment fin est donc chose rare, et le restera ; il provient uniquement de quelques coteaux étroits, particulièrement favorisés dans cette région au climat généralement défavorable, et il est issu de deux cépages principaux, qui ont un faible rendement à l'hectare.
En 1962 — « bonne » année typique — la production de Bourgogne couvrait 1,5 pour cent de la récolte totale en France : environ 1 200 hl. Cette production se répartissait comme suit : 48 pour cent de Beaujolais, 17 pour cent de Mâcon et Mâcon supérieur, moins de 4 pour cent de Bourgogne *grand ordinaire* (la qualité la plus basse du point de vue légal, donnant la plupart des Bourgognes mousseux), 6 pour cent de Bourgogne aligoté* (un vin de carafe blanc issu d'un cépage secondaire), 2 pour cent de Passe-tout-grains (un mélange peu coûteux de Gamay et de Pinot, rarement exporté) et 5 pour cent environ de simple Bourgogne (un vin honnête, sans aucun doute, mais dépourvu de qualité particulière). Les 18 pour cent restants (moins de 0,35 pour cent de l'ensemble de la production vinicole française) procurent l'essentiel de l'exportation : il s'agit de ces vins recherchés par les gourmets de tous les pays : Chablis*, Pouilly-Fuissé*, Meursault*, Montrachet*, Chambertin*, Clos Vougeot*, Nuits-Saint-Georges*, Corton*, Beaune*, Pommard*, etc.
A quelques exceptions près — le Chablis, peut-être le Pouilly-Fuissé et les Beaujolais —, tous les vins qui ont fait la renommée internationale et durable de la Bourgogne proviennent d'une extraordinaire bande de vignobles située à flanc de coteau : la Côte d'Or. Celle-ci s'étend des environs de Dijon jusqu'au sud de Beaune ; elle est

LE VIGNOBLE
BOURGUIGNON

orientée au sud-est et surplombe la large plaine de la Saône, derrière laquelle se profilent les Alpes, par temps clair. Tous ces vins sont issus soit du Pinot noir, soit du Chardonnay ; ils portent le nom de leur commune d'origine (Pommard*, Beaune*, Nuits-Saint-Georges*, Chambolle-Musigny*) ou du climat qui les produit (Richebourg*, Musigny*, Bonnes Mares*), mais souvent les deux (Pommard Epenots, Beaune Grèves, Meursault Perrières, etc.). Ces vignobles s'étendent rarement sur plus de seize hectares (ils sont souvent beaucoup plus petits) ; ils appartiennent généralement à de nombreux propriétaires différents, dont certains font bénéficier leur vin d'une mise du domaine, alors que d'autres le vendent à un négociant immédiatement après la vendange. Lorsque ces vins sont à la fois authentiques et bons, ils restent inégalés dans le monde : les rouges, d'une belle robe pourprée, sont chaleureux, fruités, vigoureux, bouquetés ; ils allient la puissance à la finesse et restent insurpassés ; et parmi tous les vins blancs du monde, ce sont les Bourgognes blancs que la plupart des véritables gourmets préféreront boire en mangeant.

Bourgogne mousseux. Vin de Bourgogne traité en mousseux par la méthode de deuxième fermentation en bouteille ; en général un vin rouge, parfois rosé, bien qu'il existe des blancs mousseux. Ce vin ne rencontre guère de succès en France, à l'inverse des Etats-Unis et de l'Angleterre. On ne traite souvent en mousseux que les vins de qualité inférieure.

Bourgueil. Commune de Touraine, en aval de Tours, à 5 km de la rive droite de la Loire. Réputée pour ses vins rouges, issus exclusivement du Cabernet franc, elle donne son nom aux vins de sept communes, dont la plus notoire est celle de Saint-Nicolas-de-Bourgueil. L'un des plus agréables vins rouges secondaires de France, qu'il vaut mieux boire jeune, à la température de la cave. Un vin léger (de 10 à 12 degrés), délicat, fruité, à odeur de framboise, frais et d'une belle robe rubis. Il bonifie en bouteille. C'est à Bourgueil que Rabelais a situé son abbaye de Thélème et c'est là également que Ronsard a rencontré sa « belle Angevine Marie », dont il a célébré les charmes dans quelques-uns des plus grands poèmes lyriques de la Renaissance française.

bourru (vin). Vin blanc nouveau en cours de fermentation consommé tel quel. Syn. macadam, *Sauser* (mot allemand).

Bouscaut (Château). Un des plus importants et des mieux entretenus parmi les vignobles des Graves, au sud de Bordeaux. Ce vignoble, situé sur la commune de Cadaujac, donne environ moitié de Bordeaux rouge léger et environ moitié de blanc : un excellent Graves sec, mise au château.

bouteille. La bouteille ordinaire, quelle que soit sa forme, contient généralement 70 à 75 cl. On en ignore la raison. On a dit qu'il s'agissait de la ration de vin que consommait un gros mangeur à chaque repas. La couleur de la bouteille et sa forme permettent souvent de déceler l'origine et le type d'un vin.

On distingue :

- la *bouteille bordelaise*, haute et droite, en verre blanc pour les vins blancs et en verre « feuille morte » ou vert foncé pour les rouges (l'usage de cette bouteille ne se limite pas exclusivement au Bordelais) ;

- la *bouteille bourguignonne*, plus trapue, s'emploie évidemment en Bourgogne mais aussi pour les vins du Rhône et pour certains vins italiens et espagnols ;

- la *bouteille champenoise* rappelle la bourguignonne, mais elle est à parois très épaisses et d'une capacité moyenne de 80 cl : elle s'emploie pour le Champagne et les vins mousseux ;

- la *flûte* en verre brun pour les vins du Rhin, vert pour les vins d'Alsace et de la Moselle, blanc pour les rosés.

On pourrait citer beaucoup d'autres types de bouteilles : le *fiasco* (la fiasque) d'Italie et le *Bocksbeutel* de Franconie. Actuellement on accorde moins d'importance aux formes des bouteilles, le seul fait à prendre en considération restant le rangement. Il ne faut toutefois pas perdre de vue qu'un vin vieillit plus vite dans de petites bouteilles que dans de grandes ; pour un vin de même millésime, une demi-bouteille se fera plus vite qu'une bouteille entière ou qu'un magnum. Mais le Champagne échappe à cette remarque, vu qu'il fermente et se conserve normalement dans des bouteilles au format moyen et perd de sa valeur s'il est transvasé dans des demi-bouteilles ou des magnums... Tous les vins sont tant soit peu affectés par la lumière et, sauf dans une cave idéale, ils se conservent mieux dans des bouteilles vertes ou brunes ; la bouteille brune, peut-être moins attrayante, semble d'ailleurs mieux convenir.

Citons enfin, les plus connues des bouteilles de grande capacité : magnum (2 bouteilles), double-magnum, parfois appelé jéroboam (4 bouteilles), jéroboam ou réhoboham (6 bouteilles), impérial ou mathusalem (8 bouteilles), salmanazar (12 bouteilles), balthazar (16 bouteilles), nabuchodonosor (20 bouteilles).

Bouzy. Important village viticole de Champagne, l'un des mieux cotés. → Champagne.

Vin rouge agréable produit à Bouzy et issu du Pinot noir.

Boyd-Cantenac (Château). Troisième cru classé de Cantenac-Margaux (Haut-Médoc).

Brachetto. Vin rouge ou rosé du Piémont, en général pétillant (*frizzante**), issu du cépage du même nom.

Branaire-Ducru (Château). Quatrième cru classé de Saint-Julien (Haut-Médoc), voisin direct de Beychevelle, dont il partageait d'ailleurs le classement en 1855. Ce vin ne mérite actuellement plus un tel classement, malgré une amélioration récente due à un changement de propriétaire.

brandy. Mot anglais correspondant à notre terme français « eau de vie de vin ». Du moins à l'origine, puisqu'aujourd'hui ce mot désigne toutes sortes d'eau de vie provenant de la distillation de fruits uniquement. Une eau de vie de céréale ne peut s'appeler Brandy. En France, nous avons plusieurs Brandys : Cognac, Armagnac, eau de vie de marc, Calvados, poiret, eaux de vie de Mirabelle, kirsch…

Brane-Cantenac (Château). Deuxième cru classé de Cantenac-Margaux (haut-Médoc). Un Bordeaux de bonne qualité, équilibré et franc. Bien qu'il soit aujourd'hui à peine considéré comme un des meilleurs seconds crus, ce vin mérite toute notre confiance ; il n'est en général pas trop cher et représente presque toujours un bon placement.

Brauneberg. Village viticole réputé de la Moselle (Allemagne), longtemps considéré comme le meilleur de la région. Il portait autrefois le nom de Dusemond (du latin *mons dulcis*, « mont doux »), probablement à cause de l'excellence et de la douceur de ses vins). Actuellement ces vins, moins élégants, restent néanmoins remarquables : ils peuvent se comparer à ceux de Wehlen et de Zeltingen : corsés, fins, ayant de la bouche. Meilleurs vignobles : Brauneberg Juffer, Falkenberg, Hasenlaufer, Kammer, Sonnenuhr, Lay. Principaux producteurs : Haag, Von Schorlemer, l'hôpital Saint-Nicolas et la coopérative de Brauneberg (brauneberger Winzerverein).

Brède (Château de la). Sur la commune de la Brède dans la région des Graves. Montesquieu y habita à la fin du XVIIᵐᵉ siècle jusqu'au début du XVIIIᵐᵉ. A cette époque, le Château de la Brède possédait son vignoble, plus étendu d'ailleurs que le domaine viticole actuel. Montesquieu fut donc un aussi grand vigneron qu'un aussi talentueux philosophe et écrivain.

Brésil. Seule la région la plus méridionale du Brésil, l'Etat de Rio Grande do Sul, est suffisamment éloignée de l'équateur et jouit d'un climat suffisamment tempéré pour permettre la culture de la vigne. Les vignobles (69 000 ha) donnent principalement des raisins de table, mais aussi des vins sans distinction.

Breton. Synonyme de Cabernet franc, en Touraine et Saumurois.

brillant. Se dit d'un vin blanc parfaitement limpide, qui dénote un état propice à la mise en bouteille. Tous les bons vins devraient être brillants.

Brillante. Vin de table blanc doux d'Espagne. Nom de marque, comme Diamante.

Brochon. Commune de la Côte-d'Or (Bourgogne), au nord de Gevrey-Chambertin. Les meilleurs vignobles (50 ha) donnent des vins rouges d'appellation Gevrey-Chambertin.

Brolio. Un des plus fameux domaines viticoles du pays du Chianti ; le château appartient depuis 800 ans à la famille Ricasoli. Le Chianti de Brolio passe pour l'un des quatre ou cinq meilleurs ; en tout cas l'un des plus vigoureux, et l'un des vins de meilleure garde parmi les vins italiens. Comme le Chianti *classico*, le Chianti de Brolio se vend, jeune, en *fiaschi* ; vieux — *riserva* — dans des bouteilles bordelaises.

Brouilly. Une des meilleures et des plus célèbres régions viticoles du Beaujolais. A l'instar de Moulin-à-Vent, il ne s'agit pas d'une commune, mais d'une aire rigoureusement délimitée, s'étendant sur les communes d'Odenas, Saint-Lager, Cercié, Quincié et Charentay, groupées autour de la fameuse Côte de Brouilly, une colline surmontée d'une chapelle, qui est un lieu de pèlerinage annuel. Le Brouilly compte parmi les meilleurs Beaujolais et les plus typiques, surtout quand on le boit jeune : un vin fruité, corsé, au goût de raisin frais, vineux, vite prêt à boire. Toutefois, comparé à certains Beaujolais (Moulin-à-Vent, Morgon, etc.), il se révèle de moins longue garde. Il compte parmi les vins rouges les plus agréables à boire.

Broustet (Château). Deuxième cru classé de Barsac. Vin blanc un peu moins doux que la plupart des Barsac, mais d'une grande distinction.

brut. Se dit d'un Champagne ou d'un vin mousseux très sec, plus sec que l'« extra dry ». Proprement, *brut* s'applique à un Champagne sans addition de liqueur d'expédition. Mais actuellement tous les Champagnes bruts reçoivent pratiquement le dosage*, en règle générale moins de 2 pour cent mais souvent davantage. Les maisons de Champagne vendent en général leurs meilleurs vins — millésimés ou non — comme bruts, mais cet adjectif employé seul ne constitue aucune garantie de qualité. → Champagne.

Bual, Boal. L'un des principaux cépages de Madère* ; le vin qu'il produit : un vin doux, fin et doré.

Bucelas. Vin de table blanc du Portugal, produit près de Lisbonne.

Büdesheim. → Bingen.

Bugey. Petite région vinicole, dans le département de l'Ain, au nord-est de Lyon. Une grande variété de vins rouges, blancs et rosés : très légers, souvent agréables et rafraîchissants. Vins délimités de qualité supérieure (label V.D.Q.S.). La plupart portent le nom de vin du Bugey, suivi dans certains cas du nom du village d'origine, tels Montagnieu ou Virieu.

Bühl (Reichsrat von). Propriétaire d'un important vignoble et éleveur du Palatinat. Il possède des vignobles à Forst, Deidesheim, Ruppertsberg, etc.

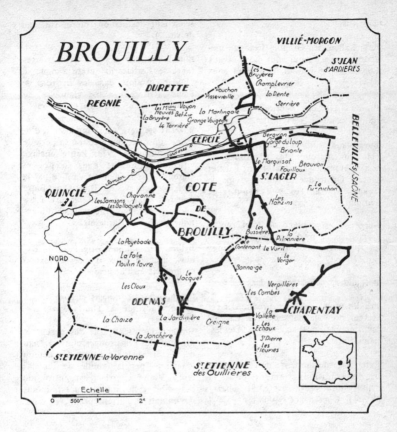

BROUILLY

Bühlertal. Petit district vinicole situé près de Baden-Baden. Des vins rouges et blancs agréables, mais qui ne présentent guère plus qu'un intérêt local. → Bade.

Bulgarie. Le vignoble bulgare s'étend sur 200 000 hectares environ, avec une production moyenne de 4 000 000 d'hectolitres, dont deux tiers de rouge. Le quart de la production prend le chemin de l'U.R.S.S., de la Tchécoslovaquie et de la République démocra-

tique allemande. La Bulgarie exporte aussi, en moyenne, 1 500 000 quintaux de raisins de table.

Bulk (procédé). Méthode de fabrication des vins mousseux, moins coûteuse et plus rapide que la méthode champenoise, mais qui ne la vaut pas. Les vins fermentent, non en bouteilles, mais dans des cuves fermées, puis sont mis en bouteille sous pression. Les vins traités selon cette méthode n'ont pas droit, en France, à une appellation d'origine.

Bulk Gallon. En Grande-Bretagne mesure de capacité qui vaut 4,5 l et aux Etats-Unis 3,8 l, pour les vins et eaux de vie.

Burdin. Un des hybrideurs français les plus connus. → Hybrides.

Burgenland. En Autriche, région viticole qui regroupe les vignobles de Sankt, Mörbisch, Margarethen, Rust et Oggan. On trouve surtout des vins de Tokay, le vrai Tokay c'est-à-dire le Furmint.

Burger. Cépage blanc de haut rendement mais de médiocre qualité, connu en Allemagne sous le nom d'Elbling* ou Eisling.

Burgunder. → Spätburgunder.

Bürklin-Wolf. Célèbre producteur et éleveur du Palatinat ; possède de vastes vignobles à Wachenheim, Deidesheim, Forst, etc.

Butt. Tonneau du genre de ceux qu'on utilise traditionnellement pour la conservation et la vente du Sherry (Xérès). Contenance : 480 l et 575 l

selon leur destination (bière, vin, eau de vie...).

Buttafuoco. Un des trois vins rouges (avec le Barbacarlo* et le Sangue di Giuda*) produits dans les environs de Pavie (Oltrepò). Les vignobles se trouvent à Broni et à Canneto Pavese.

Buzet (Côte de). Vin d'appellation d'origine contrôlée qui a connu sa période VDQS jusqu'en 1973. Petite enclave viticole de qualité dans le Lot et Garonne essentiellement vinifiée par la cave coopérative de Buzet sur Baïse (environ 250.000 caisses par an). Presque tout en rouge. Encépagement identique à celui du Bordelais.

Byblin. Vin antique, originaire du Byblos, sûrement doux (d'après les textes) et apprécié en Phénicie.

Byrrh. Apéritif français, à base de vin rouge, fabriqué à Thuir (Pyrénées-Orientales).
Entrent dans le Byrrh, des herbes et des mistelles (vins rouges mutés à l'eau de vie de vin). Ce secret fut détenu longtemps par la famille de l'inventeur : Violet. Byrrh n'est autre que l'assemblage des initiales des prénoms des enfants de l'inventeur.

Cabernet. Cépage rouge remarquable ; donne, pour une bonne part, les grands Bordeaux, ainsi que les vins rouges des comtés de la côte nord de Californie, qu'on tient à bon droit pour les meilleurs d'Amérique.

Il existe deux variétés de Cabernet, distinctes mais étroitement apparentées : le Caberne Sauvignon, moins productif, prévaut dans le Médoc et en Californie, et donne un vin de bonne garde, lent à se faire et plus riche en tanin ; le Cabernet franc — principale variété de la région de Saint-Emilion — donne le Chinon, le Bourgueil, le Champigny et quantité d'excellents rosés de la Loire. Le Cabernet franc donne aussi de bons vins en Provence, associé à des cépages locaux : Syrah, Cinsault, Grenache... Ces deux variétés sont plantées au Chili et les meilleurs vins rouges d'Amérique du sud portent ce nom.

Cabernet d'Anjou et **Cabernet de Saumur.** Ces deux appellations s'appliquent aux rosés produits en Anjou et dans le Saumurois avec le Cabernet franc. Le premier, doux et surtout d'un rosé franc, est beaucoup plus abondant (125 000 hl) que le second (5 000 hl), sec, presque incolore.

C'est un vin de meilleure qualité que le rosé d'Anjou ordinaire — provenant du Groslot. Agréable, bon marché, d'habitude un peu doux, jamais extraordinaire.

Cabinet. → Kabinett.

Cabrières. Vin rosé produit aux environs de Lodève (Hérault), issu du Carignan et du Cinsault. C'est l'un des meilleurs vins du Midi (V.D.Q.S.).

Cadillac. Ville du Bordelais, sur la rive droite de la Garonne, en face des Graves, dans les Premières Côtes de Bordeaux. Vins blancs assez doux qui ne diffèrent pas tellement des Sauternes, mais qui ne présentent ni leur qualité ni leur classe.

café (vins de). Vins rouges très légers obtenus par une courte cuvaison (vin d'une nuit) que l'on boit à table ou au comptoir.

Cahors. Ancienne ville, située au nord

de Toulouse, dont la région produit un excellent vin rouge, non dépourvu d'intérêt et qui appartient presque à la légende. Le vin de Cahors, issu principalement du Malbec et vinifié par la méthode traditionnelle, est sans doute le plus foncé des vins rouges fins de France : sa teinte cramoisi foncé, mâtinée de noir si l'on peut dire, rappelle les meilleurs vins de la Valtelline. Lent à se faire, d'excellente garde, ferme mais sans rudesse, le vin de Cahors présente une grande distinction et un bouquet spécial. Les amateurs férus de découvertes doivent prêter attention au vin de Cahors, encore qu'il soit difficile d'en trouver d'excellent. Depuis 1971, les vins de Cahors bénéficient de l'appellation d'origine contrôlée.

Caillou (Château). Deuxième cru classé de Barsac ; le meilleur sous certains rapports. A ne pas confondre avec d'autres « châteaux » du Bordelais qui portent des noms fort semblables.

Cairanne. Un des meilleurs villages vinicoles du Rhône inférieur, à 60 km environ au nord-est d'Avignon. Ses vins rouges, blancs et rosés sont vendus sous l'appellation particulière Côtes-du-Rhône-Cairanne.

caisse. Contient des bouteilles de vin. Elle peut être en bois ou en carton. Permet d'expédier des bouteilles de 0,72 l (Alsace) ou de toute autre contenance (0,75 l comme la plupart des vignobles), mais aussi des magnums, de fillettes, des quarts... En principe, on compte 12 bouteilles (de 0,72 ou 0,75 l) par caisse. Surtout quant on estime qu'un domaine produit x milliers de caisses, la référence est 12 par caisse.

Calabre. Au Sud de l'Italie, région fort connue par ses rouges et blancs. Située juste dans la botte italienne (forme le pied proprement dit). Cette terre d'origine volcanique ne permet pas d'élaborer des vins de très bonne qualité. Les rouges sont corsés, bien charpentés, mais peu de finesse et de fraîcheur. Quant aux blancs, très inégaux, à part le Ciro qui a une robe mordorée et un goût charmant. On trouve aussi des muscats (Moscato di Cosenza et Moscato di Calabria) et des vins dont la typicité varie selon les vinificateurs.

Caldaro. Petite ville vinicole du Haut-Adige (Tyrol italien) ; en allemand, Kaltern. Les vignobles des environs, aménagés en pergolas, produisent une remarquable variété de vins de table, des rouges et des blancs frais, légers et très agréables. Ils se vendent généralement sous le nom du cépage d'origine, principalement ceux qui proviennent des variétés suivantes : Traminer *aromatico* (Gewürztraminer), Riesling (ce n'est pas le Riesling rhénan), Silvaner (Sylvaner), Pinot *bianco* (Pinot blanc), Moscato *giallo* (Muscat blanc) et Pinot *nero* (Pinot noir).

On trouve aussi dans le commerce, sous le nom de Caldaro, ou Caldaro Collina, un vin rouge assez acide, peu corsé et d'une teinte claire, mais fruité et appétissant : il provient du Schiava.

Le Lago di Caldaro, un vin du même type mais plus fin, est récolté sur les rives d'un petit lac situé à 5 km au sud ; à l'époque autrichienne, ce vin était connu sous le nom de Kaltererseewein, nom qu'il porte encore en Suisse et en Autriche, où il jouit d'un grand crédit.

Californie. Importante région viticole des Etats-Unis, qui produit plus de 80 pour cent des vins consommés dans ce pays. Le vignoble (160 000 hectares) produit de 2,3 à 3,2 millions de tonnes de raisins par an, dont un peu moins de la moitié sert à la production de vin, le reste étant principalement

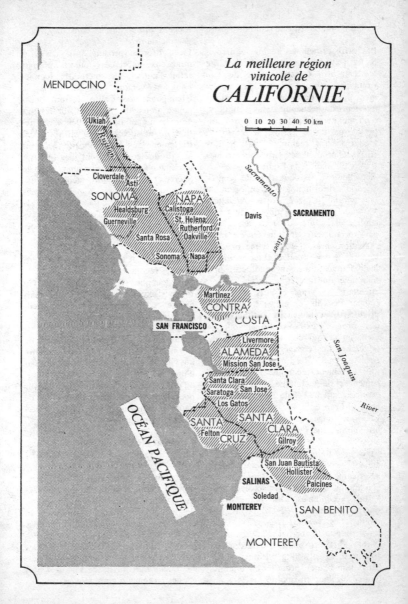

La meilleure région
vinicole de
CALIFORNIE

MENDOCINO

Ukiah

0 10 20 30 40 50 km

Cloverdale
Asti
SONOMA
NAPA
Healdsburg
Guerneville
Calistoga
St. Helena
Rutherford
Oakville
Santa Rosa
Sonoma
Napa

Davis

SACRAMENTO

Sacramento River

Martinez

CONTRA
COSTA

SAN FRANCISCO

Livermore
ALAMEDA
Mission San Jose

San Joaquin

Santa Clara
Saratoga
San Jose
Los Gatos
SANTA
CRUZ
Felton

SANTA
CLARA
Gilroy

River

OCÉAN PACIFIQUE

San Juan Bautista
Hollister
SALINAS
Paicines
Soledad
MONTEREY

SAN BENITO

MONTEREY

vendu comme raisin de table ou raisins secs.

Les deux principales régions vinicoles de la Californie sont la froide Côte Nord (North Coast), autour de San Francisco — qui produit principalement des vins de table — et les vallées intérieures, beaucoup plus chaudes, d'où viennent la plupart des vins vinifiés à partir de raisins sélectionnés. Une troisième région, à l'est de Los Angeles, produit des vins comparables à ceux du midi de la France.

Actuellement, les deux tiers de la production californienne se composent de vins vinifiés (Xérès, Porto, Angelica, Muscadel) plutôt que de vin de table, comme dans presque tous les autres pays producteurs de vin. A de rares exceptions près, il s'agit d'une production de masse, vendue et consommée dans l'année : un vin médiocre, bon marché et qui titre 20°.

Au cours des vingt, et plus particulièrement des dix dernières années, les producteurs californiens ont accompli des progrès extraordinaires, notamment en ce qui concerne les vins de table. Les fins cépages européens (Cabernet, Pinot, Riesling, Sémillon) sont fortement répandus. Pour l'équipement et la technique, la Californie est actuellement l'égale de l'Allemagne et de la France.

Les vins rouges et blancs californiens les moins chers sont, en moyenne, aussi bons que le *vin ordinaire* de France, d'Italie ou d'Espagne. S'ils étaient vendus sous une appellation américaine honnête et présentés de façon moins tapageuse ; ils seraient tout à fait acceptables ; les blancs (très souvent ordinaires) le sont un peu moins. Les *varietal wines,* les plus fins, rouges (Cabernet Sauvignon et Pinot noir) ou blancs (Chardonnay, Johannisberg Riesling, Pinot blanc, Sauvignon blanc), produits en quantité limitée, égalent en qualité les vins européens qui entrent dans la même gamme de prix.

La Californie produit aussi des vins mousseux, fabriqués pour la plupart selon l'authentique méthode champenoise et vendus sous les noms de Champagne de Californie ou Bourgogne mousseux. Ajoutons que les lois américaines n'imposent aucune restriction quant aux cépages utilisés, contrairement aux lois française ; et tous les producteurs ne font pas montre d'honnêteté dans ce domaine. Pour le Sherry et le Porto californiens, la situation est encore pire : à part quelques exceptions, il s'agit de sous-produits de l'industrie du raisin de table, lancés sur le marché à l'âge moyen de dix mois.

Calon-Ségur (Château). Troisième cru classé, récolté sur la commune de Saint-Estèphe (Haut-Médoc) : un vin rouge d'excellente qualité, corsé mais tendre et remarquable. Un des meilleurs troisièmes crus actuels.

Caluso. Ville du Piémont, au nord de Turin. Sa spécialité : le Caluso passito, un vin blanc rare, assez doux, extrait d'une variété de raisin, l'Erbaluce, qu'on garde à la maison tout l'hiver pour le laisser sécher (*passito :* vin de paille*), et qu'on presse et met à fermenter au printemps.

Camensac (Château). Cinquième cru classé de Saint-Laurent (Haut-Médoc).

Campanie. Région de l'Italie méridionale, comprenant Naples, le Vésuve, Capri, Ischia, Caserte, Bénévent, Sorrente, etc. Dans l'Antiquité, la Campanie passait pour la patrie des meilleurs vins du monde, dont le Falerne*. Elle produit actuellement des vins de table de différentes qualités. Le Lachryma Christi, le vin de Capri et de Gragnano comptent parmi les plus fins.

Campari. Apéritif italien, de couleur rosée, doux-amer, à base de liqueur et non de vin, qui entre dans la préparation de l'Americano et du Negroni. On le boit souvent pur, avec un zeste de citron et un filet de soda. Il existe aussi un Campari doux, mais beaucoup moins bon.

Campidano di Cagliari. Importante région vinicole de Sardaigne, près du chef-lieu : vins blancs pâles et rouges assez alcoolisés (12°-14°).

caña. Petit verre sans pied, mince et dont le bas est plus lourd, dans lequel les Espagnols du Sud boivent d'ordinaire la Manzanilla. Les *venencias*, petites cuillers à long manche, employées à Salucar de Barrameda pour prélever les échantillons dans les tonneaux, sont généralement faites de caña, ou bambou (et non d'os de baleine et d'argent, comme à Jerez) ; c'est probablement de là que le verre a tiré sa forme et son nom.

Canada. A part quelques exploitations en Colombie britannique, la seule région viticole du Canada se situe dans la péninsule du Niagara, entre les lacs Erié et Ontario. Les vins de cette région ressemblent à ceux de l'Etat de New-York : ils proviennent en effet des mêmes variétés : Concord, Catawba, Niagara, Delaware, etc. Des expériences effectuées avec succès, depuis la seconde guerre mondiale, avec certains hybrides* français semblent annoncer dans un proche avenir une meilleure qualité. La production annuelle totale du Canada varie entre trois cent et quatre cent mille hectolitres environ.

Canaries (îles). Les vins des Canaries, célèbres en Angleterre à l'époque élizabéthaine, ont pour ainsi dire disparu du marché mondial, les vignobles ayant été dévastés à plusieurs reprises par les insectes et les champignons venus d'outre-mer. Les Canaries produisent des vins rouges et blancs, dont certains sont exportés, principalement vers l'Amérique du Sud. Le fameux Canary Sack appartient toutefois au passé.

canastre ou canasta. Sorte de hotte placée à dos d'homme (avec bretelles) avec laquelle on transporte le raisin entre les rangs de vigne. Pratiqué en terrain normal (plat sans difficulté de parcours) mais surtout en terrain en pente ou terrasses, là où ni le cheval ni la mécanisation ne peuvent remplacer l'homme. Canastre ou canasta est le nom de cette hotte en pays Catalan et en Espagne.

candi (sucre). Sucre ciristallisé en grosses masses utilisé dans la chaptalisation.

Candie. Ville de Crête qui prête son nom aux vins élaborés dans l'île.

Canelli. Importante ville vinicole du Piémont, non loin d'Asti, surtout célèbre pour une variété de Muscat à laquelle elle a donné son nom, le Moscato di Canelli ; il donne un vin léger, souvent doux et très parfumé, qui entre dans la préparation de l'Asti spumante* et du vermouth italien.

Canon (Château). Un des meilleurs premiers crus de Saint-Emilion : un vin rouge vigoureux, corsé et en général de bonne garde.

Canon-Fronsac. L'appellation s'applique à un Bordeaux rouge (l'un des meilleurs parmi les moins connus) provenant d'une zone rigoureusement délimitée, à l'ouest de Saint-Emilion.

On peut utiliser l'appellation Côtes Canon-Fronsac.

Cantemerle (Château). Cinquième cru classé de Macau (Haut-Médoc). Produit un très bon vin rouge léger, remarquable par son équilibre et son bouquet. Un des meilleurs cinquièmes crus classés actuels ; il rappelle, en caractère, les plus fins Graves rouges.

Cantenac. Commune viticole importante du Médoc, voisine de Margaux, au sud. Ses grands vins rouges, fort proches des Margaux et sensiblement de même qualité, bénéficient d'ailleurs, depuis 1954, de l'appellation Margaux qui leur revient par tradition. Parmi les principaux crus, citons : les châteaux Brane-Cantenac, Palmer, Kirwan, d'Issan, Cantenac-Brown, Boyd-Cantenac, Prieuré, Lichine, etc.

Cantenac-Brown (Château). Troisième cru classé de Cantenac-Margaux (Haut-Médoc) qui, contrairement à quelques autres, mérite encore sa cote de 1855. Un vin rouge honorable, qui possède la race et la finesse caractérisant la région.

Cantenac-Prieuré (Château). Quatrième cru classé de Cantenac-Margaux (Haut-Médoc), connu actuellement sous l'appellation de Prieuré-Lichine*.

Canzem. → Kanzem.

Capbern (Château). Dans la commune de Sᵗ Estèphe, ce château appartient au même propriétaire que le château Calon-Ségur. La production moyenne, sur environ 35 ha est de 11 à 12.000 caisses par an. Un vin assez corsé, bien équilibré, long à se faire pour le plaisir des amateurs.

Cap Corse. Région viticole représentée par une péninsule au nord de l'île. Elle produit de bons vins blancs et rosés. C'est aussi le nom d'un vin de liqueur ou un apéritif à base de vin plus herbes et quinquina apprécié tant en France que dans le monde.

Cape Wines. Vins du Cap, en Afrique du Sud, ainsi dénommés pour indiquer la région productrice.

Capri. Vin blanc sec, un des meilleurs du sud de l'Italie, produit dans l'île de Capri mais aussi, comme la loi le permet, dans la région qui englobe l'île d'Ischia et les côtes de Campanie (on y produit un vin souvent meilleur que celui de Capri même). La qualité du vin de Capri varie sensiblement d'un marchand à l'autre ; le vin exporté est rarement de première qualité.

capsule. La capsule habille le col de la bouteille et porte (AOC et VDQS) ce qu'on appelle la capsule congé qui facilite le transport. La capsule permet le bouchage des bouteilles de Champagne pendant le prise de mousse.

caque (ou mannequin). C'est un panier en osier utilisé en Champagne contenant 80 kg de raisins. Cinquante caques ou mannequins remplissaient le pressoir (contenant invariablement 4.000 kg de raisins). C'était des mesures exactes.

caractère. Terme de dégustation. Un vin qui a du caractère est un vin passable, bon ou exceptionnel, qui possède des qualités bien définies et facilement reconnaissables, qu'elles soient dues à son origine géographique, à son cépage ou à tout autre chose. Un vin sans caractère est terne et inintéressant.

carafe. Sorte de bouteille de verre clair, pour conserver le vin et le servir à table. En France, on sert généralement en carafe les vins jeunes, bon marché et débouchés, lesquels s'appellent d'ailleurs vins de carafe. La carafe sert aussi à décanter* les vins rouges vieux qui déposent dans la bouteille.

caramel (caramelisation). Etat du sucre cuit dans de l'eau passant par une couleur brune à brunâtre. Cela permet de l'utiliser surtout dans la coloration des spiritueux qui ne peuvent atteindre une robe ambrée dans les barriques, en vieillissant. Ce caramel modifie la couleur, apporte un soupçon (indécelable au goût) de « sucré », mais ne gêne ni le bouquet ni les saveurs dans leurs caractères.

carbonique (gaz). Appelé aussi CO_2. C'est le gaz résultant des fermentations du vin. La fermentation alcoolique fait dégager énormément de CO_2. La fermentation malolactique beaucoup moins. Le principe de la prise de mousse dans la méthode champenoise utilise les propriétés du CO_2, c'est-à-dire, de se dissoudre, notamment, dans le vin et de créer une pression, une mousse... CO_2 est aussi utilisé pour isoler le vin de l'air (cuves en vidanges, cuves non ouillées, bouteilles...) c'est un rôle d'anti-oxydant qui permet de conserver le vin, à son contact, des années durant. On lui préfère souvent un autre gaz inerte, l'azote.

Carbonnieux (Château). Important vignoble de Léognan, dans la région bordelaise des Graves. Donne un excellent vin rouge et un blanc souvent de meilleure qualité encore : c'est à son vin blanc pâle, sec, racé — un des six ou sept meilleurs Graves — que Carbonnieux doit sa réputation. On raconte qu'à la cour du sultan de Turquie, le Carbonnieux jouissait d'une grande faveur : pour détourner les prescriptions du Coran interdisant aux fidèles les boissons fermentées, on ne connaissait à la cour que l'eau minérale de Carbonnieux...

Carema. Vin italien rouge supérieur, issu du Nebbiolo* et produit au nord de Turin ; il est rarement exporté.

Carignan. Cépage rouge de bon rendement, largement cultivé dans le midi de la France, en Espagne, en Algérie et en Californie. Quoiqu'il ne présente jamais la plus haute qualité, le Carignan produit, dans beaucoup de régions, un vin de table courant très satisfaisant.

Carmenère. Variété de cépage du Bordelais, d'intérêt secondaire, apparentée au Cabernet.

Carmignano. Importante ville viticole dans la région du Montalbano, au nord-ouest de Florence. Autrefois fameux, le vin de cette région est aujourd'hui vendu comme Chianti : on le range, avec le Chianti Pomino et le Chianti Rufina, comme l'une des meilleures variétés de Chianti non *classico*. → Toscane, Chianti.

Carpano. Vermouth italien dont il existe deux types : le vermouth classique et un autre, amer, le Punt e Mes. Tous deux, excellents, se révèlent meilleurs secs ou à l'eau qu'en cocktail.

Carrascal. Un des plus grands et meilleurs vignobles du pays de Xérès, sans doute le plus réputé après Macharnudo, planté sur un sol crayeux (*albariza*), au nord-ouest de la ville de Jerez. Il produit un vin fin et assez corsé.

Carruades. Nom donné au vin de qualité secondaire du Château Lafite* (Haut-Médoc). Ces cuvées (issues de vignes plus jeunes) sont en général jugées indignes de l'étiquette du Château : il s'agit de vin plus léger, moins riche et moins distingué. Mis en bouteille au Château, il se révèle néanmoins de bonne qualité et vaut beaucoup de troisièmes et quatrièmes crus classés, et même certains deuxièmes crus. On le vend sous le nom de Carruades de Château Lafite : c'est un vin bon marché, qu'il faut boire jeune.

Carthagène. Vin préparé avec du moût et de l'eau-de-vie de marc par les vignerons du midi de la France. Sa qualité est médiocre et il ne fait l'objet d'aucune commercialisation.

caséine. C'est une protéine que contient le lait et que l'on utilise pour la clarification des vins blancs. Elle est riche en phosphore et, outre son intérêt pour le collage des vins blancs, elle permet aussi d'éviter leur oxydation. S'emploie à doses faibles de l'ordre de 10 à 20 g par hectolitre.

Casel ou **Kasel.** Principale ville vinicole de la Ruwer, affluent de la Moselle (Allemagne). Produit des vins blancs pâles, légers, délicats, bien bouquetés et pleins de charme. Principaux vignobles : Niesgen, Taubenberg, Steiniger, Kohlenberg, Kernagel, Hitzlay, etc.

casse. Maladie produisant un *louche* (trouble) dans les vins. On distingue les casses par oxydation (*case oxydasique* et *casse ferrique*) et la casse par réduction à l'abri de l'air (*casse cuivrique*). Les traitements curatifs sont nombreux mais ne peuvent s'appliquer aux vins en bouteille. Il est toujours préférable de prévenir les casses métalliques en préservant les moûts et les vins de tout contact avec du matériel en fer ou en cuivre. La casse oxydasique, ou *casse brune*, se prévient en évitant de vinifier en rouge des raisins pourris et en utilisant de l'anhydride sulfureux (sulfitage). Le chauffage des

moûts à 70°-75° C est également utilisé dans la vinification des vins rouges issus de vendanges pourries.

Cassis. Pittoresque petit port de la Méditerranée, à l'est de Marseille. L'appellation s'applique à des vins blancs secs, aux reflets dorés, issus principalement de l'Ugni blanc. Le Cassis accompagne habituellement la bouillabaisse.
L'appellation concerne aussi des rouges, de qualité inférieure, et d'excellents rosés.

cassis (crème de). Sirop résultant de la macération des baies de cassis dans l'alcool (10-16 pour cent). La crème de cassis est largement utilisée pour adoucir et aromatiser des cocktails apéritifs, il se mélange notamment au vermouth sec et au vin blanc. Le cassis est une spécialité de la Bourgogne : le meilleur vient de Dijon.

Casteggio. Ville vinicole de Lombardie du sud, au centre d'une petite région montagneuse surplombant la vallée du Pô, où règnent le Pinot noir et le Pinot blanc, transplantés de France. Plusieurs vins issus de ces cépages et du Moscato local prennent la route du Piémont où l'on en fait du *spumante*. Une petite quantité de la production, étonnamment bonne, est mise en bouteille à Casteggio et porte, pour l'exportation, la marque Freccia Rossa (flèche rouge).

Castell. Ville vinicole de Franconie, près de Wurzbourg, sur le Main. Le vin de Castell se présente en *Bocksbeutel.* Meilleur vignoble : Schlossberg.

Castelli di Jesi. Région vinicole d'Italie centrale, dans les Apennins, à environ 35 km d'Ancône. Elle produit un vin blanc de table très populaire, l'un des plus légers et des meilleurs d'Italie. On le fabrique dans une demi-douzaine de villages, dont Cupramontana est le plus important, à partir du Verdicchio*. Présenté dans des bouteilles du genre amphore, il porte le même nom de Verdicchio. C'est un vin pâle, sec, développant une saveur rafraîchissante assez rare dans les vins blancs aussi méridionaux. Il mérite sa réputation internationale.

Castelli romani. Vin de table, ordinaire et bon marché, produit dans les monts Albains, au sud-est de Rome. Cette région produit plusieurs vins : le meilleur est un vin sec aux reflets ambrés. On le sert jeune, comme vin de carafe ; c'est un vin assez grossier et qui manque de distinction, mais il accompagne agréablement la meilleure cuisine romaine. Ce vin provient principalement de Frascati, Marino, Grottaferrata, Genzano, Albano, Ariccia, Rocca di Papa, Velletri, etc.

Catalogne. Vaste région du nord-est de l'Espagne, qui comprend les provinces de Barcelone, Gerone, Lérida, Tarragone. Ces provinces produisent une grande variété de vins, depuis le Priorato (appelé autrefois Porto de Tarragone), doux et lourd, jusqu'aux vins blancs légers et pâles de la région du Panades qui, traités en mousseux par la méthode champenoise, s'appelaient jadis champagne espagnol. La Catalogne produit aussi quantité de bons vins de table — jamais de grands vins — relativement bon marché.

cave. Local, généralement souterrain, pour l'entreposage et la conservation des vins ; ou simplement une série de bouteilles. Certaines caves du Bordelais se trouvent au ras du sol ; ce n'est presque jamais le cas en Espagne. Une bonne cave doit se trouver à température constante, à l'abri des vibrations, de l'humidité et de la lumière, et ventilée afin d'éviter la sécheresse. La température idéale varie entre douze degrés l'hiver et quinze degrés l'été ; à l'intérieur de ces limites, plus la cave est froide, plus lent sera le développement du vin et plus longue sera sa vie.

Sauf dispositions spéciales, les vins qui réclament une conservation en cave (bouteilles disposées à l'horizontale, de telle sorte que le vin couvre le bouchon) sont le plus susceptibles de prendre de la valeur et de s'épanouir en vieillissant ; beaucoup de vins ne demandent pas à vieillir (→ âge du vin). L'amateur tiendra un registre de sa cave : pour chaque vin, il notera la date d'achat, le prix, le meilleur moment pour le servir, les plats qu'il accompagne le mieux, sans oublier des notes de dégustation.

Sur l'étiquette d'un vin, le mot *cave* n'est pas de grande signification, à moins qu'il s'accompagne de précisions dignes de foi. On ne confondra pas l'expression « mis en bouteille dans nos caves » avec une mise du domaine. Ne pas se laisser abuser par des expressions comme « Les Caves de Chablis », qui ne recouvrent souvent qu'une marque.

caviste. Dans le sens large du terme : celui qui s'occupe de la cave. Mais le mot caviste peut désigner des personnes tout à fait différentes. Un vigneron, même dans sa cave, ne peut être considéré comme caviste. Dans une coopérative, dans un chai d'un propriétaire assez important... le caviste est celui qui se consacre toute l'année aux manipulations du vin dans la cave et aux actions afférentes. On l'appelle aussi maître de chai. Dans un restaurant, une épicerie fine... Le caviste est celui qui gère la cave (achats, inventaire, manipulation...).

cellier. Lieu où l'on serre le vin en

bouteilles, en fûts... Le cellier (du latin cella : magazin) est souvent construit au-dessus du sol et ne sert qu'à entreposer le vin. On ne le manipule pas et on n'y pratique pas les opérations habituelles (fermentation, cuvage, ouillages, remontages, sulfitages, collages...).

cep. Pied de vigne.

cépage. Variété de vigne. On dira, par exemple, que le Pinot noir et le Chardonnay sont des principaux cépages de Bourgogne. Un cépage noble donne des vins de grande qualité.
Les cépages appartiennent au genre *Vitis* et les espèces européennes sont des *Vitis vinifera*.

Céres. Dans la région du Cap, en Afrique du Sud, appartient à la zone viticole du secteur côtier, jusqu'à la première chaîne de montage. Céres est juste à flanc de collines.

Cérons. Commune du Bordelais, dans les Graves, voisine de Barsac et de Sauternes. Ces vins dorés, assez doux, riches en alcool, avec beaucoup de fruité et de bouquet, ressemblent plus aux Sauternes qu'aux Graves. Le canton de Cérons englobe les communes d'Illats et de Podensac.

Certan-Giraud (Château). Un des meilleurs crus de Pomerol (Bordeaux). Vieux-Châteaux Certan*, tout proche, présente au moins la même distinction.

Chablais. Région vinicole du canton de Vaud (Suisse romande). Les vignobles, plantés de Fendant (Chasselas), s'étendent de Villeneuve, à la limite orientale du lac de Genève, jusqu'à la vallée du Rhône. Uniquement des vins blancs, corsés ; certains d'entre eux, l'Yvorne et l'Aigne, comptent parmi les meilleurs vins suisses

Chablis. Ville du département de l'Yonne, au sud-est de Paris. La région produit quelques-uns des meilleurs Bourgognes blancs (voir appendice). Le Chablis provient exclusivement du Chardonnay. L'appellation s'applique aux vins récoltés dans certaines zones de marnes calcaires ou de calcaires, réparties dans dix-neuf communes (35 000 hl en moyenne). On distingue les appellations Chablis grand cru, Chablis premier cru et Chablis. Le Petit Chablis, produit dans des vignobles de seconde catégorie, mais toujours à partir du Chardonnay, est un vin plus léger, moins distingué et vite prêt. On le sert l'année même, comme vin de carafe, dans les restaurants parisiens.
Le Chablis grand cru, le plus fin, provient d'un seul coteau, face à la ville. Ce versant est divisé en sept climats : Vaudésir, Les Clos, Grenouilles, Valmur, Blanchots, Preuses, Bougros (Moutonne désigne actuellement un domaine dont les parcelles sont situées dans les lieux-dits Vaudésir et Preuses). L'étiquette porte généralement la mention « grand cru » et le nom du climat. Ce vin bénéficie en général d'une mise du domaine. Le Chablis premier cru, qui porte très souvent le nom d'un vignoble, est dans les bonnes années un cru de qualité stable. Citons les principaux climats classés premiers crus : Montée de Tonnerre, Monts-de-Milieu, Vaucoupin, Fourchaume, Côte-de-Léchet, Vaillon, Montmain, Vaulorent, Beugnon, Butteaux, Les Forêts. Les Chablis vendus sans nom de vignoble et sans indication de cru proviennent de vignobles de seconde catégorie, mais restent supérieurs au Petit Chablis.
La qualité du Chablis varie d'une récolte à l'autre : dans les moins bonnes années, c'est un vin maigre et acerbe. Dans sa plénitude, le Chablis est un vin sec, presque austère, d'une teinte

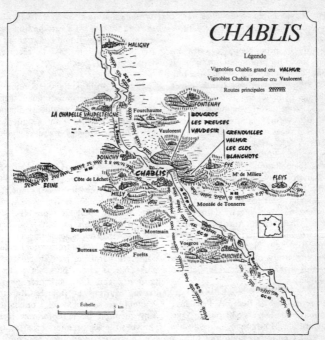

CHABLIS

Légende

Vignobles Chablis grand cru **VALMUR**
Vignobles Chablis premier cru *Vaulorent*
Routes principales 〰〰〰

MALIGNY

LA CHAPELLE VAUDELTEIGNE
Fourchaume
FONTENAY
BOUGROS
LES PREUSES
Vaulorent
VAUDESIR
GRENOUILLES
VALMUR
LES CLOS
POINCHY
BLANCHOTS
FYE
CHABLIS
M de Milieu
FLEYS
Côte de Léchet
SEINE
LILLY
Montée de Tonnerre
Vaillon
Beugnons
Montmain
Vosgros
Butteaux
Forêts
CHICHEE

0   Échelle   5 km

jaune paille, clair et limpide, doté d'un
bouquet délicat et fugace, d'un goût
de pierre à fusil. L'appellation Chablis
s'emploie souvent abusivement — et
sans signification — dans d'autres régions.

chai. Syn. *cellier.* Entrepôt où sont
emmagasinés les vins en fûts ; n'est
généralement pas souterrain, contrairement à une vraie cave. Synonyme en
Bourgogne : *magasins.*
En Gironde, le *chai* désigne aussi une
ou plusieurs récoltes : acheter un chai.

Chaintré. Une des quatre communes
d'origine ayant droit à l'appellation
Pouilly-Fuissé*.

Chalon. → Côte chalonnaise.

Chambertin. Remarquable vignoble de
la Côte-d'Or (Bourgogne) ; 13 hectares, plantés de Pinot noir, y donnent
l'un des plus grands vins rouges du
monde. Le Clos de Bèze (15 hectares),
tout proche, porte aussi le nom de
Chambertin, mais ses vins se vendent
plus souvent sous l'appellation Chambertin-Clos de Bèze. Un Chambertin
authentique d'une bonne année coûte
toujours cher. Mais il mérite son prix,
car il n'existe pas de meilleur Bourgogne rouge. C'est un vin puissant, de
longue garde, racé et d'une classe
étonnante : un vin noble, au sens fort.
La réputation du vignoble de Chambertin, cultivé depuis le vii\e siècle, n'a
connu aucune éclipse. Le Chambertin
était le vin préféré de Napoléon, et
Alexandre Dumas disait que « rien ne

rendait l'avenir plus rose que de le regarder à travers un verre de Chambertin ».

De nombreux producteurs se partagent le vignoble ; ils pratiquent en général la mise du domaine. Les vins de plusieurs vignobles voisins, d'une classe excellente mais légèrement inférieure, portent l'appellation Chambertin sous différentes formes combinées, sévèrement contrôlées par le gouvernement français. C'est ainsi que les vins les moins bons, récoltés sur la commune, portent l'appellation Gevrey-Chambertin. Toutefois, pour les grands crus, le nom de climat vient s'ajouter à celui du fameux vignoble : Latricières-Chambertin, Mazoyères-Chambertin, Charmes-Chambertin, Mazis-Chambertin, Griotte-Chambertin, Ruchottes-Chambertin et Chapelle-Chambertin. Le lecteur trouvera mention de tous ces grands crus à leur place alphabétique respective.

Chambertin Clos de Bèze. A l'origine, une abbaye fondée en 630 par le Duc Almagaire de Bourgogne, au sud de Dijon et la création de vignobles par les moines sur l'actuelle région viticole (ou partie) de Gevrey-Chambertin. Ainsi se constitua le Clos de Bèze appartenant à l'abbaye du même nom.

Actuellement le Clos de Bèze est classé en Grand Cru. La production varie selon les années. Il faut compter sur 250 à 300 hl, en tous cas, la récolte ne dépasse jamais 380 hl.

Chambéry. Ville de Savoie connue surtout pour son vermouth léger, sec et de teinte pâle, que beaucoup d'experts considèrent comme l'un des meilleurs apéritifs. Principales marques : Dolin et Boissière.

Chambolle-Musigny. Célèbre commune vinicole de la Côte-d'Or ; comme souvent en Bourgogne, son nom (Chambolle) se trouve associé à celui de son meilleur vignoble (Musigny). Le vignoble (170 ha) ne donne que des vins rouges, excepté une petite parcelle du Musigny* ; certains comptent parmi les plus charmants, les plus délicats et les plus bouquetés de la Bourgogne. Les meilleures têtes de cuvée, Musigny et Bonnes Mares, se vendent sous ces deux appellations, sans mention de la commune. Viennent ensuite les premiers crus, de qualité à peine inférieure, souvent des vins magnifiques : ils se vendent sous l'appellation Chambolle-Musigny à laquelle vient s'ajouter le nom du climat : Les Amoureuses, Les Charmes,

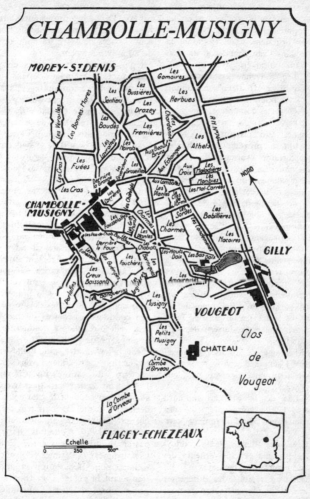

etc. Enfin les vins vendus sous la seule appellation Chambolle-Musigny, souvent assez légers, compensent en finesse leur manque de corps.

chambrer. Amener un vin rouge de la température de la cave à celle qui est indiquée ci-après. La seule façon correcte de le faire consiste à monter le vin de la cave une heure ou plus avant de le boire, afin qu'il puisse prendre lentement une température favorable à sa dégustation. Il faut toujours chambrer les vieux vins rouges, pour en mieux apprécier le bouquet. Ne jamais chambrer brutalement en trempant la bouteille dans l'eau chaude ou en l'exposant à un feu ouvert. → Température de service des vins.

Champagne. Vin produit en Champagne selon un procédé particulier et issu de certaines variétés de raisins exclusivement. La Champagne est formée principalement du département de la Marne et de certains cantons de l'Aube, de la Seine-et-Marne et de l'Aisne. Le vignoble champenois, avec ses 20 000 hectares, représente moins de deux pour cent du vignoble français ; ainsi le Champagne représente-t-il un peu plus d'un pour cent de la production totale de la France. Les meilleurs vignobles s'étirent le long de pentes crayeuses au sud de Reims et, au nord et au sud d'Epernay, ils remontent la vallée de la Marne. Trois régions principales produisent des vins supérieurs :
1° la « Montagne de Reims » (cépage : Pinot noir) donne des vins remarquables par leur puissance et par leur corps ;
2° la vallée de la Marne, au nord d'Epernay (Pinot noir également), des vins ronds et particulièrement tendres ;
3° la Côte des Blancs (Chardonnay) produit presque exclusivement des Blancs de blancs, fins, délicats.
Dans ces trois régions, les différentes communes sont classées selon la qualité moyenne des vins qu'elles produisent. Verzenay, Mailly, Bouzy, Ambonnay (Montagne de Reims), Ay (vallée de la Marne), Avize et Cramant (Côte des Blancs) sont classés 100 pour cent, ou « hors classe ». Mais de nombreuses autres communes (Mareuil-sur-Ay, Dizy-Magenta, Hautvillers, Le Mesnil, etc.), presque aussi bonnes, sont classées de 90 à 98 pour cent ou de 80 à 89 pour cent.

La plupart des Champagnes commerciaux sont des mélanges de vins venant de différentes communes (dans les trois régions) ; la proportion varie souvent d'après le caractère de chaque récolte. Les vignobles de Champagne étant les plus septentrionaux de France, on constate évidemment, d'une année à l'autre, de fortes différences dans la qualité des vins. Les meilleurs Champagnes — souvent les plus chers — portent généralement l'indication d'un millésime. Cette indication du millésime n'est autorisée que si le vin provient de disponibilités existantes en vin de l'année considérée, telles qu'elles apparaissent au compte spécial de chaque négociant ou vigneron expéditeur. En outre, chaque négociant ou vigneron ne peut vendre un vin millésimé que dans la limite de 80 pour cent des quantités de vin de l'année considérée, achetées ou récoltées : cela veut dire que la production d'un Champagne de millésime 1961 ne peut excéder les quatre cinquièmes de la production de l'année. Mais le producteur qui estime un Champagne 1959 trop lourd ou trop riche en alcool (c'est souvent le cas) peut, en le déclarant, y mélanger un vin de 1958 ou de 1960, tout en maintenant le millésime 1959. Toutefois, il ne peut pas en augmenter le volume. Enfin les Champagnes millésimés doivent être soumis, pour dégustation et approbation avant la vente, à un comité interprofessionnel d'experts. Aucun Champagne millésimé ne peut être vendu avant l'âge de trois ans.
Puisque le Champagne résulte de l'assemblage de crus variés, il est l'un des rares vins (peut-être le seul vin français) pour lequel la marque commer-

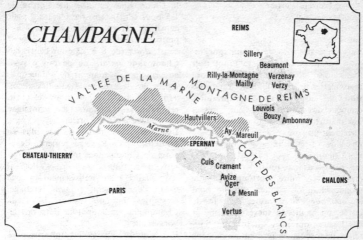

ciale compte plus que le nom de vignoble ou de lieu-dit. Cependant quelques Champagnes intéressants, et souvent d'excellente qualité, se vendent sous le nom de la commune d'origine : Cramant, Avize, Le Mesnil, Ay, Mailly, etc. Il s'agit généralement de Champagnes sans assemblage, provenant de « récoltants-manipulants ».

Le lecteur trouvera ci-dessous une liste des plus grands producteurs — les plus réputés aussi — classés selon le volume total des ventes annuelles (ce qui ne constitue pas un indice de qualité, puisque le prix joue de toute façon un rôle important : tous les experts s'accorderaient à dire, par exemple, que les firmes Krug, Bollinger et Roederer se rangent parmi l'élite, encore que leur chiffre de vente reste de loin inférieur à celui de nombreux concurrents). La plupart des grandes maisons de Champagne possèdent leurs propres vignobles ; l'importance de leurs propriétés fournit, dans une certaine mesure, une indication quant à la stabilité de leurs produits. Nous donnons, entre parenthèses, le classe-

ment des douze firmes les plus importantes quant à l'étendue de leurs vignobles.

Moët et Chandon (1)
Mercier
Pommery et Greno (2)
Mumm (8)
Veuve Clicquot (3)
Heidsieck Monopole (11)
Charles Heidsieck
Lanson (5)
Ayala-Montebello-Duminy (12)
Piper-Heidsieck
De Castellane
Gauthier
S.A.M.E.
Perrier-Jouet (10)
Roederer (4)
Bollinger (9)
Taittinger (7)
Irroy
Pol Roger
Henriot (6)
Philipponnat
Krug
Delbeck
Deutz et Geldermann
Billecart-Salmon

Veuve Laurent-Perrier
Georges Goulet
Delamotte
Salon

La variété des vins de Champagne repose sur deux cépages : le Pinot noir (dans une moindre mesure le Pinot meunier) et le Chardonnay, à l'exclusion des autres. Les deux premiers donnent des raisins noirs qui, pressés dès maturité, produisent un vin blanc (rarement un rosé).

Les vins « tranquilles » de Champagne (→ Champagne, vin nature) sont rendus mousseux par un procédé difficile et coûteux, imité partout dans le monde et qu'on connaît sous le nom de *méthode champenoise*. Au vin de cuvée, on ajoute du sucre de canne et des levures qui provoqueront en bouteille une seconde fermentation. Une fois remplies, les bouteilles sont bouchées et agrafées, puis empilées. La fermentation en bouteille dure des mois ou des années et produit de l'alcool et du gaz carbonique, qui reste en solution, sous pression. Un dépôt de levures se forme, pendant la fermentation, le long des flancs de la bouteille. Pour éliminer ce dépôt sans laisser échapper le gaz, on dispose les bouteilles obliquement, la tête en bas, sur des pupitres perforés. Chaque jour, pendant plusieurs semaines ou plusieurs mois, on les remue doucement à la main. Ce « remuage » amène le dépôt de la fermentation dans le goulot, d'où on l'expulsera lors du « dégorgement ». Jusqu'à ce moment, le Champagne (comme tout vin mousseux préparé selon la méthode champenoise) est absolument sec : avant le bouchage définitif, on pratique le « dosage », qui consiste à ajouter dans la bouteille une « liqueur d'expédition », faite de sirop de sucre à base de vieux vin, parfois additionnée d'un peu d'eau-de-vie de Cognac. C'est le dosage qui détermine le type de Champagne. Selon la dose,

le Champagne est *brut* (de l'ordre de 1,5 pour cent), *extra-sec* (de 1 à 2 pour cent), *sec* ou *goût américain* (de 2 à 4 pour cent), *demi-sec* (de 4 à 7 pour cent), *doux* (de 8 à 12 pour cent). Un Champagne *nature* ne devrait pas — en principe — contenir de « liqueur ». Après le dosage, les bouteilles reçoivent leur bouchon et le muselet qui retiendra le bouchon. Le Champagne commence alors sa carrière.

Le Champagne ne s'améliore plus en bouteille après le dégorgement. Beaucoup de Champagnes très vieux — des vins magnifiques, parfois — doivent leur qualité à un vieillissement en cave avant dégorgement, et sans remuage. Certaines marques, pour le vieux Champagne, indiquent la date du dégorgement.

Bon nombre de pays ont fini — suite à des traités ou à des conventions commerciales — par reconnaître le terme de Champagne comme appellation d'origine appartenant à la France par privilège d'origine. Aussi ces pays ont-ils adopté d'autres appellations pour leurs vins mousseux : *Sekt* en Allemagne, *spumante* en Italie, *xampan* en Catalogne. L'Australie et les Etats-Unis continuent cependant d'appeler « champagne » leur vin mousseux, bien que, naturellement, il ne provienne pas de Champagne.

Champagne (vin nature de la). D'une façon générale, vin tranquille — rouge ou blanc — produit en Champagne. Le blanc, servi autrefois comme vin de carafe dans les restaurants parisiens, rappelle un Chablis léger et très frais ; le rouge ressemble à un Bourgogne très délicat. Leur nom officiel est actuellement « vin originaire de la Champagne viticole ». Ce vin n'est exporté qu'en faible quantité.

Champigny. Lieu-dit de la commune de Souzay, proche de Saumur, dans la vallée de la Loire. L'appellation Saumur-Champigny s'applique au vin rouge de Cabernet franc provenant de neuf communes de cette région. C'est le meilleur vin rouge de l'Anjou ; léger, tendre, parfumé, il ressemble un peu au Chinon, mais il est mince dans les années médiocres.

chantepleure. Fausset d'un baril de vin, d'ordinaire en buis et incliné de telle sorte qu'il grince en s'ouvrant : il chante et il pleure à mesure que le vin s'écoule. Une des nombreuses confréries françaises du vin, celle de Vouvray, porte le nom de confrérie de la Chantepleure.
Dans d'autres régions (en Bourgogne notamment), on désigne sous le nom de *chantepleure* un tube de verre ou de métal, dit aussi *larron*, servant à prélever un échantillon de vin dans un tonneau. Ou encore, un entonnoir comportant un long tuyau perforé, servant à éviter la formation de trouble lorsqu'on fait couler du vin dans un fût.

Chanturgues. Vin rouge — il appartient presque à la légende — produit en quantité infime à Clermont-Ferrand, sur le territoire de l'ancien pays d'Auvergne. Les Auvergnats assurent — de bonne foi — que c'est le meilleur vin du monde. A vrai dire, il s'agit d'un petit Gamay, plaisant mais si difficile à trouver qu'on en vient à douter de son existence.

chapeau. Partie supérieure coiffant le moût dans une cuve en fermentation formée de pulpes, de peaux, de mousse (à cause du CO_2) et d'autres éléments solides.

Chapelle-Chambertin. Excellent climat de Bourgogne (5 ha 50 a), tout proche du Clos de Bèze. Produit un Bourgogne rouge d'une remarquable qualité « chambertin ».

chaptalisation. Addition de sucre au moût, avant la fermentation ou au cours de celle-ci. Doit son nom à Jean-Antoine Chaptal, ministre de l'Agriculture de Napoléon et inventeur du procédé, dit-on, bien que, depuis des siècles, l'on utilisât du miel pour parvenir aux mêmes fins. Ce procédé fort décrié se révèle souvent utile et, dans certains cas, nécessaire ; mais il constitue souvent un abus. On y recourt dans les régions froides et dans les années difficiles : le raisin ne contient alors pas assez de sucre pour donner un vin acceptable. La chaptalisation ne vise pas à obtenir un vin doux mais un vin qui titre un certain degré d'alcool, donc un vin mieux charpenté et moins acide. Il faut 17 à 18 g de sucre par litre de moût pour augmenter le titre alcoolique d'un degré. Toutefois, la chaptalisation ne doit pas conduire à l'addition d'eau ou de sucre aux moûts. Les vins allemands bon marché reçoivent une addition de sucre et, ce qui augmente leur teneur en alcool et réduit leur acidité totale, qui sans cela se révélerait trop élevée. Sans compter qu'on augmente ainsi la quantité de vin produite à partir d'un tonnage déterminé de raisins ! Il va sans dire que les vins supérieurs échappent à cette pratique.

Chardonnay. Un des plus fins cépages blancs qui n'a de rival que le vrai Riesling. En France, il donne tous les grands Bourgognes blancs : Chablis, Montrachet, Pouilly-Fuissé, etc. C'est le cépage blanc de la Champagne. Quoique souvent appelé Pinot Chardonnay, il ne s'agit pas, selon les botanistes et les ampélographes les plus compétents, d'un vrai Pinot.
Chardonnay est aussi un petit village du Mâconnais.

Charentes. Région où on élabore et distille le Cognac.

Charlemagne. On attribue à Charlemagne la plantation des premières vignes au Schloss Johannisberg. De son palais d'Ingelheim, l'empereur avait remarqué que la neige fondait plus vite qu'ailleurs sur la rive opposée, exposée au sud et protégée par le massif du Taunus. On dit aussi que l'empereur possédait un vignoble à Aloxe-Corton*, en Bourgogne ; son nom y reste d'ailleurs associé à un cru (Corton-Charlemagne). En 775 il céda une partie de son domaine à l'abbaye de Saulieu. Jusqu'il n'y a guère, il existait un Bourgogne blanc dit Charlemagne, issu en partie de l'Aligoté*, cépage d'intérêt secondaire et qu'il faut distinguer du Corton-Charlemagne, produit exclusivement à partir du Chardonnay. Avec la disparition de l'Aligoté, cette différence entre les deux appellations n'a plus de raison d'être : un vin portant l'appellation Charlemagne est aujourd'hui un Corton-Charlemagne.

Charmat (procédé). Autre nom du procédé Bulk pour la fabrication des vins mousseux.

Charmes. Nom de climat classé premier cru, utilisé en Bourgogne dans les communes de Meursault*, Chambolle-Musigny* et Gevrey-Chambertin. Dans cette dernière commune, les Charmes-Chambertin comprennent trente et un hectares de vignobles séparés de Chambertin par un étroit chemin et produisant d'admirables vins rouges, qui ont moins de corps et de distinction que ceux de Chambertin.

charnu. Un mot du vocabulaire du vin qui signifie que le vin a du corps avec un fruité épanoui, ce qui donne l'impression de mâcher un fruit.

Chassagne-Montrachet. Importante commune viticole, à la limite méridionale de la Côte-d'Or (Bourgogne). Le vignoble s'étend sur 356 hectares et produit du vin blanc de qualité extraordinaire. Les rouges sont d'excellente qualité, mais rarement exceptionnels. Les crus de Montrachet, de Bâtard-Montrachet et de Criots-Bâtard-Montrachet* se trouvent en partie ou totalement sur la commune de Chassagne. Les vins de ces trois vignobles — les trois plus grands de France en blanc sec — ne portent pas l'appellation Chassagne-Montrachet, mais le nom du vignoble d'origine. La commune produit encore des vins blancs magnifiques sous diverses appellations, telles que : Les Ruchottes, Caillerets, La Romanée, Morgeot, etc. ; quant aux vins blancs simplement étiquetés Chassagne-Montrachet, ils sont presque toujours de bonne qualité, parfois remarquables.

Bon nombre de Chassagnes rouges, de qualité secondaire, ont un goût de terroir assez prononcé. Les meilleurs portent l'appellation Chassagne-Montrachet suivie du nom d'un climat : Clos Saint-Jean, La Boudriotte, La Maltroie, Morgeot, etc. Dans la même catégorie, le Bourgogne comprend des vins rouges de qualité supérieure.

Chasselas. Robuste cépage blanc (quelquefois rose), de haut rendement, dont il existe de nombreuses variétés, quelques-unes justement renommées pour leurs raisins de table. Aucune ne donne un raisin de cuve vraiment supérieur ; sauf dans les régions froides, les vins issus du Chasselas sont en général faibles en acide, plats et de garde médiocre. En Savoie (→ Crépy*) et en Suisse toutefois (où il porte le nom de Fendant), le Chasselas est le cépage dominant ; il en va de même dans le Markgräferland (sud de la province de Bade), où il s'appelle Gutedel. Il est un peu cultivé à Pouilly-

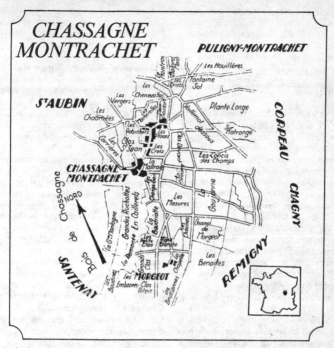

sur-Loire* (une centaine d'hectares) et en Alsace (un peu plus d'un millier d'hectares). Il disparaîtra peu à peu de ces deux vignobles, où il ne donne que des vins de comptoir.

Chasse-Spleen (Château). Vignoble supérieur de Moulis (Haut-Médoc). Classé à l'origine cru bourgeois supérieur, il bénéficie depuis 1932 de la cote enviable de cru exceptionnel. Le vin (rouge) de ce château l'emporte sur beaucoup de crus classés mais d'importance secondaire.

château. Toute habitation rattachée, tant par le voisinage que par la propriété, à un vignoble spécifique. C'est ainsi que, dans les régions les moins célèbres du Bordelais, le château n'est qu'une maison de campagne ou une petite ferme-château, le propriétaire cultivant ses vignes et produisant lui-même son vin.

Selon la loi française, le mot « château » ne peut figurer sur l'étiquette que si le vin a une appellation d'origine et que s'il provient d'une exploitation agricole qualifiée de « château ». Le nom de « château » est limité à la seule production de l'exploitation agricole.

On trouvera mention, dans le présent ouvrage, de plusieurs centaines de châteaux, à la place alphabétique du nom de château (Château Lafite à Lafite, par exemple).

Château (mise en bouteille au). Sur une étiquette, cette expression porte la garantie aux consommateurs que le vin a été embouteillé sur le lieu de production et en l'occurrence, au château (ailleurs ce sera mise au domaine...). Cette garantie rend l'AOC moins vulnérable, puisque la mise au château prouve qu'il n'y a eu ni mélange d'autres vins ni trafic.

Château-Chalon. Vin blanc du Jura, rare et hors de l'ordinaire. Originaire du village du même nom. En tant que vin français, il fait exception à toutes les règles, car il est, par son caractère, plus proche d'un Xérès ou d'un Montilla non viné que de tout autre produit des vignobles de France. Il est issu du cépage Savagnin, une sorte de Traminer, encore que le Château-Chalon ne ressemble à un Traminer ni par son bouquet, ni par son parfum, même quand il est jeune. Il doit être conservé en fût, sans ouillage*, pendant une durée minimum de six ans, avant d'être mis en bouteille.

Sa bouteille, très caractéristique, s'appelle *clavelin**.

Le Château-Chalon est actuellement une sorte de version française, unique et accidentelle, du Xérès. Il vieillit dans des fûts qui ne sont pas complètement remplis : ainsi se forme une couche de levure *flor*, comme en Espagne pour le Xérès *fino* et le Montilla. Plus acide et moins riche en alcool (le minimum légal est de 12 degrés), le Château-Chalon est beaucoup moins bon que le Xérès *fino* ou le Montilla ; sa réputation repose bien plus sur son originalité que sur sa qualité.

Château-Grillet. Remarquable vignoble (deux hectares et demi) de la rive droite du Rhône, au sud de Lyon. Sa production est la plus minime de France à bénéficier d'une appellation contrôlée. Le vignoble appartient à la famille Gachet. Comme à Condrieu, le

cépage est le Viognier. Le Château-Grillet est un vin original et rare : d'une jaune doré, sec, corsé, riche en alcool et d'un bouquet épicé.

Châteauneuf-du-Pape. Vin rouge, vigoureux et renommé, de la vallée du Rhône ; originaire du village du même nom, situé à une vingtaine de km au nord d'Avignon. Le « château neuf », actuellement en ruines, était la résidence d'été des papes d'Avignon, au XIVe siècle.

Les vignobles, situés sur un haut plateau rocailleux qui domine la fertile plaine du Rhône, prennent racine dans un sol qui semble interdire la culture de la vigne. Or, comme région vinicole, Château-neuf-du-Pape est la plus importante du Rhône, avec ses 2 750 ha. Le Châteauneuf-du-Pape doit son originalité à son terroir et à son encépagement complexe, où domine le Grenache noir, associé à la Syrah, au Cinsaut, au Mourvèdre et à d'autres cépages tels la Clairette, la Counoise, le Bourboulenc...

Le Châteauneuf-du-Pape est un vin d'une couleur pourpre sombre, très corsé, généreux, d'une teneur élevée en alcool (13 à 14 degrés). C'est un vin plus moelleux, moins léger à se faire que l'Hermitage ou le Côte-Rôtie. On peut le boire dans sa troisième année, mais il atteint sa plénitude entre cinq et dix ans. Les meilleurs bénéficient d'une mise du domaine. Les vignobles les plus fins sont : le Domaine de Mont-Redon, Cabrières-les-Silex, La Solitude, Château Fortia, Château de la Nerthe, Château des Fines Roches, Château Rayas, Château de Vaudieu, etc.

Châtillon-en-Diois. Sur un affluent de gauche du Rhône, la Drôme, il y est obtenu en amont de Die* une très faible production de vins rouges et rosés de Gamay, classés AOC.

Chavignol. Un des deux hameaux, avec Amigny, de la Commune de Sancerre, sur la Loire. Egalement réputé pour ses petits fromages de chèvre ronds, les crottins de Chavignol.

Cheilly-lès-Maranges. Village situé au sud de Santenay, à l'extrémité méridionale de la Côte-d'Or (Bourgogne). Produit une petite quantité d'un vin rouge honnête.

Chenas. Commune située en plein cœur du Beaujolais, voisine de Juliénas au nord et de Fleurie au sud. Près de la moitié des vignobles, qui portent le nom de Moulin-à-Vent, se trouvent sur la Commune de Chenas (les autres à Romanèche-Thorins, à l'est). Les vins les plus délicats de Chenas se vendent donc presque toujours sous le nom de Moulin-à-Vent ; mais ce qui reste, et qui porte simplement l'appellation Chenas, ne devrait être en aucun cas méprisé : un peu plus léger que le Moulin-à-Vent et se faisant plus rapidement, c'est un Beaujolais typique et de fort bonne qualité.

chêne. Le seul bois utilisé pour les barils, tonneaux, fûts, pièces, etc. (beaucoup moins pour les cuves et autres grands réservoirs). Le vin y peut presque toujours espérer s'épanouir et s'améliorer. Le Chataîgnier le remplace parfois, mais il est plus neutre et moins bon, en particulier pour les vins rouges. Tous les vins rouges fins et la plupart des vins vinés doivent une partie de leur qualité au chêne dans lequel ils ont été conservés. De nouveaux fûts en chêne sont utilisés chaque année par bon nombre des principaux producteurs de Bordeaux et de Bourgogne, pour donner au vin jeune plus de tanin et d'autres qualités moins facilement définissables. Cependant, maintenus trop longtemps en fût de chêne — particulièrement de

chêne nouveau — ces vins, et tous les vins de table, tendent à devenir *séchés** et à prendre parfois un « goût de bois », ou un « goût de chêne ».

Chenin blanc. Cépage blanc, d'excellente qualité, parfois appelé Pineau de la Loire, encore qu'il ne s'agisse pas d'un Pinot, auquel il ne s'apparente même pas. Il prévaut en Anjou et en Touraine, presque à l'exclusion de tous les autres ; et il y produit, sans mélange, le Vouvray, le Saumur, le Coteaux du Layon, le Savennières et d'autres vins anciens et réputés. Dans le nord de la Californie — comtés de Sonoma, Napa et Santa Clara particulièrement — il connaît toujours plus de succès, vu son bon rendement. Il produit un vin frais, pâle, vite prêt, racé et d'une grande finesse.

Cheval blanc (Château). Vignoble remarquable et réputé de Saint-Emilion, classé généralement comme le meilleur de Saint-Emilion, de pair avec Ausone. Dans les bonnes années, ses vins présentent une distinction, une douceur et un bouquet extraordinaires, et ils comptent parmi les plus fins des Bordeaux rouges. Ils atteignent des prix aussi élevés que les Lafite et les Margaux ; peut-être mûrissent-ils plus rapidement.

Chevalier (Domaine de). Excellent vignoble de la région des Graves, sur la commune de Léogan. Son vin blanc, presque une rareté, est exceptionnel ; peut-être le plus délicat des Graves blancs secs. Le vin rouge peut se comparer aux seconds crus classés du Médoc.

Chevalier-Montrachet. Petit vignoble (8 ha) de Bourgogne blanc, l'un des meilleurs de France. Le vignoble de Chevalier-Montrachet est situé sur la commune de Puligny*, au-dessus de

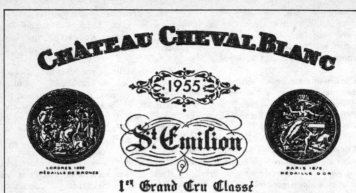

Montrachet. Ses vins sont évidemment très rares, coûteux, mais d'une qualité remarquable.

Cheverny. Un village du Loir et Cher, au bord de la Loire (face à Blois) rive gauche, appelé Cour-Cheverny bénéficiant de l'appellation VDQS, mais ramenée à Cheverny, depuis peu.

Aujourd'hui, la production est assez restreinte, que ce soit en rouges (Gamay et Cabernet) ou blanc (Chenin blanc et Romorantin).

Chianti.. Vin de table italien, agréable — et, dans certains cas, très distingué, vif et appétissant —, qui a conquis une part au moins de sa renommée internationale grâce à l'attrayant *fiasco**, entouré de paille, dans lequel il est généralement présenté. En Italie, c'est un vin rouge commun de Toscane (parfois blanc, mais rarement), qui se boit d'ordinaire jeune — avec raison — et qui est souvent servi comme vin de carafe dans les restaurants de Florence. Peu coûteux, rafraîchissant, parfois un peu piquant car encore chargé de gaz carbonique (*governo*), il accompagne généralement les plats italiens.

La production vinicole annuelle de Toscane est d'environ 3,8 millions d'hectolitres, dont à coup sûr plus de la moitié est faite de Chianti. Il s'agit en général de vins de piètre qualité, qui n'ont pour tout attrait que leur nom, leur prix et leur *fiasqué* (cependant cette bouteille de fantaisie coûte généralement moins cher, en Italie, qu'une bouteille ordinaire de vin nouveau : la main-d'œuvre est bon marché et le verre, beaucoup plus mince, pèse moins lourd). Le gouvernement italien n'exerce pour ainsi dire aucun contrôle sur le millésime que portent ces vins bon marché lorsqu'ils sont exportés. Le Chianti « classique », le plus fin, est un vin de qualité différente et de loin supérieure : bien équilibré et ferme, il s'améliore considérablement en vieillissant en bouteille : c'est un des meilleurs vins italiens. Issu du San Gioveto et du Cannaiolo, avec un peu de Trebbiano blanc et de Malvasia blanc, il est produit dans une région bien délimitée, entre Florence et Sienne, comprenant quatre communes (Greve, Radda, Castellina et Gaiole), plus une partie de six autres. Le Chianti classico, même mis en bouteille hors de sa région de production, porte sur le col de la bouteille le sceau de l'association des producteurs : le *marca Gallo*, une cible noire avec un coq au centre. Il porte souvent le nom du propriétaire d'un climat spécifique : Barone Ricasoli (Brolio, Meleto), Conte Serristori (Machiavelli), Marchese Antinori. Les Chianti les plus fins vieillissent en bouteille, portent un millésime authentique et sont exportés dans des bouteilles bordelaises.

En dehors de cette région classique, la Toscane produit du Chianti, et en grande quantité, dans six autres régions définies par la loi : deux très bonnes, Rufina* et Montalbano ; deux bonnes, Colli fiorentini et Colli pisani — qui ont une faible production — ; enfin deux régions médiocres, Colli senesi et Colli arentini, d'où sont exportés la plupart des Chianti très bon marché, souvent coupés de vins médecins provenant d'autres régions italiennes. Un certain nombre des meilleurs producteurs qui ne font pas partie de la zone classique ont constitué une association à part ; celle-ci a pris pour emblème un *putto* blanc, qui garantit une qualité supérieure à la moyenne.

Le Chianti blanc, issu principalement du Trebbiano*, est un vin sec, doré, assez corsé, agréable mais sans grande distinction. Des « imitations » de Chianti sont produites hors d'Italie,

dans la plupart des régions où des Italiens se sont fixés, y compris l'Argentine et la Californie. Rarement issues des mêmes cépages, celles-ci ressemblent rarement au Chianti, bien que certains soient de très bons et même d'excellents vins de table rouges. → Italie.

Chiarello. → Chiaretto.

Chiaretto. Vin rosé — à coup sûr l'un des meilleurs rosés italiens — récolté aux environs de l'extrémité méridionale du lac de Garde, entre Milan et Vérone. Léger, frais, de teinte pâle, faible en alcool (10°-11°), le Chiaretto ne paraît jamais aussi bon que quand on le boit jeune, sur place, comme *vino aperto*. Toutefois, une partie de la récolte est mise en bouteille pour l'exportation et, s'il est correctement traité et *point trop âgé*, ce vin peut être très agréable. Les meilleurs Chiaretto sont produits dans les villages de Panghe, Moniga, Manerba et Polpen e (dans la province de Brescia), à pa de cépages rouges locaux : Grop 'lo, Schiava, Marzemino. Ils valent, mais avec quelques différences de caractère, les rosés de la rive est du lac de Garde, dans la province de Vérone. Ces derniers s'appellent plus fréquemment Chiarello, encore que les deux dénominations soient pratiquement interchangeables. De mêmes cépages que le Bardolino*, ils égalent quasiment, par leur distinction et leur parfum, les rouges les plus délicats de Bardolino.

Chiclana. Ville à l'extrémité méridionale du pays du Xérès, située près de Cadix. Ses vins sont de qualité secondaire.

Chili. Ce pays d'Amérique du Sud produit d'excellents vins dans des zones favorables à la vigne. Il faut préciser que les pionniers en matière de viticulture ont été les Français qui cédèrent ensuite la succession aux Espagnols. Le vignoble s'étend sur environ 120.000 ha donnant une production de 5 à 6 millions d'hl par an. Le Sud du Chili produit des vins assez moyens en qualité, tandis que la région centrale et celle du Nord offrent des vins de bonne qualité. Au nord on appréciera les vins doux notamment le Muscat. Les vins rouges du centre rappellent un peu ceux de Bordeaux, mais sans en égaler leur qualité.

Chine. Il y eut de tout temps de la vigne en Chine. Le vin ne semble n'avoir jamais été la boisson quotidienne des Chinois, préférant d'autres boissons, mais consommé en de grandes occasions. Les vins sont secs ou doux, alcoolisés, aromatiques, blancs, rosés, rouges et mousseux. On commence à s'intéresser à un renouveau de la vigne en Chine.

Chinon. Ville natale de Rabelais, en Touraine, réputée pour son vin rouge, le « bon vin breton » des chroniques rabelaisiennes.
Le vin de Chinon, issu exclusivement du Cabernet franc, reste « bon et frais » comme au temps de Gargantua. C'est un vin, léger, meilleur quand on le boit jeune et à la température de la cave ; l'un des plus délicieux parmi les petits vins rouges français. Consommé en grande partie dans la région, ce vin est rarement exporté.

Chipiona. Villégiature et ville vinicole de la côte atlantique de l'Espagne, près de Jerez, dans le pays de la Manzanilla, à l'ouest de Sanlúcar de Barrameda. Le Moscatel provenant de ses vignobles sablonneux est plus connu que son vin sec.

Chiroubles. Commune du Beaujolais ;

produit un Beaujolais rouge, excellent, fruité, racé et plein de charme. La plus grande partie de la production arrive tôt sur le marché et est aussitôt consommée. Il gagne moins en vieillissant que les Beaujolais de Chenas, Morgon, etc.

chlorose. Maladie physiologique de la vigne. Elle se produit surtout lorsqu'elle est plantée dans des sols calcaires dont la proportion de calcaire actif (calcium) est trop importante. Le calcium bloque le fer et celui-ci ne peut être absorbé par les racines. Il en résulte une mauvaise assimilation chlorophylliène (le fer étant l'élément nécessaire à la formation de chlorophylle) et le feuillage jaunit. On possède deux remèdes :
a - épandre du sulfate de fer sur le sol, ou le pulvériser sur les feuilles,
b - mettre des porte-greffe résistants au calcaire actif.

Chorey-lès-Beaune. Commune vinicole de Bourgogne, au nord de Beaune. Elle compte près de 160 ha de vignobles, généralement plantés sur un sol plat et ne donnant qu'un vin léger. L'appellation légale, Chorey-Côte de Beaune, s'emploie rarement : la plus grande partie de la production est vendue comme « Côte de Beaune-Villages ».

Christian Brothers. Frères des écoles chrétiennes, ordre religieux formé peu après 1700 par saint Jean-Baptiste de la Salle. Aux Etats-Unis, les Christian Brothers se rangent parmi les plus importants producteurs de la zone côtière du nord de la Californie ; ils possèdent d'importants vignobles à Mont-la-Salle, dans la haute vallée de Napa.

chromatographie. Méthode d'analyse qui permet de séparer les substances non colorées. Plusieurs principes de chromatographie : par absorption, par partage, avec papier spongieux, par échange d'ions, en phase gazeuse. La chromatographie est utilisée en œnologie pour analyser les vins ; notamment pour savoir si la fermentation malolactique a été faite totalement, pour isoler et mieux connaître les propriétés de certains constituants...

Chusclan. Vin rosé des Côtes-du-Rhône. De saveur agréable, il est récolté dans cinq communes, dont Chusclan est la plus importante, et qui sont situées sur la rive droite du Rhône, au nord de Tavel et à l'ouest d'Orange.

Chypre. Ile de la Méditerranée orientale, dont le vignoble (600 ha) et la tradition vinicole datent des croisades. Le vin doré de la Commanderie — le *Commandaria* — préparé par les chevaliers de l'ordre des Templiers et de celui de Saint-Jean de Jérusalem, jouissait d'une grande renommée dans toute l'Europe occidentale. Chypre exporte actuellement des vins vinés et doux, qui rappellent le Madère. Le meilleur se vend encore, d'habitude, sous le nom de Commandaria.

Cinqueterre. Vin blanc récolté dans cinq villages (d'où son nom) de la côte ligure, entre Gênes et la Spezia. Riomaggiore est le plus important de ces villages. Riche en alcool, d'une teinte dorée, parfois sec, mais plus souvent un peu doux, doté d'un bouquet riche mais inhabituel, le Cinqueterre est un vin intéressant.

Cinsaut ou **Cinsault.** Cépage rouge de bonne qualité, qui donne un vin peu coloré, léger et fin, toujours utilisé en mélange avec le Carignan, le Grenache, le Mourvèdre... Il concourt à l'élaboration du Châteauneuf-du-Pape, du Tavel et de bon nombre des meil-

leurs vins rouges et rosés de Provence.

Ciró. Vin rouge de Calabre, très riche en alcool et généralement un peu doux. A ne pas confondre avec le Giró, qui lui ressemble mais qui se récolte en Sardaigne.

Cissac. Commune vinicole du Haut-Médoc, voisine de Saint-Estèphe ; plusieurs excellents crus bourgeois.

clairet. Vieux mot français (d'où l'anglais *claret*) qu'on utilisa pendant des siècles pour désigner les vins rouges légers de Bordeaux. Il est rentré dans l'usage depuis la deuxième guerre mondiale : on appelle actuellement clairets les Bordeaux rouges vinifiés par une méthode spéciale, aussitôt prêts à boire et assez pauvres en couleur ou en tanin. Ils ressemblent, mais en plus foncé, à des rosés corsés. On les sert d'ordinaire à la température de la cave ou frappés ; ils se révèlent souvent assez agréables et même excellents : tout dépend de leur région d'origine, du producteur et du cépage utilisé.

Clairette. Cépage blanc de bonne qualité, très répandu dans le midi de la France. Il donne un vin fin, mais très difficile à bien vinifier car il a tendance à s'oxyder et à *madériser** rapidement. On le vinifie en mélange avec l'Ugni blanc ou avec des cépages rouges, dans la vallée du Rhône et en Provence. Vinifié seul, il produit les appellations Clairette du Languedoc et Clairette de Bellegarde.

Clairette de Die. Vin blanc mousseux produit dans la région de Die (Drôme), sur la rive gauche du Rhône. On en distingue deux types : l'un où le Muscat domine, obtenu par fermentation en bouteille du moût à demi-fermenté — c'est un vin doux très par-

fumé ; l'autre, issu d'une forte proportion de Clairette, est élaboré au
moyen d'une deuxième fermentation en
bouteille, c'est-à-dire par la méthode
champenoise — c'est un vin sec, fin,
de bonne qualité également.
Il existe aussi un vin nature de Clairette, consommé sur place.

Clape (la). Vins blancs, rouges et rosés
produits à l'est de Narbonne (sud de
la France). Issus de cépages communs
(Carignan, etc.), ces vins délimités de
qualité supérieure (V.D.Q.S.) ne présentent pourtant rien d'exceptionnel.

claret. Nom anglais du Bordeaux
rouge.

clarete. Se dit en Espagne, principalement dans la Rioja, d'un vin rouge
peu corsé et de teinte claire.

classement de 1855. Il a été réalisé à
l'occasion de l'Exposition universelle
qui a eu lieu à Paris en 1855. Le
comité formé pour assurer le concours
de la Gironde à cette manifestation
demanda à la Chambre de commerce
de Bordeaux son avis concernant la
présentation des vins de la Gironde.
La Chambre de commerce demanda
alors au Syndicat des courtiers en vins
de Bordeaux de classer les vins qui
devraient être mis hors concours ; ce
classement ne devait que « consacrer
une hiérarchie constamment admise depuis plus d'un siècle ».
Seuls soixante vins du Médoc, vingt-
deux de Sauternes et un de Graves
figurent à ce classement. C'est qu'à
l'époque, les vins de Saint-Emilion et
de Pomerol n'avaient pas la notoriété
qu'ils devaient acquérir quelques années plus tard. On peut penser aussi
que la Chambre de commerce de Bordeaux, créée en 1705, était surtout
préoccupée des vignobles qu'elle connaissait bien, leurs vins étant commer-

cialisés par le négoce bordelais. La
région de Saint-Emilion ne pouvait
être défendue par la Chambre de commerce de Libourne, qui ne fut créée
qu'en 1910...
Les soixante « crus classés » du Médoc, il faut le noter, ne représentant
que l'élite — et encore, le *nec plus
ultra* — de près d'un millier de domaines qui produisent tous des vins
supérieurs à la moyenne. Le lecteur
trouvera en annexe le classement de
1855, tandis que les « châteaux » figurent dans le corps du volume à leur
place alphabétique. Il importe de rappeler que « troisième » ou « quatrième
cru » ne désigne pas un vin classé
troisième ou quatrième, mais bien un
vin noble — un duc, si l'on veut, par
rapport aux premiers crus royaux. On
peut considérer tous les crus classés
comme de grands vignobles : beaucoup d'autres, appelés crus bourgeois
ou crus bourgeois supérieurs, produisent également des vins admirables.
Le classement de 1855 était certainement valable à l'époque où il a été
fait. Il était basé sur les cours annuels,
qui reflétaient la qualité des vins de
chaque domaine ; qualité qui, d'après
la Chambre de commerce de Bordeaux, dépendait essentiellement de la
situation des vignes : « C'est la nature
qui fait tous les frais. » Mais, depuis
1855, bien des choses ont changé,
même parfois la situation des vignes et
des châteaux... Il ne peut toutefois
être question de réviser le classement
de 1855, car il est impossible de modifier un palmarès. Mais si un nouveau
classement devait être fait, il est évident qu'il ne serait pas le même : certains crus devraient progresser dans la
hiérarchie, tandis que d'autres devraient rétrograder.

clavelin. Bouteille trapue, d'une contenance de 62 centilitres, en usage
dans le Jura pour le Château-Chalon et

certains vins jaunes.

Clerc-Milin-Mondon (Château). Cinquième cru classé de Pauillac (Haut-Médoc).

Clevner. → Klevner.

climat. En Bourgogne, lieu-dit dont la situation, le microclimat, la nature du sol, l'exposition, l'abri des vents, etc. — en somme les conditions naturelles de production — donnent aux vins qu'il produit des qualités particulières, et dont le nom reste attaché à ce vin. On dit aussi « climat d'origine ». Il peut-être classé grand cru — Chambertin, par exemple — ou premier cru — les Grèves, à Beaune. Un climat appartient le plus souvent à plusieurs propriétaires.

Climens (Château). Un des deux meilleurs vignobles et sans doute le plus grand vin de Barsac : dans le classement des Sauternes, il vient généralement à la seconde place, après Château-Yquem (Barsac faisant partie du Sauternais). C'est un vin doux, liquoreux, doré, d'un fruité et d'une classe extraordinaires. Il mérite largement sa cote de premier cru classé : il compte parmi les meilleurs vins de dessert du monde.

Clinet (Château). Un des meilleurs premiers crus classés de Pomerol.

clone. Représente une descendance d'un cep sélectionné selon des critères précis, par multiplication (par bouturage ou greffage), donc pouvant transmettre les mêmes caractères sélectionnés. L'ensemble représente un clone ou une sélection clonale. Les clones permettent d'isoler des individus vigoureux, non atteints de dégénérescence et, pouvant donner naissance à une descendance saine, non virosée.

clos. Au sens propre, vignoble entouré de murs ou de toute autre clôture : le Clos de Vougeot, par exemple. Aujourd'hui, le mot s'emploie parfois, surtout hors de Bourgogne, dans un sens plus large. Il ne peut toutefois figurer sur l'étiquette d'un vin français, comme composante du nom de ce vin, que si le clos ou vignoble existe bien et produit effectivement le vin en question.

Clos (Les). Grand cru réputé de Chablis*, l'un des sept meilleurs qui ont droit à cette qualification.

Clos de Bèze. Cru réputé de Bourgogne (15 ha 78 a), au nord de Chambertin. Ses superbes vins rouges ont droit à l'appellation Chambertin, mais se vendent plus souvent sous l'appellation Chambertin-Clos de Bèze. Ils égalent amplement les autres Chambertins, et certains experts les considèrent même comme supérieurs. Pour la carte → Gevrey.

Clos Blanc. Un des meilleurs crus de Pommard (Bourgogne), classé comme première cuvée : un vin rouge, malgré son nom.
Il existe aussi un Clos Blanc, de vignes blanches celui-là, à Vougeot, mais en dehors du Clos de Vougeot.

Clos du Chapitre. Nom donné à plusieurs vignobles français, et principalement à deux : l'un, situé à Fixin*, à la limite septentrionale de la Côte de Nuits, donne un Bourgogne rouge d'une qualité et d'une classe sans égale ; l'autre, situé à Viré*, au nord de Mâcon, produit un excellent vin blanc sec, issu du Chardonnay : l'un des meilleurs vins du Mâconnais.

Clos des Corvées. Peut-être le meilleur cru de Prémeaux, à la limite méridionale de la Côte de Nuits (Bourgogne). Ses excellents vins rouges, corsés, ronds, avec un léger goût de terroir agréable, portent l'appellation Nuits-Saint-Georges et sont mis en bouteille au domaine. Le Clos des Argillières, tout proche mais de beaucoup inférieur, appartient au même domaine.

Clos-Fourtet. Premier cru de Saint-Emilion, de qualité supérieure ; vins rouges vigoureux, corsés et de longue garde.

Clos des Goisses. Vignoble de Mareuil-sur-Ay (Champagne, d'une classe sans égale ; planté de Pinot noir et de Chardonnay. Il donne un vin très corsé, mais d'une qualité incomparable. C'est à peu près le seul Champagne français qui porte le nom d'un vignoble ; dans les bonnes années, il est généralement vendu nature, sans addition de liqueur de dosage.

Clos des Lambrays. Premier cru (5,6 ha), sur la commune de Morey-Saint-Denis*, en Bourgogne. Ses vins rouges sont lourds, corsés et se conservent longtemps.

Clos des Mouches. Vignoble réputé de Beaune (Bourgogne) ; il donne un vin rouge séduisant, bien charpenté et, chose curieuse, un vin blanc qui lui est sans doute supérieur, et qui rappelle le Meursault.

Clos de la Mousse. Un des bons vins de Beaune (Bourgogne). A ne pas confondre avec le précédent ; vin rouge uniquement.

Clos de la Perrière. Vignoble de Bourgogne, produisant un excellent vin rouge → Fixin, Perrière.
Le Clos des Perrières n'est qu'une petite parcelle, très réputée, du vignoble de Perrières à Meursault* : produit un

vin blanc racé et remarquablement équilibré.

Clos de la Roche. Vignoble de Morey-Saint-Denis* (Bourgogne), officiellement classé comme grand cru. Il s'étend sur 1 480 ares (16 ha 90 a). Ce vin est, dans sa plénitude, l'un des très grands Bourgognes : il égale le Chambertin en puissance, sans en avoir toujours la classe et la race.

Clos du Roi. Nom de deux crus bien distincts de Bourgogne, qui produisent des vins rouges d'excellente qualité. Le plus fin et le plus réputé, sur la commune d'Aloxe-Corton, donne des vins vendus sous l'appellation Corton-Clos du Roi (→ Corton) ; l'autre, à Beaune*, produit le Beaune-Clos du Roi.

Clos Saint-Jean. Excellent climat de Chassagne-Montrachet*. Avec Les Boudriottes et La Maltroie, il produit les meilleurs vins rouges de Chassagne-Montrachet.

Clos Saint-Denis. Principal vignoble de Bourgogne (6 ha 62 a), l'un des meilleurs de la commune de Morey-Saint-Denis* ; classé officiellement parmi les vingt-trois grands crus de la Côte de Nuits. Il donne un vin rouge particulièrement vigoureux, bien charpenté, de longue garde et qui se fait lentement.

Clos Saint-Jacques. Excellent vignoble de la commune de Gevrey-Chambertin* dans la Côte de Nuits (Bourgogne) ; officiellement classé comme premier cru et peut-être le meilleur de cette catégorie. Un vin rouge exceptionnel, corsé, délicat, qui atteint des prix aussi élevés que le Chambertin.

Clos de Tart. Un des grands crus (7 ha 53 a formant une seule pro-

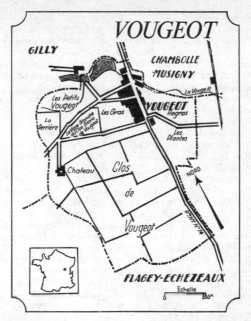

priété) de Morey-Saint-Denis* (Bourgogne) ; classé officiellement comme grand cru. Produit un vin rouge corsé et de longue garde.

Clos de Vougeot. Vignoble bourguignon, de réputation mondiale, le plus étendu (50 ha environ) de la Côte-d'Or. Il fut constitué au XIIᵉ siècle par des moines cisterciens, sur un terrain jusqu'alors désertique. Soixante-cinq propriétaires se partagent le vignoble, si bien qu'un Clos de Vougeot d'une année déterminée n'est pas un vin, mais une gamme de soixante-cinq vins différents, certains mis en bouteille au domaine, les uns plus corsés et meilleurs que d'autres. Les meilleurs viennent traditionnellement de la zone supérieure du vignoble, voisine de Musigny* et des Grands Echézeaux*. L'ensemble du Clos de Vougeot donne un Bourgogne rouge classique, plus remarquable peut-être par sa classe et son bouquet que par son corps et sa puissance.

La commune de Vougeot produit aussi un vin rouge d'appellation Vougeot (et non Clos de Vougeot) et un vin blanc de première qualité, le Clos Blanc de Vougeot. Le pittoresque et vénérable château de Vougeot, qui abrite encore d'anciens pressoirs colossaux, appartient actuellement à la Confrérie des Chevaliers du Tastevin. → Vougeot.

cochylis. La cochylis est un ver de la grappe (avec l'eudémis, autre ver, sont appelés tous deux : vers de la grappe). Ils perforent la peau et se logent dans la pulpe dont ils en vivent jusqu'à sa disparition (le grain perforé se dessèche très vite). Les traitements permettent de tuer la larve dans l'œuf (ovicides) et de détruire les vers adultes.

Cognac. Commune du département de la Charente, universellement connue pour ses eaux-de-vie. La région de Cognac comprend différentes zones qui bénéficient, comme le nom de Cognac, d'une appellation contrôlée : Grande Champagne, Petite Champagne (le mélange des deux, avec au moins 50 % de Grande Champagne, est la Fine Champagne), Borderies, Fins Bois, Bons Bois. Le Cognac est produit avec un alambic spécial, en deux distillations successives. La superficie des vignes en production est d'environ 80 000 ha ; elle augmente constamment depuis une quinzaine d'années, mais elle est loin de représenter ce qu'elle était avant l'invasion phylloxérique. La production est de l'ordre de 400 000 hl exprimée en alcool pur, dont 80 pour cent sont exportés.

cohobation. Opération qui consiste à distiller à plusieurs reprises les brouillis et à obtenir des distillats de plus en plus concentrés en alcool. L'obtention d'un alcool à 100 % est le résultat d'une cohobation parfaite (théoriquement, car d'autres opérations s'y ajoutent).

collage. Procédé traditionnel — connu depuis l'époque romaine — destiné à clarifier le vin. Certaines substances, ajoutées au vin en fût, le clarifient progressivement par dépôt des particules en suspension, sous forme de sédiments ou de lies. On utilise à cette fin du blanc d'œuf, de la colle de poisson (fabriquée avec des vessies d'esturgeon), de la gélatine, de la caséine et du sang frais, ainsi que de nombreux types d'argiles, telle la bentonite. Lorsque des problèmes spécifiques se présentent, on emploie également divers produits chimiques, par exemple le ferrocyanure de potassium

(collage bleu) lorsque le vin contient un excès de fer ou de cuivre. Ce dernier traitement possède la curieuse et troublante propriété de donner au vin une couleur bleu vif ; mais ce phénomène est passager. Presque tous les vins allemands et de nombreux vins californiens sont traités de la sorte.

Colares ou **Collares.** Vin rouge du Portugal, provenant des vignes plantées sur les dunes de sable, le long de la côte atlantique, entre Estoril et Cintra. Le cépage le plus répandu est le Ramisco. Ces vignes sont plantées au fond de fosses creusées dans l'argile qu'on atteint sous la couche de sable. Assez corsé et charnu, le Colares manque de finesse, mais il s'améliore en vieillissant. Tous les amateurs ne lui accorderont cependant pas la grande considération dont il jouit d'habitude en Angleterre.

collerette. Etiquette assez petite qui peut avoir diverses formes (losange, cercle, triangle...) collée à la base du goulot et parfois sur le renflement entre le goulot et le corps de la bouteille.

Colli euganei. Chaîne de collines couvertes de vignobles, près de Padoue. La région produit des vins variés (rouges et blancs), rarement exceptionnels ; ils constituent le vin ordinaire des Vénitiens.

Collio ou **Collio goriziano.** Vin italien, d'appellation contrôlée depuis 1968. Produit sur les collines du Collio, petite région située à la frontière yougoslave, au sud de Gorizia (Vénétie julienne). Cépages : Ribolla *gialla*, Malvoisie d'Istrie, Tokay italien. Degré d'alcool : 11 à 12 degrés. Couleur jaune paille plus ou moins prononcée, peu d'odeur. C'est un vin sec, frais, assez corsé, parfois légèrement pétillant.

Collioure. Commune du Roussillon, proche de Banyuls, qui a donné son nom à une appellation contrôlée de cette région, pour des vins rouges corsés. Petite production.

Colmar. Ville du département du Haut-Rhin ; important centre de commerce des vins d'Alsace.

Colombard. Cépage blanc ordinaire et d'assez bon rendement, qui était surtout cultivé dans la région de Cognac et dans le Blayais (Gironde). On le cultive de moins en moins. Son vin blanc sec assez corsé, a un caractère accusé sans agrément. Ses eaux-de-vie sont de bonne qualité, mais l'Ugni blanc présente, dans les Charentes, de multiples avantages qui l'ont fait préférer au Colombard.

Comblanchien. Commune de la limite méridionale de la Côte de Nuits, au sud de Nuits-Saint-Georges et de Prémeaux. Célèbre pour ses carrières de marbre rose. Produit des vins ayant droit à l'appellation Côtes de Nuits-Villages.

Commanderia. → Chypre.

commun. Se dit d'un vin sain mais sans race et sans grande valeur gustative : un vin de table ordinaire.

Communauté économique européenne (réglementation viti-vinicole de la). Le règlement 816 du 28 avril 1970 du Conseil des Communautés européennes représente, avec le règlement 817 (→ Vins de qualité produits dans des régions déterminées), la nouvelle charte de la viticulture et du commerce des vins dans l'ensemble du Marché commun. Ce règlement arrête une foule de dispositions économiques et techniques, inspirées par les réglementations déjà en vigueur dans les Etats membres, et notamment en France.

comporte. Nom donné dans certaines régions viticoles à des récipients en bois, cerclés de fer (un peu comme les tonneaux), de forme ovale, hauts de 60 à 80 cm, contenant environ 100 à 110 kg de raisins. Sert pendant les vendanges à porter les raisins à la cave.

Comtés de la Côte Nord. Nom donné à l'une des régions vinicoles de Californie, produisant des vins fins, et dont la baie de San Francisco constitue le centre. Aucun de ces comtés ne touche le Pacifique, mais ils bénéficient tous, en général, d'un climat frais et côtier.

Concord. Raisin américain bleu-noir et à peau lisse de l'espèce *labrusca*, la plus cultivée des variétés indigènes de l'est des Etats-Unis. Il produit actuellement le Kosher, un vin doux : son goût musqué ne plaît guère au consommateur européen. Comme cépage à vin, le Concord n'a en fin de compte rien de recommandable.

Condrieu. Vin blanc de la vallée du Rhône, intéressant mais assez rare. Il provient de trois communes principales, au sud de Lyon : Condrieu, Vérin et Saint-Michel. Les vignobles en terrasses, plantés en Viognier (ou Vionnier) et aussi escarpés que ceux de la Côte-Rôtie, ne donnent qu'une production minime, consommée essentiellement par les clients du célèbre restaurant de la Pyramide, à Vienne. Le Condrieu peut être très sec ou légèrement moelleux : cela dépend de la récolte et du producteur. Jeune, il pétille ; c'est un vin presque jaune, fruité, d'un bouquet caractéristique.

Conegliano. Ville au nord de Venise, réputée pour son école et son centre de viticulture, mais non moins connue pour ses vins blancs (issus du cépage

Verdiso), qui comptent parmi les meilleurs du nord de l'Italie. Il en existe de plusieurs types : le Verdiso, le plus engageant, est un vin sec très léger, de teinte couleur vert or pâle ; le Prosecco, un peu plus doux, est également de qualité supérieure. On produit aussi des vins mousseux ou semi-mousseux de même qualité. Egalement de bons vins rouges de Merlot et quelques rares mais excellents vins de Cabernet.

Confréries vineuses. Association folklorique typique aux vignobles ou à des régions viticoles groupant des professionnels du vin (producteurs, négociants, distributeurs...) rappelant par leurs costumes et leurs coutumes, certains rites médiévaux au cours de cérémonies d'intronisation de nouveaux récipiendaires (chevaliers, consuls, commandeurs...) qui jurent de défendre tel vin et son usage. Cela donne lieu à des fêtes et des chapitres, notamment pour la St Vincent, pour la fleur (période où la vigne en fleur) et autres saisons (banc des vendanges...) Il existe une infinité de Confréries en France.

Conseillante (Château la). Excellent vignoble de Pomerol ; un chemin de campagne le sépare du Château Cheval Blanc (un Saint-Emilion). Vin rouge exceptionnel, velouté, riche et plein.

Constance (lac de). Un des plus grands lacs d'Europe occidentale (Bodensee, en allemand), bordé au sud par la Suisse, à l'est par l'Autriche et au nord par l'Allemagne.
Les rares vins récoltés sur la rive septentrionale du lac, les *Seeweine*, servent en général à la consommation locale. Parmi ceux-ci, le Rülander, ou Pinot gris, est sans doute le meilleur. Il y existe aussi un vin curieux et digne d'intérêt : le Weissherbst, un rosé très pâle issu du Pinot noir.

Constantia. Vin d'Afrique du Sud, provenant de la région du Cap. Il jouissait au XIXe siècle, en Angleterre, dans les anciens Pays-Bas et même en France, d'une vogue que ne connaissait aucun autre vin non européen. Il provenait d'un vignoble, le Groot Constantia (actuellement propriété d'Etat), créé avant 1700 par le gouverneur hollandais Simon van der Stel, qui lui donna le nom de sa femme Constantia. Les huguenots français prirent une part importante à la création du vignoble. Le cépage principal était, semble-t-il, le Muscadelle du Bordelais. Le domaine est encore en activité à l'heure actuelle, comme ceux, tout proches, de Klein Constantia et de High Constantia. Les vins de ces domaines sont souvent de bonne qualité, voire de qualité supérieure, mais ils sont loin de mériter la classe internationale dont ils jouissaient jadis. Les futurs historiens du vin devront expliquer cette décadence, au même titre que celle du Falerne* ; c'est pour l'instant un mystère.

coopérative. Nom donné à des établissements ou à des caves dont plusieurs petits exploitants se partagent la propriété et la jouissance. On compte des centaines de coopératives dans presque toutes les régions vinicoles, certaines d'importance modeste, d'autres qui comptent parmi les plus grandes installations du monde. A l'origine, ces coopératives se sont constituées parce que, sauf dans les régions de grande production, les petits viticulteurs ne pouvaient acquérir le matériel et l'équipement nécessaire à la vinification, à la mise en bouteille et à la vente.

Corbières. Région viticole du midi de la France, au sud-est de Carcassonne. Vouée à la production de masse, c'est la patrie du vin ordinaire. Toutefois le vin proprement dit de Corbières, malgré son prix modeste, appartient à une catégorie légèrement supérieure. Il a droit à une appellation d'origine et au label V.D.Q.S. Selon la loi, il peut être rouge, rosé ou blanc. Le vin rouge, vigoureux, est le meilleur ; il est issu principalement du Carignan, auquel sont associés le Grenache noir et le Cinsault. Le Corbières supérieur doit titrer 1° de plus que le Corbières, soit 12° au minimum au lieu de 11°. Le Corbières du Roussillon vient d'une zone située un peu plus au sud, dans les Pyrénées-Orientales.

Corbin (Château). Premier cru classé de Saint-Emilion et l'un des nombreux châteaux qui portent, sous diverses formes, ce nom ancien. Tous ces châteaux produisent des vins excellents : ils faisaient autrefois partie du même domaine. Outre Château Corbin, citons Château Corbin-Michotte, Château Grand-Corbin, Château Corbin-Despagne, Château Grand Corbin David, etc. Ils se trouvent tous dans la zone sableuse et graveleuse de Graves-Saint-Emilion (voisine de Pomerol), qui produit aussi un cru réputé, Château Cheval-Blanc.

cordon. Terme qui désigne, au cours de la taille de la vigne, un sarment que l'on taille à 4-6 yeux ou plus (dans la taille guyot simple ou double par exemple). On dit aussi flèche. Ce ou ces cordons seront fixés avec des attaches aux fils de fer (espalier). La taille en cordon de Royat utilise plusieurs cordons.

Corent. Vin d'Auvergne produit dans la région de Clermont-Ferrand, issu de Gamay.

Corgoloin. Le village le plus méridional de la Côte de Nuits (Bourgogne). Ses vins ont droit à l'appellation Côtes de Nuits-Villages.

Cornas. Vin rouge de la vallée du Rhône. C'est un vin robuste, sans grande distinction, issu du même cépage de Syrah que l'Hermitage*, récolté à une vingtaine de kilomètres plus au sud et sur la rive occidentale du Rhône. Le Cornas a souvent (surtout dans sa jeunesse) un goût de terroir assez marqué. Il vieillit bien.

Coronata. Vin blanc italien de bonne qualité, récolté en faible quantité dans les collines situées en arrière de Gênes.

corps. Adjectif : *corsé*. Terme de dégustation, souvent employé abusivement. *Corps* est synonyme de substance. Un vin *corsé* n'est pas nécessairement très alcoolisé, mais il n'est ni pâle, ni léger. Il donne une impression de poids, plutôt que de légèreté. Avoir du corps n'est donc pas toujours une qualité. Cela peut être un défaut pour de nombreux vins blancs et pour certains vins rouges, car c'est rarement — les tout grands vins mis à part — synonyme de délicatesse, de finesse et de distinction. Un Moselle, un Riesling, un Chablis, un Champagne ou même un Zinfandel corsé est un vin peu équilibré, qui manque probablement de fruité et de charme. D'autre part, un grand Bourgogne ou un fin Cabernet, qui ont parler d'un Barolo ou d'un Châteauneuf-du-Pape supérieur, doit avoir beaucoup de corps.

Corse. La production de la Corse est passée, entre 1955 et 1970, de moins de 200 000 hectolitres à 2 millions, et son vignoble de 6 000 à 30 000 hectares. Parmi une production ou se côtoient le bon et le pire, nous citerons les vins de Patrimonio et d'Ajaccio, à appellation contrôlée, qui ont un caractère agréable et bien marqué, dû à la fois au terroir et aux cépages locaux : le Nielluccio (rouge) à Patrimonio et le Sciaccarello (rouge) à

Ajaccio. La Malvoisie de Corse, ou Vermentino, produit d'excellents vins blancs secs et doux. Autres bonnes régions : le cap Corse, Calvi, Calanzana et l'Ile Rousse, Sartène, Figari, Porto-Vecchio...

Cortaillod. Vin fruité et agréable, parfois rouge clair mais le plus souvent rosé ou œil de perdrix, que l'on récolte dans le village homonyme et dans quelques autres des environs, sur la rive nord du lac de Neuchâtel (Suisse). Cépage utilisé : Pinot noir de Bourgogne.

Cortese. Cépage blanc italien de qualité supérieure, cultivé surtout dans le Piémont, où il donne un vin frais, léger, pâle, très agréable mais qui ne vit pas longtemps. Le vin vendu sous l'appellation de Cortese porte parfois aussi un nom de ville : Gavi, par exemple. La principale zone de production se trouve à une cinquantaine de kilomètres au nord de Gênes. A noter, par parenthèse, que *cortese* signifie en italien : poli, courtois.

Corton. On considère généralement le Corton, et à bon droit, comme le plus grand vin rouge de la Côte de Beaune* (Bourgogne). Il existe aussi un Corton blanc de très grande classe. On les récolte tous deux à Aloxe-Corton* et dans quelques climats situés sur le territoire des communes voisines de Ladoix-Serrigny et de Pernand-Vergelesses. Les vins les plus légers et les moins distingués (mais encore excellents) de ces communes se vendent sous l'appellation Aloxe-Corton ou Pernand-Vergelesses ; les meilleurs, sous l'appellation de Corton, suivie parfois d'un nom de vignoble : Corton-Bressandes, Corton Clos du Roi (des vins rouges), ou Corton-Charlemagne (un vin blanc). Les vignobles qui portent ces noms prestigieux ont été ri-

goureusement délimités. Les blancs sont, excepté une faible proportion, des Corton-Charlemagne. Les meilleures cuvées des Hospices de Beaune* sont souvent des Cortons.
Corton-Château-Grancey n'est pas un vignoble : il s'agit néanmoins d'un excellent Corton authentique, mis en bouteille au château Grancey, à Aloxe-Corton, par le propriétaire Louis Latour. Pour la carte → Aloxe.

Corvina. Cépage rouge cultivé dans le nord de l'Italie et en particulier dans les régions qui produisent le Bardolino* et le Valpolicella*. Il est inconnu ou à tout le moins non identifié dans la plupart des autres régions vinicoles.

Corvo di Casteldaccia. Un des plus connus parmi les vins de table de Sicile. Généralement blanc, bien qu'on récolte une petite quantité de rouge. Les vignobles, situés à l'est de Palerme, font partie du domaine des ducs de Salaparuta.

cosechero. Mot espagnol : moissonneur (*cosecha*, moisson), mais aussi : propriétaire de vignobles.

Cos d'Estournel (Château). Cru exceptionnel de Saint-Estèphe (Haut-Médoc) : un des meilleurs seconds crus classés. C'est un vin toujours excellent, plein et pourtant délicat et tendre. Les vignobles font face à ceux de Château-Lafite, dont ils ne sont séparés que par un ruisseau à marée et des prés salés.

Cos Labory (Château). Cinquième cru classé de Saint-Estèphe (Haut-Médoc). Voisin direct de Cos d'Estournel, Cos Labory produit un vin rouge plus léger et moins distingué : un cinquième cru très respectable néanmoins.

Costières du Gard. Vins rouges, rosés ou blancs, classés vins délimités de qualité supérieure (V.D.Q.S.), produits sur un plateau caillouteux à l'ouest du Rhône, avant le delta, entre Beaucaire et Nîmes. Le Carignan domine largement l'encépagement. Quelques vins se distinguent du commun.

Cot. Cépage. Nom donné au Malbec (Bordeaux) notamment en Touraine.

Côte (La). Région viticole du canton de Vaud (Suisse), le long de la rive nord du Léman, entre Genève et Lausanne. Ses vins blancs, issus du Fendant ou Chasselas, sont légers, frais ; au vrai, d'agréables vins de carafe.

Coteaux d'Aix. Vins rouges, blancs et rosés, frais et fruités, produits dans la région d'Aix-en-Provence. Vins délimités de qualité supérieure (V.D.Q.S.).

Coteaux de l'Aubance. → Aubance.

Coteaux du Layon. Les rives d'une petite rivière, affluent de la Loire, dans l'ouest de la France. De loin la plus importante région vinicole de l'Anjou, avec ses 400 hectares de vignobles (Chenin blanc), qui produisent 90 000 hectolitres environ de vins blancs portant l'appellation de Coteaux du Layon. La région produit aussi une grande quantité de vins blancs provenant de vignobles secondaires et vendus sous l'appellation d'Anjou ; et beaucoup de rosés (issus du Cabernet Franc et du Groslot), d'appellation Cabernet d'Anjou ou rosé d'Anjou.
Les vins blancs fins des Coteaux du Layon sont, selon les années ou le vignoble d'origine, très secs à très doux, avec toute la gamme intermédiaire. Dans leur plénitude, ces vins aux reflets dorés sont charpentés, fruités et fins, peuvent se comparer aux meilleurs Sauternes et Barsacs, ainsi

qu'aux grands *Auslese* du Rhin. Premiers grands crus : Bonnezeaux et Quarts de Chaume. Premiers crus : Rochefort-sur-Loire, Beaulieu-sur-Layon, Saint-Aubin-de-Luigne, Rablay, Faye, Chavagnes, etc. Pour la carte → Loire.

Coteaux du Loir. Les coteaux abrupts qui dominent la vallée du Loir et de la Dème (département de la Sarthe) conservent encore un petit vignoble ou domine le Chenin blanc et qui peut produire des vins blancs de qualité, dans les années exceptionnelles. Meilleur cru : le Jasnières.

Coteaux de la Loire. L'appellation ne s'applique pas à tous les vins produits le long de la Loire. Légalement, cette région ne comprend que deux zones bien définies : l'une au sud d'Angers et l'autre plus loin à l'ouest, de part et d'autre du fleuve, près d'Ancenis. Les vins de cette dernière zone, issus du Melon, se vendent sous l'appellation de Muscadet des Coteaux de la Loire. Les vins originaires de la première contrée portent l'appellation Anjou-Coteaux de la Loire ; ils proviennent du Chenin blanc. La vendange étant très tardive dans cette région, les vins sont des blancs assez doux et d'une qualité exceptionnelle, d'un fruité et d'un bouquet hors pair. Savennières* est la commune viticole la plus importante.

Coteaux de Saumur. → Saumur.

Coteaux de Touraine. Nom général donné naguère à une grande variété de vins locaux, mousseux ou non. Ces vins rouges, blancs ou rosés sont originaires de la Loire et de ses affluents, le Cher et l'Indre, dans la région de Tours. Les plus fins possèdent leur appellation propre : Vouvray, Montlouis, Chinon, etc. Au demeurant,

CÔTE DE BEAUNE

Légende

Principales villes vinicoles _____ **POMMARD**

Villes vinicoles secondaires _____ *MONTHELIE*

Échelle

0 1 2 3 4 5 km

LADOIX-SERRIGNY

PERNAND-VERGELESSES

CORTON (R. et B.)
CORTON CHARLEMAGNE (B.)
CORTON CLOS DU ROI

ALOXE-CORTON

Bressandes
Renardes
Chaumes
Perrières

SAVIGNY-LES-BEAUNE
CHOREY-LES-BEAUNE

Vergelesses
Marconnets
Lavières

N-470

GRÈVES
FÈVES

Cras
Champimont
Bressandes
Clos des Mouches (R. et B.)
Les Avaux
Clos du Roi

BEAUNE

RUGIENS
GRANDS EPENOTS

Clos Blanc
Chanlins
Pezerolles
La Chanière
Les Arvelets

POMMARD

VOLNAY

MONTHELIE

CAILLERETS
CHAMPANS
CLOS DES DUCS

Santenots
Fremiet
Chevret
Clos des Chênes

PERRIERES (B.)
GENEVRIERES (B.)

AUXEY-DURESSES

MEURSAULT

Charmes (B.)
Poruzot (B.)
Blagny (B.)
Goutte d'Or (B.)

RN-6   RN-73

PULIGNY-MONTRACHET

MONTRACHET (B.)
CHEVALIER MONTRACHET (B.)
BATARD MONTRACHET (B.)
BIENVENUES BATARD MONTRACHET (B.)

St AUBIN

CHASSAGNE-MONTRACHET

CHAGNY

Combettes (B.)
Chalumeaux (B.)
Pucelles (B.)

CRIOTS BATARD MONTRACHET (B.)
MONTRACHET (B.)

Cailleret (B.)
Ruchottes (B.)
Boudriotte (R.)
Clos St Jean (R.)
La Maltroie (R)

SANTENAY

l'appellation Coteaux de Touraine a été remplacée par celle de Touraine. → Touraine.

Côte de Beaune. Moitié méridionale de la Côte-d'Or : c'est une étroite ceinture de vignobles, lesquels donnent presque tous les plus grands Bourgognes. A l'inverse de la partie septentrionale, la Côte de Nuits*, la Côte de Beaune produit des vins blancs (Montrachet, Meursault, Corton) aussi réputés que ses vins rouges (Pommard, Volnay, Beaune, Corton, etc.). Ces derniers, en dépit de leur délicatesse, de leur douceur et de leur charme étonnants, sont moins extraordinaires que ceux de la Côte de Nuits ; ils se font plus rapidement et sont de moins longue garde.

Un vin qui porte l'appellation Côte de Beaune précédée d'un nom de commune (par exemple Monthelie-Côte de Beaune, Saint-Aubun-Côte de Beaune,

Santenay-Côte de Beaune, etc.) est un
vin secondaire, provenant de cette
commune spécifique : malgré son prix
modeste, il sera très souvent excellent.
Le coupage entre eux de ces vins rouges se vend sous le nom de Côte de
Beaune-Villages.

Côte de Beaune-Villages. Cette AOC
généralise les vins issus de la Côte de
Beaune, mais provenant en principe
d'un assemblage de deux vins de la
Côte de Beaune.

Côte des Blancs. En Champagne, surtout à Avize, Mesnil et Cramant, zone
viticole dont l'encépagement est en
totalité du Chardonnay et du Pinot
Blanc.

Côte de Brouilly. Excellent district vinicole du Beaujolais : il se compose de
quatre communes (Odenas, Saint-
Lager, Cercié et Quincié) et produit
annuellement sept mille hectolitres
d'un vin rouge fruité et corsé, riche en
alcool (13-14 degrés) et qui, assez curieusement, est meilleur jeune. C'est un
vin plus noble que le Brouilly, mais
pas toujours plus agréable. Les vignobles sont situés sur les pentes du mont
de Brouilly. Pour la carte → Brouilly.

Côte chalonnaise. Région vinicole de
Bourgogne, au sud de la Côte-d'Or et
au nord de Mâcon. Elle produit une
grande quantité de vins rouges et
blancs issus du Pinot noir et du Chardonnay. Les plus connus sont le Mercurey*, le Rully*, le Givry* et le Montagny*. Elle doit son nom à la ville de
Chalon-sur-Saône, située à son extrémité méridionale. Pour la carte →
Bourgogne.

Côte de Nuits. La plus septentrionale
des deux parties principales de la Côte-
d'Or ; peut-être la plus grande région
productrice de vin rouge du monde, le

Médoc pouvant seul rivaliser avec elle.
Mise à part une petite quantité de vin
blanc (voir Musigny, Clos de Vougeot,
Nuits-Saint-Georges), la Côte de Nuits
produit des vins rouges qui font, pour
la plupart, la renommée mondiale de
la Bourgogne. La Côte de Nuits
s'étend de Fixin à Corgoloin, où
commence la Côte de Beaune*. Les
vignobles, plantés sur les pentes étroites d'une colline, s'étendent sur
1,5 km à peine. Pourtant ces vignobles produisent le Chambertin, le
Bonnes Mares*, le Musigny*, le Clos
de Vougeot*, l'Echézeaux*, le Richebourg*, le Romanée-Conti*, le Nuits-
Saint-Georges* et d'autres crus presque aussi célèbres. Ces vins ne portent
pas l'appellation Côte de Nuits : ils se
vendent sous le nom plus spécifique
d'une commune ou d'un vignoble. Un
Côte de Nuits-Villages est un vin
moins riche, produit aux deux extrémités de la Côte.

Côte-d'Or. Département situé au cœur
de la Bourgogne*. Il doit son nom à
une chaîne de collines (la Côte d'Or)
couvertes de vignobles, qui produisent
la plupart des grands Bourgognes. Les
vignobles de la Côte-d'Or s'étendent
de Dijon à Santenay, au sud de
Beaune. Exposés au sud-est, ils lon-
gent la vallée de la Saône sur une
quinzaine de kilomètres, le long d'une
ligne ferroviaire et de la route nationale qui relient Paris à la Côte d'Azur.
Les vignobles forment un long ruban
qui se déroule entre les affleurements
de la roche auxquels se mêlent les
bouquets d'arbres de la crête et les
riches cultures du bas. Il existe d'autres vignobles, beaucoup moins intéressants et moins réputés, sur les collines parallèles situées plus loin à
l'ouest, les Hautes-Côtes*, mais la
Côte-d'Or constitue à elle seule le véritable noyau de la Bourgogne viticole.
On divise la Côte-d'Or en trois parties :

la Côte de Dijon, la Côte de Nuits* et la Côte de Beaune*. Le Côte de Dijon ne possède pas de crus importants : son meilleur vin est un rosé agréable, issu du Pinot noir et récolté à Marsannay-la-Côte. Tous les grands vins proviennent de la Côte de Nuits et de la Côte de Beaune.

Côte-d'Or n'est pas une appellation. Pour la carte → Côte de Nuits, Côte de Beaune.

Côte-Rôtie. Célèbre vin rouge de la vallée du Rhône, produit à Vienne et à une trentaine de km au sud de Lyon. Les vignobles, exposés plein sud, sont plantés sur des pentes raides ; ils forment une série d'étroites terrasses soutenues par des *murgeys* ; tous les travaux se font à bras d'hommes. C'est pourquoi l'exploitation est coûteuse. On compte cinquante-deux *quartiers* officiellement enregistrés ; toutefois les deux divisions principales sont la Côte-Brune et la Côte-Blonde. La première, au sol plus foncé, produit un vin plus vigoureux et de plus longue garde. Selon la légende, un seigneur de la région, du nom de Maurigon, aurait légué la Côte-Blonde à sa fille, qui était blonde, et la Côte-Brune à sa sœur, qui avait la chevelure sombre. Le cépage principal est le Syrah, mêlé de 10 à 20 pour cent de Viognier (cépage blanc), lequel produit non loin de là le Château Grillet* et le Condrieu*. Un bon Côte-Rôtie, d'une grande année, est un vin vraiment admirable, rouge foncé, corsé, de bonne garde, très distingué et très racé. Certains experts prétendent y déceler le parfum des violettes et des framboises.

Côte de Bergerac. Nom donné aux vins blancs doux, assez communs, produits dans la région de Bergerac (Sud-Ouest).

Côtes de Blaye. → Blaye.

Côtes de Bordeaux. Nom donné à deux districts vinicoles voisins, dans le Bordelais : tous deux sur la rive droite de la Garonne, au sud-est de Bordeaux.

A proprement parler, on appelle Premières Côtes de Bordeaux le district le plus septentrional, le plus important des deux. On y récolte des vins rouges assez ordinaires, des vins blancs doux et parfois même très doux qui rappellent le Sauternes (le Sauternais se trouve de l'autre côté de la Garonne) mais avec moins de classe et de distinction. On connaît surtout Cadillac*.

La zone méridionale s'appelle Côte de Bordeaux-Saint-Macaire ; seuls des vins blancs portent cette appellation. Ils sont généralement doux, mais on en produit actuellement de plus secs, dont certains sont de bonne qualité.

Côtes de Buzet. Surtout vins rouges produits dans le Lot et Garonne entre Agen et Marmande, au nord de Nérac, au confluent de la Baïse et de la Garonne. Ils sont devenus AOC depuis 1973. La cave Coopérative vinifie la presque totalité du vignoble du Buzet.

Côtes-Canon-Fronsac. → Canon-Fronsac.

Côtes de Duras. Vin rouge et blanc produit au sud-est de Bordeaux, et qui ressemble au Bergerac.

Côtes du Forez. VDQS du Lyonnais issus du Gamay.

Côtes de Fronsac. L'appellation s'applique à d'excellents vins rouges produits dans la région proche de Fronsac, à l'ouest de Saint-Emilion (Bordeaux) ; mais ce sont des vins moins fins que les Canon-Fronsac*.

Côtes du Jura. Bande de terre sur le rebord du Jura, longue de 80 km et large au plus de 12. L'appellation concerne des vins blancs, rouges et rosés produits dans les cantons du Jura (hormis Château-Chalon, Arbois et l'Etoile) : des vins du pays sans plus, rarement commercialisés.

Côtes de Luberon. Vins rouges, blancs et rosés du Midi, provenant de la région montagneuse située à l'est d'Avignon, sur les flancs nord et sud des monts du Luberon (classés V.D.Q.S.), et au nord de la Durance. Les rosés sont de loin les meilleurs.

Côtes du Marmandais. Vins rouges et blancs délimités de qualité supérieure (V.D.Q.S.) provenant des environs de Marmande, sur la Garonne. Vins d'intérêt local uniquement.

Côtes de Montravel. → Montravel.

Côtes de Provence. Vins rouges, blancs et rosés originaires de la région montagneuse longeant la Méditerranée entre Marseille et Nice. Ces vins sont très légers et en général bon marché ; ils se font vite. On les trouve, en quantité sans cesse croissante, dans d'autres régions.
Les rosés — les meilleurs —, frais, assez pâles, se présentent d'habitude dans des bouteilles du genre amphore. Les blancs, issus principalement de l'Ugni blanc et de la Clairette, se vendent souvent comme Blanc de blancs* ; ils sont or pâle, secs, agréables et sans distinction particulière. Les rouges (issus du Grenache, du Cinsaut, du Mourvèdre, du Carignan et de deux variétés locales, le Pecoui-Touar et l'Œillade) sont tendres, de teinte grenat, faibles en tanin, encore que très alcoolisés ; ils peuvent se boire dès la première année.
La principale région de production est

le département du Var. Parmi les vignobles les plus connus, citons : Domaine des Moulières, Château de Selle, Château Sainte-Roseline, Château Saint-Martin, Coteau du Ferrage, Domaine de l'Aumerade, Domaine du Noyer, Domaine du Jas d'Esclans, Domaine Saint-Maur, Château Minuty, Clos de la Bastide Verte, Domaine Rimauresq, Domaine de Castel Roubine, Domaine de Berne, Clos de Relars, Domaine de la Croix, Clos Mireille, Domaine du Galoupet, Domaine de la Source Sainte-Marguerite, Clos Cibonne, Domaine de Mauvannes.

Côtes-du-Rhône. L'appellation s'applique aux vins originaires de la vallée du Rhône entre Vienne et Avignon. Le vignoble s'étend sur 150 km. Les meilleurs de ces vins se vendent sous le nom d'une commune ou d'un canton spécifique. Citons, du nord au sud, les principales appellations : Côte-Rôtie et Condrieu (en partie), dans le département du Rhône ; Château Grillet et l'autre partie de Condrieu, dans le département de la Loire ; Hermitage et Crozes-Hermitage, dans la Drôme ; Cornas, Saint-Péray et Saint-Joseph, dans l'Ardèche ; Tavel et Lirac, dans le Gard ; Châteauneuf-du-Pape, Gigondas, Rasteau et Muscat de Beaumes-de-Venise, dans le Vaucluse. Le reste (moins d'un pour cent de blanc) porte l'appellation Côtes-du-Rhône. Les Côtes-du-Rhône-Villages, présentés parfois avec un nom de commune, ont une qualité supérieure à celle des Côtes-du-Rhône tout court. Les villages les plus connus sont Cairanne, Chusclan, Vacqueyras, Vinsobres.
Vingt variétés de cépages sont autorisées ; les plus importantes sont : Syrah, Grenache, Mourvèdre, Cinsaut, Clairette, Roussanne, Marsanne, Viognier. Le Côtes-du-Rhône rouge est un vin de table, assez agréable, tendre et

CÔTES DU RHÔNE

Légende

Villes —— AVIGNON

Climats principaux —— HERMITAGE

Climats secondaires —— CORNAS
VIOLES

bon marché ; c'est un bon vin vigoureux, sans aucune prétention. Le Côtes-du-Rhône rosé se rapproche d'un rosé de Tavel, assez léger et un peu commun. Le blanc, qui manque souvent de finesse et de fruité, est le moins bon des trois.

Côtes du Roussillon. Dans le département des Pyrénées-Orientales, depuis 1977, cette AOC remplace les VDQS Corbières, Corbières supérieures du Roussillon, Roussillon dels Aspres... Rouges, rosés et blancs provenant de cépages méditerranéens. Cépages rouges : Carignan, Grenache, Cinsault, Syrah, Mourvèdre... Cépages blancs : Macabeu, Grenache blanc.

Côtes de Toul. Nom donné aux vins produits dans la région de Toul (Lorraine) : du rouge, du blanc, du rosé (ce dernier s'appelle généralement *vin gris*) léger, agréable, faible en alcool. Bien qu'issus du Gamay, ces vins ne sont rien de plus que de bons vins de pays ; ils ont tous droit à la dénomination V.D.Q.S.

Côtes du Ventoux. → Ventoux.

Couhins (Château). Cru bien connu de la commune de Villenave d'Ornon, dans les Graves. Il produit une faible quantité de vin rouge et, dans une proportion beaucoup plus importante, un Graves blanc sec, de bonne qualité.

coulant. Se dit d'un vin agréable, léger, frais, souple, faible en tanin et en alcool.

Coulée de Serrant. → Savennières.

couleur. Un expert parlera d'abondance d'un vin — particulièrement d'un vin blanc — en le regardant à la lumière ou sur un fond de nappe blanche, dans un verre transparent et propre, ou bien dans un *tastevin** d'argent, à la manière bourguignonne. Un bon vin devrait toujours être limpide et brillant.
Les vins de table blancs et secs provenant des régions les plus froides devraient avoir une couleur située entre le jaune paille et le jaune or, avec une nette pointe verdâtre ; les vins de table blancs de Bordeaux et d'Italie peuvent être aussi dorés que le blé mûr et presque sans la moindre touche de vert ; chez presque tous les vins de table blancs, une trace d'ambre ou de brun est soit un signe révélateur de vieillesse, soit, pour un vin plus jeune, l'indication que le vin est légèrement madérisé* et qu'il sera probablement de garde médiocre. Des vins blancs plus doux devraient être dorés mais jamais bruns, à moindre d'être très vieux.
Les vins rouges ont leur gamme propre qui va du pourpre (généralement un vin très jeune, presque toujours médiocre) à une sorte de rouge cramoisi automnal, celui des feuilles de chêne lors de leur chute. Cette couleur, appelée *pelure d'oignon*, devient invariablement celle des vins rouges fins qui vieillissent ; on la remarquera plus aisément à la limite du vin, si l'on penche le verre.
Les vins rosés ont également leurs variantes — de la couleur fraise jusqu'à celle quasiment de l'orange. Les deux extrêmes sont mauvais : un rosé trop orange est généralement trop vieux, un rosé trop rosé n'est normalement pas bon à ouvrir. Toutes ces nuances de couleur sont très subtiles et il est difficile de se les rappeler, de les reconnaître et de les juger sans une longue expérience.

couleuse. Se dit d'une bouteille dont le bouchon défectueux laisse s'écouler le vin. Celui-ci est généralement oxydé.

coulure. Un des plus graves accidents de végétation qui frappent les vignes. Si la floraison s'effectue par temps très pluvieux ou très froid, la fécondation se produit mal car le pollen est enlevé par la pluie. Les boutons cessent de se développer, quand ils ne tombent pas. La coulure n'a pas d'effet sur la qualité, mais il peut réduire la récolte de moitié et même davantage.

Une autre forme de coulure, le *millerandage*, consiste en un manque de fécondation total ou partiel des baies d'une grappe. Les grains malades s'appellent *millerands*. Ces raisins sont en général très doux ; ils peuvent amener une meilleure qualité de vin, mais évidemment au détriment de la quantité.

coupage. Pratique qui consiste à mélanger ou « marier » des vins qui possèdent des caractéristiques, une origine ou un âge quelque peu différents. On l'utilise pour diverses raisons, dont certaines sont tout à fait justifiées et honorables, d'autres beaucoup moins. Virtuellement, tous les Xérès — y compris les meilleurs — sont des mélanges ; il en va de même pour la plupart des meilleurs Champagnes — mais pas pour tous. D'autre part, les vins de table les plus fins ne sont jamais des mélanges ; s'ils l'étaient, ils seraient beaucoup moins intéressants et moins bons. Pour faire ces coupages dans de bonnes conditions, on choisit d'abord des vins sains et présentant des caractères pouvant s'unir, s'harmoniser et se compléter.

Les raisons qui justifient le coupage sont, généralement, les suivantes :

1° produire un vin de qualité suivie et de caractère uniforme, qu'un consommateur peut acheter en toute confiance sous un nom ou une marque familiers ;

2° produire un vin meilleur que chacun de ses composants ;

3° rendre acceptable un vin qui, autrement, l'aurait été beaucoup moins ou pas du tout.

Même un puriste ne désapprouverait pas de tels mélanges, *à condition bien sûr* que le résultat soit honnêtement

étiqueté, n'affiche pas un millésime auquel il n'a pas droit ni une origine spécifique quand il résulte du mélange d'autres vins, et qu'enfin il n'ait pas perdu tout caractère en devenant un vin, acceptable sans doute, mais foncièrement inintéressant et standardisé. Malheureusement, tous les mélanges ne remplissent pas ces conditions, loin de là.

coupé. → coupage.

Cour-Cheverny. Vin de pays (blanc) agréable, provenant de la région de Blois, sur la Loire. Il porte le label V.D.Q.S.

court. Se dit d'un vin qui passe vite à la dégustation, qui ne laisse aucune impression au palais.

Coutet (Château). Un des deux grands crus de Barsac (l'autre étant Climens), classé officiellement et à juste titre comme premier cru. Le Château Coutet est le prototype du Barsac classique : jaune or, généreux, doux mais non fade, racé, fruité, au bouquet délicat ; un vin d'une grande distinction. Château Coutet est aussi un premier cru (vin rouge) de Saint-Emilion.

Cramant. Une des meilleures communes de Champagne, au sud d'Epernay. Ses vins, tous issus du Chardonnay blanc, se distinguent par leur délicatesse et leur bouquet. Ils figurent parmi les rares Champagnes sans mélange, vendus sous le nom d'une commune plutôt que sous le nom d'une marque. → Champagne, Blanc de blancs.

crémant. Se dit d'un Champagne qui se couvre d'une mousse légère et peu abondante — à mi-chemin du pétillant et du mousseux. A ne pas confondre avec Cramant*, nom d'une commune.

Il existe d'ailleurs un crémant de Cramant, Champagne léger, très agréable, présentant moins de pression et moins de mousse que la plupart des Champagnes.

Crémant est devenu un nom commun, qui s'applique à des vins mousseux autres que le Champagne. C'est aussi le nom de trois AOC de vins pétillants (ou mousseux) de trois régions et dont on demande des critères précis de qualité pour les différencier des mousseux AOC de ces mêmes régions ; il s'agit du Crémant d'Alsace, du Crémant de Bourgogne et du Crémant de Touraine.

Crépy. Vin blanc d'appellation contrôlée, produit dans les communes de Douvaine, Ballaison et Loisin, en Savoie, sur la rive sud de l'extrémité ouest du lac Léman. C'est un vin très agréable, parfois perlant, qui vieillit bien. On le présente dans des bouteilles en flûte vertes. Il est issu du Chasselas (Fendant) et rappelle les meilleurs vins de Suisse.

criadera. Terme utilisé dans la région de Jerez (Espagne), où les vins vieillissent et sont coupés en *soleras**. A Jerez, la *criadera* est l'endroit où les vins jeunes sont soignés et choisis avant d'accéder à la *solera* proprement dite. Le terme peut désigner aussi les étapes successives *(escales)* de la *solera*, hormis les étapes inférieures et terminales.

Criots-Bâtard-Montrachet. Appellation récente, créée après la dernière guerre, qui s'applique à certains des meilleurs Bourgognes blancs. Le vignoble d'origine, sur la commune de Chassagne-Montrachet*, constitue un court prolongement du vignoble de Bâtard-Montrachet. Les vins que produisent ces deux vignobles sont d'excellente qualité et ne peuvent être que difficilement distingués, même par un expert.

Croizet-Bages (Château). Un des moins remarquables cinquièmes crus classés de Pauillac (Haut-Médoc).

croûté. Terme qui s'applique à un vieux vin rouge — généralement un Porto millésimé — qui a formé un lourd dépôt, sous forme de film ou de croûte, sur la paroi intérieure de la bouteille. En règle générale, de tels vins devraient être soigneusement décantés avant d'être servis.

Crozes-Hermitage. Appellation qui s'applique aux vins rouges et blancs de onze communes situées sur la rive gauche du Rhône, au nord, à l'est et au sud du vignoble de l'Hermitage. Les vins rouges, qui constituent les quatre cinquièmes de la production, sont obtenus exclusivement avec la Syrah. Les vins blancs sont issus de la Marsanne et exceptionnellement de la Roussanne.

Cröv. → Kröv.

cru. Parcelle de vigne dont le climat, le sol et d'autres conditions donnent au vin qu'elle produit des qualités spéciales, et dont le nom reste attaché au vin lui-même. Par extension, un vin de cru est un vin de qualité supérieure. On distingue les crus, les grands crus, les premiers crus, les deuxièmes crus, les crus classés, etc.
En Champagne, le cru est le nom de la commune ; il est classé (de 100 à 75 %) dans une « échelle des crus » qui sert à déterminer le prix du kilogramme de raisin, à partir du prix fixé chaque année pour les crus à 100 %.

cru classé. Terme employé dans le présent ouvrage pour désigner des vins, en particulier de Bordeaux, provenant d'un vignoble, climat ou cru spécifique, et qui ont été classifiés officiellement. Le premier classement officiel de cette sorte fut la fameuse classification de 1855*, et presque toutes les mentions *cru classé* contenues dans ce dictionnaire y font directement référence.

cryptogames. Champignons qui causent des maladies, dont la vigne est le support pour quelques-uns d'entre eux. L'oïdium, le mildiou et le botrytis cinerea (pourriture grise) sont les principaux qui préoccupent les vignerons dès le mois de juin. La pourriture noble, autre cryptogame, est appréciée dans certaines régions (Sauternes) pour favoriser la maturation des raisins.

Cuis. Commune secondaire de Champagne, au sud d'Epernay, dans la Côte des Blancs. L'une des communes ou l'on cultive à la fois des cépages blancs (Chardonnay) et des cépages noirs (Pinot noir).

cuit (vin). Vin obtenu après chauffage et concentration du moût dans une bassine de cuivre, puis mise en fermentation. On boit le vin cuit à Noël dans la région d'Aix-en-Provence.

Cussac. Petite ville vinicole du Haut-Médoc, entre Margaux et Saint-Julien.

Vins rouges de seconde qualité.

cuvaison, cuvage. Opération capitale de la fabrication des vins rouges (uniquement). Elle consiste à laisser fermenter ensemble le jus et les peaux de raisin, de façon à donner au vin sa couleur et un taux plus élevé de tanin. Le *cuvage* est la durée de la *cuvaison* : quelques heures pour les vins rosés ; pour les vins rouges, deux à huit jours.

cuve. Récipient en bois, en métal ou en maçonnerie qui sert à la fermentation ou à loger le vin fait. S'il est en bois, il est généralement cylindrique ; en béton, cubique.

cuvée. Terme bourguignon. En principe, le contenu d'une cuve. Mais on désigne surtout sous ce nom un lot de vin issu de plusieurs cuves de même origine et présentant les mêmes caractéristiques.
En Bourgogne, la cuvée désigne la qualité d'un vin : tête de cuvée (d'un château ou d'un domaine : la meilleure partie de la récolte), première cuvée, etc. Cet usage du terme, courant autrefois, tend à disparaître, ce qui n'est pas un mal.

cynar. Apéritif italien à base d'artichauts, considéré parfois, mais à tort, comme un vin.

Dalmatie. Région croate de Yougoslavie sur la côte adriatique. La Dalmatie produit beaucoup de vins, mais très peu qui soient de qualité exceptionnelle. Parmi ceux que l'on considère généralement comme les meilleurs, citons : le Dingač, un rouge ; le Prošek, vin rouge plutôt doux, riche en alcool ; le Ružica, rosé, agréable, qu'on trouve presque partout ; enfin au sud le Žilavka, un blanc produit surtout en Bosnie et en Macédoine. → Yougoslavie.

Dambach. Un des meilleurs villages viticoles d'Alsace, près de Sélestat, dans le Bas-Rhin.

Dame-Blanche (Château La). Un des rares vignobles du Médoc produisant exclusivement du vin blanc, sur la commune de La Taillan, près de Blanquefort, à quelques centaines de mètres de la frontière des Graves. Ce vin ne porte donc pas l'appellation Médoc : il est coté comme Bordeaux supérieur.

dame-jeanne. Grosse bouteille, de capacité variable, clissée ou posée dans un cadre de bois, servant à transporter ou à conserver le vin.

Dâo. Quelques-uns des meilleurs vins de table du Portugal, produits dans la région de Viseu (vallée du Dâo). Les rouges, couleur rubis, assez corsés, très fruités, manquent un peu de classe ; ils proviennent en principe des mêmes variétés que le Porto : Tourigo, Tinta, Alvarelhão, Bastardo. Les blancs, riches en alcool, dorés et corsés, proviennent généralement des variétés utilisées pour le Porto blanc : Arinto, etc.

Dauzac (Château). Cinquième cru classé de Labarde-Margaux (Haut-Médoc) : vin rouge plutôt délicat et de bonne qualité.

débourbage. Opération qui consiste à retarder pendant quelques heures le départ en fermentation du moût de raisins blancs, afin de séparer le liquide de ses grosses lies (débris végétaux, particules de terre...). Le débourbage s'effectue sous l'action du froid ou, le plus souvent, avec adjonction d'anhydride sulfureux (5 à 10 g par hectolitre, par exemple). Il permet l'élimination du fer apporté avec les raisins par la terre, et prévient la casse oxydasique des vendanges atteintes de pourriture, suivant la dose d'anhydride sulfureux utilisé.

Debroi Hárslevelü. Vin de table blanc sec de Hongrie, coté comme grand cru.

décanter. Transvaser un vin de sa bouteille d'origine dans un récipient propre : carafe, décanteuse. La décantation vise à séparer la partie claire d'un vin d'un dépôt formé au fond de la bouteille. La décantation ne s'impose presque jamais pour les vins rouges qui comptent moins de cinq ans de bouteille. Mais les vins vieux du Rhône, beaucoup de Bordeaux vieux et même certains Bourgognes vieux se révèlent meilleurs après décantation. Il est préférable de décanter les vins — dans la cave si possible — deux ou trois heures avant de les servir. On place d'abord la bouteille dans un panier aussi délicatement que possible, on la débouche, puis on verse lentement le vin dans la carafe, placée devant une bougie allumée, jusqu'à ce qu'apparaissent les premières traces du dépôt.

décanteuse. Carafe de verre utilisée pour décanter les vins vieux — et souvent pour servir les vins jeunes et bon marché. On désigne aussi sous ce nom des carafes, d'habitude en cristal taillé, où l'on conserve parfois — sur un meuble ! — le Sherry, le Madère et même le Porto, à leur grand dommage. Aucun bon vin, même un Sherry brun ou un Madère lourd et généreusement additionné d'eau-de-vie, ne peut supporter un tel traitement pendant plusieurs jours sans en pâtir. Les décanteuses à liqueurs ne sont pas moins décoratives, si elles sont plus utiles : elles servent alors à leur usage véritable.

Decize-les-Maranges. Commune proche de la limite méridionale de la Côte d'Or (Bourgogne). Ses vins rouges, honnêtes, portent généralement l'appellation Côte de-Beaune-Villages*.

dégustateur de vins. Professionnel ou amateur dont le palais entraîné et les connaissances spécialisées lui permettent de juger, d'apprécier et même d'identifier des vins de façon organoleptique, c'est-à-dire en les goûtant.

dégustation. La dégustation est un art, une science, une affaire d'habileté, ou un mélange des trois. Elle est à la fois simple et fort complexe. On distingue à vrai dire deux sortes de dégustations. L'une est le fait du dégustateur — qu'il soit novice ou plus connaisseur — qui goûte un certain nombre de vins différents et qui choisit celui qu'il préfère. L'amateur décide qu'un vin est bon s'il le trouve bon.
L'autre forme de dégustation exige une compétence plus grande : seuls les dégustateurs qui ont de l'expérience et une exceptionnelle « mémoire gustative » peuvent s'en charger. Il existe des règles qui déterminent la qualité, voire l'excellence d'un vin. Aussi les experts ne diffèrent-ils guère d'avis à propos d'un vin déterminé : les cotes qu'ils attribuent ne comptent que quatre ou cinq points (sur 100) d'écart. Ils font donc plus souvent l'unanimité que les critiques musicaux, artistiques ou littéraires. Hélas, de nos cinq sens, le goût et l'odorat sont habituellement traités en parents pauvres : aucun souci de fixer par écrit le vocabulaire de la dégustation, ni de recueillir les avis des maîtres et l'expérience du passé. Les dégustateurs ont pourtant un vocabulaire professionnel, un jargon qui semble souvent au profane bizarre, prétentieux ou ridicule. Il n'empêche que ce vocabulaire est bien plus précis que celui des critiques d'art. Les dégustateurs professionnels

ne boivent pas le vin qu'ils goûtent : ils en examinent la robe à contre-jour, ils inclinent la bouteille pour voir si le vin présente un cerne brun ou doré ; ils font tourner le vin dans le verre ou le tastevin, de façon que le vin dégage tout son bouquet, et ils le hument ; ils prennent une gorgée de vin, ils la font tournoyer dans la bouche, ils respirent profondément —— l'odorat permet d'apprécier mieux que le palais —— puis ils recrachent le vin.

Les dégustateurs consignent alors dans leur carnet les résultats de l'examen, usant d'un vocabulaire dont voici la liste :

acerbe	goût de terroir
acide	grand
âcre	gras
aigre-doux	grossier
astringent	jeune
bouquet	léger
brillant	louche
caractère	lourd
commun	madérisé
corps	maigre
couleur	malade
délicat	moelleux
distingué	net
doux	noble
épicé	ordinaire
élégant	parfum
équilibré	parfumé
étoffé	pauvre
fin	petit vin
fleuri	piquant
frais	plat
franc de goût	plein
fruité	puissant
goût de bouchon	robe
goût de fût	robuste
goût de lessive	rond
goût de levure	sain
goût de métal	séché
goût de moisi	soyeux
goût de noix	trouble
goût de pierre	velouté
à fusil	vert
goût de rafle	vigoureux

On trouvera la définition de ces différents termes à leur place alphabétique dans le livre.

Deidesheim. Petite ville du Palatinat (Pfalz). Avec les villages voisins de Forst, Ruppertsberg et Wachenheim, Deidesheim produit les meilleurs vins blancs de cette région. Le vignoble compte près de 40 560 ares de terrain accidenté, plantés à plus de 60 pour cent de Riesling. Les meilleurs vins de Deidesheim portent toujours l'appellation Riesling, associée au nom du vignoble d'origine. Exemple : Deidesheimer Hohenmorgen Riesling. Parmi les principaux îlots (*Lagen*) : Hohenmorgen, Grainhübel, Kieselberg, Kränzler, Leinhöhle, Geheu, Grain, Rennpfad, Kalkhofen, Reiss, Mühle, Herrgottsacker, Langenmorgen, Hofstück, etc. Principaux producteurs : Bassermann-Jordan, Bürklin-Wolf, Reichsrat von Buhl, Koch-Herzog Erben, etc.

Les vins de Deidesheim sont corsés, très bouquetés, présentant toute la gamme du sec au très doux. D'une remarquable distinction —— spécialement les Rieslings —— ils méritent largement la réputation internationale qu'ils se sont acquise.

Dekeleia. Vins de table, rouges et blancs, originaires de Marathon (Grèce). Sans grand intérêt.

délicat. Terme de dégustation. Se dit d'un vin léger plutôt que fort, subtil, plutôt que vigoureux, fin et élégant plutôt que grand.

dégorgement. Une des opérations finales, essentielles dans la fabrication du Champagne. Elle consiste à retirer le dépôt tombé sur le bouchon au cours de la fabrication. Le dégorgement s'effectue avant le dosage et le bouchage définitif.

demi-sec. En fait, signifie doux, en parlant du Champagne ou d'autres vins mousseux. Car il n'est plus élégant, aujourd'hui, d'appeler *doux* les Champagnes même les plus doux. Aussi les « demi-secs » sont-ils pratiquement les plus lourdement dosés, ou adoucis, du marché : ils contiennent de 6 à 8 pour 100 de sucre ou de liqueur (la moitié à peu près pour la plupart des vins marqués « sec »). Le mot est rarement utilisé pour les vins non mousseux et n'a pas en ce cas d'autre signification précise à ce sujet, si ce n'est celle, assez vague, de tirant sur le doux.

denominazione di origine (D.O.). Equivalent italien de l'appellation contrôlée française. De plus en plus, les meilleurs vins italiens la portent. Les règlements s'inspirent dorénavant des lois françaises en ce qui concerne les cépages autorisés, la production à l'are ou à l'hectare, et la limitation des zones qui ont droit à une appellation contrôlée. Ce nouveau régime est entré en vigueur en 1969. Il prévoit trois degrés de protection : la *D.O. semplice* (simple) désigne les vins de pays ; la *D.O. controllata* (contrôlée) les vins supérieurs ; la *D.O. controllata e garantita* les grands vins.

dépôts. Précipités cristallins et autres précipités ou particules solides qui se trouvent généralement dans les vins qui ont vieilli en bouteille. Un vin qui présente un dépôt n'est pas un vin trouble, louche (de graves défauts, ceux-là, qui le rendent souvent impropre à la consommation). Les dépôts ne constituent en aucun cas un défaut : ils sont la caractéristique d'un vin vieux. Un grand vin rouge, que l'on présente comme vieux, et qui n'aurait pas de dépôt, devrait susciter la méfiance.
Chez les vins blancs, le dépôt prend

l'aspect d'un précipité cristallin (crème de tartre) insipide et inoffensif : il disparaît souvent si l'on secoue la bouteille et si on laisse ensuite reposer le vin (pendant une semaine) dans une pièce chauffée. Si le précipité est blanchâtre et poudreux, c'est que la pectine et l'albumine des raisins ont passé dans le vin.
Les dépôts des vins rouges sont plus abondants et plus complexes, et ils forment parfois comme une croûte sur les parois de la bouteille. Ils se composent de tanin, de pigments et d'infimes quantités de sels minéraux, que l'on trouve normalement dans le vin. En tout cas le dépôt devrait se dissiper dès que l'on agite la bouteille ; et il devrait simplement rester dans la bouteille après que l'on a versé le vin clair. Toutefois certains rouges très corsés (le Barolo et l'Hermitage d'un grand millésime, par exemple) présentent de tels dépôts qu'il convient de les décanter et de les mettre à nouveau en bouteille après deux ou trois ans de cave, avant de les vendre.

Desmirail (Château). Classé, en 1855, troisième cru de Margaux (Haut-Médoc). Il n'existe plus en tant que vignoble indépendant. Le nom, qui appartient actuellement aux propriétaires du Château-Palmer*, désigne les vins rouges de qualité inférieure de ce château.

Detzem. Ancien village vinicole de la Moselle allemande, près de Trèves. Les vins de Detzem ne présentent pas de réelles qualités ni d'importance.

Dézaley. Un des meilleurs vins blancs secs suisses, récolté le long de la rive nord du Léman, à l'ouest de Lausanne, dans le canton de Vaud. Bien qu'issu de Fendant (Chasselas), il présente une grande distinction : c'est un vin racé qui mérite sa réputation. → Lavaux.

Dhron. Ville vinicole de la Moselle allemande, entre Trittenheim et Piesport ; vins de bonne qualité, jamais extraordinaires, d'un bouquet délicat. Le meilleur est le Dhroner Hofberg, ou Dhronhofberger.
Autres vignobles supérieurs : Sängerei, Grosswingert, Roterde, Kandel, Hengelberg.

Die. → Clairette de Die.

Dienheim. Ville vinicole de Hesse rhénane, sur le Rhin, au sud de Nierstein et d'Oppenheim. Les vins de Dienheim sont délicats et agréables, mais avec un goût de terroir amer. Meilleurs vignobles : Dienheimer Goldberg, Krottenbrunnen, Guldenmorgen, Tafelstein. Le principal producteur est le *Staatsweingut*, c'est-à-dire le gouvernement allemand.

Dijon. Ville principale de Bourgogne, mais moins importante pour le commerce des vins que Nuits-Saint-Georges et Beaune. On a coutume de dire que Dijon est la capitale *de la* Bourgogne et Beaune* la capitale *du* Bourgogne... La Côte de Dijon commence à la limite méridionale de la ville ; c'est la plus septentrionale et, de loin, la moins importante des trois « côtes » qui constituent la Côte d'Or.

Dionysos. Dieu grec de la vigne et du vin, fils de Zeus et de Sémélé, la déesse de la Terre. Appelé aussi Bacchus. Son attribut est le thyrse, bâton couronné d'une pomme de pin et entouré de lierre et de pampre.

distingué. Se dit d'un vin fin, qui montre sa valeur par un équilibre et une classe extraordinaires. Cette qualité se remarque immédiatement, même de la part d'un amateur novice. *Distingué* équivaut à l'allemand *edel* ; et ce terme constitue, dans la bouche d'un connaisseur, le plus grand éloge possible.

Dizy. Une des meilleures communes de la Champagne viticole, sur la Marne, en face d'Epernay. Ses vignobles, presque entièrement plantés de Pinot noir, sont côtés à 95 pour cent, ce qui signifie que ces raisins rapportent 5 pour cent de moins, au kilo ou à la tonne, que ceux de la ville voisine d'Ay, classée à 100 pour cent.

Doisy-Daëne (Château). Deuxième cru classé de Barsac (Sauternes). On le considère à juste titre comme le meilleur vignoble de Sauternes ; il se trouve entre Coutet et Climens. Production minime. Depuis peu, les propriétaires du Château-Doisy-Daëne produisent un vin blanc sec, vendu non comme Barsac mais comme Bordeaux sec de Doisy-Daëne : c'est un vin d'excellente qualité, racé, léger et délicat, qui a commencé d'acquérir le crédit qu'il mérite.

Doisy-Dubroca (Château). Un des meilleurs deuxièmes crus de Barsac (Sauternes). Ses vins se distinguent par leur élégance, leur race et leur bouquet délicat.

Doisy-Vedrines (Château). Deuxième cru classé de Barsac (Sauternes) : à l'origine, il faisait partie du même vignoble que Château Doisy-Daëne.

Dolcetto. Cépage rouge italien de bonne qualité, très cultivé dans le Piémont et particulièrement dans les provinces d'Alexandrie et de Coni (Cuneo). Précoce et de haut rendement, le Dolcetto donne un vin rouge assez doux, de garde médiocre, toujours prêt à boire et qui se vend en général sous la même appellation de Dolcetto.

Dôle. Le meilleur vin rouge de Suisse, originaire de la haute vallée du Rhône (Valais). Le Dôle provient du Pinot noir (60 pour cent) et du Gamay (40 pour cent). C'est un vin corsé, d'une teinte foncée, riche en alcool et de bonne garde. Il rappelle un bon Bourgogne Passe-tout-grain.

Dom. Mot allemand : cathédrale. S'emploie surtout à propos de la *Hohe Domkirche,* la cathédrale de Trèves, dont les dotations comprennent de vastes vignobles. Les plus fins groupent une partie des vignobles du Scharzhofberg, à Wiltingen sur la Sarre, et plusieurs lots à Avelsbach, au sud de Trèves. Les vins de la cathédrale bénéficient d'une mise du domaine, ce qui n'implique pas qu'ils surpassent en qualité les vins produits par les propriétaires des vignobles voisins.

Domäne. Mot allemand : domaine, domaine vinicole. Désigne souvent et presque exclusivement les vignobles appartenant à l'Etat *(Staatsweingüter).* Ceux du Rheingau, de Hesse et des vallées de la Nahe, de la Moselle et de la Sarre sont justement réputés.

domaine. Nom donné à des vignobles d'un seul tenant ou à un ensemble de vignobles répartis sur plusieurs communes et qui constituent une propriété particulière. Ces vignobles portent parfois des noms différents mais, en France, l'emploi du mot « domaine », comme celui de château, clos, tour, mont..., est réservé aux vins à appellation d'origine.
En Bourgogne, un même domaine peut, par exemple, comprendre des lots de vignes à Chambertin, au Clos de Vougeot, à Corton et à Montrachet. Les vins que ces lots produisent doivent se vendre sous l'appellation du vignoble d'origine, le nom du domaine étant celui du producteur et nullement celui du vin. La plupart des vins de domaine, bénéficient d'une mise du domaine, mais pas tous ; dans l'affirmative, l'étiquette porte la mention « mise du domaine » ou « mis en bouteille au domaine ».
Le mot « domaine » connaît un emploi très différent dans le Bordelais et en Provence, où il est pratiquement synonyme de château : Domaine du Chevalier, Domaine des Moulières, etc.

Dom Pérignon. Cellérier à l'abbaye de Hautvillers (Champagne) de 1670 à 1715. De ce vieux monastère, particulièrement gracieux, on jouit d'une vue incomparable sur les vignobles, Epernay et la vallée de la Marne. C'est là, selon une tradition bien popularisée, que Dom Pérignon « inventa » le Champagne et fit, en le goûtant pour la première fois, cette célèbre remarque : « Je bois des étoiles ». En réalité bien sûr, personne n'a inventé le Champagne ; et le vieux moine n'a jamais prétendu l'avoir fait. Il était, comme son contemporain Dom Oudard, l'un des techniciens du vin le plus compétents et le plus imaginatifs de son temps. Il fut, sans aucun doute, l'un des premiers à expérimenter les bouchons de liège, alors rares en France, et à réaliser ce que l'on connaît actuellement sous le nom de *cuvée,* en mélangeant des vins d'origines différentes et issus à la fois de cépages noirs et blancs. Mais ce que le Champagne moderne lui doit, il le doit tout autant à une cinquantaine d'experts anonymes et oubliés.
L'abbaye de Hautvillers appartient actuellement à la grande fabrique de Champagne Moët et Chandon, et une statue de Dom Pérignon a été installée dans la cour. Le nom « Dom Pérignon » a été donné au meilleur et au plus cher Moët, vendu dans une sorte de bouteille allongée, utilisée il y a

cent ans pour tous les Champagnes. Cependant on a jugé nécessaire d'abandonner l'usage des bouchons assujettis avec de la ficelle au lieu de métal et scellés avec de la cire au lieu d'étain (du temps de nos grands-parents, tous les Champagnes étaient ainsi habillés, et ils étaient présentés dans des mannes en osier). Après tout, il y a une limite à l'archaïsme. Ce vin ne mérite pas toujours sa grande renommée actuelle, mais il est généralement d'excellente qualité.

Domtal. Nom d'un vignoble du Nierstein, sur le Rhin (littéralement : vallée de la cathédrale). Ce mot sert actuellement d'appellation générique pour désigner, non pas un seul diocèse, mais tous ceux de la Hesse rhénane. En pratique, n'importe quel vin qui peut être étiqueté Liebfraumilch peut aussi s'appeler Niersteiner Domtal. Cet abus constitue à coup sûr une violation flagrante, au moins de l'esprit de la loi allemande sur les appellations d'origine.

Dordogne. Importante rivière du sud-ouest de la France, qui se jette dans la Garonne au nord de Bordeaux, pour former la Gironde. C'est aussi un département, situé plus à l'est, qui longe le pays de Bordeaux et produit une grande quantité de vins ordinaires, surtout des blancs assez doux, vendus sous les appellations Monbazillac*, Montravel*, etc.

dosage. Addition d'un mélange de sucre de canne et de vin vieux (appelé *liqueur d'expédition*) au Champagne, avant le bouchage définitif. C'est le dosage qui détermine le type du Champagne. Selon la dose, le Champagne est brut, extra sec, sec ou demi-sec. Habituellement la liqueur d'expédition se compose de trois parties de sucre de canne ou de candi, et de

deux parties de Champagne vieux ou bien de fine Champagne. → Champagne.

douceur. Dans un vin de table comme dans un vin viné, la *douceur* peut être naturelle (en tout ou en partie), ou non. Chez un grand Sauternes, ou dans un *Beerenauslese* du Rhin, la douceur provient des raisins qui n'ont été cueillis qu'au moment où ils avaient atteint un état de surmaturation (→ pourriture noble) : dans ce cas, la douceur est naturelle. Pour beaucoup d'autres vins, la douceur vient aussi des raisins mais elle ne subsiste dans le vin qu'à la suite du sulfitage ou de l'addition d'eau-de-vie de vin : les Bordeaux blancs et les Liebfraumilch bon marché sont sulfités ; le Porto reçoit une addition d'eau-de-vie. Si le Xérès et le Marsala sont doux, c'est parce qu'ils ont été additionnés d'un vin doux et lourd, ou d'une sorte de sirop de raisin. En tout cas, la douceur d'un vin n'est nécessairement ni une qualité, ni un défaut : tout dépend du caractère du vin.

Douro. → Porto.

doux. Se dit d'un vin qui, dans le meilleur des cas, renferme encore les sucres naturels du raisin (ce mot ne devrait en principe s'appliquer qu'aux vins blancs). Le plus souvent toutefois, un vin doux ne l'est pas naturellement. Ce peut être, en effet, soit un vin qui n'a pas achevé sa fermentation et qui est fortement sulfité (le vin doux de Gaillac, par exemple), soit un vin viné (les vins doux naturels des Pyrénées-Orientales). Ou un Champagne très doux — et ce sont, dans l'ensemble, les plus pauvres. En d'autres termes, « doux » ne s'applique que rarement à des vins de qualité. → Liquoreux, moelleux.

Drachenblut. Mot allemand : litt. sang de dragon. Se dit par plaisanterie d'un vin rouge de Drachenfels, pâle, aqueux et de médiocre qualité, même dans sa plénitude. Cette colline connue sous le nom de Drachenfels se trouve sur la rive orientale du Rhin, près de Bonn.

Drôme. Département français situé sur la rive gauche du Rhône, au sud de Lyon. Produit l'Hermitage*, le Crozes* et le Mercurol*.

Dubonnet. Apéritif français fabriqué, selon une formule déposée, à partir de vin rouge viné et doux, de quinine et de plantes aromatiques.

Ducru-Beaucaillou (Château). Deuxième cru classé de Saint-Julien (Haut-Médoc). Le vignoble se trouve au nord de Beychevelle et s'étend jusqu'au fleuve sur un sol caillouteux, d'où son nom. Dans le passé, ses vins étaient assez durs, lents à se faire, mais on note depuis une vingtaine d'années une forte amélioration. Aujourd'hui le Château-Ducru-Beaucaillou est parmi les meilleurs vins de Saint-Julien.

Dubart-Milon (Château). Quatrième cru classé de Pauillac (Haut-Médoc), voisin des châteaux Lafite et Mouton-Rothschild. Un Bordeaux de bonne qualité, corsé, lent à se faire et supérieur à certains châteaux mieux cotés. Une grande partie du vignoble de Dubart-Milon porte actuellement le nom de Château-Lafite.

dulce. Mot espagnol : doux. Dans une acception particulière, ce mot désigne un agent adoucisseur, l'un des nombreux qu'on additionne aux vins secs de Jerez pour les rendre plus acceptables à l'étranger. Ces vins proviennent en général de raisins séchés ou de moûts concentrés. → Pedro Ximénez, *arrope, apagado, sancocho, vino de color.*

dur. Terme de dégustation : austère, sans beaucoup de charme ou de souplesse. De nombreux vins, par ailleurs excellents, sont durs quand ils sont jeunes et s'épanouissent admirablement avec le temps. A moins d'être accompagnée de verdeur, la dureté n'est pas nécessairement un défaut et elle peut annoncer une excellente garde. Les vins de Chablis et ceux de la Sarre sont presque toujours un peu durs ; il en va de même, dans leur jeunesse, des grands vins rouges de Pauillac.

Duras. Cépage rouge qui donne du corps aux vins rouges de Gaillac. On l'associe au Braucol, à la Négrette, à la Syrah, au Gamay...
Ville du Lot et Garonne → Côtes de Duras.

Durbach. Ville viticole de Bade, sur la rive droite du Rhin, en face de Strasbourg. En général ses vins — des Rieslings, des Traminers et des Rulanders (Pinot gris) — ne manquent pas de qualité ; certains sont parfois très remarquables. Ils servent en général à la consommation locale, avant d'avoir atteint deux ans d'âge.

Dufort-Vivens (Château). Deuxième cru classé de Margaux (Médoc), voisin direct du Château Margaux. Un Bordeaux délicat et fin, dont le caractère rappelle celui de son illustre voisin. Il n'existe plus, depuis la seconde guerre mondiale, en tant que cru distinct mis en bouteille au château.

Dürkheim. La plus importante ville viticole d'Allemagne, aussi appelée (sauf évidemment sur les étiquettes des vins) Bad Dürkheim, en raison de ses sources minérales. Les vignobles comptent près de 800 hectares. On y produit principalement un vin rouge assez pauvre, issu du cépage Portugieser, et une grande quantité d'un vin blanc excellent : le meilleur est le Riesling qui porte un nom de vignoble, comme le Dürkheimer Michelsberg Riesling. Autres *Lagen* réputés : Spielberg. Hockbenn. Schenkelböhl. Fuchsmantel. Feuerberg.

Eberbach. → Kloster Eberbach.

Échézeaux. Important cru de la Côte de Nuits (Bourgogne), situé entre le Clos de Vougeot et Vosne-Romanée ; superficie : 30 ha. Le vignoble se trouve dans la partie inférieure, moins accidentée, de la côte. Il donne un vin plus subtil que puissant, léger et d'une couleur claire, mais racé et délicat.

echt. Mot allemand : réel, authentique. Se dit d'un vin non chaptalisé. C'est, en somme, un synonyme de *natuur*, *rein*, etc.

edel. Mot allemand : noble ; par extension : supérieur, fin. L'*Edelfäule*, c'est la *pourriture noble* ; l'*Edeltraube*, une variété supérieure de cépage. L'*Edelbeerenauslese* est un vin excellent, de grande classe. En Alsace, l'*Edelzwicker** est un vin issu d'un mélange de cépages supérieurs. Les Alsaciens prennent le mot *gentil* dans le sens de l'allemand *edel*. Ce mot figure parfois sur les vins alsaciens, mais sans raison valable.

Edelfäule. → *Botrytis cinerea*.

Edelgewächs. → *Gewächs, edel*.

Edelzwicker. En Alsace, vin de coupage issu de différentes variétés supérieures de cépage → *edel*. Ces *Edeltrauben*, ou plants nobles, comprennent : le Riesling, le Gewürztraminer, le Pinot gris, le Pinot blanc, le Muscat et le Sylvaner. Souvent, un *Edelzwicker* provient de ces cépages cultivés dans le même vignoble et récoltés en même temps.

édulcoration. Pratique de vinification relative aux vins blancs. Elle consiste à ajouter au vin une solution sucrée ou des moûts.

Eger. Importante ville viticole de Hongrie, au nord-est de Budapest. Elle doit sa réputation à deux vins rouges : l'Egri Bikavér (litt. : sang de taureau) et l'Egri Kadarka. Ces vins ne proviennent pas que d'Eger, mais aussi d'une douzaine de villages des environs. Ce sont des vins corsés, d'une teinte foncée, et de bonne garde. Le Kadarka provient du cépage du nom ; le Bikavér, de plusieurs variétés, dont le Kadarka, le Gamay, le Cabernet franc.

église. Plusieurs vignobles bien connus de Pomerol portent ce nom : Clos l'Eglise, Clos l'Eglise-Clinet, Domaine de l'Eglise... Ils produisent tous un Bordeaux clairet, de bonne qualité et très corsé.

égrappage. Séparation des grains de raisins rouges et de leurs *rafles,* (pédoncules et pédicelles qui soutiennent les grains), avant la fermentation. Opération essentielle pour certains cépages, tels que les Cabernets et la Syrah, donc pratiquée traditionnellement dans le Bordelais, à Bourgueil, à Chinon et à l'Hermitage. Elle est plus fréquente aujourd'hui qu'autrefois en Bourgogne, pour le Pinot noir, mais elle n'est pas pratiquée pour le Gamay. L'égrappage a pour but d'éliminer l'excès de tanin contenu dans les *rafles,* qui donnerait de l'âpreté au vin.

égrappoir. Appareil servant à séparer la *rafle* (→ égrappage) des grains de raisins, avant la fermentation.

Eguisheim. Village viticole d'Alsace, au sud de Colmar, dans le Haut-Rhin.

Eiswein. « Vin de glace ». Une curiosité allemande, que l'on pourrait presque qualifier d'*Auslese* accidentel. L'*Eiswein* résulte du pressurage de raisins gelés. Les vendanges s'effectuent assez tard dans les vallées de la Moselle et du Rhin, au moment où les gelées nocturnes deviennent fréquentes. Il n'est pas rare qu'on relève déjà des températures de 14 degrés en dessous de zéro. Au lendemain d'une telle gelée, les grains les moins mûrs, qui contiennent moins de sucre, sont complètement gelés, tandis que les plus mûrs, dont le jus est plus doux, ne le sont que partiellement. Les raisins cueillis sont placés dans une presse hydraulique et soumis au pressurage. Les premières coulées viennent des grains les plus mûrs ; fermenté séparément, ce jus donnera l'*Eiswein*. Le résultat est intéressant, mais inférieur aux vrais *Auslese* : une particularité plutôt qu'un bon vin. L'utilisation sans cesse croissante des pressoirs pneumatiques Willmes semble compromettre pour l'avenir la production d'*Eiswein*.

Eitelsbach. Ville allemande, sur le Ruwer (un affluent de la Moselle). Ses magnifiques vignobles, qui relevaient jadis d'un monastère de chartreux, appartiennent depuis un siècle à la famille Rautenstrauch ; mais ils portent encore le nom d'Eitelsbacher Karthäuserhofberg. Le vignoble (280 ha) se divise en plusieurs *Lagen* : Kronenberg, Sang, Burgberg, etc. : l'un de ces noms figure sur la collerette. Le vin d'Eitelsbach est considéré comme l'un des meilleurs de la région dite Mosel-Saar-Ruwer, singulièrement dans les bonnes années. C'est un vin très léger, plutôt austère, doté d'un bouquet fleuri et d'une grande distinction. Quelques autres producteurs produisent des Eitelsbachers authentiques, mais ceux de la famille Rautenstrauch restent, avec une marge considérable, les meilleurs.

Elbe (île d'). Cette île italienne (à 20 km environ de la côte toscane) produit une importante quantité de vins de dessert, rouges et blancs : en général des vins assez communs, riches en alcool. On produit aussi dans la région de Portoferraio un vin de table rouge, de renommée internationale. Ce vin, d'un bouquet et d'un parfum de muscat, provient de l'Aleatico ; il rappelle un peu un Porto léger.

Elbling. Cépage allemand de haut rendement, mais de médiocre qualité. Il donne un vin plat, terne et faible en acide. On le trouve dans les moins bonnes régions viticoles d'Allemagne et du Luxembourg ; il sert souvent à la fabrication des vins mousseux bon marché, ou *Sekt*.

élégant. Terme de dégustation moins flatteur que le mot *distingué*, mais qui signifie souvent la même chose, ou presque. Il peut s'appliquer à de petits vins légers, produits par de grands vignobles en dehors des grandes années, et qui ont de la finesse, de la race, mais pas grand-chose d'autre :

c'est pourquoi on ne peut les qualifier de *distingués* en ce cas. En revanche, des vins d'origine relativement commune sont parfois distingués, mais ils ne sont presque jamais élégants.

Eltville. Importante ville vinicole de Rheingau, la plus orientale (mise à part Hochheim) des villes réputées de la région. Ses 2 000 hectares de vignes produisent des vins sains et de bonne qualité, mais rarement remarquables. Meilleurs vignobles : Sonnenberg, Langestück, Klumbchen, Mönchhanach, Kalbspflicht, Taubenberg, Sandgrub, etc. Plusieurs producteurs renommés possèdent des caves à Eltville, notamment : le comte Eltz, le baron Langwerth von Simmern et le *Verwaltung der Staatsweingüter* (domaine de l'Etat). Eltville est aussi un important centre de vins mousseux : le Matheux Müller et d'autres.

Eltz. Famille allemande qui possède d'importants vignobles dans les meilleures *Lagen* de Rauenthal, Eltville et Kiedrich, en Rheingau. Le comte Eltz possède, en particulier, le château Eltz

(à Eltville) dont les vins sans défaut, mis en bouteille au domaine, portent l'appellation Schloss Eltz, les armoiries de la famille et les mots *gräflich Eltz'sche Güterverwaltung*.

Emilie. Province du nord de l'Italie dont Bologne est la ville principale, et qui doit sa réputation à sa cuisine bien plus qu'à ses vins, encore que certains présentent quelque distinction. Le plus connu est le Lambrusco*, surtout celui qui provient de la région de Sorbara, à l'ouest de Bologne.

émondage. Science agricole complexe qui, depuis Noé, est l'apanage des vignerons, et en vertu de laquelle les vignes sont taillées (presque toujours pendant la morte-saison) pour être façonnées et élevées systématiquement

dans un but précis. Ce but peut être d'augmenter la production, d'obtenir une qualité supérieure, d'allonger la vie de la vigne elle-même, ou toute autre raison. Voici quelques généralités, qui seront sans doute utiles à l'amateur de vin :

1. Dans des limites précises, imposées par le sol, le climat, les précipitations (et/ou l'irrigation), quasiment tout cépage peut s'émonder de façon à produire deux, où même cinq fois plus que son minimum.

2. A nouveau dans certaines limites, les cépages les plus communs ne produisent pas de vin bien meilleur lorsqu'on les émonde dans le but de réduire le rendement à l'hectare : un vin issu du cépage Carignan et fabriqué par un homme qui récolte 7,5 tonnes à l'hectare n'est pas deux fois supérieur

au vin du voisin qui récolte quinze tonnes à l'hectare.

3. Les quelques cépages que l'on peut à juste titre qualifier de « grands » (sans doute une douzaine, sûrement moins de vingt) donnent *toujours* du meilleur vin s'ils sont sévèrement émondés de façon à donner leur production optimale, *pourvu* qu'ils soient cultivés dans des régions qui leur conviennent.

4. Il existe de nombreuses variétés intermédiaires (Sylvaner, Gamay, Merlot, Grenache) qui produisent des vins meilleurs lorsqu'ils sont jeunes et qui ne gagnent rien, voire qui perdent en qualité lorsque leur production est trop réduite.

Enfer. Un des nombreux vins de dessert, intéressants mais peu fréquents, produits dans le Val d'Aoste à partir de raisins passerillés (→ *passito*). Ces vins, dont la production est infime, ne présentent la plupart du temps aucun intérêt commercial. Ils comprennent, outre l'Enfer récolté à Arvié, le Caluso* (plus connu), un Malvoisie originaire de Nus et un Moscato venant de Ciambave.

Enkirch. Ville viticole allemande, à la limite septentrionale de la Moselle moyenne. Meilleures *Lagen* : Steffensberg et Montenubel.

Entre-Deux-Mers. Une des principales divisions du Bordelais viticole ; elle englobe presque un cinquième du département de la Gironde. Géographiquement, l'Entre-Deux-Mers comprend le triangle de collines basses situées entre la Garonne et la Dordogne. La loi française considère comme des territoires distincts certaines parties de l'Entre-Deux-Mers : les Côtes de Bordeaux, Loupiac, Sainte-Croix-du-Mont, Graves de Vayres et Sainte-Foy-Bordeaux. Le reste de la région produit

une grande quantité de vin blanc assez commun et peu coûteux. Les rouges n'ont pas droit à l'appellation Entre-Deux-Mers : ils se vendent comme Bordeaux ou Bordeaux supérieurs.

Jusqu'il n'y a guère, les vins d'Entre-Deux-Mers étaient en général assez doux. Pour remédier à une chute du marché, les producteurs décidèrent de produire exclusivement des vins secs. Ils adoptèrent le slogan humoristique : « entre deux huîtres — Entre-Deux-Mers ». La qualité de ces vins ne cesse de s'améliorer et ils atteignent aujourd'hui des prix assez élevés pour leur catégorie, bien qu'ils manquent de distinction.

Epernay. Un des deux principaux centres de commerce du Champagne, l'autre étant Reims. La ville est construite sur un véritable labyrinthe de caves et de galeries qui courent sur plus de 250 kilomètres. Citons les caves de Moët et Chandon, Pol Roger, Mercier, de Castellane ; il y en a beaucoup d'autres. Au sud de la ville s'étend la Côte d'Epernay, mieux connue sous le nom de Côte des Blancs, qui comprend Cramant, Avize et d'autres crus réputés. Au-delà de la Marne se trouvent Ay, Hautvillers et les villages non moins célèbres de la Côte des Noirs. → Champagne.

épicé. Se dit d'un vin qui a un arôme et un goût spéciaux et accusés, un piquant naturel, en général agréable : le Gewürztraminer, par exemple.

épluchage. Opération consistant à éliminer les mauvais grains de la grappe. Les producteurs qui visent à la qualité pratiquent régulièrement l'épluchage.

équilibre. Terme de dégustation, assez difficile à expliquer. Disons qu'un vin bien équilibré est un vin qui possède des proportions harmonieuses : son bouquet, son goût et son arrière-goût ne sont ni excessivement prononcés, ni trop atténués. S'il est léger, ce vin sera délicat ; bien corsé, il aura autant de saveur que de caractère. Un vin équilibré n'est pas nécessairement un grand vin. Ce terme, très élogieux, désigne un vin parfait dans son genre et dans sa catégorie.

Erbach. Ville viticole, justement réputée, sise sur le Rhin : elle produit quelques vins qui comptent parmi les plus distingués de Rheingau. L'incomparable Marcobrunn* se trouve presque entièrement sur le territoire d'Erbach. Citons d'autres vignobles réputés : Steinmorgen, Honigberg, Siegelsberg, Brühl, Hohenrain, Rheinhell, Kahlig, Seelgass, etc. Ils produisent tous les vins assez durs, fermes, de bonne garde, et toujours de grande classe.

Erbaluce. Raisin blanc cultivé dans l'Italie du Nord, et qu'on utilise pour le Passito de Caluso*.

Erden. Ville viticole sur la Moselle, près de Zeltingen. Ses vignobles, parmi les plus escarpés d'Allemagne — comme l'indique le nom de l'un d'eux : Treppchen (petit escalier) —, produisent des vins délicat, qui comptent parmi les meilleurs Moselles. Principaux vignobles : Treppchen, Busslay, Prälat, Herrenberg, Kranklay, etc.

Ermitage. Autre orthographe de : Hermitage*, tout aussi correcte mais moins utilisée.
Egalement, vin blanc du Valais (Suisse), issu du Marsanne.

Erzeugnis. Mot allemand : production (suit le nom d'un propriétaire de vignoble). Il ne peut s'appliquer qu'à un vin naturel (non sucré) et n'indique pas nécessairement une mise au domaine.

Escherndorf. Importante ville vinicole de Franconie, l'une des meilleures après Wurzbourg. Ses vins, issus du Sylvaner ou du Riesling (l'étiquette en fait état), se présentent en *Bocksbeutels*. Principaux vignobles (superficie totale : 810 ha) : Lump, Eulengrube, Hengstberg et Kirchberg.

Espagne. L'Espagne est, de tous les pays du monde, celui qui possède la plus grande superficie de vignobles : plus de 1 600 000 hectares. Du fait de l'aridité du climat, le rendement à l'hectare est de beaucoup inférieur à celui de la France ou de l'Italie : il s'élève néanmoins à plus de 25 millions d'hectolitres.
Le Xérès représente deux pour cent de la production totale. Vin espagnol le plus célèbre, ce n'est pas un vin espagnol typique, car la grande majorité des Espagnols n'en ont jamais bu. Les 90 pour cent de la production espagnole est constituée d'un vin de table ordinaire, qui sert sur place à la consommation courante et qui n'est jamais mis en bouteille. Les étrangers qui voyagent en Espagne trouvent ce vin partout : la qualité en est fort variable, mais en général il s'agit d'un vin étonnamment bon pour son faible prix. Il existe aussi quantité de vins locaux étiquetés, que l'on prétend d'une classe supérieure bien qu'ils déçoivent souvent ; ceux qu'on exporte, plus alcooliques et d'un caractère plus prononcé que les autres vins de la région, n'ont que rarement la fraîcheur et le charme des vins de pays français. Par ailleurs, les meilleurs vins de table espagnols (surtout ceux de la Rioja et dans une mesure moindre ceux de Valdepenas, rarement des vins d'autres provinces) sont parfois extraordinaires et d'une qualité remarquable.
Sauf dans quelques régions bien connues, les procédés de vinification restent archaïques, voire primitifs. Si,

malgré cela, les vins sont réussis —— seuls quelques-uns sont franchement mauvais ——, le mérite en revient à la compétence, à l'honnêteté et au respect des traditions que montrent les viticulteurs espagnols. Quantité de ces vins, s'ils étaient mieux vinifiés, trouveraient sans difficulté des débouchés à l'étranger. Ainsi des vins blancs secs de Rueda (Vieille-Castille), des vins rouges de Toro (non loin de Salamanque), des rosés de Yecla (dans le haut pays, à l'ouest d'Alicante). L'Espagne produit aussi —— en Aragon et dans la province de Valence principalement —— un gros volume de vins de coupage, lourds et foncés. Ces vins sont exportés en fûts vers la France et la Suisse, où ils servent à couper des vins rouges plus légers et plus pâles.

Les meilleurs vins de table espagnols, surtout les meilleurs rouges, proviennent, nous l'avons signalé, en grande partie de la Rioja*, non loin de la frontière française, dans la haute vallée de l'Ebre, à l'ouest de Logronno. Les plus fins sont extraordinairement bons et présentent une ressemblance avec les grands Bordeaux. Dans la catégorie immédiatement inférieure se rangent les vins rouges, assez pâles, de Valdepenas*, au sud de Madrid. Puis viennent les vins rouges d'Alicante, quelques vins rouges et blancs produits aux environs de Barcelone (Panadès, Alella, Perelada, etc.). Enfin les rouges, les blancs et les rosés de la vallée du Minho, à la frontière portugaise.

L'Espagne produit une faible quantité de vin mousseux : le meilleur (fort honnête, mais tirant sur le doux), est le Xampán (déformation de « champagne »), originaire de la région de Panadès, au sud-ouest de Barcelone. C'est principalement à ses vins d'apéritif que l'Espagne doit sa renommée et, dans ce domaine, elle ne connaît pas de rivale depuis la « décadence » progressive du Madère (chute de qualité et désintérêt du public) au cours du siècle dernier. Ceux qui ne connaissent que quelques marques de Sherry n'ont aucune idée de la variété qu'offre la famille du Xérès. Dans leur genre, la Manzilla* et le Montilla* présentent à peine moins d'intérêt. Les vins de dessert, célèbres autrefois —— le Malaga, le Tarragone et la Malvoisie de Sitges, de couleur or —— n'ont plus actuellement d'intérêt commercial, encore qu'il s'agisse de vins fins.

Face à la hausse des prix des vins et grâce aux progrès techniques, les vins de table espagnols devraient être promis à un brillant avenir. Le Xérès, la Manzanilla et le Montilla resteront appréciés et seront mieux connus encore des amateurs et des connaisseurs.

Est Est Est. Vin blanc léger et demi-sec produit, à partir du Moscatello, dans la région de Montefiascone et de Bolsena, au nord de Rome. Il doit son nom, assez curieux, à l'aventure souvent contée d'un évêque allemand amateur de vin qui, en route pour Rome, dépêcha son domestique en éclaireur pour goûter le vin. Le bonhomme devait inscrire le mot latin **est** (« il est », sous-entendu « bon ») sur le mur des tavernes où il avait trouvé un bon vin. A l'entrée de Montefiascone, il ne se contenta pas d'un seul *est*, il le répéta trois fois : *est ! est ! est !* L'évêque vint à son tour et but tant de vin qu'il en mourut. Sa tombe, dont une épitaphe latine rappelle cette triste histoire, a été pieusement conservée.

Estournel. → Cos d'Estournel.

estufa. Mot portugais. Serre chaude pour la culture de plantes ou de fleurs. Egalement, pièce chauffée à haute température, dans laquelle on conserve le Madère afin qu'il prenne son parfum particulier.

étampé. Mot du jargon professionnel. Se dit de certains Bordeaux ou d'autres vins qui, sans bénéficier d'une mise au château ou du domaine, portent néanmoins un nom de vignoble. Ce terme, dépourvu de signification légale, peut indiquer que le vendeur garantit l'authenticité du vin et sa qualité.

Etoile. Vin blanc, parfois mousseux, produit à l'Etoile, dans le Jura français.

Etna. Fameux volcan de Sicile, dont une bonne partie du versant est plantée de vignobles. Les vignobles les plus hauts, situés près des villages de Nicolosi, Trecastagni, Zafferana, etc. (à plus de 700 m d'altitude), produisent des vins rouges et des blancs d'une classe exceptionnelle, assez acides mais pas trop alcoolisés. Ces vins, les meilleurs vins de table de Sicile, se vendent sous le nom d'Etna.

Evangile (Château de l'). Un des meilleurs crus de Pomerol. Excellent vin rouge.

Eyquem (Château d'). Vignoble très étendu, près de Bourg* dans le Bordelais. Outre un vin rouge ordinaire, il produit une petite quantité de vin blanc sec de seconde qualité.
Le Clos d'Eyquem, propriété plutôt modeste située à La Brède, dans les Graves, produit un vin blanc sec qui manque de distinction.
A ne pas confondre avec le Château d'Yquem*, très grand Sauternes et l'un des vins blancs les plus renommés.

Falerne. Le vin le plus célèbre de la Rome antique. Pline l'Ancien et Horace en ont chanté les louanges avec emphase. On le disait « immortel » parce que certains crus conservaient tout leur attrait après un siècle. Le Falerne provenait de la région de Formie, sur la côte, au nord de Naples, où l'on trouve encore aujourd'hui des vignobles. Mais les vins récoltés dans cette région ne présentent plus rien d'extraordinaire ; ce sont des vins rouges sains et des blancs secs agréables. A part leur nom et leur localisation géographique, ils n'ont plus rien de commun avec le Falerne de l'Antiquité.

Fargues. La commune la moins importante du Sauternais. On connaît surtout les vignobles de Château Rieussec*, Château Romer et Château de Fargues (propriété du marquis de Lur-Saluces). Ces trois châteaux produisent uniquement des vins blancs.

Fass. Mot allemand : baril. Désigne spécialement le *Halbstück* (capacité : 600 litres) en usage en Rheingau. → *Bestes Fass.*

Faugères. Vin rouge honnête, classé V.D.Q.S. Produit au nord de Béziers, dans le Midi. Une eau-de-vie très agréable, distillée à Bédarieux, provient de la même région.

Faverges. Vin blanc, pâle et sec, de la région de Lavaux, sur la rive nord du Léman (Suisse). Il provient du Fendant, autrement dit Chasselas. C'est un vin agréable, sans plus. Le vignoble appartient à l'administration du canton de Fribourg.

Faye. Importante ville vinicole des Coteaux du Layon*, en Anjou. La production comprend des vins blancs doux, de grande qualité, et d'excellents rosés.

Fendant. Nom donné en Suisse au Chasselas, de loin le principal cépage de ce pays. Dans l'ensemble, le Fendant ne présente rien de remarquable ; toutefois, dans les cantons de Vaud, du Valais et de Neuchâtel, il produit des vins blancs frais, souvent délicats et très agréables.

fermentation. Réaction par laquelle le sucre se transforme en alcool et en dioxyde de carbone, et le jus de raisin en vin. Bien qu'observée depuis l'aube de l'histoire, la fermentation fut considérée comme un phénomène entièrement spontané jusqu'à ce que Pasteur prouve, en 1857, qu'elle était l'œuvre d'organismes vivants, et plus particulièrement de la zymase, l'enzyme des levures. Les connaissances techniques modernes vont beaucoup plus loin et, dans la plupart des bons celliers et des bonnes caves, la fermentation n'est plus laissée au hasard mais soigneusement contrôlée, surtout en ce qui concerne la température du moût qui fermente : les chambres de fermentation sont souvent chauffées en Champagne et en Bourgogne. D'autres pratiques comprennent la stérilisation du jus avec du dioxyde de soufre et l'introduction de levures sélectionnées ; dans certains cas, les vins blancs sont fermentés sous pression, dans des cuves en acier verré. Les vins rouges fermentent avec leurs peaux, les vins blancs sans (→ cuvaison). La fermentation se poursuit normalement jusqu'à ce que tout, ou presque tout le sucre du raisin ait été transformé ; elle peut être arrêtée à tout moment, comme dans la fabrication du Porto, par addition d'eau-de-vie ou d'alcools forts ; mais même sans cette addition, elle tendra à ralentir et à s'arrêter dès que le vin titrera 14 ou 15 degrés.

fermentation malolactique. Fermentation secondaire, qui se produit chez de nombreux vins de table, le plus souvent aussitôt après la première fermentation, ou bien —— ce qui est parfois un inconvénient —— au cours de l'été qui suit les vendanges. Grâce à elle, une grande partie de l'acide malique contenu normalement dans le vin -- c'est l'acide du fruit non mûr -- se transforme en acide lactique, plus doux ; cela rend le vin moins vert, moins dur et moins âpre au palais. La formule chimique de l'acide malique est $COOH\text{---}CH_2\text{---}CHOH\text{---}COOH$,

alors que celle de l'acide lactique est $CH_2\text{---}CHOH\text{---}COOH$: le vin libère donc une certaine quantité de CO_2, ou anhydride carbonique.

La plupart des producteurs européens sont favorables à la fermentation malolactique pour les vins rouges, et font tout leur possible pour l'encourager. Pour les vins blancs, elle n'est pas toujours souhaitée.

Ferran (Château). Excellent cru secondaire de Martillac, dans les Graves. Vins rouges et blancs.

Ferrand (Château de). Important vignoble de Saint-Emilion, classé deuxième cru. Un vin rouge équilibré et agréable.

Ferrière (Château). Troisième cru classé de Margaux (Haut-Médoc). Production infime.

feuillette. Petit baril de chêne, d'une capacité de 132 litres (autrefois 136), traditionnellement employé pour les vins de Chablis, et dont le volume sert toujours à fixer le prix des vins de cette région. La *feuillette* a été communément remplacée par la *pièce* bourguignonne, qui contient 228 litres. Ailleurs en Bourgogne, la *feuillette* n'est qu'un baril équivalant à une demi-pièce, ou 150 bouteilles, de même qu'un *quartaut* désigne un quart de pièce.

fiasco (pluriel : *fiaschi* ; français : fiasque). Bouteille à long col et à panse large, souvent soufflée à la main. D'usage courant (mais non exclusif) pour la présentation du Chianti. Mince et légère, elle serait extrêmement fragile sans son emballage de paille et, de plus, elle ne tiendrait pas debout. La paille est tressée sur la bouteille avant que celle-ci ne soit remplie. Le *fiasco* contient traditionnellement deux litres, mais il existe actuellement des *fiaschi* de taille et de modèle différents, sans compter que le plastique commence à remplacer la paille.

Fieuzal (Château). Un des meilleurs crus de Léognan, dans les Graves. Un vin rouge supérieur et un vin blanc de moindre qualité.

Figeac (Château). Un des plus grands et des meilleurs crus de la région de Saint-Emilion, proche du Cheval-Blanc. Ses vins tendres, gras et vigoureux ne le cèdent en rien aux vins du Château Cheval-Blanc, et ils méritent largement leur cote de premier cru. Une demi-douzaine de crus voisins, tous d'excellente qualité mais moins réputés, portent sous différentes formes le nom de Figeac : Château La-Tour-du-Pin-Figeac, La-Tour-du-Pin-Figeac-Moueix, La-Tour-Figeac, Grand-Barrail-Lamarzelle-Figeac, Yon-Figeac, Cormey-Figeac, etc.

filant. Se dit d'un vin atteint par la maladie et qui « file » comme de l'huile.

Filhot (Château). Cru de Sauternes, justement réputé. Appartient à la comtesse de Lacarelle, née de Lur-Saluces, sœur du propriétaire du Château Yquem. Classé officiellement comme deuxième cru. Toutefois ses vins se vendent plus cher que beaucoup de premiers crus. Vin un peu plus sec que la plupart des Sauternes, mais racé et distingué.

fillette. Demi-bouteille de vin, dans la vallée de la Loire et principalement en Touraine.

filtration. Clarification d'un vin (avant la mise en bouteille) au moyen de filtres de types différents. Une filtration trop sévère peut « engourdir » un vin et lui enlever une partie de ses qualités. Beaucoup d'excellents vins rouges ne sont pas filtrés. Il ne s'agit pourtant pas d'une opération condamnable, à condition de rester dans des limites raisonnables. La filtration se révèle utile et souvent nécessaire, principalement à notre époque où l'on n'accepte pas facilement des vins troubles et qui présentent un léger dépôt. Aujourd'hui donc, les vins blancs sont presque toujours filtrés après collage. Pour les vins rouges, il s'agit d'une pratique dont l'intérêt demeure largement controversé.

fin. Terme de dégustation, employé assez abusivement. Se dit de tout vin qui jouit d'une supériorité évidente et innée, qu'elle soit due à son origine, à son cépage ou à d'autres facteurs.

Fine Champagne. (Ici, Champagne viendrait du mot Campagne et n'a rien à voir avec la région champenoise). Dans la région de Cognac, la Fine Champagne est le résultat d'un coupage d'eaux-de-vie de Petite Champagne et de Grande Champagne. C'est un assemblage d'une rare qualité. Par extension le mot Fine, en France, désigne une eau-de-vie de vin quelle que soit son origine.

finesse. Ensemble des qualités qui élèvent un vin au-dessus de l'ordinaire : sa race, sa classe, sa distinction. Un vin corsé qui a de la finesse est un grand vin ; sinon, c'est un vin lourd et commun.

Fino. Type de Sherry, le plus pâle, le plus léger, le plus délicat et généralement le plus sec ; de l'avis de beaucoup d'experts, le meilleur Sherry. Il développe un bouquet délicat et original qu'il doit à la *flor** (sorte de levure se formant à la surface du vin conservé en tonneau) ainsi que, partiel-

lement, au coupage et au vieillissement en *solera**. Servi frappé, le Fino est un des meilleurs apéritifs.

Fins Bois. Dans la région de Cognac constitue avec la Grande et Petite Champagne, le terroir apprécié des distillateurs pour élaborer les plus fins assemblages dont sont issus les trois étoiles.

Fitou. Un des meilleurs vins rouges du midi de la France, produit (à partir du Grenache et du Carignan principalement) au sud de Narbonne, dans la région dite des Hautes-Corbières.

Corsé mais commun, c'est un vin estimé et de prix modeste. Légalement, il doit passer deux ans dans le bois avant la mise en bouteille. Il bénéficie d'une appellation contrôlée.

Fixin. Commune la plus septentrionale de la Côte de Nuits (Bourgogne). Ses vins, trop peu connus, comptent souvent parmi les plus estimés de Bourgogne : ils peuvent se comparer, quant au caractère et à la qualité, aux meilleurs Gevrey-Chambertin. Cinq vignobles exceptionnels : le Clos des Hervelets, le Clos de la Perrière*, le Clos du Chapitre, les Arvelets et le Clos Napo-

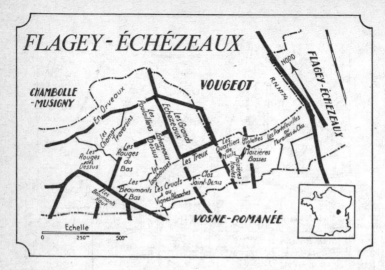

FLAGEY-ÉCHÉZEAUX

léon, récemment créé. Le Clos Napoléon, appellation toute récente, s'appelait dans le passé « aux Cheusots »
(→ la carte). Il doit son nouveau nom
à la sculpture de François Rude, *Le
réveil de Napoléon*, qui se trouve à
proximité.

Flagey. Commune de la Côte de
Nuits, au nord de Vosne-Romanée
(Bourgogne). Son nom officiel est
Flagey-Echézeaux : Echézeaux et les
Grands Echézeaux se trouvent sur le
territoire de la commune mais les vins
en portent l'appellation Echézeaux*
sans mention du nom de la commune.
Les vins de moins bonne qualité produits dans la commune portent l'appellation de Vosne-Romanée.

flétri. Se dit, en Suisse, d'un vin doux
produit à partir de raisins récoltés
tardivement ou séchés au soleil,
comme un vin de paille ou *passito**.
La pourriture noble n'existe pas dans
ce pays sec et montagneux ; un vin
flétri est donc très différent d'un *Aus-*

lese de Rheingau ou d'un Sauternes.
On considère que le cépage, connu ici
sous le nom de Malvoisie, est en fait
le Ruländer, ou Pinot gris.

fleur. Comme tous les arbres fruitiers,
la vigne fleurit ; ses fleurs sont beaucoup moins spectaculaires que celles
du cerisier, du pêcher, de l'oranger et
du pommier, pour n'en citer que quatre, mais elles n'en doivent pas moins
précéder l'apparition du fruit. Pendant
la floraison, une suite de journées pluvieuses ou une vague de froid peuvent
provoquer des désastres, notamment
sous la forme de *coulure**. Cette période signifie souvent pour le viticulteur huit à quinze jours d'inquiétude
et de nuits blanches.

fleuri. Terme de dégustation très élogieux qui s'applique au bouquet de
certains vins, plus particulièrement de
vins blancs. Un bouquet fleuri rappelle
à l'odorat le parfum des fleurs. Les
plus fins des Moselles possèdent cette
qualité à un degré prononcé ; mais

quelques autres vins, notamment ceux qu'on produit sur un sol rocailleux, à partir du Riesling, dans les régions froides, partagent ce mérite.

Fleurie. Ville au cœur du Beaujolais, produisant un vin rouge parfumé, fruité, toujours prêt à boire : l'un des Beaujolais typiques, l'un des meilleurs.

Fleur-Petrus (Château La). Vignoble de Pomerol, peu étendu mais de bonne qualité.

flor (mot espagnol : fleur). Levure spéciale de la région de Jerez, que les techniciens connaissent sous le nom de *Mycoderma vini*. Après la fermentation, la *flor* forme une pellicule blanche à la surface de certains vins exposés à l'air. En Espagne, la *flor* se forme naturellement, mais ailleurs elle résulte d'une inoculation. Elle se développe jusqu'à constituer petit à petit une couche épaisse d'environ 1,5 centimètre. Elle influe sur le bouquet et l'arôme du vin. Assez curieusement, cette couche de *flor* ne se développe que sur les vins faibles, qui deviennent ainsi des Finos* et des Amontillados* ; les autres se transforment en Olorosos*. → Sherry.
La *flor* est également d'origine naturelle dans le pays de la Manzanilla* et du Montilla* et, en France, à Château-Chalon*.

flûte. Bouteille utilisée pour les vins d'Alsace, de Moselle et du Rhin. Beaucoup de rosés se présentent actuellement aussi dans des flûtes.
Verre étroit, en forme de V et à pied, qu'on utilise en général pour le Champagne et les vins mousseux.

Fogarina. Cépage et vin rouge homonyme, pauvre en alcool mais très acide, produit dans la province italienne de Reggio d'Emilie, au nord-

ouest de Bologne.

Folle-Blanche. Cépage blanc de l'ouest et du sud-ouest de la France, très cultivé autrefois, et qui a pour synonymes encore usités : « Picpoul, Enrageat et Gros Plant. La Folle-Blanche était très cultivée dans les Charentes, mais elle y a beaucoup régressé, au profit de l'Ugni blanc, en raison de sa sensibilité à la pourriture grise depuis son greffage sur des porte-greffes vigoureux, résistant au calcaire, comme le 41 B. En Armagnac aussi, où il se nomme Picpoul, ce cépage a été en grande partie supplanté par l'Ugni blanc et par l'hybride Baco 22A, qui n'a pas donné les résultats espérés.
Dans la région de Nantes, le vin appelé « Gros Plant du Pays Nantais » est un V.D.Q.S. acide et assez neutre, mais franc de goût. En Poitou, la Folle-Blanche donne des vins de base pour mousseux, exportés en République fédérale allemande.

fondu. Terme de dégustation désignant un vin équilibré et harmonieux dont les éléments donnent la sensation de fondre dans la bouche.

Forêt Noire. → Bade.

Forez. L'appellation s'applique à des vins rouges et à des rosés sans grand intérêt, produits en Auvergne et issus du Gamay.

Forst. Ville du Palatinat (22 ha de vignobles plantés à 70 pour cent de Riesling). Elle produit à coup sûr les meilleurs vins blancs du Palatinat (Pfalz). Ces vins, très corsés et élégants, développent un bouquet extraordinaire, dû au basalte qui affleure dans les vignobles. Tous les principaux producteurs de la région possèdent des vignobles à Forst. Meilleurs vignobles, ou *Lagen* (on en dénombre près de cent) : Kirchenstück, Jesuitengarten, Ungeheuer, Ziegler, Kranich, Pechstein, Elster, Mühlweg, etc.

fort. Se dit d'un vin plus corsé, plus alcoolisé et qui a plus de saveur que la moyenne. Il ne s'agit pas nécessairement d'un vin fin ou d'un grand vin. Peut-être même n'a-t-il pas beaucoup de distinction. Car un vin trop *fort* a tendance à être lourd et rude.

foudre (masc.). Gros tonneau, de grande capacité, servant à la conservation des vins.

foulage. Opération qui consiste à écraser sommairement les grains de raisins en évitant d'écraser les pépins et les rafles, avant la mise en cuve (vins rouges) ou avant pressurage (vins blancs). Foulage aux pieds ou mécanique.

Fourchaume. Un des vignobles les plus étendus, et l'un des meilleurs premiers crus, de Chablis.

Fourtet (Clos). Cru réputé de Saint-Emilion, qui est pratiquement dans la ville. Un vin très vigoureux, de bonne garde et lent à se faire.

frais. Se dit d'un vin assez acide, mais sans excès, qui développe une agréable saveur rafraîchissante. Bien que beaucoup de gens croient qu'un vin vieux est nécessairement meilleur qu'un vin jeune, il n'en reste pas moins que quantité de vins parviennent à leur plénitude quand ils sont jeunes. C'est le cas de la plupart des vins blancs, de tous les rosés et de beaucoup de vins rouges légers, qui perdent de leur fraîcheur après trois ou quatre ans. Un vin frais est celui qui n'a pas perdu le charme de sa jeunesse.

franc de goût. Essentiellement, un vin *franc de goût* est un vin sain, sans goût ou arôme anormal, agréable au palais et rafraîchissant. Ce terme peut s'appliquer, à bon escient, tant à un vin jeune qu'à un vin vieux, à un vin peu coûteux qu'à un très grand vin. Un vin qui n'est pas franc de goût est mauvais et généralement impropre à la consommation.

France. La France a été appelée le vignoble du monde. Près d'un tiers de tous les vins mondiaux est produit en France, et le vin français constitue la norme par rapport à laquelle un vin est jugé. Certes, sur une production annuelle de quelque sept milliards de bouteilles, moins de 15 pour cent peuvent réellement prétendre à une qualité supérieure, et les quatre cinquièmes, au moins, ne portent aucune appellation : ils sont simplement qualifiés de *vin rouge, vin blanc, vin rosé* ou *vin ordinaire*. Ce vin bon marché s'allie d'ailleurs admirablement à la cuisine française et, comme l'a dit Pasteur, c'est pour les adultes une boisson plus saine que le lait.

La France importe plus de vin qu'elle n'en exporte, car elle consomme plus que ce que son million deux cent mille hectares de vignobles peuvent lui fournir. Les exportations — quatre millions d'hectolitres en moyenne — concernent, pour un peu plus de la moitié, des vins d'appellation contrôlée. Ses importations concernent des vins de coupage, en provenance d'Italie, et des vins destinés à des usages industriels (vinaigres notamment). C'est aussi le pays le plus grand importateur de Porto.

Un tiers de la France se trouve au-delà de la limite septentrionale de la culture de la vigne à des fins commerciales, le climat y étant trop peu ensoleillé, trop froid et trop pluvieux pour y planter des vignobles. Cette limite s'est clairement tracée, au terme d'une douzaine

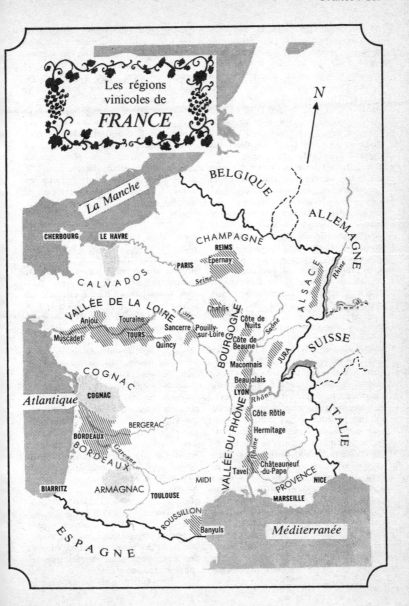

Les régions vinicoles de **FRANCE**

de siècles de tentatives et d'erreurs. Elle commence, sur la côte atlantique, près de Nantes, elle court parallèlement à la Loire, puis sur quelque 80 km vers le nord, elle englobe la Champagne et se prolonge à l'est vers la frontière luxembourgeoise, sur la Moselle. Au sud de cette ligne, sauf dans quelques régions montagneuses, on peut dire à coup sûr qu'il n'existe guère de ferme où l'on n'ait planté des vignes à l'une ou l'autre époque.

Ceci dit, la France est plutôt un pays de petits vignobles : peu nombreux sont ceux qui dépassent les 200 hectares. Dans certaines régions, des coopératives modernes permettent de mener les opérations sur une vaste échelle, mais le vin français est produit en majorité par des artisans et des paysans.

Une grande partie du vin fait l'objet d'analyses de la part de laboratoires officiels ou privés, qui donnent aux producteurs des conseils techniques pour la vinification et la conservation des vins. Car dans aucun pays la production du vin n'est soumise à des règles aussi strictes qu'en France. Ces règles, il est important de le rappeler, ont été fixées par les viticulteurs eux-mêmes et ratifiées par l'Etat. Toute la classification, précise et très complexe, des régions, villes et crus a été établie par les producteurs, et c'est la meilleure preuve de tout l'intérêt que portent ceux-ci à la qualité de leurs produits. Des lignes de démarcation bien délimitées ont été tracées — avec l'accord de toutes les parties — entre les grands vins, les bons vins et les vins ordinaires.

La plupart des meilleurs vins français ont reçu une appellation légale, l'*appellation contrôlée**, qui apparaît sur l'étiquette, sauf dans le cas du Champagne (où elle est jugée inutile). Cela signifie que le gouvernement français garantit l'origine de ces vins et leur

droit à porter leur nom ; toute infraction est considérée comme une fraude et sévèrement punie. C'est aussi, dans une certaine mesure, une assurance de qualité, puisque cette appellation ne peut apparaître que sur des vins issus de cépages spécifiques, de qualité supérieure, dans des régions déterminées et conformément à des lois qui interdisent la surproduction, les coupages impropres et tout ce qui est contraire à la tradition locale comme aux pratiques d'une bonne cave. Il existe près de trois cents appellations contrôlées (qui figurent toutes dans le présent ouvrage), plus un grand nombre de variantes et de formes combinées (Beaujolais*, Beaujolais supérieur, Beaujolais Villages, par exemple). Certaines, comme « Bordeaux », couvrent l'ensemble d'une région qui produit annuellement des centaines de milliers d'hectolitres, alors que d'autres, telles que « Château-Grillet » ou « Montrachet », sont limitées à la production d'un petit vignoble ou d'une seule exploitation. Seize vins mousseux, en plus du Champagne, se sont vus accorder l'appellation contrôlée ; il en va de même pour un nombre similaire de vins vinés, qui proviennent pour la plupart de la côte méditerranéenne et des Pyrénées orientales. Le reste est composé de vins de table, qui englobent les meilleurs vins français et pratiquement tous les plus connus : les Bourgognes*, les Bordeaux*, les vins des vallées du Rhône et de la Loire, ainsi qu'un petit nombre de vins du Jura, de Provence, etc.

Au-dessous de ceux-ci, nous trouvons quelque soixante *vins délimités de qualité supérieure* (V.D.Q.S.). Ces vins — tous repris dans cet ouvrage — sont également réglementés mais n'obéissent pas à des règles de délimitation et d'encépagement aussi strictes que les appellations contrôlées. Le sceau V.D.Q.S., qui ressemble à un timbre-poste, figure sur l'étiquette. Peu de V.D.Q.S. ont été exportés jusqu'ici, bien que certains soient de bonne et même d'excellente qualité (les vins de Savoie, par exemple) ; les plus connus sont probablement le rosé de Béarn, le Corbières*, le Minervois*. Viennent ensuite les « vins de Pays », produits selon certains critères de qualité et disciplines que doivent respecter les producteurs. Normes techniques, zone délimitée pour la production et dégustation avec délivrance du label par une commission sont autant de garanties qui font de ces vins des produits souvent de qualité.

Dans la catégorie suivante viennent des vins généralement consommés sur place, souvent intéressants et charmants, fréquemment vendus dans les auberges locales sous le nom de leur canton de provenance. Parmi les vins de consommation courante, devenus maintenant « vins de table » selon la réglementation du Marché commun, on distingue les *vins de pays*, qui sont présentés généralement sous un nom de département ou de zone fixée par décret. Cette réglementation nouvelle ne concerne guère, actuellement, que le Languedoc. Ces vins de pays n'ont pas, jusqu'ici, soulevé beaucoup d'intérêt auprès des consommateurs, en raison du peu de sévérité dans la réglementation de l'encépagement, et de l'absence de délimitation. Au bas de l'échelle vient le *vin ordinaire*. Seul son taux d'alcool — non sa provenance — doit apparaître sur l'étiquette. Il peut être, et est généralement coupé, mais il ne peut être mouillé. Lorsqu'il est vendu sous un nom de marque — Vin du Postillon, Vin des Rochers, Pampre d'Or, Préfontaine, par exemple —, il est appelé *vin de marque*.

Si, numériquement, la majorité des vins français sont communs ou médiocres, les meilleurs d'entre eux sont tout simplement incomparables : aucun vin rouge, aucun vin mousseux sur terre ne les surpasse ; et les blancs ne sont égalés, peut être, que par les vins les plus rares et les plus fins, mis en bouteille au domaine, de la Moselle et du Rhin.

Franconie (en allemand : Franken). Importante région viticole d'Allemagne, la Franconie couvre la haute vallée du Main, à l'est et à l'ouest de Wurzbourg. Les vins de Franconie se présentent dans une bouteille spéciale, ou *Bocksbeutel**. Ils proviennent du Sylvaner (chose assez curieuse, souvent le meilleur cépage dans cette région), du Riesling et d'un croisement de Müller-Thurgau et de Mainsriesling. Le nom du cépage figure habituellement sur les étiquettes, associé au nom de la ville d'origine et à celui du producteur. Principales villes vinicoles : Wurzbourg, Escherndorf, Iphofen, Randersacker, Rödelsee, etc. On exporte parfois ces vins comme Steinweine*, mais c'est un abus contraire à la loi, du moins faut-il l'espérer. Les principaux producteurs comprennent : l'Etat allemand, plusieurs institutions charitables et une demi-douzaine de familles nobles. A noter que quelques coopératives *(Winzergenossenschaften)* accomplissent actuellement de grands progrès.

Frangy. La Roussette de Frangy est un vin blanc de Savoie.

Franken Riesling. Nom donné parfois au Sylvaner, encore qu'il ne s'agisse pas expressément d'un véritable Riesling. → Franconie.

frappé. Se dit d'un vin qu'on sert rafraîchi. C'est le cas, notamment, des Champagnes, des mousseux et de certains vins blancs. Pour ce faire, on place la bouteille dans un seau à glace.

Frascati. Ville des monts Albains, au sud-est de Rome. Son vin blanc est le meilleur des Castelli Romani*. Très en faveur à Rome, il est plus souvent mis en bouteille pour l'exportation que la plupart des autres vins de la région. Sec, jaune or, corsé, titrant généralement 12 degrés, le Frascati est un vin de table agréable, encore qu'il manque de distinction.

Frecciarossa. Mot italien (litt. : flèche rouge). Nom commercial d'un bon vin de table originaire de Lombardie. → Casteggio.

Freisa. Cépage rouge italien, de qualité supérieure ; le vin qu'il donne est produit en Piémont, entre Turin et Casale Monferrato. Le Freisa de Chieri est particulièrement réputé.
Il existe toutefois sous ce nom deux vins très différents : le premier, qui retiendra davantage l'attention de l'amateur, est un vin rouge sec, fruité, souvent légèrement acerbe et assez rude quand il est jeune, mais toujours prêt à boire et qui, à l'âge de trois ans, développe un remarquable bouquet, assez spécial. Beaucoup plus populaire en Italie, mais rarement exporté, est le Freisa *abboccato** ou *frizzante** : ce vin, mis en bouteille assez tôt, est assez doux et mousseux ; il ne plaît pas à tout le monde, en dépit de son bouquet et de son fruité.

Friedrich Wilhelm Gymnasium. Ecole secondaire très réputée de Trèves, sur la Moselle (Allemagne), qui possède des vignobles très étendus et d'excellente qualité dans plusieurs communes de la Moselle et de la Sarre : Trittenheim, Graach, Zeltingen, Mehring, Oberemmel et Ockfen. Les vins, généralement mis en bouteille au domaine, portent sur leur étiquette la marque et le nom de l'école.

Fribourg. Canton de Suisse occidentale. Produit quelques vins, rouges et blancs, sans grand intérêt. → Faverges.

Friularo. Cépage rouge cultivé en Vénétie, dans la province de Padoue, et produisant un vin sans distinction, mais très populaire à Venise comme vin de table.

frizzante. Mot italien : se dit d'un vin pétillant. Ce léger dégagement de gaz carbonique provient d'une fermentation secondaire, après la mise en bouteille. Beaucoup de vins italiens, même rouges, sont mis en bouteille avant que la première fermentation soit complètement achevée : ils contiennent encore une certaine quantité de sucre naturel. Ces vins deviennent parfois légèrement piquants, « sifflants », et il arrive même qu'ils moussent quand on les sert ; la plupart restent assez doux. Les vins *frizzanti* de cette sorte sont très recherchés en Italie du Nord.

Fronsac. Petite région viticole du Bordelais, qui mériterait d'être mieux connue. Elle produit uniquement des vins rouges. La ville de Fronsac, dont elle tire son nom, est située sur la Dordogne, à l'ouest de Saint-Emilion et de Libourne. Les vignobles y sont plantés sur les collines escarpées qui surplombent la vallée verdoyante et singulièrement belle. Les meilleurs vignobles se trouvent dans la zone dite Canon-Fronsac. Côtes de Fronsac est une appellation inférieure. Les Canon-Fronsac et les Côtes de Fronsac sont des vins rouges charnus et doux ; ils rappellent un peu les vins de Pomerol, mais avec moins de race.

Frontignan. Ville située sur la Méditerranée, près de Sète. Elle a donné son nom à un vin de Muscat, doux et d'une couleur dorée. C'est le meilleur vin de liqueur français, d'une grande distinction et d'une classe réelle. Ces qualités, rares pour les Muscats, il les doit à la variété supérieure de cépage dont il provient : le Muscat doré de Frontignan. Habituellement viné, le Frontignan doit, selon la loi, titrer 15 degrés.

Fronton. L'appellation s'applique à des vins rouges et rosés d'intérêt local, produits aux environs de la ville du même nom, à 26 km de Toulouse. Ces vins se vendent sous le nom de Côtes du Frontonnais (AOC).

fruité. Se dit d'un vin dont la saveur rappelle le goût naturel du raisin. Presque tous les vins fins présentent du fruité dans leur jeunesse, à l'inverse des vins vieux. Le Beaujolais jeune a un fruité très agréable, ainsi que les meilleurs rosés, les vins d'Alsace, presque tous les vins allemands et, à un moindre degré, les meilleurs Rieslings, Sylvaners et Pinots de Californie.

Fuder. Mot allemand pour *foudre*. Tonneau de chêne en usage pour les vins de Moselle (Allemagne), d'une capacité habituelle de 1 000 litres.

Fuissé. Une des cinq communes (Saône-et-Loire) qui produisent le Pouilly-Fuissé*. Elle est située à l'ouest de Mâcon, dans le sud de la Bourgogne.

Funchal. Port et ville principale de l'île de Madère ; entrepôt des vins de Madère et port d'exportation.

Furmint. Cépage blanc de Hongrie, très réputé ; la principale variété produit le Tokay. Beaucoup d'autres vins hongrois proviennent toutefois du Furmint : Somlyoi Furmint, Badacsonyi Furmint, Pécsi Furmint, etc. (le premier terme indique la région ou la ville d'origine).

fût. Récipient de bois (du chêne, de préférence), de volume indéterminé, dans lequel le vin vieillit, est conservé et parfois vendu. Un fût est facilement maniable, un tonneau, de plus grande taille, l'est rarement.

futaille. Terme général qui s'applique à l'ensemble des fûts, tonneaux ou barriques en bois utilisés pour l'entreposage dans une cave. Ainsi, « 3 000 hl de futaille » signifie capacité mise à profit ou non, d'entreposer 3 000 hl ; l'expression *nouvelle futaille* désigne des fûts ou des barriques non encore utilisés.
Le bois qui convient le mieux à la conservation du vin est, et de très loin, le chêne ; le châtaignier le remplace parfois de façon acceptable, bien que les vins conservés en fûts de châtaignier ne se développent pas de la même façon, ou aussi rapidement. En Europe et en Amérique, on utilise de plus en plus des cuves en béton verré ou en métal, particulièrement pour les vins blancs et rosés.

Gaillac. Ville au bord du Tarn, affluent de la Garonne, au nord-est de Toulouse. Le vin blanc, qui autrefois y était toujours doux, est aujourd'hui devenu presque toujours sec. C'est un vin pâle, peu acide, qui manque de distinction. Il provient du cépage Mauzac, associé à une faible proportion de Loin-de-l'Œil. Il sert en partie à l'élaboration d'un vin mousseux.

Le vin rouge, naguère oublié, renaît depuis quelques années. C'est un vin fruité, assez corsé, coloré, produit par un encépagement complexe : Braucol, Négrette, Duras, Gamay, Syrah, Jurançon noir...

La production totale atteint 75 000 hl par an de vin à appellation contrôlée, mais celle du vin rouge augmentera beaucoup dans un proche avenir.

Gaillat (Domaine de). Petit vignoble de la région des Graves, près de Langon. Produit un vin blanc sec, pâle et plaisant.

gallisation, gallisage. Addition d'eau et de sucre au moût (avant la fermentation), afin de réduire l'acidité du vin fini et d'en augmenter la teneur en alcool — et aussi, occasionnellement, le volume. Cette opération, interdite dans beaucoup de pays (France, Portugal, Californie), se pratique, mais avec des restrictions, en Allemagne et dans certains pays à climat relativement froid.

Gamay. Excellent cépage rouge cultivé, presque à l'exclusion de tous les autres, dans le Beaujolais, sur un sol d'argile et de granit. Il donne souvent un meilleur vin que le Pinot noir. Plus au nord de la Bourgogne, sur un sol en général calcaire (comme en Côte-d'Or), le Gamay donne de moins bons résultats ; on l'y considère comme un cépage de seconde qualité et, légalement, il ne peut être planté dans les meilleurs vignobles, où le Pinot noir est le seul cépage autorisé. Certains vins, comme le Passe-Tout-Grain, proviennent d'un mélange des deux cépages qui fermentent ensemble.

Gard. Département français, qui s'étend de la vallée inférieure du Rhône jusqu'à l'Hérault et qui vient à la troisième place (après l'Hérault et l'Aude) dans la production totale de la France. Il fournit principalement du *vin ordinaire**. Toutefois quelques-uns des meilleurs rosés français proviennent du Gard, singulièrement d'une région proche du Rhône, et notamment de Tavel* et de Lirac*.

Garde (lac de). Le plus grand, et l'un des plus beaux lacs italiens. Au sud, on récolte une grande variété de vins (des rouges, des blancs et des rosés) qui présentent un air de famille. Il s'agit de vins peu alcoolisés (rarement plus de 12 degrés) et, dès lors, faciles à boire ; délicieusement frais et fruités quand ils sont jeunes, ils ne s'améliorent pratiquement pas en vieillissant. En un mot, d'excellents vins de carafe. La plupart de ces vins servent à la consommation courante des Italiens du Nord, des Suisses et des touristes. Depuis quelques années, certaines caves bien équipées mettent ces vins en bouteille pour l'exportation, avec succès d'ailleurs. Vendus relativement tôt, en tout cas avant trois ans d'âge, ces vins supportent bien le transport et ils peuvent se révéler aussi délectables à l'étranger, ou presque, que dans leur pays d'origine. Parmi les rouges, le meilleur est incontestablement le Bardolino*, proche du village de Garda, dont les vins en portent également le nom. Le meilleur blanc est sans doute le Lugana* produit au sud du lac et issu du Trebbiano*. Le rosé s'appelle Chiarello ou Chiaretto*. Mais on pourrait allonger cette énumération et y joindre les vins originaires de Moniga*, Padenghe, Polpenazze, etc. : ils méritent tous d'être connus.

Garganeca. Cépage blanc d'Italie. Associé à d'autres, il produit l'excellent vin blanc de Soave*.

Garonne. Importante rivière du sud-ouest de la France, qui prend sa source dans les Pyrénées espagnoles, près de Luchon, et qui coule jusqu'à Bordeaux, où elle s'unit à la Dordogne pour former la Gironde. Sur ses rives se trouvent les vignobles de Sauternes,

de Graves, de Cadillac, de Sainte-Croix-en-Mont, etc.

Gattinara. Magnifique vin rouge d'Italie, un des cinq ou six meilleurs du pays. Issu du même cépage distingué que le Barolo* et le Barbaresco* : le Nebbiolo*, il est produit dans une autre région du Piémont, soit aux environs de Gattinara, au sud-est du lac Majeur. C'est un vin corsé, lent à se faire, de longue vie, au bouquet léger et à l'arôme profond : un grand vin, qui peut rivaliser avec les meilleurs rouges du Rhône. La production étant réduite, il est difficile de trouver du Gattinara hors d'Italie.

Gau Algesheim, Gau Bickelheim, Gau Odernheim. Ces trois petites villes vinicoles de la Hesse rhénane (Allemagne) jouent un rôle important dans la production du Liebfraumilch, un vin plutôt ordinaire.

Gaudichots (Les). Ancien cru bourguignon renommé, situé au cœur de la meilleure zone de Vosne-Romanée. Il y a vingt ans, on a reclassé la production de ce vignoble, qui devint alors partie intégrante de La Tâche*, dont l'étendue et la production triplèrent de ce fait. Bien que Les Gaudichots n'existent plus en tant que vignoble indépendant, on en trouve encore souvent le nom dans des articles ou dans des livres traitant des vins de Bourgogne. Jadis il touchait à La Tâche par le nord et l'ouest ; le petit vignoble réputé de la Grand-Rue le séparait de Romanée-Conti.

Gavi. Vin blanc sec du Piémont, un des meilleurs d'Italie. Produit (cépage Cortese*) aux alentours de la commune du même nom. C'est un vin pâle, léger, frais, qu'il faut boire jeune. Il se présente d'habitude dans des bouteilles de type alsacien.

gazéifié. Un vin rendu mousseux, mais non par l'ancienne et coûteuse méthode champenoise, ni même par la méthode de la cuve close, plus rapide, moins chère et assez valable. Du CO_2 (dioxyde de carbone) est simplement envoyé sous pression dans le vin. Lequel tendra à perdre rapidement son pétillement. Un vin gazéifié contient de grosses bulles, très différentes de la *mousse* crémeuse du bon Champagne. Un tel vin n'est jamais bon et ne vaut jamais son prix.

Gazin (Château). Premier cru de Pomerol. Il donne un vin rouge corsé et de bonne qualité.
Il existe aussi à Léognan, dans la région des Graves, un Château Gazin, de beaucoup moins d'importance.

Geisenheim. Importante ville viticole de Rheingau, dont le vignoble s'étend sur 200 hectares environ, presque entièrement plantés de Riesling. Dans les grandes années (1893, 1945 et 1959) les vins de Geisenheim sont d'une qualité remarquable : très fruités et racés. Les meilleurs *Lagen* : Rothenberg. Maüerchen, Katzenloch, Lickerstein, Klauserweg, Mönchpfad, Altbaum, Morschberg, etc.
Geisenheim doit peut-être une plus grande renommée encore à son école de viticulture, la *Lehr-und-Forschungsanstalt für Wein-, Obst- und Gartenbau,* une des plus grandes du monde.

gelée. Les meilleurs vins du monde se récoltent à la limite septentrionale de l'aire de culture de la vigne, ce qui explique que la gelée constitue le souci majeur de la plupart des viticulteurs.
Le risque de gelée existe théoriquement en France et en Allemagne pendant une période de six semaines (du 1er avril jusqu'après les Saints de glace, le 15 mai). A noter toutefois que, le 28 mai 1961, les vignobles de Pouilly-

Fumé (Loire) eurent à souffrir de la gelée la plus dévastrice jamais enregistrée. D'un autre côté, si on estime généralement qu'en hiver les vignobles se trouvent à l'abri de la gelée, on se rappellera qu'en février 1956, Saint-Emilion et d'autres districts du Bordelais subirent un véritable désastre, des températures négatives (jusqu'à −15° et −17 °C) succédant, pendant trois semaines, à une suite de journées chaudes : plusieurs milliers d'hectares furent entièrement détruits dans le Sud-Ouest.
Il suffit d'une gelée de trois ou quatre degrés sous zéro, et même plus faible s'il y a de l'humidité dans la vigne, au cours des semaines critiques, pour anéantir en tout ou en partie la récolte de l'année. Dans bien des cas, les dégâts compromettent la récolte de l'année suivante. Dans certaines régions septentrionales (Chablis, Moselle, Loire), un nombre croissant de viticulteurs recourent à l'arrosage, ou réchauffent l'atmosphère au moyen de poêles à mazout. Ces procédés, qui ne donnent pas entière satisfaction et qui restent très coûteux, se révèlent néanmoins efficaces. A Chablis, en 1960, seuls les viticulteurs qui se servirent de poêles à mazout récoltèrent des raisins vraiment mûrs.

généreux. Terme de dégustation. Se dit d'un vin riche en alcool, corsé, bien constitué et chaleureux : le Châteauneuf-du-Pape ou le Chambertin, par exemple.

Genève. Le canton de Genève, qui entoure la capitale de la Suisse romande, compte quelques petits vignobles, produisant un vin blanc, du genre d'un Neuchâtel léger.

gentil. Se dit en Alsace d'un cépage d'élite, ou *plant noble.* Les vins qui portent ce label proviennent souvent de cépages nobles cultivés et récoltés ensemble. → Edelzwicker.

geropiga. Jus de raisin frais qu'on réduit par évaporation jusqu'à obtenir un sirop qui, additionné aux Portos de qualité inférieure, leur donne plus de corps et de douceur. → Pineau.

Gers. Département du sud-ouest de la France, dont la production de vin ne présente que peu d'intérêt, si ce n'est pour la fabrication de l'Armagnac. On y produit quelques vins de pays rosés, agréables, et des vins blancs, mais aucun ne justifie une mention.

Gevrey-Chambertin. Commune viticole célèbre dans le monde entier, située à 12 km au sud de Dijon (Bourgogne). Ne produit que des vins rouges. Comme souvent dans la Côte-d'Or*, le nom de la commune se trouve associé à celui de son climat le plus réputé, Chambertin*. Les vins les plus remarquables ne portent toutefois pas le nom de Gevrey. Le Gevrey-Chambertin est un vin équilibré, de qualité secondaire, récolté dans les moins bons vignobles. Le Gevrey-Chambertin premier cru, ou le Gevrey-Chambertin suivi du nom d'un climat (Gevrey-Chambertin-La Combe-aux-Moines) appartiennent à une tout autre classe. Citons de très grands crus, sans rivaux : Latricières-Chambertin, Charmes-Chambertin (ou Mazoyères-Chambertin), Mazis-Chambertin, Griotte-Chambertin, Ruchottes-Chambertin et Chapelle-Chambertin. Notons que le Clos Saint-Jacques, encore qu'il ne s'agisse pas officiellement d'un grand cru, atteint la qualité de ces derniers. Les vins qui portent les appellations Chambertin ou Chambertin-

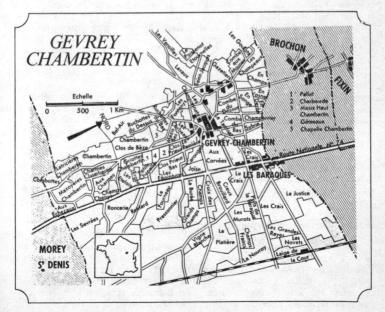

Clos de Bèze restent les meilleurs.

Gewächs. Mot allemand : *cru*. Dans un catalogue ou sur une étiquette, ce mot est d'habitude suivi du nom du producteur. Il indique en général, mais non obligatoirement, une mise du domaine. → *Wachstum, Original-Abfüllung.*

Gewürztraminer. Excellent cépage, peu courant : c'est une sélection du Traminer*. Le Gewürztraminer est très largement cultivé en Alsace, en Allemagne et dans le Tyrol. Ce cépage, de rendement assez faible et d'une teinte rosâtre, donne un vin blanc très spécial, épicé et moelleux, que certains amateurs estiment presque trop parfumé. Toutefois, il atteint en Alsace des prix plus élevés que le Riesling.

Ghemme. Excellent vin rouge d'Italie (cépage Nebbiolo*) produit dans les environs du village de Ghemme, au sud du lac Majeur, dans la province de Novare (Piémont).

Gien. Ville de la Loire, en amont d'Orléans. On y produit des vins du pays, agréables et légers, rouges, blancs et rosés. On récolte sur des coteaux tout proches, dits Côtes de Gien. Ces vins portent le label V.D.Q.S.

Gigondas. Vin rouge et rosé de la vallée du Rhône, originaire des environs de Gigondas, au pied du mont Ventoux*. Le rouge est en général meilleur que le rosé : c'est un vin corsé, plutôt riche en alcool (il titre souvent 13 degrés), fin et qui rappelle un Châteauneuf-du-Pape de qualité moyenne. Le rosé, agréable dans sa jeunesse, tend à madériser. Ces vins portent l'appellation Côtes-du-Rhône-Gigondas. Ils se présentent souvent dans des bouteilles trapues, au long col, comme celles qu'on utilise parfois pour le Porto.

Giro. Vin de dessert rouge, du type d'un Porto léger, originaire de Cagliari (Sardaigne).

Gironde. Département français, le plus important par sa production de vins fins, vu qu'il comprend pratiquement tout le Bordelais. On donne également le nom de Gironde à l'estuaire formé par la Garonne et la Dordogne. Les vignobles du Médoc s'étendent sur la rive gauche de la Gironde, ceux de Bourg et de Blaye sur la rive droite.

Giscours (Château). Troisième cru classé de Labarde-Margaux (Haut-Médoc) ; donne un Bordeaux fin et délicat. Assez négligé pendant plusieurs années, le Château-Giscours retrouve son ancienne prééminence.

Givry. Une des bonnes communes — et l'une des moins connues — de la Côte chalonnaise. La production en comprend plus de rouges que de blancs. → Mercurey, Montagny, Rully.

Glacier (vin du). Vin blanc curieux, assez agréable mais presque toujours amer, originaire d'une haute vallée alpine, aux environs de Sierre, dans le canton suisse du Valais.

Glögg. Boisson suédoise traditionnelle que l'on consomme par temps froid. Sorte de vin chaud épicé, à base d'*aquavit*, servi dans des tasses ou des verres qui contiennent des amandes et des raisins.

Gloria (Château). Dans la commune de St Julien en Médoc. Appartient à M. Henri Martin qui fut en 1956 Président du Comité interprofessionnel des vins de Bordeaux (C.I.V.B.) et toujours Grand Maître de la Commanderie du

Bontemps de Médoc et des Graves. Cru bourgeois, il mériterait appartenir à la famille des Grands Crus Classés tant la qualité de ses vins est parfaite et régulière. Domaine de 44 ha produisant, environ 200.000 bouteilles.

glycérine ou glycérol. Provient de la fermentation des sucres, pendant la fermentation alcoolique. Sa formule chimique : $CH_2OH-CHOH-CH_2OH$, c'est donc un trialcool. La teneur dans les vins varie de 6 à 10 g/litre. Ce taux peut augmenter avec la richesse en sucre du moût, la dose de SO_2 apportée et l'état sanitaire du raisin. La saveur du glycérol est sucrée contribuant à donner du moelleux au vin.

gobelet. Méthode de taille appliquée à la vigne conduite surtout dans le midi de la France. Les ceps ont des troncs courts, trois ou quatre bras d'environ 20 à 50 cm porteurs de coursons à 2 yeux. L'ensemble forme un gobelet.

goût. Impression produite par les vins sur les organes du goût. Les vins peuvent en effet présenter une saveur particulière, agréable ou désagréable (ceci étant le cas le plus fréquent, voir articles suivants). Certains vins présentent un goût de violette, de framboise, etc., qui flatte le palais.
En ce qui concerne les Champagnes, on parle de goût *américain* pour désigner un Champagne plutôt doux, et de goût *anglais* pour désigner un Champagne très sec.

goût de bois. Terme de dégustation, s'applique au vin de table. C'est le goût d'un vin qui a été conservé trop longtemps dans du chêne et qui a pris l'odeur et la saveur du bois.

goût du bouchon. Saveur désagréable, due à un bouchon de mauvaise qualité. On dit aussi : vin *bouchonné*.

goût de cuit. Saveur désagréable résultant de l'oxydation au contact de l'air, à des températures voisines de 100 degrés, d'éléments végétaux, de tanins, etc. Egalement, goût de brûlé que présentent les vins additionnés de moût concentré.

goût de goudron. Terme de dégustation. Saveur particulière, mais point désagréable, qu'acquièrent en vieillissant certains vins rouges corsés. Le goût de goudron est une caractéristique fréquente des grands vins rouges issus de raisins fort mûrs.

goût de lessive. Terme de dégustation. Saveur désagréable d'un vin plat, faible en acide et peu engageant.

goût de levure, goût de lie. Terme de dégustation. S'applique presque exclusivement à un vin jeune en fût, qui garde l'odeur des levures, de la fermentation ou des lies. Ce n'est pas un défaut grave ; certains connaisseurs de Muscadet et de vins suisses considèrent cela comme une qualité, et préfèrent leur vin avec ce goût de lie. En tout cas, celui-ci disparaîtra généralement dès que le vin aura été transvasé d'un fût dans un autre, abandonnant ainsi le dépôt ou la lie.

goût de moisi. Provient de ce que le vin a été logé dans un récipient de bois mal entretenu ou moisi.

goût de noix. Saveur particulière, rappelant la noix, que donnent au vin les levures utilisées pour la fabrication des vins jaunes (Château-Chalon) et des Sherrys.

goût de pierre à fusil. Saveur de terroir, propre à certains vins, et qui rappellerait l'odeur du silex frotté sur le briquet. On emploie cette expression aussi bien pour des vins provenant de terrains siliceux que pour d'autres, comme le Chablis et le Sancerre, qu'on obtient sur des sols argilo-calcareux.

goût de pourri. Odeur et goût déplaisants que la pourriture communique généralement (mais pas toujours) aux raisins et au vin qu'ils produisent. Beaucoup plus fréquent chez les vins rouges que chez les blancs, puisque la pourriture attaque tout d'abord la peau et que les raisins rouges fermentent avec leur peau. A l'origine de ce phénomène, il peut y avoir une grêle précédant immédiatement la récolte ou, plus souvent, un temps chaud et humide pendant la maturation. → *Botrytis cinerea.*

goût de raisin. Un vin devrait avoir un goût de vin et non de raisin frais. Mais certains raisins semblent toujours communiquer leur saveur particulière aux vins qu'ils produisent : le Muscat et le Concord par exemple (et à un moindre degré, beaucoup de variétés orientales). Manquant de subtilité, d'une saveur trop prononcée, ces vins ne sont jamais fort estimés par les connaisseurs. On s'en lasse vite.

goût de rancio. Saveur particulière à certains vins (notamment des vins vinés) du midi de la France (le Banyuls) d'Espagne, d'Italie (le Marsala) et du Portugal (le Madère et le Porto Tawny). Cette saveur provient de la madérisation au cours du vieillissement en fût.

goût de renard. Saveur propre aux vins issus de cépages américains ou de leurs hybrides. On dit aussi : *vin foxé.*

goût de terroir (en allemand, *Bodengeschmack*). Goût spécial, assez curieux, que certains sols tendent à communi-

quer aux vins qu'ils produisent. S'il est trop prononcé, ce goût peut être extrêmement désagréable ; et il est généralement la marque d'un vin grossier, produit peut-être à partir des meilleurs cépages, mais sur un sol lourd et alluvial. Ce goût est facile à reconnaître, mais presque impossible à décrire. Certains sols très caillouteux donnent des goûts de terroir proches du goût de bouchon ou du goût de moisi.

governo, governo alla toscana. Méthode de vinification d'usage courant dans le pays du Chianti. Elle contribue dans une large mesure à donner à ce vin son goût particulier et son caractère. Environ dix pour cent des raisins récoltés (en général ceux des variétés les plus rares : Cannaiolo, Mammolo, Colorino, etc.) sont soustraits au foulage et mis à sécher dans des plateaux de paille. A la fin de novembre, ils sont mélangés et mis à fermenter ; la fermentation une fois commencée, on les ajoute au Chianti déjà fermenté. Les cuves sont alors fermées avec un couvercle muni d'une valve, de façon que le CO_2 (anhydride carbonique) puisse s'échapper ; les cuves restent dans cet état jusqu'au printemps. Il se produit de ce fait une fermentation secondaire assez lente, de telle sorte que le vin fini se présente légèrement pétillant et laisse une impression de fraîcheur, un léger piquant.

Goxwiller. Village du nord de l'Alsace. Produit de bons vins et de remarquables alcools de fruits : kirsch, mirabelle, framboise. Principal distillateur : Alfred Hess.

Graach. Ville allemande réputée, sur la rive droite de la Moselle moyenne, entre Bernkastel et Wehlen. Ses vignobles s'étendent sur 100 hectares environ. Les vins de Graach sont admirables. Gais et parfumés, peut-être un peu trop légers, moins puissants en tout cas que ceux de Wehlen, ils les égalent en distinction. Parmi les meilleures parcelles : Himmelreich, Domprobst, Stablay, Abstberg, Goldwingert, Münzlay, et le Josephshof, propriété voisine de Wehlen et qui appartient à la famille Kesselstatt : les vins de ce vignoble se vendent sous le nom de Josephshöfer, et non point sous celui de Graacher.

Grâce de Dieu (Château La). Excellent cru, peu étendu, de la région de Saint-Emilion. Il mériterait d'être mieux connu.

Gragnano. Vin rouge italien moelleux, léger, fruité et très agréable, mais pas très sec, originaire des environs de Pompéi.

grand. Se dit d'un vin qui ne présente aucun défaut : un vin équilibré et d'une réelle distinction. Les grands vins représentent moins d'un pour cent de la production mondiale. Il ne sont jamais bon marché, mais ils valent leur prix. → Grand vin.

grand cru. Expression indiquant une supériorité de qualité, liée à un terroir (Chablis grand cru), ou constatée, après contrôle, par dégustation des vins d'une appellation déterminée (Saint-Emilion grand cru, Banyuls grand cru, Alsace grand cru).

grands crus classés. Châteaux de Médoc et de Sauternes classés en 1855 lors de l'Exposition Universelle de Paris représentatifs de la meilleure qualité de l'ensemble de la production de ces deux régions. En 1953 on classe des grands crus classés dans les Graves, puis en 1955, dans le St Emilion.
Aujourd'hui, une loi protège ces grands crus classés en les limitant à leur nombre et à la région de Bordeaux.

grand ordinaire. Classe supérieure dans l'échelle des vins courants. « Bourgogne grand ordinaire » est une appellation contrôlée.

Grand Pontet (Château). Un des nombreux premiers crus de Saint-Emilion.

Grand-Puy-Ducasse (Château). Cinquième cru classé de Pauillac (Médoc) : un vin rouge franc et agréable.

Grand-Puy-Lacoste (Château). Cinquième cru classé de Pauillac (Médoc), un des plus importants et des plus constants de sa catégorie.

Grand Roussillon. Appellation des Pyrénées-Orientales (région de Perpignan) englobant Rivesaltes, Maury et Banyuls, et concernant des vins de liqueur élaborés par mutage à l'alcool. Les moûts doivent titrer au moins 14° en puissance (252 g de sucre par litre). Après addition de 5 à 10 pour cent d'alcool, les vins doivent présenter une richesse alcoolique d'au moins 15°. Ils proviennent essentiellement du Grenache blanc, gris ou noir et du Maccabeo.

grand vin. Cette expression, dépourvue de statut légal, s'emploie abusivement ; elle ne constitue aucune garantie valable de qualité. → Grand.

grande réserve. Expression qui n'avait de statut légal qu'en Alsace, où elle a été remplacée par « grand cru ». Les producteurs, les éleveurs et les négociants l'emploient pour désigner prétendûment la qualité supérieure de leurs produits, mais il peut s'agir aussi bien d'une simple boutade : tout dépend de la probité commerciale du producteur.

Grande Rue (La). Remarquable vignoble, peu étendu, qui forme comme un couloir (d'où son nom) à travers le cœur de Vosne-Romanée. Il donne un vin absolument étonnant. Ses vignes anciennes produisent une quantité infime d'un vin sans égal, même comparé aux grands crus de Romanée-Conti, Richebourg ou La Tâche.

Grands-Échézeaux. Grand cru de la Côte-d'Or (Bourgogne). Les Grands-Echézeaux se situent au nord du Clos de Vougeot et touchent au nord au Musigny. On ne conçoit pas de meilleure situation. Le vignoble, qui s'étend sur 9 ha, donne un magnifique Bourgogne de type classique, plus plein, plus riche et plus distingué que celui des Echézeaux* : à coup sûr, l'un des vingt meilleurs vins rouges de la Côte-d'Or.

gras. Terme de dégustation qui désigne un vin charnu, moelleux et souple. Un vin gras n'est ni âcre ni vert, encore qu'il puisse être léger.

Graves. Le mot est apparenté à « graviers ». On rencontre ce nom associé à ceux de différentes régions du Bordelais (voir plus bas). Employé seul, il désigne la région qui s'étend à l'ouest

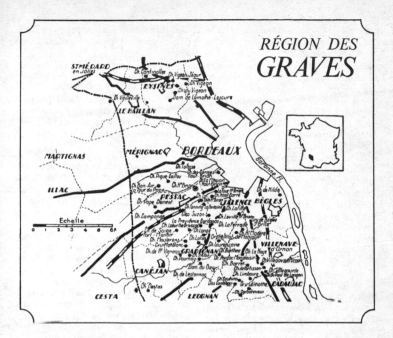

RÉGION DES *GRAVES*

et au sud de Bordeaux, le long de la rive gauche de la Garonne. La production des Graves s'élève, dans les années normales, à plus de 65 000 hectolitres, dont près d'un quart en rouges et le reste en blancs. L'appellation « Graves supérieur » s'applique exclusivement aux vins blancs de qualité au moins moyenne, ainsi que supérieure. Mais les meilleurs Graves rouges atteignent des prix supérieurs à ceux des blancs les plus fins. La plupart des Graves rouges portent, plutôt que l'appellation générique, le nom d'un château. Quoique exclus (hormis le Château Haut-Brion) du classement de 1855, les châteaux des Graves sont actuellement classés — en partie du moins —, encore que le bien-fondé de ce classement soulève certains problèmes.

Les meilleurs Graves rouges viennent des communes de Pessac, Léognan, Martillac et, singulièrement des châteaux Haut-Brion et de la Mission-Haut-Brion, de Pape-Clément, Haut-Bailly, Chevalier, Malartic-Lagravière, Smith-Haut-Lafitte, etc. Plus proches par leur caractère des Médocs que des Saint-Emilions ou des Pomerols, ils vieillissent très bien mais, à de rares exceptions près, ils ont moins de distinction ; ce sont des vins moins « classiques » que leurs pairs du Médoc. On a dit fort justement que les Graves, comparés aux Médocs, sont comme les épreuves moins nettes et moins claires d'un même négatif.

Les meilleurs Graves blancs viennent principalement de la commune de Léognan et secondairement de Talence, Pessac, Martillac, Cadaujac, etc. Ce sont des vins secs, en dépit d'un certain moelleux. Etant plus légers et plus secs, ils ont souvent plus de qualité dans les années passables ou médiocres que dans les grandes années des rouges. Citons les meilleurs crus : Domaine de Chevalier, Laville-Haut-Brion, Pontac-Montplaisir, Carbonnieux, Olivier, Bouscaut, etc. Toutefois beaucoup d'autres domaines, moins fameux, produisent des vins de qualité, notamment plusieurs domaines des environs de Langon, à la frontière méridionale des Graves. Le rare vin blanc du Château Haut-Brion — du moins est-ce l'avis de l'auteur — présente souvent un degré alcoolique trop élevé et se classe, en qualité, au-dessous de certains crus cités plus haut.

La région des Graves englobe officiellement les trois communes de Cérons, Podensac et Illats, voisines de Barsac. Elles produisent des vins jaune or, plutôt doux, de bon lignage mais qui rappellent bien plus les Sauternes que ce qu'on s'attend à trouver sous l'appellation de Graves. Ces vins portent habituellement l'appellation de Cérons*.

Les Graves blancs proviennent du Semillon et du Sauvignon, la proportion de ce dernier étant importante dans les meilleurs crus, mais ne dépassant pas 50 %. Les Graves rouges proviennent des cépages de Cabernet* et en outre du Merlot, du Petit Verdot, etc.

On trouvera, à leur place alphabétique, les communes et les châteaux des Graves.

Graves-Saint-Emilion. Ce n'est pas une appellation légale, mais une expression courante et justifiée pour désigner, en rapport avec la région officielle de Saint-Emilion, la haute plaine graveleuse située au nord des collines qui surplombent la Dordogne. Les vins de Graves - Saint - Emilion présentent au moins la même qualité que ceux de Saint-Emilion. Citons les châteaux Cheval-Blanc, Figeac, Grand Corbin, etc.

Graves de Vayres. District secondaire du Bordelais, dans l'Entre-Deux-Mers, sur la rive gauche de la Dordogne, non loin de Saint-Emilion. Vins blancs doux de qualité ordinaire, exportés en Allemagne ; rouges de qualité moyenne.

Grèce. La Grèce est un important pays viticole, dont la production est trois fois plus importante que celle de l'Allemagne. Elle exporte de grandes quantités d'excellents raisins secs, notamment ceux du cépage Corinthe noir. La Grèce exporte aussi de grandes quantités de vins doux vinés, en fût, principalement à destination de la Suisse, de Malte et de l'Europe septentrionale. Certains d'entre eux — le Muscat de Samos et les vins produits dans plusieurs régions à partir du cépage Mavrodaphné — sont de grande qualité, étant entendu qu'il ne s'agit pas de vins exceptionnels. Beaucoup de vins de table, sinon tous, sont parfumés à la résine de pin *(retsina)*, ce qui déplaît à beaucoup de personnes, peu accoutumées à cette saveur fort spéciale, rappelant la térébenthine. Toutefois les touristes peuvent trouver actuellement des vins très acceptables. Les meilleurs (qu'on ne voie pas ici un grand éloge) viennent du Péloponnèse (Achaïe, Arcadie, Messénie) et des îles (Céphalonie, Leucade, Corfou, Zante, Santorin, etc.). Comme il faut s'y attendre dans ce climat chaud, la plupart des vins sont fort alcoolisés et dépourvus de finesse.

Greco di gerace. Vin blanc italien réputé, mais non toujours en raison de sa qualité. Originaire de l'extrémité de la Calabre, non loin du détroit de Messine.

greffage. Méthode de reproduction de la vigne utilisée depuis la phylloxera (reproduction non sexuée). Cette pratique consiste à fixer un greffon (cépage) sur un porte-greffe d'origine américaine (Rupestris, Riparia, Berlandiéri...). On greffe en fente, à l'anglaise... plutôt que d'autres méthodes. Elles sont plus pratiques à adapter à la vigne.

grêle. Un des principaux fléaux qui frappent les vignobles. Aucun pays, pour ainsi dire, n'échappe aux tempêtes de grêle, qui causent des dégâts variables suivant leur violence : en quelques minutes, la grêle peut détruire la récolte de l'année, et même affecter celle des années suivantes. Une grêle même légère peut laisser des traces pendant la maturation des raisins, car les grappes blessées donnent un vin (c'est surtout vrai pour le rouge) qui a un *goût de grêle*, décelé sans difficulté par un expert : il s'agit d'une légère pointe de pourriture dans un vin par ailleurs sain.

Grenache. Cépage très productif et de bonne qualité, très répandu dans le midi de la France, dans la Rioja où on le connaît sous le nom de Garnacha, et en Californie. Le Grenache entre dans l'élaboration du Châteauneuf-du-Pape. Il produit également, mais selon un autre procédé de vinification, le vin de dessert de Banyuls, doux et vigoureux, ainsi qu'un Porto californien de qualité supérieure. Les meilleurs vins issus du Grenache sont en général des rosés, notamment le Tavel*, certains vins de la vallée du Rhône et l'excellent Grenache rosé de Californie. Il existe des variétés de Grenache blanc et gris, très cultivées dans le Roussillon.

Grignolino. Excellent cépage rouge italien. Le vin qu'il produit, également appelé Grignolino, provient du Monferrato*, région montagneuse du Piémont, au nord d'Asti. S'il est authentique et de bonne qualité, le Grignolino est un vin intéressant, mais peu courant. D'un caractère et d'un goût assez particuliers, c'est ce qu'on appelle un vin *tuilé*, c'est-à-dire un vin rouge montrant une robe décolorée, d'un rouge plutôt orangé. Le Grignolino donne une impression de légèreté, bien qu'il soit souvent assez riche en alcool (13-14 degrés). Son bouquet est presque toujours sans défaut.

Grillet. → Château-Grillet.

Grinzing. Faubourg de Vienne. Produit plusieurs vins blancs secs, fruités, qui comptent parmi les plus agréables d'Autriche. Principaux cépages : Veltiner, Riesling et Sylvaner. Encore que plusieurs vins supérieurs de Grinzing soient exportés, la plus grande partie de la production est consommée dans l'année, comme vin ouvert, dans les tavernes locales.

Griotte-Chambertin. Un des grands crus de Gevrey-Chambertin : 2 ha 70 a. Remarquable Bourgogne rouge.

Gropello. Cépage italien qui concourt à l'élaboration de vins rouges moyens du lac de Garde*, ainsi que du Chiaretto*.

Groslot. Cépage rouge de bon rendement et de qualité généralement médiocre pour les vins rouges, mais bonne pour les rosés. Largement cultivé dans la vallée de la Loire, où il donne pour une bonne part le rosé d'Anjou, vin demi-sec assez commun et peu coûteux. L'Anjou rosé issu du Cabernet franc — un cépage de loin supérieur — porte l'appellation de Cabernet d'Anjou. Plus à l'est, en

Touraine, le Groslot donne également des vins rosés de carafe.

Gros Plant. Nom donné au cépage Folle-Blanche et au vin frais, léger et acide qui en est issu et qu'on produit aux environs de Nantes, près de l'embouchure de la Loire. Il porte le label V.D.Q.S.

grossier. Un vin grossier ressemble à une personne grossière : sans doute honorable et saine, mais pas très intéressante et certainement pas très amusante. Un tel vin peut être sec, corsé et posséder d'autres qualités. Il devrait, sans aucun doute, être très bon marché.

Gruaud-Larose (Château). Second cru classé de Saint-Julien (Haut-Médoc). Un des plus grands vignobles du Bordelais, Gruaud-Larose consistait, jusqu'au début de la guerre 1940-1945, en deux domaines distincts : Gruaud-Larose-Sarget et Gruaud-Larose-Faure. Depuis leur réunion, le vin qu'ils produisent est l'un des meilleurs et des plus populaires de Saint-Julien.

Grumello. Un des meilleurs vins rouges de Valtellina* (Italie). On le produit, à partir du cépage Nebbiolo, aux environs de Sondrio, village situé non loin de la frontière suisse.

Guebwiller. Un des meilleurs villages viticoles de l'Alsace méridionale.

Guiraud (Château). Premier cru classé de Sauternes. Le vignoble principal, situé non loin d'Yquem, donne un vin comparable, quoique un peu moins distingué.

Gumpoldskirchen. Ville vinicole d'Autriche, la plus connue du pays. Avec celles de la région de Wachau (Loiben, Krems, Dürnstein), elle compte sans aucun doute parmi les plus réputées. Ses vins blancs légers, pâles, parfumés et fruités sont depuis plusieurs générations très recherchés par les Viennois. Les vignobles se trouvent à moins d'une heure de voiture de Vienne, vers le sud. Bon nombre des vins de Gumpoldskirchen vendus en bouteilles portent un nom de cépage : Veltiner, Riesling, Gewürztraminer, Rotgipfler, etc. Certains portent la mention *Spätlese* ou *Auslese* et, à l'occasion, le nom du village. Très peu d'entre eux méritent d'être qualifiés d'extraordinaires mais presque tous sont frais, francs de goût, attrayants et de grand intérêt.

Guntersblum. Importante ville viticole de la Hesse rhénane ; elle compte près de 400 hectares de vignobles, la plupart plantés de Sylvaner. Ils produisent des vins de bonne qualité, mais sans distinction. Ils se vendent en général sous l'appellation de Liebfraumilch.

Gutedel. Nom allemand du Chasselas (en Suisse : Fendant). Cépage de haut rendement mais de médiocre qualité. Ce nom de Gutedel (*gut* : bon ; *edel* : noble) lui convient assez mal si l'on en juge par le vin qu'il produit, lequel n'est ni noble — il s'en faut de beaucoup —, ni de bonne qualité. C'est le cépage principal du Markgräflerland, dans le Bade méridional, où il donne un *Schoppenwein* (vin de carafe) léger et passable.

Guyot. Docteur français qui a donné son nom à une méthode de taille (Guyot simple ou Guyot double) appliquée dans de nombreux vignobles (Bourgogne, Champagne, Bordelais...) sur espalier. Elle consiste à tailler sur un courson (ou cot), bout de sarment à 2-3 yeux (bourgeons) et un ou deux sarments à 5-6 (ou plus) bourgeons, appelé aussi cordon.

Haardt. Chaîne de montagnes du Palatinat rhénan (Allemagne). Les versants inférieurs sont couverts de vignobles qui ont fait la réputation de la région. Surplombant la vallée du Rhin, large et fertile, le Haardt est comme la prolongation septentrionale des Vosges françaises ; depuis Schweigen, à la frontière française, il s'étend au nord sur environ 80 km. Les meilleurs vins du Palatinat viennent du Haardt central (*Mittel-Haardt*) ; c'est là qu'on trouve les célèbres villes vinicoles de Deidesheim, Forst, Ruppertsberg, Wachenheim, Dürkheim, etc. L'*Ober-Haardt*, au sud, et l'*Unter-Haardt*, au nord, produisent en grande quantité des vins de qualité moindre.

En Alsace, *la Haardt* est le terrain formé par les alluvions caillouteuses et sèches que déposent les torrents descendant des Vosges. On connaît surtout la Haardt de Colmar et celle de Scherwiller, qui sont très viticoles.

Halbstück. Fût d'une capacité de 600 litres, d'usage en Rheingau. *Stück* signifie pièce ; *Halbstück*, demi-pièce. En effet, il existe, sous le nom de *Stück*, des foudres de 1 200 litres ; mais c'est assez rare. Lorsque les vins du Rhin sont vendus en fût, un *Halbstück* est censé contenir 800 bouteilles de vin fini.

Hallgarten. Importante ville viticole de Rheingau. Environ 150 hectares de vignobles. Comme Rauenthal et Kiedrich, c'est un village de montagne, situé à une certaine distance du Rhin. Les meilleurs vignobles (Schönhell, Mehrölzchen, Deutelsberg, Hendelberg, Jungfer) se trouvent à proximité immédiate du Steinberg. Les vins de Hallgarten — les plus corsés de Rheingau — sont délicats et fruités, du moins dans les bonnes années. Principaux producteurs : le prince Löwenstein, Engelmann et trois coopératives.

Haro. Petite ville de la vallée supérieure de l'Ebre (Espagne) ; c'est le centre principal du commerce des vins de la Rioja. Au tournant du XIXe siècle, alors que le phylloxéra frappait le Bordelais tout en épargnant l'Espagne, une centaine de vignerons français et leurs familles vinrent s'y fixer. Plusieurs *bodegas** de Haro, ainsi que de nombreuses traditions et méthodes vinicoles remontent à cette brève période de prospérité.

Harslevelu. Cépage blanc de Hongrie. Associé au Furmint et au Muscat, il donne le Tokay.

Hattenheim. Village de Rheingau, qui produit des vins exceptionnels. Le vignoble, d'une superficie de 190 ha environ, comprend une partie de Marcobrunn* et le célèbre Steinberg ; toutefois les vins issus de ces deux climats *(Lagen)* ne se vendent pas sous le nom de Hattenheim, mais portent le nom du vignoble. D'autres climats produisent des vins un peu plus légers, mais dans l'ensemble aussi remarquables, et plus délicats : Nussbrunnen, Wisselbrunnen, Mannberg, Engelmannsberg, Willborn, Hassel, Weiher, etc. Principaux producteurs : le comte von Schönborn, le chevalier Langwerth von Simmern, le château de Reinhartshausen et le *Staatsweingut* ou domaine de l'Etat.

haut. Cet adjectif est rarement l'indication d'une qualité supérieure : le Bas-Armagnac, par exemple, produit une eau-de-vie bien meilleure que celle du Haut-Armagnac. Le terme peut indiquer l'altitude ou, plus souvent, l'amont d'un cours d'eau. La confusion peut naître de ce qu'en France et dans le monde entier, les coteaux et les régions montagneuses produisent de meilleurs vins que les terres basses et les plaines. Cependant il s'agit ici d'une large généralisation, et non d'une règle.

Haut-Adige. Partie septentrionale du bassin de l'Adige (Italie), qui appartenait à l'Autriche avant 1918. Elle comprend le Trentin et la province bilingue de Bolzano (Tyrol du Sud). Au temps des Romains, les vins de cette région jouissaient déjà d'une excellente réputation. Vins de table légers, parfumés, très agréables et souvent excellents. Plus de la moitié de la production prend le chemin de la Suisse, de l'Autriche et de l'Allemagne. Les vins de qualité supérieure comptent parmi les meilleurs d'Italie. On en trouvera mention, dans ce volume, à leur place alphabétique : Caldaro, Kuechelberger, Lagrein Rosato, Lago di Caldaro, Santa Giustina, Santa Maddalena, Terlano, etc. La région compte plus de 6 000 ha de vignobles, la plupart aménagés en pergolas, ce qui lui donne un cachet pittoresque et beaucoup de charme.

Outre des variétés locales — Schiava, Lagrein, Blatterle —, on cultive aussi les cépages suivants : Gewürztraminer, Sylvaner, Riesling (mais non le Riesling rhénan), Pinot blanc, Pinot noir, Cabernet, Merlot, etc. Les vins provenant de ces dernières variétés se vendent généralement sous un nom de cépage. Les vins du Haut-Adige se font en général assez vite et quelques-uns bonifient en vieillissant. D'ailleurs, la culture et la formation des vignes, ainsi que la vinification, s'effectuent en tenant compte de ces conditions. La fraîcheur de ces vins quand ils sont jeunes les classent parmi les plus agréables.

Haut-Bages-Libéral (Château). Cinquième cru classé de Pauillac (Haut-Médoc).

Haut-Bailly (Château). Un des meilleurs crus de Léognan (Graves). Bordeaux rouge de très longue garde et en général lent à se faire. On le considère à juste titre comme un premier cru des Graves.

Haut-Batailley (Château). Cinquième cru classé de Pauillac (Haut-Médoc). Le classement de 1855 ne connaît que le Château Batailley. Actuellement le vignoble est morcelé : chaque parcelle porte l'appellation Château Haut-Batailley et est classée cinquième cru.

Un Bordeaux franc et de bonne qualité.

Haut-Benauge. Partie de l'Entre-Deux-Mers, proche des Premières Côtes de Bordeaux. Produit des vins blancs secs ou doux, parmi les meilleurs de l'appellation régionale « Bordeaux » et de prix modeste.

Haut-Brion (Château). Un des très grands Bordeaux rouges, le seul Graves qui figure, dans le classement de 1855, au même rang que les châteaux Lafite, Latour, Margaux, parmi les quatre premiers crus classés de Bordeaux. Le vignoble s'étend aux portes de Bordeaux, vers l'ouest sur 40 ha environ. De nos jours, il est presque entièrement entouré par des lotissements. Dans les bonnes années, c'est un vin absolument remarquable et, même dans les années médiocres, il est loin de manquer de qualités.

Le Château Haut-Brion produit aussi une faible quantité de vin blanc, qui porte l'étiquette du château, mais argentée et non dorée. C'est incontestablement un grand vin, souvent presque trop corsé et trop riche en alcool. Il existe d'ailleurs d'autres Graves blancs plus distingués.

Haut Comtat. Région de Nyons, sur la rive gauche du Rhône, au nord-est d'Avignon, dont les vins ont droit à l'appellation Côtes du Rhône. L'huile d'olive du pays est renommée.

Haut Douro. Régions montagneuses situées au nord et au sud de la vallée du Douro (Portugal), en amont et à l'est de Porto. Patrie du Porto authentique.

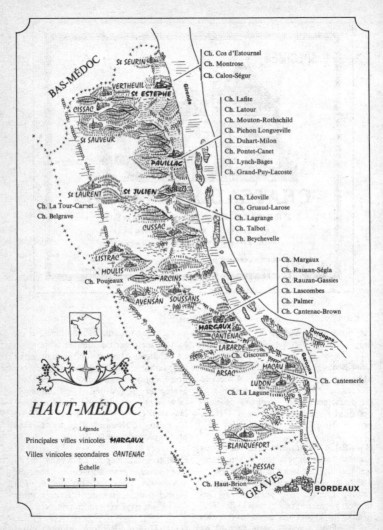

Ch. Cos d'Estournel
Ch. Montrose
Ch. Calon-Ségur

Ch. Lafite
Ch. Latour
Ch. Mouton-Rothschild
Ch. Pichon Longueville
Ch. Duhart-Milon
Ch. Pontet-Canet
Ch. Lynch-Bages
Ch. Grand-Puy-Lacoste

Ch. Léoville
Ch. Gruaud-Larose
Ch. Lagrange
Ch. Talbot
Ch. Beychevelle

Ch. Margaux
Ch. Rausan-Ségla
Ch. Rauzan-Gassies
Ch. Lascombes
Ch. Palmer
Ch. Cantenac-Brown

BAS-MÉDOC

St SEURIN
VERTHEUIL
St ESTEPHE
CISSAC
St SAUVEUR

PAUILLAC

St LAURENT   St JULIEN
Ch. La Tour-Carnet
Ch. Belgrave

CUSSAC

LISTRAC
MOULIS
Ch. Poujeaux   ARCINS

AVENSAN   SOUSSANS

MARGAUX
CANTENAC
LABARDE
Ch. Giscours
ARSAC   MACAU

LUDON
Ch. La Lagune   Ch. Cantemerle

Ch. Cantemerle

Dordogne
Garonne
Gironde

BLANQUEFORT

PESSAC
Ch. Haut-Brion   GRAVES   BORDEAUX

HAUT-MÉDOC

Légende

Principales villes vinicoles **MARGAUX**

Villes vinicoles secondaires CANTENAC

Échelle

0 1 2 3 4 5 km

Hautes Côtes. Nom donné à une ligne de coteaux qui s'étendent à l'ouest de la Côte d'Or et parallèlement à celle-ci. Les Hautes Côtes se divisent en Hautes Côtes de Beaune et en Hautes Côtes de Nuits. Elles produisent des vins de seconde qualité, d'appellation générique ou régionale : Bourgogne rouge ou blanc, Passe-Tout-Grain, Aligoté, etc.

Haut-Gardère (Château). Un des bons crus de Léognan (Graves) ; produit principalement des vins rouges.

Haut-Médoc. La partie du Médoc la plus élevée, la plus septentrionale et la meilleure. Le Haut-Médoc s'étend du nord de Bordeaux jusqu'au-delà de Saint-Estèphe. Il donne tous les crus classés et tous les vins auxquels le Médoc doit sa réputation. La plupart des vins vendus sous l'appellation Médoc proviennent d'une région sablonneuse, située plus au nord, et sont beaucoup moins bons. L'appellation Haut-Médoc est rigoureusement délimitée par la loi française.

Haut-Montravel. → Montravel.

Haut-Nouchet (Château). Bon cru secondaire des Graves ; produit des vins rouges sains.

Haut-Peyraguey (Clos). Premier cru classé de Sauternes ; un des meilleurs vignobles de Bommes*. Produit un vin doré, doux et d'excellente qualité, un Sauternes typique. Production minime.

Haut-Rhin. Un des deux départements dont se compose l'Alsace. Produit des vins de qualité supérieure à ceux du Bas-Rhin.

Haut-Sauternes. Appellation d'un usage fort large, mais dépourvu de statut légal. Au point de vue commercial, il s'agira d'un Sauternes liquoreux de qualité supérieure, qui pourra provenir (mais ce n'est pas obligatoire) d'un bon vignoble, situé dans une zone élevée. Quand un marchand propose un Sauternes et un Haut-Sauternes, ce dernier est censé être plus doux, meilleur et plus cher, mais au

fond cette expression ne signifie rien.

Haute-Savoie. → Savoie.

Hautvillers. Commune de Champagne, cotée premier cru à 90 pour cent, ce qui signifie que ses raisins rapportent (en espèces) dix pour cent de moins, au kilo ou à la tonne, que ceux d'Ay par exemple, coté cent pour cent. On ne cultive à Hautvillers que des raisins noirs. C'est à l'abbaye d'Hautvillers que dom Pérignon* effectua ses fameuses expériences ; de ce fait, l'abbaye passe pour être le « berceau » du Champagne.

hectare. On considère souvent que les meilleurs vignobles produisent — et c'est leur production légale maximum — de 30 à 35 hectolitres par hectare.

Hérault. Département français sur la côte languedocienne de la Méditerranée, à mi-chemin de Marseille et de la frontière espagnole. L'Hérault se trouve au centre du pays des vins méridionaux ordinaires. Son vignoble couvre 164 ha et donne 20 pour cent de la production française. Le vin de l'Hérault, issu de cépages gros producteurs, est en général un vin de table commun, bon marché, faible de couleur et d'alcool. Il est souvent coupé de vins d'Italie, plus alcoolisés et plus colorés. Béziers, Sète et Montpellier sont les principaux centres du commerce. Quelques vins émergent de la masse : en blanc, les Muscats doux de Frontignan et de Lunel ; en rouge, les vins de table des Coteaux du Languedoc et du Minervois (V.D.Q.S.).

Hermitage ou **Ermitage.** Vin de la vallée du Rhône, justement réputé. Originaire de Tain-l'Hermitage, sur la rive gauche du fleuve. Le vignoble de l'Hermitage s'étend sur trois kilomètres de long et sur moins d'un kilomètre de large. Les vignes, exposées au plein sud, s'étagent en terrasses. Elles produisent annuellement trois mille hectolitres de vin, dont un tiers de blanc, issu de la Roussanne et de la Marsanne ; le rouge provient de la Syrah. L'Hermitage blanc, de teinte jaune pâle, sec et corsé, possède un bouquet spécial et pénétrant. Mais le rouge reste décidément, le meilleur : c'est un vin plein de feu, d'une belle couleur rouge foncé et de longue garde. Il développe un bouquet d'aubépine et une saveur originale, avec une pointe d'amertume qui n'est pas désagréable.

Plusieurs légendes (plus ou moins fondées) se rapportent à l'origine du vignoble de l'Hermitage, à son nom, et même au cépage, le Syrah. Celui-ci, croit-on, aurait été ramené de Chiraz (Perse) par un croisé qui, devenu ermite, aurait construit une chapelle sur la colline. Certains disent que le prétendu croisé, Gaspard de Sterimberg, arrivé là en 1225, aurait pris part aux luttes religieuses du Midi mais ne serait jamais allé en Perse. Il est probable que le vignoble existait déjà du temps des Romains, mais on ne peut rien avancer de certain quant à son nom ni à l'origine du Syrah.

L'Hermitage se divise en 18 quartiers qui portent un nom chacun ; seuls quelques-uns de ces noms figurent sur les étiquettes (il faut prendre garde au fait que ce qui ressemble au nom d'un vignoble peut n'être rien d'autre qu'une marque). Ces 18 quartiers sont : Beaumes, Les Bessards, La Croix, La Croix de Jamanot, Les Diognières, Les Diognières et Torras, Les Greffieux, Le Gros des Vignes, L'Hermite, L'Homme, Maison blanche, Le Méal, Les Murets, Péléat, La Pierrelle, Les Roucoules, Les Signaux, Varogne.

Hesse. Région d'Allemagne, plus jus-

tement appelée Hesse rhénane (*Rheinhessen*). La Hesse viticole est limitée à l'est et au nord par le Rhin, au sud par le Palatinat et à l'ouest par la vallée de la Nahe. La viticulture constitue la principale activité de la Hesse, dont la ville principale est Mayence. Les vignobles couvrent une superficie de plus de 12 000 hectares, ayant une production moyenne annuelle de 535 000 hectolitres environ, dont près de 90 pour cent de blanc. Le Sylvaner est le cépage principal, encore que les meilleurs vins de Hesse proviennent du Riesling, dont ils portent d'ailleurs le nom. On compte près de cent cinquante-cinq villages vinicoles (120 portent un nom en *-heim*) ; mais les vins supérieurs proviennent des alentours de dix villes bordant le Rhin, plutôt que la région fertile et accidentée située en retrait du fleuve. Citons ces dix villes plus ou moins par ordre de qualité : Nierstein, Nackenheim, Oppenheim, Bingen, Dienheim, Bodenheim, Laubenheim, Guntersblum, Alsheim et Worms. Le lecteur en trouvera mention à leur place alphabétique. Ensemble, elles comptent environ 2 430 hectares de vignobles.

Les vins les plus ordinaires (beaucoup proviennent aussi des dix villes citées plus haut) se vendent surtout comme vins ouverts, ou sous le nom — abusif — de Liebfraumilch* (→ Domtal). Ces derniers n'ont d'autre mérite que leur prix modeste : ce sont des vins faibles, souvent très sulfités, et sans grand caractère. Très différents sont les vins fins, produits à partir du Riesling (occasionnellement du Sylvaner) dans les six premières villes de la liste : ils manifestent souvent une réelle distinction et nombre d'entre eux peuvent être considérés comme de grands vins. Moins classiques peut-être que les vins les plus fins de Rheingau, ils sont très fruités et très parfumés, ils ont de l'élégance, de la maturité et

RHEINGAU

WIESBADEN

MAINZ

INGELHEIM

RÜDESHEIM

LAUBENHEIM

BINGEN

BÜDESHEIM

BODENHEIM

Kahlenberg
Hoch

GAU-BISCHOFSHEIM

Rothenberg
Engelsberg
Stiel

NACKENHEIM

HARXHEIM

Scharlachberg
Ohligberg
Eisel

NIERSTEIN

Rehbach
Hipping
Flächenhahl
Glöck
Orbel

OPPENHEIM

DIENHEIM

Sackträger
Goldberg
Kreuz

GUNTERSBLUM

ALSHEIM

HESSE
RHÉNANE

WORMS

beaucoup de charme. Inutile de dire que les meilleurs portent le nom d'une ville ou d'un vignoble et sont mis en bouteille au domaine.

Heurige. Nom donné à un vin jeune et frais qu'on sert en carafe ou au verre dans les cafés des faubourgs de Vienne.

Hochheim. Importante ville vinicole d'Allemagne qui, à proprement parler, appartient au Rheingau, bien qu'elle surplombe le Main et non le Rhin, et bien qu'elle soit séparée des autres vignobles par plus de 15 km de fermes et de vergers. Le vignoble s'étend sur 200 ha environ ; les meilleurs finages, ou *Lagen* — Domdechaney, Kirchenstück, Stein, Daubhaus, Hölle, etc. —, donnent des vins qui, par leur caractère et leur classe, rappellent ceux de Rheingau. Mais ils sont plus doux et généralement moins acides. Principaux producteurs : Aschrott, Domdechant Werner, le comte von Schönborn, la ville de Francfort *(Weingut der Stadt Frankfurt)* et le domaine de l'Etat.

hock. Nom donné en Angleterre (depuis l'époque victorienne) aux vins du Rhin.

Hongrie. Traditionnellement, le plus important pays vinicole d'Europe orientale, quoique la Roumanie et l'U.R.S.S. le dépassent actuellement sous le rapport de la production totale. Il n'empêche que la Hongrie produit trois fois autant que l'Allemagne.

Les vins hongrois, et surtout le Tokay, jouissent depuis des siècles d'une grande réputation. Les vins actuellement exportés sont parfois d'excellente qualité, mais ils offrent moins de diversité et sont moins remarquables que par le passé. Presque tous les vins hongrois portent un nom géographique : nom de ville ou de région employé adjectivement, avec la finale *i* ; Badacsonyi, Egri, Szekszárdi, Debröi, Soproni, Mori, Somlyöi, Pécsi, Gyöngyosi, Balatonfüredi, Villányi et, évidemment, Tokaji. Suit généralement — mais non toujours — le nom du cépage d'origine. Principaux cépages blancs (plus ou moins par ordre de qualité décroissante) : Furmint, Hárslevelü, Rizling (ou Olaszrizling), Veltelini, Kéknyelü, Muskotály, Ezerjó et Léanyka. En rouge : Kardaka principalement, et Vörös.

Le Bikavér (litt. : sang de taureau) constitue une exception et l'Egri Bikavér (originaire d'Eger), généralement considéré comme le meilleur vin rouge de Hongrie, résulte d'un mélange de plusieurs variétés, dont le Kadarka et quelques cépages français.

Concernant le Tokay, issu du Furmint et du Hárslevelü, des mots comme *szamorodni*, *aszu*, *essentia* et *puttonyos* visent des méthodes de vinification. A ce sujet → Tokay.

Hospices de Beaune. Un des plus beaux bâtiments d'Europe, hôpital de charité (souvent appelé Hôtel-Dieu) situé à Beaune (Bourgogne). Cette institution occupe une place importante dans l'histoire du vin. C'est là que, chaque année, le troisième dimanche de novembre, se déroule la vente aux enchères la plus célèbre du monde, celle des vins des Hospices. Depuis leur fondation en 1443, les Hospices ont recueilli par legs et donation d'importantes propriétés parmi les meilleurs vignobles de la Côte de Beaune ; l'institution en tire le plus clair de ses revenus. Les enchères, très pittoresques, déterminent dans une certaine mesure la moyenne des prix des vins de Bourgogne pour la récolte de l'année. Bien que les vins mis en vente soient des vins nouveaux (c'est-à-dire de la dernière récolte) présentés en fût, le nom d'Hospices de Beaune n'est presque jamais un leurre : ces vins, de qualité supérieure, valent les prix astronomiques qu'ils atteignent parfois.

Les vignobles des Hospices de Beaune comprennent plus de 40 zones d'une superficie totale de plus de 50 ha, ayant une production annuelle de 500

CUVÉES DES HOSPICES DE BEAUNE

Nom	Appellation contrôlée	Nombre de bouteilles en 1966
Vin rouge		
Nicolas Rolin	Beaune	12 000
Guigone de Salins	Beaune	10 200
Charlotte Dumay	Corton	9 300
Docteur Peste	Corton	9 600
Dames Hospitalières	Beaune	6 300
Dames de la Charité	Pommard	7 800
Blondeau	Volnay	9 000
Brunet	Beaune	8 400
Jehan de Massol	Volnay-Santenots	3 900
Clos des Avaux	Beaune	12 300
Estienne	Beaune	8 100
Billardet	Pommard	10 800
Pierre Virely	Beaune	7 200
Gauvain	Volnay-Santenots	7 500
Betault	Beaune	9 900
Rousseau-Deslandes	Beaune	10 200
Général Muteau	Volnay	8 700
Maurice Drouhin[1]	Beaune	8 700
Boillot	Auxey-Duresses	2 700
Arthur Girard[2]	Savigny-lès-Beaube	10 200
Fouquerand	Savigny-Vergelesses	7 500
J. Lebelin[3]	Monthelie	4 800
Forneret	Savigny-Vergelesses	9 000
Rameau-Lamarosse[4]	Pernand-Vergelesses	1 500
Vin blanc		
François de Salins	Corton-Charlemagne	1 050
de Bahèzre de Lanlay	Meursault-Charmes	5 400
Albert Grivault	Meursault-Charmes	2700
Baudot	Meursault-Genevrières	7 500
Philippe le Bon[5]	Meursault-Genevrières	2 700
Jehan Humblot	Meursault	2 700
Goureau	Meursault	3 900
Loppin	Meursault	3 900

1. Nouvelle cuvée, mise en vente pour la première fois en 1960 ; elle résulte du legs d'un vignoble situé à Beaune par feu Maurice Drouhin, qui fut directeur des Hospices.
2. A l'origine, il s'agissait de deux cuvées distinctes : la cuvée Du Bay-Peste et la cuvée Cyrot. De 1937 à 1943, les vins de ces deux cuvées furent réunis en une seule, appelée Du Bay-Peste et Cyrot. Afin d'éviter toute confusion avec la cuvée Docteur Peste, on lui donna le nom d'Arthur Girard, bienfaiteur des Hospices qui, en 1936, légua une grande partie de sa fortune à l'Hôtel-Dieu.
3. Avant 1937, il s'agissait de deux cuvées distinctes : J. Lebelin et Henri Gélicot. On les fusionna et la Cuvée Henri Gélicot cessa d'exister.
4. Nouvelle cuvée, mise en vente pour la première fois en 1966.
5. Jusqu'en 1955, cette cuvée faisait partie de la cuvée Jehan Humblot. On les distingua et, depuis on désigne le vin de Jehan Humblot sous l'appellation de Meursault, tandis que la cuvée Philippe le Bon pouvait prendre le nom de Meursault-Genevrières.

pièces environ (une pièce équivaut à 228 litres), soit 150 000 bouteilles (27 pièces en 1940, 753 pièces en 1966). La production de chaque vignoble se vend à part, sous son nom de cuvée (généralement le nom du donateur). Les prix varient considérablement en fonction de l'origine, de la réputation et de la qualité du vin. On trouvera ci-après la liste des différentes cuvées, classées approximativement selon le prix qu'elles atteignent d'habitude. Cette liste mentionne l'origine et, à titre indicatif, le nombre de bouteilles en 1966 : de ces dernières années, c'est celle qui a donné la récolte la plus abondante et dont la vente a remporté le plus de succès. Depuis la récolte 1969, les Hospices de Beaune ont imposé une étiquette, délivrée aux acheteurs. Le consommateur est en droit d'y trouver l'indication de la cuvée et de son appellation contrôlée, de même que le nom de l'éleveur. Généralement chaque bouteille est numérotée.

Il faut encore signaler qu'on met en vente une certaine quantité de marc qui provient évidemment de la récolte précédente.

Hospices de Nuits. Hôpital à Nuits-Saint-Georges (Bourgogne) qui, à l'instar des Hospices de Beaune, possède des vignobles dont il vend les vins. Beaucoup de ces vins proviennent des meilleurs climats de Nuits et sont de grande qualité.

Hunawihr. Village d'Alsace, perché sur une colline couverte de vignobles, au nord-ouest de Colmar. Produit de très bons vins.

Hunter River. Une des plus anciennes et des meilleures régions viticoles d'Australie*. Produit plusieurs vins de

table, rouges et blancs, très appréciables.

Husseren-les-Châteaux. Ville vinicole du sud de l'Alsace, dont les vins sont de qualité exceptionnelle.

hybride. Vigne résultant du croisement de deux espèces différentes. L'hybridation, en botanique, date de moins de deux siècles. Appliquée aux cépages, elle représente, peut-on dire, une initiative révolutionnaire. De toute façon, depuis la plus haute antiquité, les vignes se propageaient par bouturage plutôt que par fécondation. L'hybridation vise en général à combiner les meilleures qualités de deux espèces parentes, ou à produire des greffes résistant à certaines maladies (le phylloxéra, par exemple), sans compromettre la qualité. On doit s'étonner des résultats obtenus, si l'on considère qu'il n'existe pour ainsi dire pas de cépage de « race pure », capable de transmettre ses qualités spécifiques à ses descendants. Aucun doute, par exemple, que dans les régions viticoles de l'est de l'Amérique, les hybrides les plus récents donnent un vin meilleur que les variétés originelles. Dans certaines régions de France, des hybrides produisent des vins passables, servant à l'usage domestique.

En France, les hybrides portent d'habitude le nom de l'hybrideur, suivi d'un numéro de série ; par exemple Seibel 5279, Couderc 4401, Baco n° 1. Dans d'autres pays, ils ont une fâcheuse tendance à revendiquer le nom de leur parent le plus illustre, si douteuses que soient les qualités qu'ils aient pu en hériter. Bref, les vins issus d'hybrides se présentent sous des noms qui entraînent la confusion malgré leur aspect familier, et auxquels ces vins ne devraient pas pouvoir prétendre.

Ihringen. Un des meilleurs villages viticoles du Kaiserstuhl, près de Fribourg, dans le sud-ouest de l'Allemagne. Connu surtout par son Ruländer, ou Pinot gris, qui rappelle les meilleurs vins d'Alsace. Peut-être le vin blanc le plus fin de Bade.

impériale. Bouteille de 8 litres. Sert occasionnellement à conserver les Bordeaux des grandes années, afin de leur assurer un développement plus lent et une plus longue vie.

Indre. Affluent de la Loire. On récolte sur ses bords une bonne part des vins rouges, blancs et rosés d'appellation Touraine : des vins de pays légers, frais et très agréables.

Inferno. Le plus célèbre sans doute des cinq vins rouges classiques de la Valtelline* (Italie). Il est produit à la limite septentrionale de la Lombardie, près de la frontière suisse.

Igelheim. Ville historique de Hesse, que le Rhin sépare du Johannisberg. Ingelheim produit de nos jours une certaine quantité d'un vin rouge assez commun (jamais exporté) et d'un vin blanc encore moins distingué. La réputation de la ville vient du séjour qu'y fit Charlemagne : selon la tradition, l'empereur aurait remarqué de son palais d'Ingelheim que la neige fondait plus vite sur la rive opposée, particulièrement favorisée. Il y fit donc planter des vignes, créant ainsi le vignoble que l'on considère comme le plus grand du monde, le Schloss Johannisberg.

Inghilterra. → Marsala.

INAO. Institut National des Appellations d'Origine des Vins et Eaux-de-Vie. Organisme semi-public sous la tutelle du Ministère de l'Agriculture mais présidé par un membre du Comité National des AOC, venant de la profession viticole. Le plus souvent un viticulteur. Mais l'interprofession siège aux Comités (National et régionaux), c'est-à-dire les représentants des vignerons, des négociants, des Caves Coopératives, des techniciens de la répression des Fraudes, du Ministère de l'Agriculture, des œnologues...
L'INAO fut créée en 1935 par le Sénateur Capus et le Baron Le Roy de Boiseaumarié (propriétaire-viticulteur à Châteauneuf du Pape) et un collège de défenseurs des vins dans toutes les

régions. En 1935, il prenait le nom de Comité National des Appellations d'Origine. Son but est multiple : présider aux délimitations des zones AOC et VDQS (VQPRD) ; procéder aux droits de plantation ; vérifier l'encépagement et faire respecter les décrets qui obligent la plantation de cépages nobles ; organise des commissions de dégustation et accorde les labels AOC et VDQS, ou décide les déclassements en appellation inférieure ; propose au Ministre de l'Agriculture les décrets et lois concernant les appellations et la viticulture en général (viticulture des AOC). L'INAO est un organisme très dynamique qui a un statut très spécial qui, s'il a fait l'unanimité hier, est aujourd'hui un peu controversé par certains. Peut-être devrait-il faire peau neuve.

Iphofen. Une des meilleures villes viticoles de Franconie (Allemagne). Ses vins blancs se présentent en *Bocksbeutels*. Meilleurs vignobles : Julius-Echter-Berg, Kronsberg, Kammer, Kalb, etc.

Irancy. Vin rouge et rosé, plaisant mais sans grande importance, originaire du village d'Irancy, au sud-ouest de Chablis (nord de la Bourgogne). Il porte l'appellation Bourgogne. Autrefois, il provenait souvent de deux cépages, le César et le Tressot. Le second a disparu ; le premier, qui n'est presque plus cultivé, donnait des vins de très longue conservation. L'Irancy actuel est essentiellement produit par le Pinot.

Irouléguy. Vin rouge ou rosé, rarement blanc, originaire des environs de Saint-Etienne de Baïgorry, non loin de Biarritz, dans le pays basque français. Ce vin corsé, de renommée purement locale, produit en petit volume (1 500 à 2 000 hl), est souvent de bonne qualité et d'excellente conservation. Le principal cépage est le Cabernet franc,

appelé Bauchy dans la région. A obtenu en 1970 sa promotion parmi les appellations contrôlées.

Ischia. Ile d'Italie, située en face de Capri, de l'autre côté de la baie de Naples. Ischia produit en grande quantité un excellent vin blanc sec, de teinte pâle, qui porte généralement l'appellation Capri*. C'est que la région de Capri est considérée, selon la loi, comme englobant Ischia et l'île voisine de Procida.

Isera. Ville du Trentin*(Italie), proche du lac de Garde. Connue pour son excellent vin rouge, léger, et pour son rosé, qui lui est même supérieur. Ils proviennent tous deux du Marzemino et se vendent comme Marzemino d'Isera.

Israël. La Palestine a de tout temps produit du vin ; aux temps bibliques, la production s'étendait à tout le pays. Après une interruption de mille ans, la production a repris en 1890. Grâce au baron Edmond de Rothschild, des vignes ont été plantées en 1886, à Richon Le Zion, au sud-est de Tel-Aviv, en même temps que s'installaient des établissements vinicoles. Mais un réel progrès dans la production moderne ne fut enregistré, comme on peut s'y attendre, qu'à partir de 1948, quand Israël devint un Etat indépendant. Ce petit pays est donc à la fois le plus vieux et le plus jeune pays vinicole du monde. Beaucoup de choses ont été réalisées ; le vignoble couvre actuellement une douzaine de milliers d'hectares. Six pour cent environ de cette production servent à l'exportation. Les Etats-Unis figurent au premier rang des consommateurs de vins israéliens. Les régions viticoles sont dispersées. Les principales se trouvent aux environs de Richon Le Zion, près de Tel-Aviv, et de Zichron

Jacob, au sud-est de Haïfa. Il y a de petits vignobles plus récents à proximité de Jérusalem et dans les régions de Lachisch, Ashkelon et Beersheba, plus au sud. Les cépages, choisis en fonction de la latitude et du climat chaud et sec, sont les suivants : pour le vin rouge, Alicante, Carignan, Grenache, Alicante-Bouschet ; pour le blanc, Muscat d'Alexandrie, Muscat de Frontignan et Clairette. On trouve pourtant d'autres variétés : Malbec, Cabernet Sauvignon, Sémillon, Ugni blanc et même Concord.

En adhérant à la convention de Madrid, Israël a renoncé aux appellations européennes telles que Champagne, Sauternes, Bourgogne, Porto, Sherry, etc.

Il existe une trentaine d'établissements — en général des coopératives — dont plusieurs travaillent pour l'exportation. La plus importante s'appelle officiellement d'un nom français : Société coopérative vigneronne des Grandes Caves, (mais on dit aussi Carmel Wine Company). Le vin est vinifié dans d'excellentes conditions, par des techniciens compétents qui disposent d'un équipement remarquable. Ce vin est en grande partie, consommé dans le pays, où il ne coûte pas cher. Sans jamais présenter une qualité exceptionnelle, il est honnête et bon.

Issan (Château d'). Troisième cru classé de Cantenac-Margaux. Un des meilleurs vignobles de Cantenac, un Bordeaux remarquable par sa finesse et sa race. Les étiquettes dorées, de style ancien, portent cette fière devise : *Regum mensis arisque deorum* (pour la table des rois et l'autel des dieux).

Italia. Type particulier de Marsala*.

Italie. *Œnotria tellus :* la terre du vin.

L'Italie mérite toujours ce nom. C'est le premier producteur du monde pour le volume des récoltes : 65 à 70 millions d'hectolitres, en moyenne. Et cette production continue à progresser. La superficie des cultures spécialisées atteint 1 210 000 ha ; et celle des cultures mixtes, 705 000 ha. La consommation intérieure absorbe la quasi-totalité de la récolte, mais les exportations sont tout de même assez importantes, notamment vers la France et vers la République fédérale. Elles progressent de façon continue, particulièrement à destination des Etats-Unis.

A partir de 1963, l'Italie a cherché à définir et à contrôler ses appellations d'origine, suivant l'exemple donné par la France depuis 1935. Elle a créé un Comité national pour la défense des appellations d'origine des vins. Le décret du 12 juillet 1963 distingue trois catégories d'appellations d'origine : 1° l'appellation d'origine *simple (denominazione di origine semplice,* ou D.O.S.) ; 2° l'appellation d'origine *contrôlée (denominazione d'origine controllata,* ou D.O.C.) ; 3° l'appellation d'origine *contrôlée et garantie (denominazione d'origine controllata e garantita,* ou D.O.C.G.). Pour les appellations *contrôlées,* les disciplines de production sont fixées par décret. Pour les appellations *contrôlées et garanties,* il est prévu des disciplines plus strictes, avec obligation de livrer à la consommation en bouteilles, ou en récipients d'une capacité ne pouvant dépasser cinq litres, munis d'une estampille de l'Etat. Celle-ci doit être appliquée de telle sorte que le contenu ne puisse être extrait sans rompre l'estampille elle-même. Elle doit porter un chiffre de série et un numéro d'identification.

Voici, région par région, les principaux « produits du soleil et de la terre d'Italie ». Une centaine d'appellations ont été définies entre 1966 et 1972.

Les vins d'*ITALIE*

N

HAUT ADIGE

VALTELLINA

CALDARO

GATTINARA

LOMBARDIE

PIÉMONT

Torino

Milano

BARDOLINO
VALPOLICELLA

VÉNÉTIE

Verona

SOAVE

ASTI SPUMANTE

BAROLO

Genova

ÉMILIE

Venezia

CINQUE TERRE

LAMBRUSCO

Bologna

Firenze

CHIANTI

TOSCANE

VERDICCHIO

Ancona

ELBA

ALEATICO

OMBRIE

ORVIETO

EST EST EST

LATIUM

Roma

CASTELLI ROMANI

SAN SEVERO

CAMPANIE

FALERNO

POUILLES

VERNACCIA

Napoli

Bari

SARDAIGNE

LACRYMA CHRISTI

RAVELLO

AGLIANICO

CAPRI

GIRO

Cagliari

MONICA

LIPARI

MALVASIA

Palermo

CALABRE

MARSALA

ZUCCO

CORVO

SICILE

ETNA

Siracusa

A. Italie septentrionale

1) *Piémont* (Turin). Il produit surtout des vins rouges robustes, propres à ac-compagner les viandes riches, mais également des mousseux dans les pro-vinces d'Asti, Alexandrie et Coni (en

italien Cuneo). Le Barolo* (20 à 30 000 hl) est issu principalement du cépage Nebbiolo*, cultivé dans les communes de Barolo, Castiglione, Falletto, Serralunga et quelques communes voisines. C'est l'un des meilleurs vins italiens.

Le Barbaresco* (5 000 hl) est obtenu dans une zone proche de celle du Barolo, avec un encépagement identique.

Voici quelques autres vins rouges piémontais, dont plusieurs ont reçu l'appellation contrôlée : Gattinara*, Carema*, Nebbiolo*, Grignolino*, qui représentent une faible production : Barbera* d'Asti (500 000 hl), Freisa* et Bonarda* (800 000 hl), Dolcetto* (750 000 hl), qui sont des vins de table. Parmi les vins blancs : Moscato* naturel d'Asti, Moscato d'Asti mousseux (ou Moscato d'Asti), Asti mousseux, (ou Asti), Erbaluce* de Caluso, Caluso passito*, le Caluso passito liquoreux et le Cortese*.

2) *Ligurie* (Gênes). C'est une région peu viticole. Surtout productrice de vins blancs : Cinqueterre*, Coronata*, Polcevera*, Vermentino*.

3) *Lombardie* (Milan). Les vins de la Valtelline*, avec les sous-régions de Sassella*, Grumello*, Inferno* et Valgella, sont récoltés près de la frontière suisse, à l'est du lac de Côme. Ce sont de bons vins rouges corsés, produits essentiellement par le Nebbiolo. Les vins de la rive du lac de Garde* sont blancs (Lugana), rouges ou rosés (Ri-

Les vins du
NORD DE L'ITALIE

viera del Garda).

4) *Vénétie*. Le territoire de l'ancienne République de Venise est une grande région viticole, précédée seulement par les Pouilles pour l'abondance de la production. Politiquement, elle se subdivise aujourd'hui en trois régions.

Le *Trentin-Haut-Adige* (Trente, Bolzano) produit les vins rouges de Toroldego (80 000 hl) et de Marzemino* (4 000 hl) ; le Traminer* aromatique (8 000 hl, le Pinot blanc* (25 000 hl), le Terlano* (10 000 à 15 000 hl), tous blancs ; le Santa Maddalena*, un vin rouge renommé (15 000 hl). Cette région produit également des vins issus du Riesling italien, du Pinot gris (ou Ruländer), du Merlot, etc.

Le *Veneto*, ou Vénétie proprement dite (Venise), atteint la rive est et sud-est du lac de Garde, dont le vin rouge le plus connu est le Bardolino*. Le Valpolicella*, le Valpantena* et le Recioto* della Valpolicella sont des vins rouges récoltés à l'ouest de Vérone. Le Soave* et le Recioto di Soave sont des vins blancs secs, également obtenus dans la région de Vérone. Mais d'autres vins seraient encore à signaler...

Le *Frioul-Vénétie julienne*, aux frontières de l'Autriche et de la Yougoslavie (Trieste), doit beaucoup aux vins de la province d'Udine — Verduzzo, Piccolit, Pinot*, Merlot*, Cabernet* — et plus encore, aujourd'hui, à ceux de la province de Gorizia, en particulier au Collio. Tous ces vins sont issus de cépages aux noms connus : le Riesling italien, les Pinots gris, blanc et noir, le Sauvignon, le Traminer, le Merlot, le Cabernet franc, le Tokay et la Malvoisie d'Istrie.

5) *Emilie-Romagne* (Bologne). Au sein d'une grosse production de vins ordinaires, il faut distinguer quelques appellations d'origine, comme le Lambrusco* de Sorbara (rouge) au sud-est de Parme, l'Albana* de Romagne (blanc) et le Sangiovese de Romagne (rouge), tous deux récoltés au sud-est de Bologne.

B. Italie centrale

1) La production de la *Toscane* (Florence) est d'environ 4 millions d'hecto-litres. Le Chianti* *classico* est produit principalement dans les communes de Castellina, Gaiole, Redda in Chianti, Greve, etc. Mais on peut également produire du Chianti dans des zones voisines : Montalbano, coteaux d'Arezzo, collines de Pise...

Il est d'autres vins de qualité en Toscane, tels le Montecarlo (blanc, 4 000 hl) et surtout le vin noble de Montepulciano* (rouge) ou le Brunello de Montalcino (rouge), que l'on boira de préférence avec une brochette de grives... Le Vernaccia de San Gimignano est peut-être le meilleur vin blanc de Toscane. Citons encore le blanc de Pitigliano et les vins blancs ou rouges de l'île de l'Elbe*.

2) les *Marches*, sur la côte adriatique (Ancône), produisent des vins blancs comme le Verdicchio* dei Castelli di Jesi et le Verdicchio de Matelica ; et rouges, comme le Piceno et le Conero.

3) Parmi la production des *Abruzzes* (Pescara, L'Aquila), nous mentionnerons le Montepulciano d'Abruzzo (rouge).

4) Dans le *Latium* (Rome), les vins blancs prédominent avec l'*Est ! Est ! Est !** de Montefiascone, le Frascati* et le Trebbiano* d'Aprilia. Signalons cependant, comme vins rouges, le Sangiovese* et le Merlot* d'Aprilia. Tous sont récoltés près de Rome, sauf le premier qui vient du lac de Bolsena.

5) L'*Ombrie* (Orvieto) est une région montagneuse connue pour le vin blanc d'Orvieto* ; mais on doit signaler aussi les vins de Targiano, le Colli del Trasimeno (blancs et rouges) et le Rubino de Cantavenna (rouge).

C. Italie méridionale

1) En *Campanie* (Naples), voici le Greco di Stufo (blanc et mousseux), l'Ischia* (blanc et rouge), le Taurazi (rouge).

2) Les *Pouilles* (Bari) produisent une quantité considérable de vins de consommation courante et de coupage, mais on y rencontre quelques vins d'appellation d'origine, comme le Locorotondo (blanc), le Martina Franca, l'Ostuni *bianco* et l'Ottavianello (blanc), le rosé de Castel del Monte, enfin le San Severo (blanc, rouge et rosé).

3) Dans la *Basilicate* (Potenza, Foggia), il faut noter un vin rouge, l'Aglianico* del Vulture ; et en *Calabre* (Reggio, Catanzaro), le Ciro* (blanc, rouge et rosé).

4) En *Sicile* (Palerme), l'Etna*, récolté sur le pourtour du volcan (sauf dans la zone ouest), à une altitude élevée (jusqu'à 650 m), est digne d'intérêt tant en blanc qu'en rouge ou en rosé. Il en va de même des blancs de Marsala* et d'Alcamo.

5) Enfin la *Sardaigne* (Cagliari) présente les vins de sa capitale : Giró et Monica (rouges), Malvasia*, Moscato* et Nasco* (blancs).

Tels sont donc les principaux vins d'Italie ; nous ne les avons pas tous cités, mais déjà parmi ceux qui ont été mentionnés, peu atteignent la qualité du Barolo, du Gattinara, du Barbaresco, voire du Bardolino et du Valpolicella, du Brunello di Montalcino ou du vin noble de Montepulciano.

En général, les vins rouges italiens atteignent leur plénitude à l'âge de trois ans, mais il arrive de trouver de vieux millésimes. Ce ne sont pas toujours les meilleurs vins : il arrive de regretter qu'ils aient séjourné trop longtemps en fût et qu'ils aient subi une filtration avant la mise en bouteille ; ils ont perdu ainsi une partie de leur bouquet et de leur fraîcheur. Seuls les vins rouges du Piémont issus du Nebbiolo, ainsi que les vins rouges de Toscane produits par le Sangiovese (dont les meilleurs Chiantis, vendus en bouteilles bordelaises), bonifient en vieillissant.

Japon. L'Extrême-Orient, en général rejeta les mœurs vinicoles que l'Occident se plaisait à honorer et à vénérer (fêtes du vin, rites des Confréries...) comme le produit en lui-même. Et ceci jusqu'à la fin du XIXᵉ siècle. Tout à coup l'esprit se transforma. Notamment en Chine et au Japon. Les Japonnais tentèrent d'imiter nos vins et leurs types, d'abord en cultivant des vignes américaines, puis des cépages français (Cabernet et Sémillon). Actuellement, ils ont réussi à imiter mais pas à égaler nos vins. Les périodes pluvieuses au Japon sont trop nombreuses, ce qui favorise les maladies et entrave la maturité des raisins.

On produit raisin de table et raisins à vin sur les 30.000 ha plantés. Il faut compter 200.000 à 250.000 hl de vin.

Les centres viticoles du Japon se situent à l'ouest de Tokio, à Katsunuma, à Osaka, Yamagata et Yamanashi. Les plantations sont originales. Les ceps sont espacés de 5 à 7 m ce qui donne une densité d'environ 250 ceps à l'ha contre une moyenne de 3.000 à 3.500 en France.

Une variété de cépage japonnais, le Koshu donne quelques résultats mais les cépages français sont plus appréciables en qualité malgré leur vulnérabilité au maladies cryptogamiques.

Les vignobles japonnais sont dispersés en parcelles et les vignerons n'ont que peu d'expérience. La presque totalité du marché est entre les mains de grandes entreprises (Mann's Wine Cᵒ, Suntory, Sanraku Océan...)

Jasnières. District viticole situé à la limite septentrionale de la Touraine. Produit des vins intéressants mais, en général, difficiles à se procurer. Cépages : Pineau de la Loire ou Chenin pour les blancs ; Cabernet franc et Pinot pour les rouges.

jaune (vin). Il est élaboré à partir du cépage savagnin exclusivement. En vieillissant, ce vin prend une couleur jaune or foncé et a un bouquet intense d'éthanol. C'est un des rares vins où l'oxydation soit souhaitée comme le Xérès et le Madère. La vendange est tardive, six ans de fût sont obligatoires, pour se former une pellicule (fleur) sur la surface du vin qui donnera ce goût de jaune et l'oxydation nécessaire.

Jerez de la Frontera. Ville d'Espagne (Andalousie). Patrie du Sherry, qu'on y appelle Jerez, ou *vino de Jerez* (en français, Xérès). Les vignobles auxquels la ville doit sa réputation et sa richesse s'étendent pour la plupart à l'ouest et au sud-ouest, à l'écart de la route Séville-Cadix. Plusieurs rues s'étirent entre les hauts murs blancs et aveugles des *bodegas* où l'on entrepose le Xérès*.

jéroboam. Grosse bouteille contenant la valeur de quatre bouteilles ordinaires, en usage pour les Bordeaux des grandes années. Le jéroboam sert également pour le Champagne, lequel, après avoir fermenté dans des bouteilles ordinaires, est transvasé dans des jéroboams immédiatement avant la mise en vente. Cela risque évidemment d'abréger la vie du vin.

Jeropiga. → Geropiga.

Jesi ou **Iesi.** Ville de l'Italie centrale, près d'Ancône. Les villages des environs produisent, à partir du Verdicchio*, un des meilleurs vins blancs secs d'Italie. → Castelli di Iesi.

Jesuitengarten. Nom de trois vignobles allemands, indépendants les uns des autres. Employé seul, c'est-à-dire sans nom de village, il désigne un vignoble proche d'Oberemmel, sur la Sarre, et qui appartient au *Friedrich Wilhelm Gymnasium*. On connaît souvent mieux le *Winkeler Jesuitengarten*, qui jouxte le fameux Schloss Vollrads, en Rheingau. Mais le plus renommé est, de loin, le *Forster Jesuitengarten* : c'est un des meilleurs *Lagen* (finages) du Palatinat ; il appartient à la famille Bassermann-Jordan.

jeune. En matière de vin, ce n'est pas toujours une question de mois ou d'années. Un Cabernet ou un Bordeaux rouge de quatre ans est encore jeune ; et un Porto Vintage de six ans

est encore un nouveau-né. D'autre part, un Muscadet, un vin rosé ou un Sylvaner de trois ans est déjà vieux. Pour parler correctement, un vin jeune est un vin qui n'a pas encore atteint sa plénitude, qui s'épanouit encore.

Johannisberg. Village de Rheingau, aussi célèbre que son château (voir l'article suivant), Schloss Johannisberg, situé face au Rhin. La production n'est guère impressionnante : le vignoble de Schloss Johannisberg (dont une partie ne produit rien, vu la rotation des replants) ne compte que 26 ha ; le village compte à peine 80 ha de vignes. Ces vignobles devraient être forcés pour satisfaire à la demande mondiale de vins de Johannisberg. Aussi les vins commerciaux vendus sous ce nom sans mention de vignoble ou de producteur, ou sans l'indication d'une mise au domaine, doivent susciter le scepticisme. Le nom *Dorf* Johannisberg ne vaut pas mieux (*Dorf* : village). Ceci dit, les vins authentiques de Johannisberg, qui portent un nom de vignoble et la mention *Original — Abfüllung*, sont d'une qualité pratiquement sans égale en Rheingau : ce sont des vins d'une grâce, d'une race et d'un bouquet extraordinaires. Principaux *Lagen* : Klaus, Hölle, Vogelsang, Kläuser-Pfad, Kläuserberg, Kläusergarten, Kahlenberg, Goldatzel, etc. Principaux producteurs : le comte de Schönborn, Geromont, le comte de Hesse (jadis Krayer Erben), Anton Eser, etc.

Johannisberg (Schloss). Château de Johannisberg*. Le plus célèbre vignoble d'Allemagne, planté sur l'une des pentes les plus raides du Rheingau. Selon la tradition, c'est Charlemagne qui aurait fait planter là les premières vignes, après avoir constaté, de son palais d'Ingelheim, que la neige y fondait plus tôt sur la rive opposée. Une

abbaye bénédictine s'établit à cet endroit vers 1100 ; sécularisée en 1801, elle devint la propriété du prince Guillaume d'Orange. Le Congrès de Vienne attribua le domaine à l'empereur d'Autriche, qui l'offrit à Metternich. La famille Metternich possède encore le domaine, devenu sa résidence.

Dans leur plénitude, les vins du château de Johannisberg méritent largement leur grande réputation et ne se laissent surpasser par aucun autre. Moins corsés que les vins du Steinberg, d'une saveur et d'un fruité moins lourds que les vins de Marcobrunn, moins piquants et moins mordants que les vins de Rauenthal, ils se classent incontestablement comme les « premiers gentilshommes » de Rheingau : leur distinction et leur classe, incomparables, s'imposent sans réserve. Il faut dire toutefois que, de la récolte de 1954, pauvre un peu partout, à celle de 1962, qui aurait pu être meilleure, le Schloss Johannisberg a traversé une

période difficile. Les vins semblaient, d'une manière ou d'une autre, avoir perdu l'élégance qui les caractérisait : ce n'étaient plus que des vins de Rheingau francs, souvent délicats, à l'instar de leurs voisins. Heureusement, les mauvais jours appartiennent désormais au passé. En 1963 et en 1964, puis de nouveau en 1966, les vins de Schloss Johannisberg se sont classés au tout premier rang de la production du Rheingau.

Les vins du château se vendent actuellement sous deux présentations : les capsules, de couleur différente, indiquent la qualité. L'étiquette la plus familière est celle qui porte les armes de Metternich. Elle désigne trois vins : le *Rotlack* (capsule rouge), le moins cher — c'est généralement un vin sec, racé, mais sans qualités exceptionnelles ; le *Grünlack* (capsule verte) est un peu supérieur — c'est d'habitude, mais non toujours un *Spätlese* ; le meilleur le *Rosalack* (capsule rose), qu'on ne produit pas chaque année.

est généralement un *Auslese*. Une autre
étiquette représente, en couleur, le
château et le vignoble : elle est réser-
vée aux *Kabinett*. Ces derniers, dans le
cas des Schloss Johannisberg, ne sont
pas nécessairement de qualité supérieure aux autres, mais simplement ils
sont commercialisés par d'autres voies.
Ajoutons que, dans les années médiocres, seule une petite partie de la production bénéficie d'une mise au domaine, le reste servant à fabriquer un
vin mousseux, ou *Sekt*.

Josephshof. Excellent vignoble de
Graach (Moselle allemande), qui appartient depuis plus d'un siècle à la
famille Kesselstatt. Les vignes, plantées en terrasses, et les bâtiments qui
se trouvent au pied furent jusqu'en
1802 la propriété du monastère de
Saint-Martin ; elles furent alors sécula-
risées et elles reçurent leur nom actuel.
Bien que se trouvant sur la commune
de Graach, le Josephshof touche directement Wehlen : le vin vendu comme
Josephshof ressemble en général plutôt
à un vin de Wehlen qu'à un vin de
Graach. C'est un vin qui a de la bouche, il est plus corsé que vif, gros et
fin plutôt que délicat et charmant.

journal. Ancienne mesure de superficie
en usage dans plusieurs régions et
notamment en Bourgogne. Elle correspondait à la superficie de terre qu'un
homme pouvait labourer en une jour-
née : environ 30 ares.

Juliénas. Une des plus importantes
communes du Beaujolais. Le vin
qu'elle produit : un des meilleurs
Beaujolais. Moins fruité peut-être que
le Brouilly et moins charmeur que le
Fleurie, c'est pourtant un vin d'une

distinction peu habituelle, très équilibré et d'un joli grain.

Jura. Région vinicole de l'est de la
France, non loin de la frontière suisse, dont
le vignoble s'étend, à partir
d'Arbois, sur près de 50 km vers le
sud, dans l'ancienne Franche-Comté.
Les vins du Jura ne présentent guère
d'importance pour la qualité comme
pour la quantité. C'est leur grande diversité qui rend ces vins intéressants.
Le rosé d'Arbois* est probablement le
meilleur et le plus connu. Parmi les
autres, citons l'Etoile*, un vin mousseux, guère mieux que passable ; une
curiosité, le Château-Chalon* qu'on peut
considérer comme la version française
(vin non viné) d'un Xérès ; une faible
quantité de vin de paille* et enfin
quelques vins excellents, rouges et
blancs, dont les meilleurs se vendent
sous l'appellation Arbois.

Jurançon. Vin blanc d'une teinte jaune
or quand il est moelleux ou liquoreux,
pâle quand il est sec ; toujours assez
frais ; célèbre dans l'histoire et la
légende ; originaire des Pyrénées, au
sud et à l'ouest de Pau. Il provient de
cépages inconnus ailleurs : le Petit
Manseng, le Gros Manseng et le
Courbu. Ce vin développe une saveur
et un bouquet très spéciaux, où des
amateurs locaux croient retrouver un
mélange d'œillet, de cannelle, de muscade et de girofle. Les vignobles, qui
appartiennent à des particuliers, ne
couvrent que de faibles étendues. Les
souches atteignent un mètre cinquante.
C'est un vin de bonne garde, équilibré
et digne d'intérêt. Henri IV l'appréciait
particulièrement et, dans l'ensemble, le
Jurançon mérite sa renommée.

Kabinett ou **Cabinet.** Se dit en Allemagne et principalement en Rheingau d'un vin *naturel* (c'est-à-dire non chaptalisé) de qualité supérieure ou de réserve spéciale, habituellement mis en bouteille au domaine. A l'origine, on désignait sous le nom de *Kabinettweine* les vins que le propriétaire d'un vignoble réservait à son usage personnel ; mais l'expression s'emploie de plus en plus abusivement, et actuellement beaucoup de propriétaires présentent comme vins *Kabinett* des pièces dont ils souhaitent obtenir un prix minimum (à la bouteille ou au tonneau) lors de la mise en vente. Ce minimum varie considérablement d'un producteur à l'autre, et même d'une récolte à l'autre. En général, tous les vins étiquetés *Auslese** ou *Spätlese** se rangent parmi les vins *Kabinett* : mais ceux-ci comprennent très souvent aussi des vins moins distingués. Le mot *Kabinett* prend une signification toute différente dans le cas du Schloss Johannisberg*.

Kadarka. Cépage rouge de Hongrie. Largement cultivé, il donne la grande majorité des vins rouges officiellement classés dans ce pays comme premiers grands crus. Ces vins portent le nom du cépage associé à l'appellation régionale d'origine : Szekszárdi Kadarka, Pécsi Kadarka, Villányi Kadarka, Gyöngyosi Kadarka, Egri Kadarka.

Kaeferkopf. Un des rares vins d'Alsace qui portent le nom d'un vignoble. Le vignoble de Kæferkopf, situé dans la commune d'Ammerschwihr, donne des Rieslings et des Gewürztraminers admirables.

Kaiserstuhl. Intéressant district viticole de Bade (sud-ouest de l'Allemagne). Il se trouve sur une sorte d'île de tuf volcanique, qui émerge de la plaine du Rhin entre Colmar (Alsace) et Fribourg-en-Brisgau. Les vins du Kaiserstuhl diffèrent peu des vins d'Alsace, les principaux cépages alsaciens étant cultivés ; mais les meilleurs de ces vins sont probablement ceux qui proviennent du Ruländer, ou Pinot gris, récolté à Ihringen, Endingen, Achkarren et Bötzingen.

Kallstadt. Un des meilleurs villages vinicoles du Palatinat, au nord de Dürkheim. Le vignoble compte 280 ha, plantés d'une très forte proportion de Riesling. Bons vignobles : Kobnert,

Kreuz, Steinacker, Annaberg et Saumagen (litt. : ventre de truie).

Kanyack. Eau-de-vie de vin en Turquie.

Kaltererseewein. → Lago di Caldaro.

Kanzlerberg. Remarquable vignoble de Bergheim (Haut-Rhin), produisant quelques-uns des vins d'Alsace les plus fins, spécialement des Gewürztraminers.

Karthäuserhofberg. Vignoble renommé de la Rüwer (Allemagne). → Eitelsbach.

kascher (vin). Vin préparé selon le rite juif.

Kasel. → Casel.

Kayserberg. Ville d'Alsace, justement renommée, dont les Rieslings et les Gewürztraminers présentent une qualité remarquable.

Kecskemet. Région de la plaine hongroise, produisant un vin blanc très considéré, le Kecskemeti Leanyka.

Kéknyelu. Cépage blanc de Hongrie, planté autour du lac Balaton, dans la région du Badacsonyi. Le vin qu'il produit s'appelle Badacsonyi Kéknyelu.

Keller. En allemand : cave. *Kellerarbeit* : vinification ; *Kellermeister* : maître de chai.

Kellereiabfüllung, Kellerabzug. Ces deux mots signifient en pratique la même chose : on en trouvait toujours l'une, ou celle d'*Original-Abfüllung* — jusqu'à la nouvelle loi allemande sur les appellations d'origine (→ Allemagne) — sur les étiquettes des vins fins allemands.

Kellereiabfüllung ne signifie toutefois pas mise du domaine, mais mise en bouteille dans les caves de ... (le nom qui suit habituellement n'est pas celui du producteur).

Kesselstatt. Vieille famille noble allemande, qui possède d'importantes propriétés vinicoles dans la Moselle, la Sarre et la Ruwer. Outre les caves centrales de Trèves, lui appartiennent le Josephshof (à Graach) en entier, une grande partie des meilleurs *Lagen* de Piesport, des vignes à Casel sur la Rüwer, à Oberemmel et à Niedermennig sur la Sarre.

Kiedrich. Ville vinicole de Rheingau, située en arrière des collines qui s'étendent entre Rauenthal et Hallgarten. Kiedrich produit d'excellents vins qui, tout comme les Rauenthalers, mériteraient de jouir à l'étranger du même crédit qu'en Allemagne : fruités, racés, d'un bouquet mordant et vraiment admirables dans les bonnes années. Le vignoble compte 130 ha environ. Meilleurs lots : Gräfenberg, Wasserrose, Sandgrub et Turmberg. Meilleurs producteurs : le comte Eltz, le Dr. Weil, le baron von Ritter zu Groensteyn et le Domaine de l'Etat.

Kinheim. Ville vinicole secondaire de la Moselle allemande, près de Traben-Trarbach.

kir. Boisson à base de vin blanc et de crème de cassis servie en apéritif qui a emprunté son nom au Chanoine Kir, ancien Maire de Dijon et député de la Côte d'Or. Ce Chanoine eut l'idée de servir un soupçon de cassis et de remplir le verre d'un Bourgogne blanc. Il est rare de voir, aujourd'hui, une telle réussite en matière de « cocktail » lorsqu'on aborde le vin. En principe, c'est un déshonneur de mélanger au produit noble de la vigne un autre produit tout à fait différent. On peut également servir un « kir royal » : cassis + champagne.

Kirwan (Château). Troisième cru classé de Cantenac-Margaux. Un des plus vastes vignobles de la commune, et renommé de longue date.

Klevner. Nom donné en Alsace et en Allemagne au Pinot blanc. Il produit un vin franc de goût, d'un caractère moins marqué que le Riesling mais qui s'allie très bien avec ce dernier, dont il tempère l'acidité, donnant ainsi de bons *Edelzwickers.*

Kloster Eberbach. Ancien monastère gothique de Rheingau. Fondé en 1116 par les augustins, il passe presque aussitôt aux cisterciens : saint Bernard de Clairvaux, grand amateur de vin, en prend la direction (ce fut lui aussi qui créa le Clos de Vougeot, en Bourgogne). A Eberbach tout comme en Bourgogne, les cisterciens entourèrent d'un mur leur magnifique vignoble, le Steinberg. Un siècle après sa fondation, le Kloster Eberbach devint le principal centre allemand de la viticulture et du commerce des vins, avec une succursale, Cologne. Une flottille de péniches assuraient le transport. Sécularisée en 1801, l'abbaye devint propriété de l'Etat ; celui-ci préserva heureusement les établissements. Les bâtiments aux salles voûtées, qui abritent d'anciennes presses, sont intacts, et ils étaient encore en service il n'y a pas longtemps. Des ventes de vins se déroulent encore à l'occasion à Eberbach, et l'ensemble des installations, dissimulées par une étroite vallée boisée, en arrière de Hattenheim et d'Erbach, présente un très grand intérêt pour les amateurs de vin et d'histoire.

Knipperlé. Ancien cépage alsacien de médiocre qualité, qui a pratiquement disparu de cette région. Il est connu en Allemagne et en Suisse sous le nom de Räuschling (à ne pas confondre avec Riesling). Les vins blancs qu'il produit sont honnêtes et, dans l'ensemble, meilleurs que les vins issus du Gutedel et du Chasselas ; ils servent en général à la consommation locale.

Kocher (vin). Nous pourrions dire en France vin casher. Le mot casher dans la religion juive exprime ce qui est « conforme » à ses lois. Le vin casher se dit aux Etats-Unis « Kocher ». Ce vin peut donc être utilisé dans les services religieux, mais aussi par les fidèles. Aux Etats-Unis le vin Kocher est surtout le vin de Pâques servi notamment pendant le service du Vendredi soir et de la Pâque juive. C'est un vin naturel, sans traitement chimique et élaboré sous la surveillance d'un rabbin.

Königsbach. Un des meilleurs villages viticoles du Palatinat, situé au sommet des collines du Mittel-Haardt, au sud de Deidesheim. Le vignoble (130 ha environ) est planté en grande partie de Riesling. Von Buhl est le producteur le plus important, mais il y a aussi une importante coopérative *(Winzerverein).* Meilleurs crus : Idig, Satz, Rolandsberg, Harle, Reiterpfad.

Krajina. Vin rouge ou blanc produit en Yougoslavie côté Bulgare et Roumain.

Krampen. Vignoble de la Moselle allemande qui séduit par ses vins remarquables en qualité.

Kreuznach ou **Bad Kreuznach.** Ville d'eaux située au cœur de la vallée de la Nahe, Kreuznach se trouve à une vingtaine de kilomètres de Bingen, où la rivière se jette dans le Rhin. La ville possède plusieurs bons vignobles : Hinkelstein, Kröttenpfuhl, Kahlenberg, Narrenkappe, etc. Les vins de Kreuznach comptent, avec ceux de Schloss Böckelheim, parmi les meilleurs de la Nahe. Kreuznach abrite aussi une importante école de viticulture. Ajoutons enfin que l'usine Seitz-Werke de Kreuznach fabrique des filtres* utilisés dans le monde entier.

Kröv, Cröv. Ville de la Moselle allemande, près de Traben-Trarbach. Le vignoble (100 ha environ) donne un vin très ordinaire, qui a néanmoins acquis une popularité flatteuse due à son nom bizarre : Kröver Nacktarsch signifie littéralement : derrière nu. L'étiquette montre un petit garçon qui s'enfuit en retenant son pantalon.

Kuechelberger. Vin rouge, léger et parfumé, du Tyrol italien (Haut-Adige), produit aux portes de Merano. Il jouit d'une grande faveur dans la région. Le Kuechelberger provient du Schiava meranese*.

Label. Certificat de conformité délivré aux vins délimités de qualité supérieure (V.D.Q.S.).

Lachrima Christi. Célèbre vin blanc (on produit une petite quantité de rouge, de moins bonne qualité) récolté sur les pentes du Vésuve (cépage Greco della Torre). C'est un vin d'une teinte jaune d'or pâle, légèrement plus doux, moins austère, pourrait-on dire, que le vin de Capri récolté non loin de là. Sous le rapport du caractère et de la saveur, il rappelle peu ou prou un Graves plutôt sec.

Le nom de Lachrima Christi, « Larmes du Christ », a donné lieu à de nombreuses légendes. On raconte que Lucifer, chassé du paradis, aurait emporté une motte du sol céleste et l'aurait laissé choir dans le golfe de Naples à l'endroit où devait s'élever Capri, coin de paradis. Le Seigneur, revenant sur terre, trouva la région peuplée de démons (probablement des Napolitains !). Il se mit à pleurer devant ce spectacle et ses larmes, tombant sur le sol, donnèrent naissance à des vignes.

Ladoix-Serrigny. Commune de la Côte de Beaune. → Aloxe Corton.

Lafaurie-Peyraguey (Château). Premier cru classé de Sauternes. Un des meilleurs vignobles de Bommes* et l'un des plus impressionnants châteaux de Sauternais. C'est un Sauternes typique, d'une teinte jaune or, très doux, qui a de la bouche.

Lafite (Château). De l'avis des experts les plus objectifs, et peut-être dans l'esprit du public, voici le *nec plus ultra* des Bordeaux, et le plus grand cru rouge du monde. Lafite ou Lafite-Rothschild (ces deux appellations sont correctes et ont été employées à différentes époques) a été classé premier des premiers crus en 1855. Il a conservé sa place prééminente avec une remarquable constance. La renommée du vignoble date du XVIIe siècle ; il était alors la propriété de M. de Ségur ; en 1858, il fut acquis par le baron James de Rothschild, pour la somme de cinq millions de francs or.

Le Château Lafite comprend moins de 60 ha de vignes (Cabernet, Merlot,

Petit Verdot). Il faut peut-être ajouter à sa production moitié autant d'un vin de qualité inférieure, vendu comme Carruades* de Château Lafite. Les chais et les caves sont des modèles du genre où les bouteilles constituent une admirable œnothèque (80 000 bouteilles classées, de grande année en grande année ; les plus anciennes remontant au-delà de 1800). Les vins de Lafite diffèrent — comme tous les Bordeaux — d'une année à l'autre, mais moins que la plupart d'entre eux. On ne peut parler d'un Château Lafite d'une grande année qu'en termes élogieux. Le Château Lafite titre rarement plus de 12 degrés ; il possède une autorité étonnante, une classe remarquable, du fruité, une saveur profonde et un parfum sans défaut, bref toutes les qualités que devrait avoir un grand Bordeaux.

Lafleur (Château). Un des premiers crus de Pomerol. Le vignoble, de peu d'étendue, produit un excellent Bordeaux.

Lafon-Rochet (Château). Quatrième cru classé (1855) à St Estèphe, produisant environ 1.500 hl sur une superficie d'environ 40 ha de vignes. Son propriétaire possède aussi le Château Pontet-Canet à Pauillac. Très belles caves à visiter dans les deux châteaux.

Lage. Pluriel : *Lagen.* En allemand, désigne un vignoble spécifique, qui porte un nom particulier. C'est l'équivalent du *climat* en Bourgogne et du *cru* dans le Bordelais.

Lago di Caldaro (en allemand : Kalterersee). Lac du Tyrol italien (Haut-Adige), non loin de Bolzano. Vin rouge, léger et excellent, produit sur les coteaux qui bordent le lac à l'ouest et au nord. Issu du Schiava, cépage *gentile**, le Lago di Caldaro est un vin

parfumé, équilibré, supérieur au Caldaro*, son voisin. Un des meilleurs vins du nord de l'Italie.

Lagrange (Château). Troisième cru classé de Saint-Julien (Haut-Médoc), un des moins distingués de cette catégorie. C'est aussi un des meilleurs vignobles de Pomerol (8 ha de vigne).

Lagrein. Délicieux vin du Tyrol italien (Haut-Adige), originaire de la banlieue de Bolzano. En allemand, on l'appelle Lagreinketzer. Ce vin qui provient du cépage homonyme, existe en rouge (Lagrein rosso) et en rosé (Lagrein rosato).

Lagrima. Vin de Malaga, particulièrement doux et lourd. Originaire des environs de la ville du même nom (sud de l'Espagne).

Lagune (Château La). Troisième cru classé de Ludon (Haut-Médoc). Le plus méridional des crus classés du Médoc. Se trouve à une dizaine de kilomètres de la frontière septentrionale des Graves. C'est un Bordeaux fin mais ferme, lent à se faire mais qui, par son caractère, se rapproche plus des meilleurs Graves rouges de Pessac que des Médocs.
Le vignoble couvre 55 ha d'un seul tenant. Les installations techniques sont exceptionnelles. Elles ont été entièrement refaites récemment, selon les procédés les plus modernes, tout en maintenant les bonnes traditions médocaines.

Lalande-de-Pomerol. Région secondaire du Bordelais, touchant à Pomerol, au nord. Les vins, des rouges uniquement, ressemblent à ceux de Pomerol, mais en moins délicats. Le Château Bel-Air et le Château de la Commanderie passent pour les meilleurs vignobles. La commune voisine de Néac a été rattachée à l'appellation Lalande de Pomerol.

Lambrays. Climat de Bourgogne. → Clos de Lambrays.

Lambrusco. Vin rouge peu courant, presque toujours légèrement pétillant (→ *frizzante*). produit à l'ouest de Bologne et spécialement aux environs du village de Sorbara. Issu principalement du cépage Lambrusco, ce vin est très fruité, un peu doux et doté d'un bouquet puissant et extraordinaire. Il jouit d'un grand crédit en Emilie ; c'est peut-être le meilleur vin italien de cette classe.

Lamothe (Château). Deuxième cru classé de Sauternes : vin blanc doux de bonne qualité. Quatre autres châteaux du Bordelais — mais de qualité inférieure — portent le même nom.

Landes. Département français, au sud de Bordeaux. C'est une région plate et sablonneuse, couverte de grandes forêts de pins. L'habitat y est disséminé. Les Landes produisent des vins sans importance ; on trouve toutefois des Armagnacs de bonne qualité à la limite orientale, près de Villeneuve-de-Marsan.

Langoa-Barton (Château). Troisième cru classé de Saint-Julien et l'un des meilleurs troisièmes crus : c'est un Bordeaux délicat, un Saint-Julien typique.

Languedoc. Ancienne province de France, qui s'étend le long de la Méditerranée, du Rhône jusqu'au-delà de Narbonne. C'est le pays du vin ordinaire. Les départements de l'Hérault, de l'Aude et du Gard occupent respectivement les première, deuxième et troisième places dans la production totale des 90 départements. Les vins du Languedoc se vendent presque tous sous la mention *vin rouge*. Toutefois le Languedoc produit aussi : une certaine quantité de vins doux de Muscat, originaires de Frontignan* et de Lunel ; la Blanquette de Limoux, vin mousseux bien connu.

VDQS du Languedoc : Minervois, Corbières, Picpoul de Pinet, Côteaux du Languedoc, Costières du Gard, Quatourze, La Clape, Sᵗ Georges d'Orques, Montpeyroux, Sᵗ Drézéry, Sᵗ Saturnin, Faugères, Sᵗ Chinian, Côteaux de Vérargues, Côteaux de Sᵗ Christol, Côteaux de la Méjanelle, Pic-Sᵗ-Loup et Cabrières.

AOC du Languedoc : Clairette du Languedoc, Clairette de Bellegarde, Fitou, Blanquette de Limoux, Rivesaltes (en partie), Muscat de Frontignan, Muscat de Lunel, Muscat de Mireval, Muscat de Sᵗ Jean de Minervois, Muscat de Rivesaltes (en partie).

Larcis-Ducasse (Château). Premier cru de Saint-Emilion et vin rouge de grande qualité.

Larose (Château). → Gruaud-Larose. Deux petits châteaux du Bordelais portent le nom de Château Larose, deux autres celui de Château Laroze ; enfin la Cave coopérative de Pauillac produit un vin rouge très agréable, de bonne qualité malgré son prix modeste, et qui porte le nom de La Rose de Pauillac.

Larrivet-Haut-Brion (Château). Vignoble peu étendu, mais de bonne qualité, sur la commune de Léognan (Graves). Vin rouge.

Lascombes (Château). Deuxième cru classé de Margaux, un des meilleurs deuxièmes crus actuels.

La Tâche. Grand cru de Bourgogne, appartenant au domaine de Romanée-

Conti. Vin rouge de grande classe.

Latium. → Lazio.

Latour (Château). Premier cru classé de Pauillac. Ce cru magnifique, de réputation mondiale, est classé légalement — et à juste titre ! — comme l'un des trois meilleurs du Médoc : il égale Margaux et Lafite. Le vignoble (44 hectares) est planté sur un sol graveleux, maigre, pauvre et stérile. Le Château-Latour est le mieux charpenté et le plus puissant des Bordeaux : de teinte foncée, de bonne garde, astringent dans sa jeunesse mais de bonne classe ; son bouquet, remarquable, se développe encore en vieillissant.
Les mots « Tour » ou « La Tour » entrent dans l'appellation de nombreux châteaux du Bordelais. On trouvera la liste des plus importants à leur place alphabétique. Il ne faut évidemment pas les confondre avec le vrai Château Latour, dont l'étiquette, de style ancien, représente une tour stylisée surmontée d'un lion.

Latour-Pomerol (Château). Excellent premier cru de Pomerol. Appartient au propriétaire du Château Pétrus. Vin élégant et tendre.

Latricières-Chambertin. Remarquable climat de Bourgogne. Le vin rouge qu'il produit est classé officiellement comme grand cru. D'excellente qualité, il suit de très près le Chambertin et le Clos de Bèze. Le vignoble de Latricières-Chambertin compte 7 ha ; il bénéficie de la même exposition et pratiquement du même sol que le Chambertin, dont il est le voisin direct, du côté sud.

Laubenheim. Ville vinicole du Rhin, au sud de Mayence (Hesse). Vignoble de 120 hectares. Vins communs, assez tendres et de médiocre qualité.

Laudun. Commune du Rhône inférieur, au nord de Tavel et de Lirac. Ses vins — des rouges, des rosés et des blancs (ces derniers considérés comme les meilleurs) — se vendent sous l'appellation Côtes du Rhône-Laudun.

Lausanne. La fameuse ville suisse romande possède, près du lac Léman, deux vignobles renommés : le Clos des Abbayes et le Clos des Moines. Tous deux produisent des vins blancs secs de bonne qualité, issus du Fendant (Chasselas).

Lavaux. District viticole situé sur la rive septentrionale du lac Léman, entre Lausanne et Villeneuve, à la pointe est. Lavaux produit quelques-uns des meilleurs vins blancs de Suisse.

Lavilledieu. Vins de réputation locale (du rouge et du blanc) produits au nord-ouest de Toulouse (V.D.Q.S.).

Laville-Haut-Brion (Château). C'est le nom des vins blancs du domaine qui produit l'excellent rouge La Mission-Haut-Brion.

Layon. Rivière de l'Anjou, affluent de la Loire. La région est réputée pour ses vins blancs. → Coteaux du Layon.

Lazio (fr. Latium), Région d'Italie, comprise entre la Toscane et la Campanie, et dont Rome constitue le centre. La production globale du Latium atteint 4 875 800 hl : des vins de table, plus de blancs que de rouges, qui servent presque uniquement à la consommation locale.

léger. Se dit d'un vin peu coloré, peu alcoolisé et peu corsé, mais dont les constituants peuvent présenter un bon équilibre. Les vins légers peuvent présenter de la finesse, du fruité, du charme, mais ils ne se révèlent que rarement des vins de garde. *Léger* s'oppose à *corsé** et à *lourd**.

Leistadt. Ville viticole du Palatinat rhénan (Allemagne), au nord de Dürkheim. Vins blancs de bonne qualité ; un peu de rouge, de qualité médiocre.

Léman (lac). Une grande partie de la rive suisse est couverte de vignobles.

Léognan. Une des meilleures communes de Graves, à une dizaine de kilomètres au sud-ouest de Bordeaux. Vins rouges et blancs, qui présentent la même distinction. Les meilleurs crus de Léognan comprennent : le Domaine de Chevalier, les châteaux Carbonnieux, Haut-Bailly, Marlatic-Lagravière, Fieuzal, Olivier, etc.

Léoville-Barton. Deuxième cru classé de Saint-Julien (Haut-Médoc) : un excellent deuxième cru.

Léoville-Las Cases (Château). Deuxième cru classé de Saint-Julien (Haut-Médoc). C'est un vignoble justement célèbre dont le vin, rouge léger, est de bonne qualité, équilibré et d'un grain fin.

Léoville-Poyferré (Château). Dans l'ensemble, le meilleur cru de Saint-Julien ; il mérite pleinement sa cote de deuxième cru classé. Le vin (rouge) du Château Léoville-Poyferré est peut-être un peu plus corsé que les autres Léoville, et il coûte généralement plus cher.

Lessona. Vin rouge supérieur italien, produit dans la province de Vercelli (Piémont) ; cépage Nebbiolo*.

levures. Micro-organismes unicellulai-

res, dont certains *(Saccharomyces ellipsoideus)* provoquent la fermentation du jus de raisin par l'action d'une enzyme, la zymase*, et le transforment en vin. Il existe de nombreuses sélections ou « cultures » de levures, dont certaines agissent à des températures plus basses que d'autres, ou procurent d'autres avantages et inconvénients. Dans la plupart des caves à vin modernes, les cultures de levures sont choisies avec le plus grand soin. D'autres levures *(flor)* tendent à donner un goût de Xérès aux vins qui les reçoivent de façon délibérée ou accidentelle. D'autres encore sont responsables des différentes sortes de vins gâtés.

Libourne. Ville située sur la Dordogne, à 31 km à l'est de Bordeaux. Important centre du commerce des vins et spécialement des Saint-Emilions, Pomerols, Fronsacs, etc., originaires de la région voisine.

Liebfrauenstift. Vignoble de 14 ha, qui s'étend autour de la Liebfrauenkirche (église Notre-Dame) à Worms, sur le Rhin. Des centaines d'églises allemandes sont dédiées à la Vierge, mais celle-ci semble la source première du Liebfraumilch*. Les vignes sont plantées sur un sol alluvionnaire solide, à l'intérieur de la ville et non loin du fleuve. Les vins, quoique d'authentiques vins du Rhin, sont assez communs et restent inférieurs aux meilleurs vins allemands ; ils se vendent sous l'appellation de Liebfrauenstiftswein, et non sous celle de Liebfraumilch.

Liebfraumilch. Ce mot allemand, de tous les noms de vin certainement le plus connu dans le monde, signifie simplement « lait de la Vierge ». Il doit probablement son origine aux vignobles qui entourent l'église Notre-

Dame, à Worms : le Liebfrauenstift*. Mais depuis longtemps c'est devenu un nom passe-partout, dépourvu de véritable signification, une sorte de synonyme de « vin du Rhin »(→Allemagne). Les vins bon marché et les plus pauvres de la Hesse rhénane peuvent se vendre — et c'est d'habitude le cas — sous le nom de Liebfraumilch : plusieurs producteurs du Palatinat proposent actuellement des catalogues de Liebfraumilch de leur propriété. D'un autre côté, quelques négociants trouvent avantage à proposer comme Liebfraumilch d'excellents vins — originaires de Nierstein, Nackenheim, Oppenheim, etc. — qui ont le droit de porter ces appellations plus précises et plus honorables. Le seul guide valable du consommateur, quant à la qualité (à part les termes *Spätlese* et *Auslese*), reste le nom du négociant, qui n'est pas nécessairement le producteur (encore que ce puisse être le cas).

lies. Dépôts que forment les vins jeunes dans les barriques avant la mise en bouteille. Les grosses lies constituées principalement de levures, de bactéries et de tartrate de chaux disparaissent lors du premier soutirage. On donne plutôt le nom de *dépôt* aux matériaux qui précipitent au cours du vieillissement des vins en bouteille.

Ligurie. Région viticole d'Italie assez limitée, entre montagne et côte. Le principal vin rouge est le rossese de Dolceacqua, de la région d'Imperia. Mélange de cépages Vermentino, Dolcetto et Massarda. On produit aussi le Sciacchetra, le Dolcetto, le Sarticola et l'Arcola. L'Aleatico et le Barbarossa sont plutôt des vins doux. A noter un excellent vin sec, le « Cinque terre » très fin, bouqueté, harmonieux pour les fruits de mer et poissons. Dans la province de La Spezia on produit le Sarticola et le Marinasco et dans celle de Savone, le Pigato et le Vermentino. La région d'Imperia élabore son fameux Vermentino (robe jaune paille, au bouquet citronné et orangé).

Lieser. Ville de la Moselle allemande près de Bernkastel. Ses vins de bonne qualité, mais sans rien d'exceptionnel, sont un peu plus lourds que ceux de Bernkastel, Graach, etc. Ils présentent moins de bouquet et moins de race. Meilleurs vignobles : Schlossberg et Niederberg.

Lillet. Apéritif français très sec, à base de vin blanc, de plantes aromatiques et de marc.

Limoux. Ville du sud de la France, proche de Carcassonne. Elle produit des vins blancs qui jouissent, dans la région, d'une grande réputation. Le plus connu est La Blanquette de Limoux, vin mousseux, d'habitude assez doux, traité selon la méthode champenoise. Le Limoux nature est un vin blanc non mousseux, sec, agréable mais sans rien de remarquable.

Lipari. La plus grande d'un groupe de petites îles situées au large de la côte nord de la Sicile. Plusieurs îles de l'archipel — l'île de Salina notamment — produisent un vin de dessert renommé. Vin d'une teinte jaune d'or, issu de la Malvoisie, il se vend généralement sous le nom de Malvasia di Lipari.

liqueur. Boisson sucrée et souvent aromatisée, à base d'alcool. Dans la fabrication du Champagne, ce mot comporte d'autres significations. On appelle *liqueur de tirage* le dosage de sucre ou de candi additionné (d'habitude avec une levure) au vin jeune (avant la mise en bouteille), de façon à provoquer une seconde fermentation en bouteille. On appelle *liqueur d'expédition* la solution de sucre ou de sucre de canne qu'on additionne, sous forme de dosage, au vin sec, pétillant déjà, au moment du dégorgement ; ceci pour le rendre doux ou demi-sec.

Appliqué aux grands vins de dessert naturellement doux, comme les Sauternes ou les vins d'Anjou, le mot *liqueur* désigne la douceur provenant du sucre du raisin non fermenté présent dans le vin fini : un Château d'Yquem, par exemple, contient 14 pour cent d'alcool et 4 pour cent de liqueur.

On appelle généralement vin de liqueur un vin viné. On dira *vin liquoreux** si la « douceur » ne résulte pas d'une addition d'alcool. Dans ce sens, le mot s'applique principalement aux vins des Pyrénées orientales : Banyuls, Grand Roussillon, etc. Des vins préparés selon une méthode un peu différente s'appellent *vins doux**.

liquoreux. Se dit d'un vin blanc doux qui, quoique non viné, a retenu une partie du sucre naturel du raisin. → Liqueur.

Lirac. Commune du Rhône inférieur, au nord de Tavel. Elle produit un rosé qui ressemble très fort au Tavel, mais en plus léger et avec moins de caractère. Cépage principal : Grenache.

Lisbonne. Capitale du Portugal. Terme général qui, dans le commerce des vins et en Grande-Bretagne, désigne des vins doux, vinifiés à la façon du Porto et que l'on produit aux environs de Lisbonne. Ces vins sont plus souvent blancs que rouges. Le plus connu est le Carcavelos.

Listrac. Commune du Haut-Médoc, qui bénéficie d'une appellation particu-

lière, ne produit pas de vins de grande classe, mais une grande quantité de Bordeaux vigoureux, équilibrés, agréables et de prix modeste, souvent comparables à ceux, voisins, de Moulis. Il s'y trouve une importante coopérative. Meilleurs vignobles (crus bourgeois supérieurs) : Châteaux Fourcas-Hostein, Foreaux, Lestage, Sémeillan, Clarke, etc. En France, on sert du Listrac dans les wagons-restaurants de la Compagnie internationale des wagons-lits.

Livermore. Ville du comté d'Alameda (Californie), au sud-est de San Francisco. La vallée de Livermore compte, depuis 1880, parmi les régions qui produisent les meilleurs vins de table des Etats-Unis. Le sol rocailleux et graveleux semble convenir particulièrement à la production des vins blancs et à des cépages européens aussi renommés que le Sauvignon blanc, le Sémillon, le Pinot blanc, le Chardonnay, le Riesling gris et l'Ugni blanc. Principaux producteurs : Wente Bros, Concannon, Cresta Blanca.

Loché. Commune vinicole située au sud du Mâconnais, dans la Bourgogne méridionale ; voisine de Vinzelles, Fuissé, Pouilly, etc. Elle produit des vins blancs frais, agréables, issus du Chardonnay ; ils portent l'appellation Pouilly-Loché.

Logroño. Ville et province de la vallée de l'Ebre (nord de l'Espagne) ; centre du commerce des vins, moins important toutefois que Haro*. La Rioja se trouve en grande partie dans la province de Logroño qui, de ce fait, produit les meilleurs vins de table espagnols.

Loir. Affluent de la Sarthe, il s'y jette en amont d'Angers. Les Coteaux du Loir produisent le Jasnières, le meil-

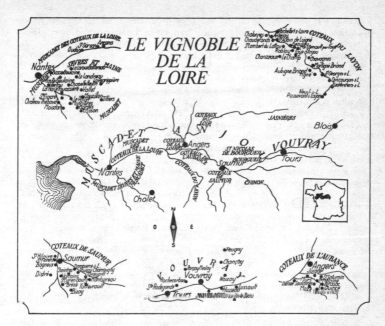

LE VIGNOBLE DE LA LOIRE

leur vin du département de la Sarthe.

Loire. Le plus long, et l'un des plus beaux fleuves de France. De sa source, proche de celle de l'Ardèche, jusqu'à l'Atlantique, où il forme son estuaire entre Nantes et Saint-Nazaire, il traverse toute une série de provinces et de régions viticoles différentes. Ses vins, parfois appelés collectivement vins de la Loire, comprennent un grand nombre de vins rouges, de blancs et de rosés intéressants qui offrent toute la gamme des qualités.
→ Pouilly-Fumé, Sancerre, Quincy, Touraine, Vouvray, Bourgueil, Chinon, Saumur, Anjou, Muscadet.

Lombardie. Importante région du nord de l'Italie, dont la capitale est Milan. Le meilleur vin en est originaire des trois zones suivantes : 1° Valtelline*, aux environs de Sondrio, à l'est du lac de Côme, non loin de la frontière suisse ; 2° l'Oltrepo pavese, une région montagneuse au sud de Pavie et du Pô, comprenant Casteggio* et les vignobles de Barbacarlo* ; 3° enfin les rives occidentales et méridionales du lac de Garde*.

Lorch. Ville du Rhin considérée comme appartenant au Rheingau, encore qu'elle se trouve au nord d'Assmannshausen, hors des limites officielles de la région. Ses vins, issus en grande partie du Sylvaner, rappellent par leur caractère et leur qualité les vins du Rhin moyen bien plus que ceux du Rheingau proprement dit. Meilleurs vignobles : Pfaffenweis, Bodenthal, Krone. Un producteur exceptionnel : le comte von Kanitz.

Lorraine. Cet ancien duché ne produit guère que des vins de pays, plaisants et agréables. La plupart proviennent de la haute vallée de la Moselle, entre Metz et Toul. Les meilleurs sont les vins gris*, petits rosés légers et frais, originaires des environs de Bruley, de Liverdun et des Côtes de Toul.

louche. Un vin qui n'est ni limpide, ni brillant ; un vin trouble. Un vin sain ou un bon vin n'est jamais louche, mais le terme ne devrait pas s'appliquer à un vin limpide qui a formé un dépôt dans la bouteille.

Loudenne (Château). Château du Bas-Médoc, sur la Gironde, près de Saint-Yzans-de-Médoc. Produit une très grande quantité de rouges et de blancs de bonne qualité.

Louloumet (Clos). Petit vignoble de Toulenne, à l'extrémité méridionale des Graves. Donne un vin blanc agréable, tendre et sec.

Loupiac. Commune de la rive droite de la Garonne, face à Barsac (Bordeaux). Bien que faisant partie, par sa situation géographique, des premières Côtes de Bordeaux, Loupiac constitue un district propre qui bénéficie d'une appellation particulière. Vin blanc liquoreux, souple, séveux et d'un grand bouquet, mais plus lourd et plus commun que le Sauternes, bien qu'il relève du même type.

lourd. Se dit d'un vin très corsé, épais, qui manque de délicatesse et de distinction.

Louvière (Château La). Important cru de Léognan (Graves) ; vins rouges et blancs.

Löwenstein (prince). Grand producteur allemand, qui possède d'importantes propriétés à Hallgarten, en Rheingau et en Franconie. Le nom officiel de son domaine, qui figure sur les étiquettes, est : *Fürstlich Löwenstein-Wertheim-Rosenberg'sches Weingut.*

Luberon. Chaîne de montagnes sur la rive septentrionale de la Durance, à l'est d'Avignon. La région produit quelques rosés excellents et des vins rouges de qualité très moyenne. → Côtes du Luberon.

Ludon. Commune située à l'extrémité méridionale du Haut-Médoc. Meilleur vignoble : Château-La-Lagune*, troisième cru classé ; mais il existe un ou deux crus bourgeois supérieurs : Château Pomiès-Agassac, etc.

Lugana. Vin blanc sec, agréable, originaire du village de Lugana situé à l'extrémité sud du lac de Garde. Issu du Trebbiano*, le Lugana est un des meilleurs vins blancs de cette région du nord de l'Italie.

Lugny. Une des plus importantes communes vinicoles du Mâconnais. Vins blancs de bonne qualité, issus du Chardonnay.

Lunel. Une des trois villes (avec Rivesaltes et Frontignan) de la Méditerranée française qui produisent un Muscat doux, d'excellente qualité et méritant sa réputation. Le vignoble de Lunel est le plus petit des trois, avec une production très limitée. Cépage : Muscat de Frontignan.

Lussac-Saint-Emilion. District vinicole d'intérêt secondaire, au nord-est de Saint-Emilion. Vins rouges pleins, souvent un peu communs et de prix modeste. Lussac-Saint-Emilion produit également un peu de vin blanc qui ne porte pas l'appellation et qui se vend comme Bordeaux blanc.

Luxembourg (Grand-Duché de). Sur la rive gauche de la Moselle, près de 1 000 hectares de vignes y produisent des vins blancs frais, légers, parfois assez acides et qui rappellent les petits vins allemands de la Moselle. L'étiquette porte le nom de la localité d'origine et du cépage (le principal est le Riesling). Meilleures localités : Wormeldange, Remich, Grevenmacher, Wasserbilig. Le Luxembourg produit aussi un vin mousseux et un vin pétillant, agréables.

Lynch-Bages (Château). Cinquième cru classé de Pauillac ; actuellement l'un des meilleurs et des plus populaires cinquièmes crus du Bordelais. C'est un vin d'une robe foncée, plein, rond, qui atteint des prix plus élevés que beaucoup de troisièmes et quatrièmes crus, voire même de deuxièmes crus au classement de 1855.

Lynch-Moussas (Château). Cinquième cru classé de Pauillac, moins bien connu et de moins bonne qualité que le précédent.

Lyonnais. Nom donné à quelques petits vins originaires des environs de Lyon. Le meilleur ressemble à un petit Beaujolais, mais aura droit en 1982 de passer de VDQS à l'AOC.

macération carbonique. Méthode de vinification mise au point par le Professeur Flanzy au Centre de Recherche de Narbonne (Aude) sur les vins rouges. En Beaujolais on l'applique pour obtenir des vins plus frais et plus fruités. Mais aujourd'hui la macération carbonique permet d'élaborer, dans de nombreuses régions viticoles, des vins plus typés et plus aromatisés.

La macération carbonique consiste à placer des raisins dans une cuve sans foulage (grains entiers), à l'abri de l'air. Une fermentation alcoolique (lentement) et la fermentation aromatique d'où se créeront des substances aromatiques non évidentes dans la fermentation normale. Cette méthode de fermentation se fera, évidemment en atmosphère carbonique, d'où le nom de macération carbonique.

Ensuite on recueille une partie du jus par saignée, l'autre par pressurage. La fermentation se terminera dans les pièces ou barriques ou fûts. Ces vins seront prêts à la consommation plus rapidement que ceux obtenus de vinification traditionnelle.

Mâcon. Ville du département de Saône-et-Loire, sur la Saône (sud de la Bourgogne) ; important centre de commerce du vin. Mâcon produit des vins rouges, rosés et blancs. Le rouge et le rosé ne peuvent provenir que du Gamay, du Pinot noir ou du Pinot gris, ou d'un mélange des trois. Les blancs, issus exclusivement du Chardonnay, portent l'appellation Mâcon blanc ou Pinot-Chardonnay-Mâcon. La production moyenne annuelle avoisine les 220 000 hectolitres, dont 60 pour cent en blanc.

Le Mâcon rouge est un vin agréable, léger, séveux et bouqueté, au demeurant de prix modeste ; il est moins fruité et moins friand qu'un bon Beaujolais, mais plus ferme, voire plus grossier. Les blancs comprennent le Pouilly-Fuissé, le Pouilly-Loché, le Pouilly-Vinzelles qui peuvent porter l'appellation Mâcon, mais qui se vendent rarement sous ce nom. Le vin blanc étiqueté Mâcon blanc provient en général de communes moins connues ; il n'est pas sans ressembler aux susnommés, mais il coûte moins cher et, pour son prix modeste, c'est un vin sec, frais, d'une saveur agréable, auquel il ne manque que la finesse et la race.

Mâconnais. Zone étendue de la Bourgogne méridionale, couvrant une partie

du département de Saône-et-Loire, et dont le centre est Mâcon*. Pouilly-Fuissé*, Pouilly-Vinzelles* et Pouilly-Loché* s'y trouvent, tout comme Viré*, Lugny et Clessé, trois communes qui produisent des vins blancs supérieurs, issus du Chardonnay. La plupart des vins secondaires du Mâconnais

se vendent simplement sous l'appellation Mâcon et Mâcon blanc. (Carte
p. 223.)

Madère. Ile portugaise de l'Atlantique,
qui fut réputée pour ses vins pendant
près de quatre siècles. Chose curieuse,
le rang et la renommée de l'île parmi
les nations se confirmèrent grâce à
l'intérêt que lui porta l'Amérique au
temps de la colonisation. Les voiliers,
suivant les vents d'ouest, prirent Madère comme port d'étape ; ils y renou-
velaient leurs provisions d'eau et de
nourriture, et chargeaient quelques
tonneaux de vin avant d'appareiller
vers Charleston, Philadelphie, Balti-
more, New York ou Boston. Le tan-
gage passait pour améliorer le vin et,
au cours des XVIIIᵉ et XIXᵉ siècle, une
grande partie des Madères mis en bouteilles en Amérique portaient sur l'étiquette le nom du navire qui les avait
amenés, ainsi que l'année du voyage.
On a souvent prétendu — avec vraisemblance, semble-t-il — que l'intérêt
des Anglais pour le Madère date de la
guerre américaine d'indépendance : les
officiers britanniques vantaient à leur
retour les Madères qu'ils avaient bus
en Amérique. Quoi qu'il en soit, quelques dizaines d'années plus tard le
commerce du Madère — suivant
l'exemple du Porto, du Xérès et du
Marsala — se trouvait pour une bonne
part aux mains des Anglais. Comme la
plupart des pays européens, mais avec
plus d'intensité, l'île dut subir deux
fléaux venus du Nouveau Monde qui,
au XIXᵉ siècle, dévastèrent les vignobles : l'oïdium (sorte de rouille) et le
phylloxéra. L'économie de Madère se
redressa, mais non sans une chute de
la qualité. L'Angleterre et l'Amérique
ne constituent plus aujourd'hui ses
principaux marchés vinicoles : la
France (où l'on utilise surtout le Madère en cuisine), la Suède et le Danemark importent respectivement de plus

grandes quantités que les pays anglo-
saxons.

Tous les Madères sont évidemment
des vins vinés, qui titrent jusqu'à 18 et
20 degrés, grâce à l'addition d'eau-de-
vie. Encore que mis à vieillir et coupés
en *soleras*, comme le Xérès (on trouve
rarement d'authentiques Madères millésimés), les Madères s'élaborent selon
un procédé différent, qui rappelle celui
qui est en usage pour le Marsala : ils
doivent leur saveur caractéristique au
fait qu'ils séjournent pendant plusieurs
mois dans des *estufas*, chambres spéciales à haute température. Il ne faut
pas perdre de vue non plus qu'il
n'existe pas *un* Madère, mais une
gamme allant du sec au très doux, du
jaune paille au jaune d'or foncé, sans
parler de la variété des prix et des
différences de qualité. En tant que
vins cuits, les Madères même de qualité inférieure restent les plus remarquables : aucun Xérès, aucun Marsala
ne peuvent les surpasser. Comme apéritif ou comme vin de dessert, un Madère de grande classe mérite son prix
élevé, et se trouve difficilement. Mais
les Madères tendent à se standardiser.
La plupart des vieilles maisons d'exportation, justement réputées, fusion-
nent et mettent en vente des vins provenant de stocks communs. L'ancien
usage de citer le nom du vignoble a
pratiquement disparu et il ne reviendra
pas de sitôt. A quelques exceptions
près, les Madères les plus fins doivent
leur nom au cépage dont ils proviennent. Le plus sec, le Sercial, peut se
comparer à un Xérès Fino, mais il
possède un bouquet et un caractère
très particuliers. Son cousin, le Madère
Verdelho, n'atteint pas actuellement la
même qualité. Le Boal, ou Bual, est
sensiblement plus doux et d'une teinte
plus dorée. C'est presque un vin de
dessert, selon le goût moderne ; pourtant nos grands-parents le buvaient au
début du repas. Le Malmsey (Malvoi-

sie), d'un jaune or foncé, très doux, peut accéder à une qualité remarquable. On regrettera que des vins de cette catégorie — des vins magnifiques ! — ne soient plus guère à la mode. Le Madère Rainwater, le plus pâle de tous, a été vraisemblablement créé par un amateur américain du nom de Rainwater Habisham, qui développa un procédé particulier de collage et de clarification, afin de rendre ce vin plus léger (d'où son nom d'« eau de pluie », dont l'usage s'est généralisé).

madérisé. Se dit d'un vin blanc ou rosé altéré par l'oxydation et qui a pris de ce fait une couleur ambrée ainsi que l'arôme caractéristique du Madère. Ce terme péjoratif s'applique toujours à un vin près de se gâter.

Madiran. Vin rouge plutôt rugueux, produit au nord de Pau et de Tarbes, entre la Garonne et les Pyrénées.

Magdelaine (Château). Premier cru de Saint-Emilion, voisin direct des châteaux Ausone et Belair, sur les escarpements qui surplombent la vallée de la Dordogne. Un vin plein, charnu et délicat.

Magence (Château). Un des meilleurs vignobles parmi les moins connus de la région des Graves (Bordeaux). Il se trouve sur la commune de Saint-Pierre de-Mons et produit des vins blancs remarquables par leur bouquet et leur race.

magnum. Bouteille de la contenance de deux bouteilles normales, c'est-à-dire un litre et demi. Les vins rouges, spécialement, ont tendance à se faire et à vieillir plus lentement dans de grandes bouteilles que dans de petites. Aussi conserve-t-on souvent en magnum les Bordeaux et les Bourgognes des grandes années. Le Champagne ne fermente que rarement dans des magnums (et jamais dans des bouteilles de plus grand format) : ce qui arrive souvent dans son cas, c'est qu'on transvase le vin des bouteilles normales dans des magnums après dégorgement ; cette opération tend à raccourcir la vie du vin. Et que le Champagne soit meilleur en magnum, ce n'est qu'un mythe. A noter encore que l'usage du magnum pour le vin de qualité inférieure ne représente généralement qu'une solution de facilité, quand il ne s'agit pas d'une affectation de luxe.

maigre. Se dit d'un vin peu corsé et pauvre en alcool, aqueux, médiocre.

malade. Un vin malade est un mauvais vin, presque toujours louche, qui possède généralement un bouquet curieux, peu familier et déplaisant, et un goût anormal. Heureusement de tels vins parviennent rarement jusqu'au consommateur.

maladie de la bouteille. Elle affecte le vin immédiatement après sa mise en bouteille. La filtration — qui précède normalement la mise en bouteille —, la mise en bouteille mécanique et d'autres pratiques secouent très fort les vins et les « engourdissent ». S'ils sont sains, ce phénomène doit disparaître, mais il faudra parfois pour cela 90 jours ou plus. Une manipulation brusque entraîne une réaction similaire, particulièrement dans le cas de vins vieux ou délicats. C'est pourquoi les vins fins devraient « reposer » pendant au moins une semaine ou deux avant d'être débouchés.

Málaga. Ville et province d'Espagne, sur la Méditerranée. On y produit le Malaga, vin viné doux, d'une teinte brune, issu des cépages Pedro Ximénez et Muscat. Les Malagas les moins chers sont en général sucrés à l'*arrope** ; ceux de qualité supérieure par addition d'un vin spécial, le PX, issu de raisins du cépage Pedro Ximénez séchés au soleil. L'un et l'autre s'élaborent en *soleras*.

Malartic-Lagravière (Château). Dans la commune de Léognan, dans les Graves, ce château est connu et réputé mondialement pour ses rouges (350 à 380 hl) et ses blancs (environ 45-50 hl). Classé en 1953 parmi les dix meilleurs crus de Graves.

Malbec. Excellent cépage rouge, appelé aussi Cot ou Pressac, cultivé dans le Bordelais, dans la région de Cahors et en Touraine (vallée du Cher). Le Malbec donne un vin équilibré, d'une finesse remarquable et qui se fait plus vite que les Cabernets.

Malconsorts. Climat de peu d'étendue mais exceptionnel, sur la commune de Vosne-Romanée. Limité au nord par la Tâche et au sud par un climat de Nuits-Saint-Georges, Les Boudots. Ce vignoble donne un Bourgogne rouge remarquable, équilibré, distingué et présentant un léger goût de terroir.

Malescot-Saint-Exupéry. Un des meilleurs troisièmes crus classés de Margaux. C'est un Bordeaux renommé pour sa finesse et son bouquet.

malique (acide). Contenu en quantité importante dans le raisin. C'est l'acide de la pomme. Donne au vin de l'acidité avec un goût un peu âpre. Abonde surtout dans le raisin vert, se résorbe avec la maturité, mais le raisin mûr en contient toujours un peu.

Malle (Château de). Deuxième cru classé de Preignac (Sauternes) : un Sauternes typique, très fin. Production annuelle : 4 000 caisses. Le vignoble et le château ont appartenu pendant deux cents ans aux Lur-Saluces (propriétaires d'Yquem et du Filhot). De nos jours, le Château de Malle produit aussi un vin sec qui ne porte pas l'appellation Sauternes.

Malmsey. Nom anglais de la Malvoisie*, vin ambré, doux et viné, issu du cépage qui s'appelle de même où qu'il soit cultivé : principalement dans l'île de Madère, mais aussi à Chypre, en Sardaigne, en Sicile, dans les îles Lipari et en d'autres régions méditerranéennes encore. Georges, duc de Clarence (1449-1478), frère cadet du roi d'Angleterre Edouard IV, s'est, dit-on, noyé dans un fût de Malmsey.

malolactique (fermentation). Cette fermentation n'a rien à voir avec la fermentation alcoolique. Elle est nécessaire car permet une diminution notable de son acidité.
Après la fermentation alcoolique (ou juste à sa fin) apparaît un léger trouble dans le vin. On remarque un dégagement de gaz carbonique et une baisse de l'acidité totale de 1 à 3 g (exprimés en acide sulfurique).
Cela est dû à la fermentation malolactique. Le biacide malique se transforme en monoacide lactique. Il se produit aussi un dégagement de gaz carbonique.
Des bactéries sont responsables de cette rétrogradation d'acide.
Œnologiquement, cela donne un vin biologiquement stable ; c'est une fermentation d'affinement ; le vin s'assouplit, s'arrondit.
Ne s'applique par aux vins doux et liquoreux car pourrait provoquer la piqûre lactique.

Malte. On y cultive la vigne un peu archaïquement. Du raisin de table et du raisin de cuve. Une coopérative vinifie dans des conditions précaires des rouges, blancs et rosés de qualité moyenne. Une société importante Marsovin commercialise (et vinifie) une grande partie de la production de vins maltais. Au nord de Malte, dans l'île de Gozo, on produit du vin dont le blanc a une valeur sapide assez caractéristique. L'été chaud et les pluies de printemps ne favorisent guère la viticulture maltaise. Pourraient mieux faire.

Malvasia (→ Malvoisie). Cépage blanc, ancien et renommé (il en existe une variété rouge, mais elle est beaucoup moins importante), originaire de Grèce et des îles égéennes, transplanté dans la plupart des autres pays méditerranéens, et jusqu'à l'île de Madère, en Afrique du Sud et en Californie. Lorsqu'il est viné selon la méthode traditionnelle, le vin qui en résulte est extrêmement doux et liquoreux, corsé, d'une teinte dorée qui tourne à l'ambre avec l'âge, de bonne garde et doté d'un grand bouquet. Le Malvasia de Madère est sans doute le plus réputé, mais on en produit un d'une qualité au moins égale dans le petit archipel des Eoliennes, au large de la côte nord de la Sicile ; il est vendu sous le nom de Malvasia di Lipari, car Lipari est l'île la plus importante de l'archipel.

Malvoisie. Nom français du cépage Malvasia de Madère, très cultivé en Corse où on l'appelle aussi Vermentino. C'est encore le Rolle de Bellet*. Il produit un vin doux, très fin et très bouqueté, mais peut aussi donner de très bons vins blancs secs à Patrimonio, Ajaccio, Calvi... Le cépage improprement appelé Malvoisie en Roussillon est le Tourbat. Il est présent, mais sur d'infimes superficies.

Manche (La). En espagnol : la Mancha. Région d'Espagne, plate et désertique, au sud de Madrid. Rendue célèbre par les exploits de Don Quichotte.

Ses vastes vignobles, notamment ceux de Valdepeñas, produisent plusieurs des meilleurs vins de table espagnols.

manipulant. Récoltant champenois élaborant lui-même son vin de Champagne.

mannequin (ou caque). Panier en osier contenant 80 kg de raisins. Utilisé en Champagne. Cinquante de ces paniers permettaient de remplir le pressoir prévu pour 4.000 kg de vendange.

Manzanilla. Légalement, type de Xérès. Mais en fait, il s'agit d'un vin fort différent, bien que fabriqué à la limite du pays de Jerez selon les mêmes procédés et à partir des mêmes cépages. Légère, pâle, très sèche (ni fruitée, ni acide), la Manzanilla titre 15 à 17 degrés. Elle développe un bouquet très spécial et une saveur légèrement amère, presque salée. Selon certains experts, cette saveur provient du vent marin, qui souffle de l'Atlantique sur les vignobles et les *bodegas*, car les vignobles de Manzanilla sont à une quinzaine de kilomètres à l'ouest de Jerez, aux environs de Sanlucar de Barrameda, près de l'océan et de l'embouchure du Guadalquivir. Explication plutôt fantaisiste, faut-il le dire ?
Le mot *manzanilla*, diminutif de *manzana*, signifie en espagnol *pomme sauvage* et *camomille*. En dépit des efforts des étymologistes, il se dérobe à toute explication. La Manzanilla est, par tradition, le vin des *toreros* et, plus généralement, le vin préféré des Sévillans qui le boivent dans des *canas*, petits verres cylindriques et trapus. A part cela, elle n'a jamais connu une grande popularité en Espagne, sans doute parce qu'elle est trop sèche. Les deux marques les plus connues et les meilleures sont : La Gitana et La Guita (« la Ficelle », par allusion au fil fixé dans le bouchon et qui forme une

sorte de sceau). Il convient d'ajouter que la Manzanilla, comme le Xérès, prend en vieillissant une teinte plus foncée, tandis que son taux d'alcool augmente. Il existe des Manzanilla brun sombre titrant 21 degrés : ces vins remarquables, mais qui ne plaisent pas à tous les palais, sont les plus secs du monde. Ajoutons enfin que la Manzanilla subit parfois un traitement spécial en vue de l'exportation.

marc. Résidu solide du raisin (rafles, pépins) après qu'on en a extrait la partie liquide. La distillation du marc de raisin donne l'eau-de-vie de marc, aussi appelée simplement *marc*.
Dans la Champagne viticole, on désigne sous le nom de *marc*, la quantité de raisins (4 000 kilos très exactement) qui constitue la charge d'un pressoir. On limite le pressurage de chaque marc à l'extraction de 2 666 litres de moût, soit treize *pièces : les* dix premières pièces fournissent la *cuvée* qui sert à l'élaboration des grands Champagnes ; les trois suivantes, les *tailles,* donnent un vin fruité, un peu moins franc et moins acide que la cuvée. La dernière pièce, quand elle est tirée, constitue la *rebèche,* l'ancienne boisson des vignerons. On voit qu'un hectolitre de moût destiné à faire le Champagne s'obtient avec 150 kg de raisins ($\frac{4\ 000}{26,66}$).

marchand de vin, négociant en vins. Communément, et d'après les dictionnaires, personne qui fait le commerce du vin, en général au détail. Il y a cinquante ou cent ans, ceci était considéré dans la plupart des pays comme une profession plus que comme un négoce. Les *marchands de vin* devaient avoir une bonne connaissance et une bonne appréciation personnelle des marchandises qu'ils vendaient, et leur situation ressemblait fort à celle d'un homme de confiance : on s'adressait à eux sans crainte pour obtenir des informations précises et un conseil judicieux. C'est loin d'être encore vrai de nos jours. Un marchand sur cinquante, à peine, a goûté tous les vins qu'il présente dans ses rayons, et seul un très petit nombre de leurs employés en savent autant sur les vins que les clients qu'ils servent. C'est pourquoi les amateurs qui désirent quelque chose au-dessus de la moyenne feront-ils bien d'acheter dans les quelques maisons dont les propriétaires ont fait l'effort d'acquérir les connaissances qu'exige leur métier, et à qui l'on peut décerner sans conteste le titre de *marchand de vin.*

Marcobrunn. Vignoble réputé d'Allemagne, l'un des meilleurs de Rheingau. Il doit son nom à la petite fontaine de pierre rouge (Marcobrunnen) qui, près du fleuve, marque la limite entre les communes d'Erbach et de Hattenheim. Le vignoble se partage presque par moitié entre celles-ci, encore que la fontaine se trouve sur le territoire d'Erbach. A en croire un poète local, « laissez Erbach prendre l'eau, donnez le vin à Hattenheim ». Les vins récoltés à Erbach (producteurs : Schloss Reinartshausen, Domaine de l'Etat, etc.) portent en général l'appellation Erbacher Marcobrunnen ; ceux de Hattenheim (producteurs : le baron Langwerth von Simmern, le comte von Schönborn, etc.) se vendent sous le nom de Marcobrunner.
Tout à fait exceptionnels les années de grande sécheresse, les vins de Marcobrunn l'emportent dans l'ensemble sur les vins des autres vignobles allemands : fruités, racés, équilibrés, ils possèdent une classe et un bouquet en tout point étonnants.

Mareuil-sur-Ay. Commune de la

Champagne viticole, cotée à 98 pour cent, alors que la commune voisine d'Ay* l'est à 100 pour cent. Cépage : Pinot noir presque exclusivement, bien qu'on trouve un peu de Chardonnay au Clos des Goisses*.

Margaux. Une des meilleures sections du Haut-Médoc. Des vins de grande race, remarquables pour leur bouquet et leur moelleux. Outre la petite commune de Margaux, l'appellation couvre actuellement la plupart des communes voisines : Cantenac, Soussans, Arsac et Labarde. Les meilleurs Margaux portent évidemment un nom de château. Un grand seigneur : le Château Margaux*. Non moins illustres les châteaux Rausan-Ségla, Rauzan-Gassies, Brane-Cantenac, Palmer, Kirwan, etc.

Margaux (Château). Premier cru classé de Margaux, un des plus grands crus de Bordeaux. C'est un vin d'une distinction et d'une classe proprement incomparables : délicat, souple, onctueux, équilibré, de bonne garde et d'un bouquet sans égal.
Le vignoble (60 ha) produit par an 180 000 bouteilles de vin rouge — mise au château exclusivement — et une petite quantité d'un vin blanc sec, le Pavillon blanc de Château-Margaux, qui a droit à l'appellation contrôlée Bordeaux.

Markgräfler. Vin blanc doux, très agréable à boire mais sans distinction, récolté au sud de Fribourg, dans le Markgräflerland (Bade). Ce vin est issu du Chasselas qui porte dans le pays le nom de Gutedel. La majeure partie de la production est consommée jeune comme *Schoppenwein* (vin de carafe), car le Markgräfler ne vaut pas la peine d'être mis en bouteille.

Marlenheim. Commune viticole du Bas-Rhin, à l'ouest de Strasbourg.

Peut-être la seule commune alsacienne où dominent les cépages noirs. Lesquels — principalement le Pinot noir — donnent le meilleur rosé d'Alsace et, à tout prendre, l'un des meilleurs rosés français : un vin racé, fruité et d'une grande finesse, qui porte parfois le nom local de Vorlauf.

Marmandais. Région située au sud-est de Bordeaux, aux environs de la ville de Marmande. Elle produit des vins rouges et blancs de médiocre qualité, les Côtes du Marmandais, qui ont droit sans raison valable au label V.D.Q.S.

Maroc. La production de vin du Maroc reste aussi importante que sous le protectorat. Les vignobles comptent plus de 60 000 ha, dont une grande partie donne des raisins de table, ce qui n'empêche que la production moyenne annuelle de vin est la plus importante de l'Afrique du Nord.
Beaucoup de vins de table rouges sont honorables, notamment les vins originaires des environs de Meknès, légers en dépit de leur origine méridionale. La France constitue le marché le plus important des vins du Maroc.

marque. Un *vin de marque* est un vin vendu sous un nom qui n'est pas celui d'un vignoble ou d'une région, mais d'une marque commerciale. Il n'a pas d'origine déterminée et peut aller du meilleur au pire. Un tel vin n'a pas droit à une appellation contrôlée ni au label V.D.Q.S.

Marqués de Murrieta. Vin de la Rioja — l'un des plus connus d'ailleurs — produit par la famille de Murrieta au domaine d'Ygay, à l'est de Logroño. Comme souvent dans ce pays, le vin rouge est nettement meilleur que le vin blanc sec ; mais ils sont tous deux de longue vie.

Marqués de Riscal. L'un des meilleurs vins rouges de la Rioja, voire d'Espagne. On le produit dans plusieurs domaines d'Elciego, village situé non loin de Haro, dans la province d'Alava et non dans celle de Logroño. Ce vin peut se comparer à quantité de vins français qui jouissent d'une plus grande réputation.

Marquis d'Alesme-Becker (Château). Troisième cru classé de Margaux. (Médoc).

Marquis de Terme (Château). Quatrième cru classé de Margaux (Médoc), un des meilleurs quatrièmes crus actuels. Bordeaux léger, délicat.

Marsala. Le plus célèbre des vins vinés italiens. Produit aux alentours du port de Marsala, en Sicile. Rappelant le Xérès, c'est un vin ambré, titrant de 17 à 19 degrés ; il existe en sec, mais on le trouve plus souvent en doux. Le Marsala doit son existence à quelques familles britanniques (les Woodhouse, les Ingham, etc.) qui, dans la seconde moitié du XVIIIe siècle, tentèrent de créer un vin bon marché qui pût supplanter les vins espagnols et portugais, alors très recherchés en Angleterre.
La région de production est actuellement bien délimitée et seuls certains cépages sont autorisés : le Grillo, le Catarratto et l'Inzolia. A l'instar du Xérès, le Marsala nature — le Vergini — est un vin blanc sec, qui titre de 17 à 18 degrés par addition d'eau-de-vie ; on le rend plus ou moins doux par addition de jus de raisin concentré et très doux : le *sifone* ou le *mosto cotto*, selon les cas.
Il existe plusieurs types de Marsala, tous définis par la loi.
1° L'Italia, appelé aussi Marsala Fini ou Italia particolare (ou I.P.), le plus léger et le moins cher. Il doit titrer 17 degrés et contenir 5 pour cent de su-

cre.

2° Le Marsala Superiori (S.O.M. ou L.P., autrefois Inghilterra) doit contenir 10 pour cent de sucre au moins, s'il est doux ; ce pourcentage peut diminuer jusqu'à ne contenir quasiment pas de sucre, si le vin est classifié comme sec. Le Marsala exporté appartient généralement à cette catégorie.

3° Le Marsala Vergini (appelé aussi Solera), très sec, vieilli en *solera* comme le Xérès et jamais adouci.

On trouve en outre des apéritifs et des vins toniques à base de Marsala : le Marsala *all' uovo* (aux œufs), le Marsala *chinato* (à la quinine), etc. La région produit aussi, aujourd'hui, une grande quantité de bons vins de table ou de coupage.

Marsannay ou **Marsannay-la-Côte.** Commune de la Côte de Dijon (Bourgogne), qui produit un rosé — le Rosé de Marsannay — issu du Pinot noir : l'un des plus légers, des plus charmeurs, des plus frais de France. Marsannay produit aussi un vin rouge : le Pinot noir de Marsannay.

Marsanne. Cépage qui entre dans l'élaboration de certains Côtes du Rhône blancs (avec la Roussanne) notamment dans les Hermitages blancs et les St Péray.

Martigny. Commune de Suisse, située au sud-est du lac Léman. Avec Sion, l'un des principaux centres du commerce des vins du Valais*.

Martillac. Importante commune viticole des Graves. Dans l'ensemble, ses vins rouges sont supérieurs aux blancs. Ce sont des vins corsés et qui mûrissent assez lentement. Martillac comprend les châteaux Smith-Haut-Laffite, Haut-Nouchet, Latour-Martillac, Lagarde, Ferran, etc.

Martini (Louis M.). Un des principaux producteurs californiens de vins de qualité. Ses installations se trouvent à Saint-Hélène dans la vallée de Napa. Outre la gamme habituelle des vins génériques de Californie (Chablis, Dry Sauterne, Rhine Wine, Burgundy, Claret, Chianti, etc.), Louis Martini produit un grand nombre de *varietal wines* (vins issus d'un seul cépage) qui comptent parmi les meilleurs de Californie.

Marzemino. Cépage de qualité supérieure ; planté dans le nord de l'Italie. Il y concourt à l'élaboration de vins rouges et rosés. → Isera, Chiaretto.

Mascara. Vin rouge d'Algérie (la loi autorise aussi un rosé et un blanc, tous deux rares), récolté dans une région délimitée, proche d'Oran. C'est un vin très corsé, d'une teinte sombre, titrant de 13 à 15 degrés : aussi est-il recherché comme vin de coupage, notamment pour les Bourgognes et les Bordeaux bon marché (et ceci au mépris de la loi).

Masson (Paul). Viticulteur né en Bourgogne, qui émigra en Californie et y épousa la fille de Charles Lefranc, propriétaire et cofondateur (1852) des vignobles d'Almadén. Paul Masson a fondé une entreprise produisant des « champagnes » californiens qui proviennent en grande partie de l'ancien vignoble de Charles Lefranc. Mais il a créé de nouveaux vignobles, et construit à Saratoga ce qu'il appelait son « château ». Il est mort en 1940, après avoir donné son nom à l'une des plus grandes maisons américaines de vins de qualité.

Mataro. Cépage rouge de bon rendement mais assez commun, d'origine espagnole ou française. En France, il porte le nom de Mourvèdre et, quoique peu cultivé dans la région, il figure parmi les cépages autorisés pour le Châteauneuf-du-Pape.

Mateus. Marque d'un vin de table portugais, fort populaire. C'est un rosé légèrement doux.

mathusalem. Bouteille de grand format en usage pour le Champagne. Contenance : huit bouteilles ordinaires.

Maupertuis. Nom donné autrefois à une partie du Clos de Vougeot et dépourvu actuellement de toute signification légale, quoiqu'il figure encore parfois sur les étiquettes de Clos de Vougeot.

Maury. Commune de Roussillon, au nord-ouest de Perpignan. Vin de liqueur doux, issu essentiellement du Grenache noir.

Mavrodaphne. Nom grec d'un cépage rouge des Balkans et de la Méditerranée orientale. Dans d'autres pays, il porte le nom, plus répandu, de Mavroud. La plupart des meilleurs vins grecs d'exportation et certains vins de dessert doux portent le nom de ce cépage.

Maximin Grünhaus. Commune de la Ruwer (région de la Moselle allemande), dont le vignoble renommé donne — mais uniquement dans les bonnes années — des vins blancs de très grande classe. Le vignoble (480 ha d'un seul tenant), appartient à la famille von Schubert. Les étiquettes portent en général le nom de la commune suivi de celui d'un finage : Maximin Grünhaüser-Herrenberg, Bruderberg, etc. En 1921 et en 1959, le domaine a produit une gamme de *hochfeine Auslese*, de *hochfeinste Auslese* et de *Beerenauslese* hors pair en Allemagne.

Mazis-Chambertin. Grand cru de Gevrey-Chambertin (9 ha), qui, au nord, touche à Chambertin-Clos de Bèze*. Des vins ronds, lents à se faire et d'une qualité exceptionnelle qui les élève, pour ainsi dire, au rang des crus de Chambertin.

Mazoyères-Chambertin. Grand cru de la commune de Gevrey-Chambertin* dont les vins ont également droit au nom de Charmes-Chambertin. Il donne un Bourgogne rouge de grande classe. Le vignoble s'étend sur près de 19 ha.

Médoc. Pays vinicole du Sud-Ouest, qui consiste en une large bande de terre s'étendant, au nord de Bordeaux, entre l'Océan et la Gironde. La production moyenne du Médoc (des vins rouges exclusivement) approche les 24 millions de bouteilles par an. Les vins blancs portent les appellations Bordeaux ou Bordeaux supérieur.

Le Médoc se divise en deux régions bien distinctes : Haut-Médoc (une appellation), du côté de Bordeaux, et Bas-Médoc, du côté de l'Océan. Les vins étiquetés « Médoc » proviennent en général du Bas-Médoc, zone septentrionale sablonneuse et de plus faible altitude, qui ne produit pas de grands crus mais des vins légers, équilibrés, de bonne qualité et d'une certaine classe.

A l'inverse, le Haut-Médoc compte les plus grands crus, lesquels portent soit l'appellation Haut-Médoc, soit plus souvent le nom d'une commune renommée : Margaux, Moulis, Saint-Julien, Pauillac, Saint-Estèphe ; ou fréquemment encore, le nom d'un château. Il faut dire que le Haut-Médoc renferme plus de la moitié des châteaux du Bordelais : Lafite, Latour, Margaux, Mouton-Rothschild, les trois Léoville, les deux Pichon-Longueville, Cos d'Etournel, Brabe-Cantenac, Palmer, etc. Certains vins secondaires

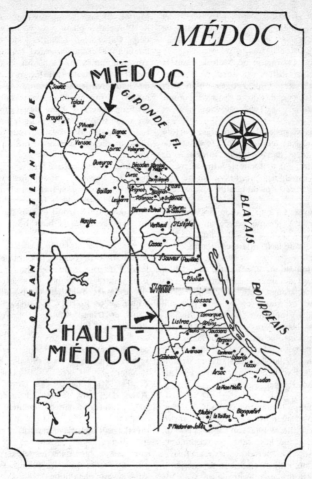

peuvent être eux-mêmes exceptionnels. En résumé, l'appellation Médoc qualifie un vin rouge qui, sous le rapport de la qualité, se situe entre le Bordeaux rouge ou le Bordeaux Supérieur et le Haut-Médoc. Toutefois, selon la loi française, même un Médoc bon marché doit provenir de la région, considérée comme l'une des meilleures de France, et de cépages supérieurs (Cabernet, Merlot, Malbec, etc.). Le Médoc est, ou devrait être, un vin supérieur.

Meleto. Un des plus célèbres domaines du pays du Chianti, propriété de la famille Ricasoli. Vins plus légers et qui se font plus vite que ceux de Brolio*.

Melnik. La région de Melnik, dans la vallée de l'Elbe, au nord de Prague, produit des vins rouges, blancs et mousseux que l'on considère comme les meilleurs de Tchécoslovaquie.

Melon. Cépage blanc, au léger parfum de muscat, connu sous le nom de Muscadet* dans la vallée inférieure de la Loire, où il donne le vin du même nom. En Bourgogne, le Melon ne produit que des vins de qualité médiocre.

Mendoza. La plus grande province vinicole d'Argentine, située au pied des Andes, à l'ouest de Buenos-Aires et non loin de la frontière chilienne.

Menetou-Salon. Commune du Cher, au nord de Bourges. Produit des vins de pays, (rouge, blanc et rosé), frais et fruités. Le rouge et le rosé proviennent du Pinot noir ; le blanc, du Sauvignon blanc. Ces vins portent l'appellation contrôlée de Menetou-Salon.

Merano. Ville du Tyrol italien (Haut-Adige). Excellents vins locaux, tels que le Küchelberger*.

Mercurey. Commune de la Côte chalonnaise, au nord-ouest de Châlon-sur-Saône. Elle donne son nom aux vins (rouges) récoltés dans les communes voisines. Le Mercurey, issu exclusivement du Pinot noir, peut se comparer à un Bourgogne léger de la Côte de Beaune. Il existe également une faible quantité de blanc, issu du Chardonnay.

Mercurol. Commune de la vallée du Rhône. Elle produit un vin blanc sec, vendu autrefois sous le nom de Mercurol et actuellement sous celui de Crozes-Hermitage.

Merlot. Cépage rouge distingué. Dans le Bordelais, où il rivalise avec les deux Cabernets, il confère du fruité, du charme et de la grâce à plusieurs vins renommés qui, sans lui, manqueraient d'attrait. Le Merlot, précoce et de haut rendement, donne des vins moins astringents et plus vite faits que les Cabernets. A bien des égards, il constitue une tentation pour le producteur. En Gironde, il est surtout cultivé dans les régions de Saint-Emilion et de Pomerol.
Le Merlot est cultivé et vinifié seul dans le Tessin et dans plusieurs régions du nord de l'Italie, notamment dans le Haut-Adige*. Il y produit un vin rouge doux, rond et très agréable, pas très corsé mais bien bouqueté et fruité.

Mesland. Proprement : Touraine-Mesland. Vin rosé, rouge ou blanc produit dans quatre communes, dont Mesland, situées entre Blois et Tours, dans la vallée de la Loire. C'est un vin frais, fruité et friand. Cépages : Gamay et Pineau de la Loire.

Mesnil (Le). Une des meilleures communes viticoles de la Côte des Blancs (Champagne). Cotée à 99 pour cent contre 100 pour cent à Cramant et Avize. Des vins délicats et racés. Cépage : Chardonnay exclusivement.

métal (goût de). Saveur âcre, d'origine métallique, que présentent certains vins. Assez rare dans les vins rouges, plus fréquente dans les blancs. On dit aussi saveur métallique.

mettre en perce. Action de percer un trou dans un tonneau ou un fût et d'y introduire un robinet pour le vider.

meunier (Pinot). Variété du Pinot noir ; cépage fin, mais moins remarquable que le Pinot noir. Le Pinot meunier n'est autorisé en France que pour la production du Champagne et celle d'un vin délimité de qualité supérieure, le Gris meunier de l'Orléanais. Il est très cultivé en Californie, où on le confond souvent avec le Pinot noir. Le Pinot meunier doit son nom au fait que le dessous de ses feuilles semble recouvert de farine.

Meursault. Commune viticole de la Côte-d'Or (Bourgogne). Sa production est une des plus importantes de la Côte-d'Or avec Pommard et Gevrey-Chambertin. Le Meursault provient principalement du Chardonnay, bien que la loi autorise le Pinot blanc. Les grands crus portent l'appellation Meursault suivie du nom du climat d'origine. Citons les principaux climats, par ordre de qualité : Perrières (17,5 ha), Genevrières (17,5 ha) Charmes (28,5 ha), Blagny (2 ha), La Pièce-sous-le-Bois (11,5 ha), Dos d'Ane (3 ha), Poruzot (10 ha), Jennelotte (5 ha), Bouchères (4,1 ha), Goutte d'Or (5 ha).

Le Meursault est un vin sec mais

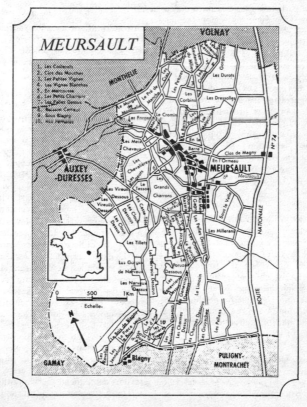

moelleux, riche en alcool mais équilibré, d'une belle teinte jaune-vert, corsé mais racé, d'un bouquet développé : un vin remarquable et qui mérite amplement sa renommée. Même les Meursaults de seconde qualité restent des Bourgognes blancs d'une grande distinction. Seuls quelques rares vins blancs — parmi les plus grands de France — surpassent un fin Meursault.

Mexique. Le climat du Mexique ne favorise guère la viticulture, la plus grande partie du pays se trouvant dans la zone tropicale ; les régions septentrionales elles-mêmes sont à la latitude de l'Egypte. Il n'empêche pas qu'en basse Californie et à l'intérieur du pays, on cultive la vigne, pour la production de raisin de table plus que de raisin de cuve. Les vins du Mexique n'atteignent qu'une qualité très médiocre ; les meilleurs proviennent des environs d'Ensenada, sur le Pacifique. Il s'agit de vins sains, ordinaires, sans aucune distinction ; les rouges l'emportent en général sur les blancs. On trouve encore des vignes dans les Etats de Durango, Coahuila et Chihuahua.

Midi. Le Midi vinicole ne correspond pas exactement aux régions qu'on désigne habituellement sous l'expression « midi de la France ». C'est ainsi que la vallée du Rhône, la Provence et la Côte d'Azur en sont exclues. On appelle communément *vin du Midi* un vin de table ordinaire produit dans une région comprise entre Nîmes, Carcassonne et la frontière espagnole. → Languedoc.

Milazzo. Un des meilleurs vins rouges de Sicile, produit aux environs de Milazzo, à l'ouest de Messine. Cépage : Nocera.

milde. Mot allemand ; se dit d'un vin tendre, légèrement doux et qui manque un peu de caractère.

mildiou. Maladie de la vigne, provoquée par un champignon, *Peronospora viticola*. D'origine américaine, le mildiou fut accidentellement introduit en Europe vers le milieu du XIXe siècle et fit presque autant de dégâts que le phylloxera, qui apparut quelques années plus tard. On lutte préventivement contre le mildiou par la pulvérisation de sulfate de cuivre ou de fongicide de synthèse.

millerands. Petites baies dépourvues de pépins, que l'on trouve souvent dans une grappe par ailleurs normale. C'est souvent le résultat d'une pollinisation incomplète.

millésime. Année de la récolte et du vin qui en provient. Dans cette acception fort large, on peut dire que chaque année est un millésime et que tous les vins sont millésimés, à la condition qu'il ne s'agisse pas de coupages* : le millésime est l'année au cours de laquelle le vin a été vinifié. Mais dans le courant du XIXe siècle, l'usage s'est répandu dans quelques pays viticoles — Porto et Champagne, notamment — de couper tous les vins sauf les années vraiment exceptionnelles. On réserve le millésime à ces dernières. Aussi, dans l'esprit de beaucoup de gens, le millésime désigne-t-il une bonne année ; il convient de formuler des réserves à ce sujet, sauf bien entendu pour ce qui concerne le Champagne et le Porto. Dans le Bordelais, en Bourgogne, dans la vallée du Rhin, etc., on note de bons millésimes et des mauvais (ces derniers hélas trop fréquents) puisque chaque vin porte son millésime sur l'étiquette et est par conséquent un vin millésimé, qu'il soit de bonne qualité ou non.

Dans la plupart des régions vinicoles, et spécialement dans les régions du nord, il existe de grandes différences de qualité d'une année à l'autre : les millésimes présentent donc de l'intérêt et une carte des millésimes digne de confiance peut rendre de grands services. Ce n'est pas toujours aussi important dans des régions de climat et d'ensoleillement plus constants : le Rhône inférieur, l'Italie, l'Espagne.

Minervois. Région viticole du Languedoc, à l'ouest de Narbonne et de l'Hérault. Avec le Corbières*, le vin du Minervois (V.D.Q.S.) compte à coup sûr parmi les meilleurs vins courants du Midi : c'est un rouge corsé, équilibré et agréable à boire ; en somme, un bon vin de table. Cépages habituels du Languedoc : Carignan, et 20 à 30 % de Cinsant et de Grenache.
L'appellation couvre aussi des blancs et des rosés de moins bonne qualité.

Mireval. Localité voisine de Frontignan, connue pour son Muscat.

mise. Dans le cas du vin, il s'agit de la mise en bouteille. → Mise au château, mise du domaine.

mise au château. Expression désignant les vins de qualité dont la mise en bouteille se fait sur le lieu même de la production, par le récoltant. Elle constitue une garantie d'authenticité et, dans une mesure moindre, de qualité. La mise au château se pratique couramment dans le Bordelais, sauf parfois dans les moins bonnes années.

mise du domaine. Pratique digne d'éloge, que les amateurs de vin du monde entier devraient encourager dans la mesure de leurs moyens, et en vertu de laquelle les propriétaires de vignobles mettent eux-mêmes en bouteille la production non coupée de leurs vignes. Comme la mise en bouteille au château, la mise du domaine est presque toujours une garantie d'authenticité et, dans une certaine mesure, l'indication d'une qualité supérieure ; c'est une pratique courante depuis des dizaines d'années dans les vignobles les plus fins de Bordeaux et d'Allemagne et elle s'est progressivement généralisée depuis la première guerre mondiale en Bourgogne, dans les Côtes-du-Rhône, la vallée de la Loire, etc. Malheureusement, de nombreux vins apparemment mis en bouteille au domaine ne le sont pas ; ils portent sur leur étiquette une affirmation similaire, mais vague, qui pourra tromper les imprudents, alors qu'elle est quasiment dépourvue de signification. Une affirmation de ce genre signifiera tout au plus que le vin a été embouteillé par l'expéditeur (ce qui est totalement différent de la mise du producteur) et non par le restaurant où le vin est servi, ni par détaillant qui le vend. Par exemple, les termes suivants n'ont rien à voir avec la mise du domaine :
- mis en bouteille dans nos caves
- mis en bouteille dans nos chais
- mise d'origine
- *produced and bottled by* (en anglais sur un vin français !)
- mis en bouteille au vignoble
- mis en bouteille à Beaune
Etc. Pour n'être pas trompé, il convient de préférer les vins et les étiquettes conformes aux généralités suivantes :
1° Les affirmations concernant la mise du domaine devraient figurer sur l'étiquette principale et non sur la collerette.
2° L'étiquette devrait confirmer que le vin provient de chez le propriétaire et non de chez l'expéditeur (bien qu'une seule et même personne puisse remplir ces deux fonctions).
3° Elle devrait affirmer sans équivoque que le vin a été mis en bouteille

par celui qui l'a fabriqué, ou qui a du moins assisté à ses débuts. Les expressions suivantes sont les plus couramment employées pour indiquer ce fait :
- mise du domaine
- mise au domaine
- mise en bouteille au domaine
- mise du propriétaire
- mise en bouteille par le propriétaire
- mise à la propriété.

Mission (vignes de la). Nom donné aux premières espèces européennes introduites en Californie, au début du XIXᵉ siècle, par les franciscains, qui les plantèrent autour de leurs missions.

Mission-Haut-Brion (Château La). Premier cru de Pessac (Graves) : un Bordeaux rouge vraiment admirable, velouté, généreux et fin. Plus léger que son voisin le Château Haut-Brion, il se fait plus vite mais il l'égale en noblesse ; il se range d'ailleurs immédiatement après lui parmi les crus rouges de Graves. Le vignoble, créé au XVIIᵉ siècle par les prêcheurs de la Mission, s'étend sur 16 ha.

mistelle. Moût viné ; c'est-à-dire moût auquel on a ajouté 10 % d'alcool pour éviter toute fermentation. Le sucre reste en l'état. Ce produit permet d'élaborer des apéritifs à base de vins (ex. Byrrh) et autres Vermouths.

Mittelbergheim. Important village viticole d'Alsace, près de Barr, dans le Bas-Rhin. Produit d'excellents vins, qu'il ne faut pas confondre avec ceux de Bergheim (Haut-Rhin), lesquels l'emportent en qualité.

Mittelhaardt. → Haardt.

Mittel-Mosel. → Moselle.

Mittelwihr. Petite ville vinicole d'Alsace. Vins d'une qualité supérieure à la moyenne.

moelleux. Se dit d'un vin blanc qui tient le milieu entre un vin sec et un vin liquoreux. Le moelleux tient à la richesse du vin en glycérine et en matières pectiques.

moisi (goût de). Saveur désagréable d'un vin provenant de vendanges altérées par les moisissures. Plus fréquent dans les vins rouges que dans les blancs, du fait que les moisissures attaquent d'abord les peaux (dans la vinification en rouge, les peaux fermentent avec le jus), le *goût de moisi* peut résulter d'une averse de grêle survenue juste avant la récolte ; mais il provient généralement d'une chaleur humide pendant la maturation. Dans ce dernier cas, le moisi se confond pour ainsi dire avec le rot*.

Molinara. Cépage rouge supérieur d'Italie, surtout utilisé pour le Valpolicella* et le Bardolino*.

Molsheim. Ville vinicole d'Alsace (Bas-Rhin). Vins de bonne qualité mais non exceptionnels.

Monbazillac. Vin blanc liquoreux produit à l'est de Bordeaux, dans le département de la Dordogne, et issu du Sémillon associé au Sauvignon et à la Muscadelle. C'est un vin gras, corsé, qui titre de 13 à 14 degrés. Le vignoble de Monbazillac s'étend sur les coteaux qui dominent la rive gauche de la Dordogne, au sud de Bergerac.

Mondeuse. Cépage rouge français, de qualité supérieure, voire exceptionnelle. Très répandu en Savoie et dans la haute vallée du Rhône, à l'est de Lyon. La Mondeuse donne un vin fruité et d'un caractère particulier, ainsi qu'un rosé de bonne qualité (→ Montagnieu). Il existe une variété de

Mondeuse blanche, d'un intérêt moindre.

monopole. Terme dépourvu de toute signification, parfois utilisé sur les étiquettes de vin de marque. Sans aucun rapport avec l'origine du vin ou sa qualité.

Mont. Vin de pays blanc, sec, agréable et frais, produit non loin du château de Chambord, dans la vallée de la Loire. Appelé Mont-près-Chambord — Cour-Cheverny, il peut porter le label V.D.Q.S.

Monferrato. Région viticole du Piémont, la plus remarquable d'Italie et à coup sûr l'une des plus importantes du monde. C'est un pays de montagnes escarpées, qui s'étend sur près de 3 000 km², au sud de la plaine du Pô. Il englobe les provinces d'Alexandrie, d'Asti et en partie de Coni et de Turin. Presque tous les vins auxquels le Piémont doit sa renommée proviennent du Monferrato : Barolo, Barbaresco, Freisa, Grignolino, Gavi, Cortese, etc. Le cépage Moscato di Canelli* y donne la plupart des Asti *spumanti* et des Vermouths italiens.

Monica. Vin rouge produit aux environs de Cagliari (Sardaigne) et provenant du cépage du même nom. Le Monica, qui titre en général 17 degrés, rappelle un Porto léger.

Moniga. Commune située à la limite sud-ouest du lac de Garde*. On y produit un excellent rosé, très frais, qui porte rarement le nom de Moniga : il se vend en général comme Chiaretto*.

Mont-près-Chambord — Cour-Cheverny. Vin blanc délimité de qualité supérieure de la région en face de Blois, à l'est de la Touraine.

Montagne-Saint-Emilion. Importante commune viticole située au nord-est de Saint-Emilion*. On y produit des vins rouges robustes et corsés, qui peuvent se comparer aux Saint-Emilions, bien qu'ils ne présentent ni leur distinction ni leur moelleux ; ils sont relativement moins chers et constituent d'excellents placements. Principaux châteaux : Roudier, Montaiguillon, des Tours, Negrit, Plaisance, La Bastienne, Moulin-Blanc, etc.

Montagnieu. Vins ayant droit au label V.D.Q.S., originaires du Bugey (haute vallée du Rhône, entre Lyon et Genève). On y produit des rosés, des blancs et, plus rarement, des rouges : ce sont des vins frais, fruités légers et séduisants. Le Montagnieu est souvent pétillant.

Montagny. Le meilleur cru blanc de la Côte chalonnaise* (Bourgogne) de pair avec le Rully*. Issu du Chardonnay, le Montagny est un vin sec, frais, léger, franc de goût, qui mériterait d'être mieux connu.

Montée-de-Tonnerre. Chablis premier cru : un vin d'une grande distinction et d'un bouquet très développé ; il mériterait sans conteste le rang de grand cru.
Montée signifie chemin, allusion à la route très accidentée qui conduit à la ville de Tonnerre.

Montefiascone. Ville située au nord de Rome, sur le lac Bolsène. C'est la patrie du fameux Est Est Est*, issu du cépage Moscatello.

Montepulciano. Vin rouge produit dans la ville de ce nom (sud de la Toscane). Ce vin, qui ne présente plus actuellement qu'une qualité moyenne, a été célébré avec emphase par le poète anglais Leigh Hunt, au début du xixᵉ siècle, comme le « roi des vins ». Hunt faisait écho à l'opinion exprimée, avant lui, par le physicien Francesco Redi, dans son *Bacco in Toscana*. Chose curieuse, le Montepulciano ne provient pas, comme on pourrait le croire, du cépage du même nom (un excellent cépage rouge, très répandu dans le sud de l'Italie) mais du Mammolo et du San Gioveto (→ Chianti).

Monthelie. Commune de la Côte de Beaune (Bourgogne). Ses vins rouges — Monthelie ou Monthelie-Côte de Beaune — comptent parmi les meilleurs Bourgognes, et les moins connus ; ils surpassent certains Pommards et méritent l'attention, car ils sont généralement peu coûteux.

Montilla. Vin espagnol récolté sur les collines arides et crayeuses qui entourent Montilla et Los Moriles, au sud de Cordoue. Jusqu'à ces derniers temps, la majeure partie de la production était vendue à Jerez sous le nom de Xérès. Le mot Amontillado désignait, à l'origine, un Xérès du type Montilla. La loi interdit à présent cette pratique. Montilla-Los Moriles bénéficie actuellement d'une appellation propre. La principale différence entre le Xérès et le Montilla tient au fait que ce dernier n'est que très rarement viné. Issu du cépage Pedro Ximénez (cultivé en montagne sous un soleil de plomb), le Montilla titre de 15 à 16 degrés, et même davantage en vieillissant. Comme le Xérès, c'est un vin vinifié avec des levures, dans des *bodegas* ventilées, et mûri en *solera*. Toutefois, il n'est pas conservé dans le bois durant sa jeunesse, mais dans d'énormes jarres de terre qui ressemblent à des amphores et qui dépassent la taille d'un homme, les *tinajas*. Comme le Xérès, le Montilla est soit du type *fino* soit du type *oloroso*, ce

dernier en moins grande quantité et rarement sucré.

Le Montilla est généralement un vin sec, d'une teinte pâle, qui a moins de corps et de bouquet que le Xérès Fino ou la Manzanilla. S'il n'est pas viné, il se révèle plus agréable et plus facile à boire que les vins cités plus haut. Le Montilla se sert en apéritif et pour accompagner les *mariscos* (coquillages). Certains amateurs — dont je suis — estiment que le Montilla est de tous les vins, y compris le Chablis, celui qui convient le mieux pour accompagner les huîtres.

Montlouis. Commune située sur la rive gauche de la Loire, en face de Vouvray. Les vins blancs de Montlouis, issus du Pineau de la Loire, étaient vendus jusqu'en 1938 sous l'appellation Vouvray. Certains ont la même qualité que le Vouvray ; mais ils coûtent moins cher que celui-ci et sont moins connus.

Montpeyroux. Vin rouge et rosé, d'une qualité supérieure à la moyenne, produit dans la région montagneuse située au nord de Béziers. C'est un vin délimité de qualité supérieure (V.D.Q.S.).

Montrachet. Remarquable vignoble (7 ha 49) de la Côte-d'Or (Bourgogne), produisant le vin blanc le plus célèbre et le plus coûteux de France. Un peu plus de la moitié du vignoble est située sur la commune de Puligny-Montrachet, l'autre moitié sur Chassagne-Montrachet. Le vignoble a donné son nom à quelques climats et notamment à ceux de Chevalier-Montrachet et de Bâtard-Montrachet. Les vins de Montrachet, comme tous les meilleurs Bourgognes blancs, proviennent exclusivement du cépage Chardonnay.

On prétend que le nom de Montrachet

vient du latin *Mons rachiensis* (mont chauve). La colline qui se dresse derrière le vignoble est couverte de broussailles clairsemées qui laissent des surfaces dénudées. Le vignoble de Montrachet est probablement celui dont la valeur vénale est la plus élevée de France, en dépit d'un faible rendement à l'hectare. Les vins de Montrachet, avec lesquels seuls peuvent rivaliser leurs illustres voisins, sont tout à fait exceptionnels. D'un jaune or, un peu verdâtre, très riche en alcool (il titre rarement moins de 13 degrés), doté d'un bouquet et d'un parfum remarquables, sec mais laissant apparaître une saveur veloutée et succulente (spécialement dans les bonnes années), le Montrachet est l'un des plus grands vins blancs du monde.

Pour la carte, → Puligny, Chassagne.

Montravel. District vinicole du sud-ouest de la France. On y récolte un vin blanc (jaune or), demi-doux et qui manque plutôt de distinction. Les vignobles se trouvent sur la rive nord de la Dordogne, en amont (et à l'est) de Saint-Emilion. Quoique le vignoble de Montravel soit borné de trois côtés par le Bordelais, les vins ne portent pas l'appellation Bordeaux, mais celles de Côte de Montravel, Haut-Montravel ou Montravel. Issu principalement du cépage Sémillon, le Montravel est classé à juste titre comme un vin de Bergerac*, auquel il ressemble beaucoup.

Montrose (Château). Second cru classé de Saint-Estèphe (Haut-Médoc). Un des plus fermes et des plus vigoureux parmi les grands Médocs : d'une couleur foncée, lent à se faire, de bonne garde. Sa qualité s'est considérablement développée ces dernières années.

Monts-de-Milieu. Chablis premier cru, récolté sur les communes de Fyé et de Fleys. Tout comme le Montée-de-Tonnerre*, il mérite presque le rang de grand cru.

Mór. Ville et région de Hongrie, non loin de Budapest. On y produit un vin corsé, d'un jaune doré, provenant du cépage Ezerjo : le Móri Ezerjo.

Morey-Saint-Denis. Commune de la Côte de Nuits (Bourgogne), produisant plusieurs vins rouges de très grande classe, fermes, vigoureux, et de bonne garde, et sur le territoire de laquelle on trouve quatre grands crus : une partie de Bonnes Mares, le Clos de la Roche, le Clos Saint-Denis et le Clos de Tart.

Les vins provenant de ces lieux-dits portent généralement le nom du climat plutôt que celui de la commune. Les vins dits de Morey-Saint-Denis ont moins de classe ; ils ont autant de bouche, mais ils sont moins distingués. Le climat de Monts-Luisants produit une petite quantité de vin blanc de seconde qualité.

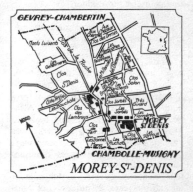

Morgeot. Nom d'un vignoble ou d'un lieu-dit qu'on donne généralement à certains Bourgognes, rouges et blancs, d'excellente qualité, originaires de la partie méridionale de la commune de Chassagne-Montrachet*.

Morgon. Commune du Beaujolais produisant l'un des meilleurs vins de la région, l'un des moins typiques au demeurant. C'est un Beaujolais moins fruité que les autres. Il se fait moins vite et rappelle, en vieillissant, les Bourgognes de la Côte-d'Or. Les experts locaux disent parfois d'un Beaujolais, qui se développe comme un vin de Morgon, qu'il « morgonne ».

Moriles (Los). → Montilla.

Moscatel. Nom espagnol et portugais du Muscat, ou Muscatel. Le Moscatel portugais, originaire de Setubal, au sud-est de Lisbonne, compte parmi les vins les plus fins du genre : très doux, d'une couleur assez foncée, il a un fruité, un bouquet, un parfum fort prononcés. Il s'agit de vin viné, évidemment.
Plusieurs régions d'Espagne produisent aussi du Moscatel, de différentes qualités. Ceux de Sitges et de Malaga sont peut-être les meilleurs.

Moscatello. Sous-variété italienne du cépage Muscat. → Moscato.

Moscato. Nom italien du Muscat, cépage dont il existe des douzaines de sous-variétés. Nom donné aux différents vins issus du Moscato et produits dans toute l'Italie. Sauf l'Aleatico* qui est rouge, les vins issus du Moscato sont blancs : à savoir des vins mousseux, tel l'Asti spumante*, plusieurs vins de dessert et quelques vins de table secs ou demi-secs. Ils ont tous, à quelque degré, un bouquet et un parfum caractéristiques. Les vins les plus connus sont les suivants :
1° Le Moscato di Canelli, ou Moscatello (du nom du village de Canelli, proche d'Asti) : c'est un vin blanc

pâle, doux et très parfumé, faible en alcool ; il entre dans l'élaboration de l'Asti spumante et du vermouth italien ; le même cépage, ou l'une de ses sous-variétés, produit l'Est l'Est Est* à Montefiascone.
2° Le Moscato giallo, du Trentin et du Haut-Adige*, est un vin blanc naturel, distingué, presque aussi doux qu'un Sauternes ; il titre de 13 à 15 degrés.
3° Les vrais vins de dessert (15 à 17 degrés, très doux) sont : le Moscato di Cagliari (originaire de Sardaigne), le Moscato di Pantelleria (originaire d'une petite île située entre la Sicile et la Tunisie), le Moscato di Siracusa (originaire de Syracuse, en Sicile), le Moscato di Trani (originaire des environs de Bari, dans le sud de l'Italie).
Mais il existe encore beaucoup d'autres vins issus du Moscato.

Mosel. Orthographe allemande de Moselle*. La région vinicole s'appelle officiellement Mosel-Saar-Ruwer : c'est l'appellation qui figure sur les étiquettes.

Moselblümchen. Un *Fantasie-Name* (nom de fantaisie), comme disent les Allemands, qui sont d'ailleurs les seuls à employer le mot Moselblümchen, auquel on ne peut attribuer une grande signification : littéralement, petite fleur de Moselle. On désigne habituellement de la sorte un coupage de vins de Moselle bon marché, presque toujours sucrés et qui ne bénéficient jamais d'une mise du domaine.

Moselle. (En allemand : Mosel.) La Moselle, après avoir pris sa source en France, longe le Grand-Duché de Luxembourg puis entre en Allemagne, qu'elle parcourt de Trèves à Coblence, où elle se jette dans le Rhin. Les coteaux de la Moselle sont couverts de vignes. Même en France, ses rives

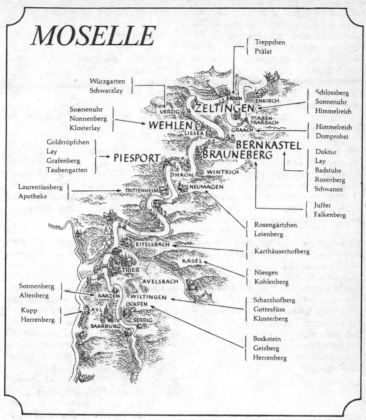

MOSELLE

Treppchen
Prälat

Würzgarten
Schwarzlay

Schlossberg
Sonnenuhr
Himmelreich

Sonnenuhr
Nonnenberg
Klosterlay

Himmelreich
Domprobst

Goldtröpfchen
Lay
Grafenberg
Taubengarten

Doktor
Lay
Badstube
Rosenberg
Schwanen

Laurentiusberg
Apotheke

Juffer
Falkenberg

Rosengärtchen
Leienberg

Karthäuserhofberg

Niesgen
Kohlenberg

Sonnenberg
Altenberg

Scharzhofberg
Gottesfüss
Klosterberg

Kupp
Herrenberg

Bockstein
Geisberg
Herrenberg

ERDEN · ENKIRCH · ZELTINGEN · UERZIG · TRABEN-TRARBACH · WEHLEN · LIESER · GRAACH · BERNKASTEL · PIESPORT · BRAUNEBERG · DHRON · WINTRICH · TRITTENHEIM · NEUMAGEN · SAUER · EITELSBACH · RUWER · KASEL · TRIER · AVELSBACH · KANZEM · WILTINGEN · OCKFEN · AYL · SAARBURG · SERRIG

portent quelques vignobles (→ Lorraine). Ceux-ci deviennent plus étendus dans le Luxembourg*, mais ils prennent toute leur importance en Allemagne. La région vinicole allemande porte officiellement le nom de Mosel-Saar-Ruwer (la Sarre et la Ruwer étant des affluents de la Moselle). Les vignobles s'y étendent sur 8 000 ha, dont un quart produit des vins de qualité supérieure. Les vignobles mosellans sont les vignobles « commerciaux » les plus septentrionaux du monde. Ils sont plantés sur des pentes très rapides, dans un sol d'ardoise quasi stérile, où l'on rencontre presque exclusivement le Riesling. Hormis les vins de la Sarre et de la Ruwer (qui peuvent être des vins admirables), les meilleurs Moselles proviennent de la partie moyenne de la vallée, qui s'étend de Trittenheim à Traben-Trarbach, sur une soixantaine de kilomètres. Certains vins de la Moselle, minces, acerbes et même acides dans les années pauvres, sont peut-être les meilleurs, les plus fins, les plus parfumés et les plus distingués de tous les vins blancs. Leur teneur en alcool dépasse rarement 15 degrés et ils titrent souvent beaucoup moins. De teinte pâle, épicés, de grande race, ils ne ressemblent à aucun autre.

Les meilleurs Moselles portent, à de rares exceptions près, le nom d'un village associé à celui d'un vignoble déterminé : Wehlener Sonnenuhr, originaire de la ville de Wehlen ; Bernkasteler Doktor, originaire de Bernkastel ; Ockfener Bockstein, originaire du vignoble de Bockstein, situé à Ockfen. La plupart de ces vins sont mis en bouteille au domaine, ce qu'indique toujours l'étiquette. Les vins de grande qualité portent toujours l'indication de la récolte (→ *Spätlese*) ; de même, l'étiquette indique s'il s'agit d'un vin provenant de raisins sélectionnés (→ *Auslese, feine Auslese*).

Ci-dessous la liste des meilleurs villes vinicoles, les astérisques indiquant leurs qualités respectives. Toutes les villes citées sont reprises, avec mention des meilleurs vignobles, à leur place alphabétique.

Moyenne Moselle (Mittel-Mosel) :
  *Trittenheim
  *Neumagen
  *Dhron
***Piesport
  *Wintrich
 **Brauneberg
  *Lieser
***Bernkastel
***Graach
***Wehlen
***Zeltingen
 **Erden
 **Uerzig
  *Traben-Trarbach
Sarre (Saar) :
  *Wawern
 **Kanzem
***Wiltingen
 **Oberemmel

  *Niedermenning
 **Ayl
 **Ockfen
Ruwer :
 **Maximin Grünhaus
 **Eitelsbach
  *Casel
  *Avelsbach

mou. Se dit d'un vin manquant de caractère.

Moulières (Domaine des). Un des meilleurs vignobles de Provence, au nord-est de Toulon. Produit un excellent rosé, commercialisé, comme beaucoup de vin de cette région, dans une bouteille épousant la forme d'une amphore.

Moulin-à-vent. Ce vin est habituellement considéré comme un des meilleurs Beaujolais ; il est presque toujour le plus cher. C'est probablement, et à beaucoup près, l'un des Beaujolais qui se conservent le plus longtemps. Les vignobles se trouvent en partie sur la commune de Romanèche-Thorins*, et en partie sur la commune de Chenas*. Ils sont plantés sur les pentes d'une colline que couronne un ancien moulin à vent, d'où le nom. Un bon Moulin-à-vent, d'une bonne année, peut être considéré comme un grand vin. D'une teinte foncée, vigoureux, assez riche en alcool (souvent plus de 13 degrés), il « remplit la bouche », comme on dit. C'est un vin d'une race et d'une classe remarquables.

Moulinet (Château). Petit vignoble peu connu de Pomerol, qui produit un vin rouge excellent et typique : velouté, rond et délicat.

Moulis. Partie du Haut-Médoc, moins réputée et moins importante que Margaux ou Saint-Julien. Moulis ne produit pas de grands vins, mais beaucoup de ses vins sont de bonne qualité, de qualité constante, équilibrés et pas trop chers.

La zone délimitée englobe la commune de Moulis, une grande partie de Listrac et une partie de cinq autres communes voisines. Parmi les meilleurs châteaux, citons : Chasse-Spleen* et Poujeaux-Theil* (tous deux des crus exceptionnels*), et des crus bourgeois tels que : Poujeau-Marly, Lestage-Darquier, Dutruch-Grand-Poujeaux, etc.

Mourvèdre. Cépage rouge. → Mataró.

mousseux. Tous les vins pétillants de France — peu importe le procédé : méthode champenoise ou procédé Charmat (fermentation en cuve close) — appartiennent à la catégorie dite des *vins mousseux.* Le Champagne, par contre, en dépit de sa mousse, n'est jamais considéré comme un mousseux : il forme une catégorie à part.

Les *vins mousseux* dont les noms suivent (et ceux-là uniquement) portent une appellation contrôlée, ce qui signifie que leur origine est certifiée par le gouvernement (les autres noms sont des indications de marque) : Anjou, Arbois, Blanquette de Limoux, Bordeaux, Bourgogne, Clairette de Die, Côtes du Jura, l'Etoile, Gaillac, Montlouis, Saint-Péray, Saumur, Seyssel, Touraine, Vouvray.

Tous les vins mousseux à appellation contrôlée sont obtenus obligatoirement par seconde fermentation en bouteille.

moût. Jus de raisin non fermenté ou en cours de fermentation, jusqu'au moment où il devient le vin.

Mouton-Baron Philippe (Château). Nom donné depuis 1956 à l'ancien Château Mouton d'Armailhacq (voir ci-dessous) qui appartient actuellement au baron Philippe de Rothschild. La production a été volontairement limitée et le vin présente actuellement une qualité exceptionnelle dans sa catégorie. C'est l'un des meilleurs cinquièmes crus. Il mérite probablement un meilleur classement. Voisin direct de Mouton-Rothschild, il fait partie de la même propriété. Il devait son ancien nom à Monsieur d'Armailhacq, l'un des grands viticulteurs et experts du XIXᵉ siècle, auquel il appartenait alors.

Mouton-Rothschild (Château). Cru de Bordeaux, célèbre dans le monde entier. Il produit un vin rouge magnifique. Classé deuxième cru en 1855 (encore qu'il soit le premier des deuxièmes crus !), le Château Mouton n'a jamais accepté cette situation, comme le dit sa fière devise : « Premier ne puis. Second ne daigne. Mouton suis. » Ses vins atteignent actuellement des prix aussi élevés que les premiers crus. C'est en fait un premier cru, dans toute l'acception officielle du terme.

Le vin, du Chateau Mouton, peut-être le plus gras, le plus puissant et le plus robuste des grands châteaux, provient presque uniquement du Cabernet Sauvignon. Il a souvent, dans sa jeunesse, un peu d'astringence et de rudesse ; c'est un vin qui se fait lentement. De très longue garde, il acquiert avec le temps un caractère spécial, lié à son parfum, à son équilibre et à son bouquet. On l'a appelé, avec le Latour, le plus « mâle » des Bordeaux rouges ; c'est en tout cas un vin superbe.

Moutonne. Ancien nom commercial sous lequel se vendait un Chablis commun, produit par la famille Long-Depaquit. Depuis 1950, on en distingue un Chablis grand cru, provenant du vignoble (2 ha 1/2) appartenant à cette famille. La plus grande partie du vignoble fait partie de Chablis Vaudésir, et la plus petite de Chablis

Preuses.

muid. Nom donné autrefois en France à une futaille dont la capacité variait, d'une région à l'autre, de 250 à 685 litres. Dans la région de Cognac, on donne actuellement le nom de demi-muid à un tonneau de 5 à 600 litres dans lequel vieillit le cognac.

Münster. Une des meilleures villes vinicoles de la vallée de la Nahe (Allemagne). Pittersberg, Dautenpflänzer et Langenberg en sont considérés comme les meilleurs climats (*Lagen*).

Muscadelle. Cépage blanc du Bordelais, où il n'est pourtant pas cultivé et vinifié seul. Interplanté avec le Sémillon et le Sauvignon blanc, dans une proportion qui ne dépasse jamais 5 à 10 pour cent, il donne un très léger parfum de Muscat à la plupart des Bordeaux blancs doux, spécialement le Sauternes et le Barsac.

Muscadet. Vin blanc léger, produit dans les environs de Nantes, en Loire-Atlantique. Le cépage dont il provient — de son vrai nom, le Melon — s'appelle ici Muscadet : c'est sous ce nom que, voici trois cents ans, il est passé de Bourgogne dans la vallée de la Loire. Il produit dans cette région un petit vin frais, d'une teinte jaune pâle, agréable et vite fait : un vin sec mais sans verdeur et sans acidité, avec un goût fruité et une légère pointe de muscat. Voici vingt ou trente ans, on tenait le Muscadet pour un vin de

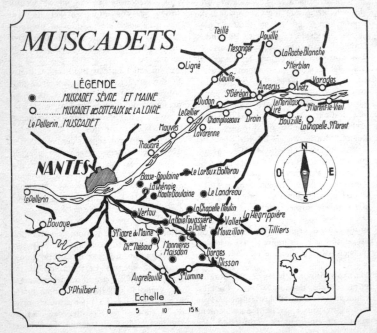

pays, un vin local, bon et pas cher ; au lendemain de la dernière guerre, il a commencé à acquérir une popularité et une vogue extraordinaires à Paris, dans le nord de la France et même à l'étranger.

Le Muscadet provient principalement de deux régions :

- la région de Sèvres-et-Maine, au sud-est de Nantes, comprenant les importantes communes vinicoles de Vallet, Clisson, Vertou, Saint-Fiacre, Gorges et Loroux -Botereau ; elle produit 80 à 90 pour cent de la récolte totale de Muscadet ;

- les Coteaux de la Loire*, au nord-est, sur la Loire ; presque entièrement cultivée par de petits producteurs paysans, encore que les vignobles couvrent un peu plus de 9 000 ha et produisent en moyenne 350 000 hl ; seules quelques propriétés particulières comptent plus de 80 ha.

Muscat. Raisin de cuve et de table, dont il existe une infinité de variétés, et qui présente toutes les teintes, du jaune pâle au bleu-noir, toute la gamme des qualités (de l'excellente à la pauvre) et tous les degrés de rendement (du prolifique au médiocre). Tous les raisins de Muscat présentent, à des degrés divers, un goût et un parfum caractéristiques, qu'on trouve aussi bien dans le fruit frais que dans le vin qu'il produit. Des variétés de Muscat se retrouvent en Italie, dans le midi de la France, en Espagne, au Portugal, en Grèce, en Tunisie et dans presque toutes les îles de la Méditerranée, notamment en Sardaigne, en Sicile, dans l'île d'Elbe, à Pantelleria, à Chypre et dans l'archipel égéen ; ou encore en Alsace, au Tyrol, en Hongrie et en Californie.

La liste des différents Muscats offre plus d'intérêt pour le botaniste que pour l'œnologue. Une variété très inférieure, le Muscat d'Alexandrie (et de Californie), de haut rendement, donne un vin doux et viné. Le meilleur est peut-être le Muscat doré de Frontignan*. L'Aleatico* donne un vin de dessert rouge. Le Muscadelle intervient dans le Sauternes. Le Muscat Ottonel d'Alsace serait un métis de Muscat et de Chasselas, et non pas un véritable Muscat. Le Moscatello donne l'Est Est Est* italien... Et la liste n'est pas close. → Moscato, Moscatello, Moscatel, Muscadelle.

muselage. En Champagne c'est l'action de museler une bouteille. C'est-à-dire de placer un muselet (pièce en fil métallique qui permet de maintenir le bouchon) sur le goulot. On musèle aussi toutes les bouteilles de vins mousseux (méthode champenoise et autres méthodes).

Musigny. Un des plus grands Bourgognes rouges, produit par un vignoble de 11 ha 66 a, sur la commune de Chambolle-Musigny*, au-dessus du Clos de Vougeot.

Par sa délicatesse, par sa distinction, par un mélange indéfinissable de qualités, le Musigny ne le cède à aucun autre vin rouge de la Côte-d'Or, voire du monde, et seuls de rares vins se haussent à son niveau.

Plus léger et parfois plus « féminin » que le Chambertin, il appartient au même lignage, d'une noblesse sans égale et, spécialement depuis la dernière guerre, il peut aisément rivaliser avec le Romanée-Conti.

mustimètre. Appareil qui donne la richesse en sucre d'un moût en mesurant la densité. C'est donc un densimètre étudié par Salleron en appliquant l'échelle centésimale densimétrique de Gay-Lussac. On obtient donc la quantité de sucre par litre contenue dans le moût. Un tableau d'équivalence donnera pour une densité donnée le poids en sucre, le degré Baumé et, bien sûr, en contrepartie, la teneur en alcool, en puissance. On utilise le mustimètre avant les vendanges pour connaître l'évolution des sucres. Cette mesure ignore totalement l'involution des acides qui, eux aussi, jouent un rôle dans la détermination de la date de vendanges.

muté. Vin non fermenté, ou partiellement fermenté, dont la fermentation a été entravée, généralement par l'addition d'alcool. Souvent employé dans la fabrication des apéritifs et pour le coupage, afin de donner de la douceur et du corps aux vins qui en sont dépourvus.

mycoderma aceti. ou **acetobacter.** C'est la bactérie responsable de la « mère du vinaigre ». Elle transforme l'alcool (par oxydation) en acide acétique, éthanol et elle donne naissance ensuite à de l'acétate d'éthyle. On obtient ainsi le vinaigre.

mycoderma vini ou **candida mycoderma.** Forme un voile blanchâtre (et non grisâtre comme le précédent) qui ne peut vivre qu'en présence d'air. Utile dans le Xérès et le vin jaune du Jura, on ne tient pas à l'avoir dans les autres types de vin. Ces bactéries transforment, par oxydation, l'alcool et acides organiques en eau et éthanol. On dit aussi de ce voile, c'est la maladie de la fleur.

nabuchodonosor. Nom donné à un flacon utilisé pour le Champagne, d'une contenance de vingt bouteilles ordinaires. Peu maniable et d'aspect comique, quand il est plein, le nabuchodonosor constitue, quand il est vide, un sujet de conversation...

Nackenheim. Une des meilleures villes vinicoles de Hesse rhénane. Elle ne vient, dans l'ordre de qualité, qu'après Nierstein. Les vignobles font face au Rhin, au sud de Mayence ; le sol des coteaux a la couleur de la brique et donne aux vins, issus du Riesling et du Sylvaner, un fruité, un bouquet et une race exceptionnels. Les meilleurs climats (*Lagen*) sont Rothenberg, Stiel, Engelsberg, Fenchelberg, Kapelle, Fritzenhöll.

Nahe. Rivière d'Allemagne, qui se jette dans le Rhin à Bingen, en face de Rüdesheim. Plus en amont, aux environs de Bad Kreuznach, les coteaux escarpés, en pierre de sable rouge, sont couverts de vignobles. La vallée de la Nahe est très justement considérée comme une région viticole importante. Les vignobles couvrent plus de 1 600 ha. Bien de vins de la Nahe, provenant du Riesling et du Sylvaner, ne manquent pas de qualité, tant s'en faut ; ils mériteraient, dans l'ensemble, d'être mieux connus. De caractère, ils rappellent les Niersteiners et les Nackenheimers de la Hesse rhénane, avec peut-être plus de vivacité. Le climat le plus renommé — propriété de l'Etat — est Schloss Böckelheim* ; mais il existe d'autres vignobles de même qualité près de Kreuznach (ou Bad Kreuznach), la principale ville de la Nahe, et dans les communes de Niederhäuser, Norheim, Roxheim, Münster, Bretzenheim, Winzerheim, ainsi qu'à Rüdesheim, qu'il ne faut pas confondre avec le Rüdesheim du Rhin.

Nairac (Château). Deuxième cru classé de Barsac.

Nantes. Ville de la Loire-Atlantique. La région de Nantes produit le Muscadet* et un vin blanc sec, moins célèbre, le Gros Plant*.

Nasco. Vin de dessert blanc, de qualité supérieure, produit dans les environs de Cagliari (Sardaigne).

nature. Se dit d'un vin auquel rien n'a

été ajouté, c'est-à-dire à l'état naturel. Appliqué au Champagne, le mot « nature » entre dans l'expression « vin nature de la Champagne », désignant actuellement le vin produit en Champagne mais qui n'est pas destiné à la prise de mousse.

Néac. District secondaire du Bordelais, qui touche à Pomerol, à Lalande-de-Pomerol et à Montagne-Saint-Emilion. Plusieurs vins rouges, de bonne qualité, agréables, souples et généralement pas trop chers. Les vins de Néac ont droit à l'appellation contrôlée Lalande de Pomerol.

Nebbiolo. Cépage rouge italien, de qualité exceptionnelle : l'un des meilleurs cépages du monde. Son nom vient de *nebbia* (brouillard), parce qu'il mûrit le plus vite et qu'il donne les meilleurs vins dans les régions où, en septembre, il y a du brouillard le matin, notamment dans le Piémont et dans le nord de la Lombardie. Là, il produit quelques vins magnifiques : le Barolo*, la Barbaresco*, le Gattinara*, le Ghemme*, le Lessona* et l'admirable Valtellina* de Sondrio. Dans les régions viticoles moins fameuses, il donne encore un vin rouge honorable, vendu généralement sous le nom de Nebbiolo ; par malheur, il s'agit parfois d'un vin mousseux.
De faible rendement, le Nebbiolo produit le plus dans les régions accidentées. Il donne des vins corsés, vigoureux, très riches en alcool et qui exigent presque toujours de vieillir ; quand ils sont à point, ils présentent une réelle distinction et une grande classe.

Nederburg. Important vignoble d'Afrique du Sud, situé à Klein Drakenstein, près de Paarl. → Afrique du Sud.

Negrar. Petite ville située au cœur du Valpolicella* : elle produit quelques-uns des vins les plus fins de la région.

Negrara. Cépage rouge italien de qualité supérieure. Il entre dans l'élaboration du Valpolicella* et du Bardolino*.

négus. Vieille boisson anglaise, souvent prise comme « bonnet de nuit ». A base de Porto, de citron, de muscade, parfois de sucre et d'eau chaude. On la servait chaude.

Nénin (Château). Un des premiers crus les plus étendus de Pomerol. Il produit un excellent Claret, fruité, généreux et souple.

nerveux. Vin assez équilibré, mais à acidité fixe légèrement au-dessus de la moyenne lui conférant une certaine fraîcheur un peu mordante. Ou une verdeur virile mais non agressive. A ce stade, un vin nerveux est agréable ; c'est un signe de jeunesse et de bonne conservation.

Neuchâtel. Selon toute vraisemblance, le plus connu — mais non le meilleur — des vins blancs de Suisse. Il provient de vignobles (800 ha) situés le long de la côte septentrionale du lac de Neuchâtel, à moins de 50 km de la frontière française. Issu du Chasselas, qu'on appelle ici Fendant, le Neuchâtel est un petit vin blanc frais, pâle, agréable et bon marché. Généralement mis en bouteille à moins de six mois, il est souvent pétillant. Ce n'est toutefois pas le cas quand il est vinifié pour l'exportation. On produit aussi une petite quantité de vin rouge. → Cortaillod.

Neumagen. Se proclame fièrement la plus ancienne ville vinicole d'Allemagne. Peut-être avec raison, des vestiges romains ayant été mis à jour dans les environs. Neumagen est une agréable petite ville de la Moselle moyenne, entre Trittenheim et Dhron. Ses vins, loin d'être de première qualité, sont frais, légers et possèdent un bouquet digne d'attention. Meilleurs crus : Rosengärtchen, Engelgrube, Laudamusberg, Leienberg.

Neustadt. Petite ville prospère du Palatinat (Allemagne), qui ne produit aucun vin de grand intérêt, mais qui est un important centre de commerce des vins.

nez. Un vin a du *nez*, disent les dégustateurs, s'il a du bouquet et de l'arôme. C'est un terme assez banal (comme le *goût*), qui ne dénote pas une qualité supérieure.

Niagara (péninsule du). Région du Canada, entre les lacs Erié et Ontario. Le climat, tempéré par les lacs, est favorable à la culture de la vigne : la région produit la plupart des vins du Canada.

Niederhäusen. Une des meilleures villes vinicoles de la vallée de la Nahe. Les crus supérieurs sont Hermannshöhle, Hermannsberg, Pfingstweide, etc.

Niedermenning. Petite ville vinicole de la vallée de la Sarre, dans la Moselle viticole (Allemagne). Elle produit des vins très fins, mais uniquement dans les bonnes années. Meilleurs *Lagen* (climats) : Euchariusberg, Sonnenberg, Herrenberg.

Niederwalluf. Ville vinicole du Rheingau. → Walluf.

Nierstein. Un des très grands noms parmi les vins allemands. Nierstein est sans conteste la plus grande ville vinicole de la Hesse rhénane, et ce sous les différents rapports de la renommée, de la moyenne de production et de la qualité. Ses 520 hectares de vignes, face au Rhin, au sud de Mayence, produisent en majeure partie des vins de bonne qualité, et dans une mesure beaucoup moindre des vins superbes.

Les meilleurs vins proviennent du Riesling : l'étiquette porte l'indication du cépage. Les meilleurs climats (*Lagen*) sont : Rehbach, Hipping, Glöck, Auflangen, Flachenhahl, Kehr, Orbel, Kranzberg, Pettental, Oelberg, Heiligenbaum, Spiegelberg, Fuchsloch, Hölle, Gutes Domtal, etc. Le nom du vignoble présente une importance capitale sur l'étiquette d'un vin de Nierstein.

Encore que, selon les curieuses subtilités de la loi allemande sur les vins, tout vin de Hesse rhénane puisse pratiquement se vendre comme Niersteiner ou Niersteiner Domtal (ce nom ne pouvant donc être considéré comme celui du vignoble). L'achat d'un Niersteiner ou d'un Niersteiner Domtal équivaut à l'achat d'un équivalent de Liebfraumilch ! Le Niersteiner qui porte le nom d'un vignoble (et surtout s'il porte la mention Riesling, et qu'il s'agisse d'une mise au domaine) est un vin noble, mûr, racé et fin.

Les Sylvaners provenant des meilleurs *Lagen* sont exceptionnels, eux aussi, mais un peu plus souples, avec moins de race.

noble. Nom judicieusement donné à certains cépages, à certains crus et à certains vins, qui paraissent posséder une supériorité naturelle et constante. Tous les hommes sont égaux, mais ce n'est pas le cas des plants ni des terroirs. Un cépage noble est capable de donner un vin exceptionnel dans des conditions spécifiques, et un vin supérieur à la moyenne partout ailleurs. Un cru noble produit un vin d'une certaine distinction même dans les mau-

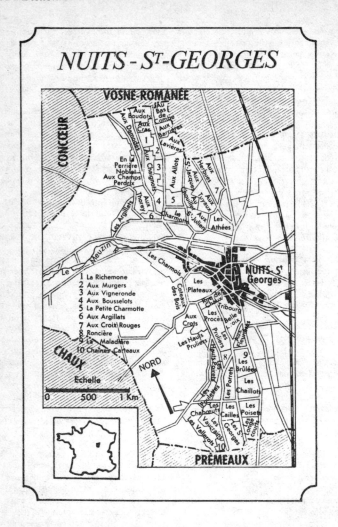

NUITS - St-GEORGES

VOSNE-ROMANÉE

CONCŒUR

Aux Boudots
Aux Damodes
Aux Cras
Aux Barrières
Aux Lavières
Aux Saint-Jacques
Aux Allots
Aux Herbues

En la Perrière Noblot
Aux Champs Perdrix

Aux Chaignots
Aux Thorey
Aux Murgers

La Richemone
La Charmotte

Aux Vignerondes
Aux Bousselots
La Petite Charmotte
Aux Argillats
Aux Croix Rouges
Roncière
La Maladière
Chaînes Carteaux

Les Argillas

Le Meuzin

Les Charmois

Coteaux des bois

NUITS - St Georges

Les Plateaux

Les Procès

Tribourg
Belle Croix

Aux Crots

Aux Iuyaux
Aux Saint-Julien
Les Athées

1 La Richemone
2 Aux Murgers
3 Aux Vigneronde
4 Aux Bousselots
5 La Petite Charmotte
6 Aux Argillats
7 Aux Croix Rouges
8 Roncière
9 La Maladière
10 Chaînes Carteaux

CHAUX

Les Hauts Pruliers

Les Pruliers

Les Vallerots

NORD

Echelle

0   500   1 Km

Les Brûlées

Les Chaillots

Les Chaboeufs

Les Porrets

Les Cailles

Les St Georges

Les Poisets

Les Vaucrains

Les Didiers

PRÉMEAUX

vaises années. Un vin noble sera considéré comme remarquable même par un novice.

Noilly Prat. Vermouth français.

noix (goût de). Se dit d'un vin dont l'arôme rappelle celui de la noix, et plus spécialement encore, de la noisette. S'applique souvent aux Xérès.

Norheim. Importante ville vinicole de la vallée de la Nahe (Allemagne). Les meilleurs *Lagen* (climats) sont : Kafels, Hinterfels, Kirscheck.

Nostrano. En italien : nôtre. Nom donné par les paysans producteurs de Suisse italienne (aux environs de Locarno et de Lugano, dans le Tessin) au plant européen *vinifera*, ainsi qu'au vin qu'il produit, par comparaison avec celui qu'on appelle Américano*. On emploie aussi le Nostrano dans certaines régions d'Italie du Nord. Il provient en général du cépage connu sous le nom de Bondola ; mais on trouve, dans le Tessin, de grandes quantités de Merlot, de Nebbiolo, de Freisa et d'autres cépages rouges supérieurs.

Novitiate of Los Gatos. Séminaire jésuite de Los Gatos, sur la rive occidentale de la vallée de Santa Clara (Californie). Des vignobles, admirablement situés sur des collines, forment une partie de sa dotation. Les vins sont produits sous la surveillance des pères jésuites et les travaux sont actuellement effectués par les frères, les novices et les élèves.

Nuits. → Côte de Nuits, Nuits-Saint-Georges.

Nuits-Saint-Georges. Ville célèbre de la Côte de Nuits (Bourgogne), laquelle lui doit d'ailleurs son nom. Outre une infime production de vin blanc (→ Perrière), la commune de Nuits-Saint-Georges doit sa réputation à d'admirables vins rouges (rarement toutefois d'une classe exceptionnelle), qui sont de grands Bourgognes typiques, généreux, souples, équilibrés. Certaines années, les vins provenant des moins bons climats (et vendus d'habitude comme Nuits Saint-Georges, sans nom de vignoble) ont un goût de terroir caractéristique. Le vin provenant du village voisin de Prémeaux est considéré comme faisant partie des Nuits.
Les meilleurs climats des deux communes sont : Les Saint-Georges, Les Pruliers, Les Cailles, Les Vaucrains, Les Boudots, Clos des Corvées, Les Porrets, Clos des Argilières, Les Perdrix, Château-Gris, Clos de Thorey, Les Richemones, Les Murgers, Clos de la Maréchale, Clos Arlot, etc. Les mots « Nuits » et « Nuits-Saint-Georges », suivis du nom d'un climat, signifient exactement la même chose. Superficie : 375 ha.

Oberemmel. Petite ville vinicole de la Sarre (Allemagne), voisine de Wiltingen. Le vignoble, planté de Riesling, produit dans les bonnes et grandes années des vins d'excellente qualité, légers, fleuris, un peu austères. Les meilleurs *Lagen* (îlots) comprennent : Scharzberger (souvent vendu comme tel, sans mention du nom d'Oberemmel), Oberemmeler Hütte, Altenberg, Karslberg, Rosenberg, Agritiusberg, Raul, Eltzerberg. Oberemmel produit aussi un excellent vin appelé Falkensteiner*.

Oberingelheim. → Ingelheim.

Obernai. Ville du nord de l'Alsace, au sud-ouest de Strasbourg. Produit des vins moins bons que ceux des villages voisins de Berr, Goxwiller et Mittelbergheim.

Ockfen. Une des plus grandes communes productrices de vin blanc du monde. Ockfen est située dans la vallée de la Sarre, près de Wiltingen (Allemagne). Le vignoble (80 h) se trouve sur une colline schisteuse incroyablement escarpée. Dans les années favorables (1959 et 1964, par exemple), il produit des vins blancs que ne surpassent ceux d'aucun autre vignoble allemand, français, ni a fortiori d'ailleurs au monde. Très légers, presque d'acier, élégants, avec un bouquet qu'on peut dire incomparable, les vins d'Ockfen sont remarquables et valent leur prix, quel qu'il soit. Dans les moins bonnes années, ils sont durs et souvent acides. Les meilleurs vignobles sont : Bockstein, Herrenberg, Geisberg, Oberherrenberg, Heppenstein. Le domaine principal, celui d'Adolf Rheinart Erben, a été vendu récemment. Les autres domaines appartiennent à l'Etat et à MM. Gebert, Geltz et Max Keller.

odeur d'œufs pourris. C'est l'odeur, bien définie et reconnaissable, du sulfure d'hydrogène ou, comme les experts préfèrent l'appeler, du sulfure métallique. Totalement inoffensive, extrêmement désagréable, inexcusable dans un vin, cette odeur est heureusement peu fréquente. C'est le résultat d'un mauvais travail de cave et de la négligence.

Œchsle. Mesure allemande et suisse indiquant le sucre contenu dans le moût ou dans le jus de raisin avant la fermentation. C'est une indication précise quant à la teneur en alcool du vin qui en résultera. Le *Grad Œchsle*, divisé par 8, donne le degré alcoolique du vin ; mais il est important de rappeler que celui-ci contient très souvent du sucre qui n'est jamais converti en alcool. Par conséquent, un grand *Auslese*, de 120° Œchsle, ne sera pas un vin sec titrant 15 degrés, mais un vin doux, peut-être de 12 degrés ou même moins.

œil de perdrix. Se dit de la couleur de certains vins blancs provenant de raisins noirs. Cette vieille expression charmante s'applique le plus souvent à des Champagnes, qui sont en fait très légers et d'un rosé clair ; elle désigne en effet une combinaison des teintes rose très pâle et bronzé. Peu de vins ont cette nuance.

œnologie. Science du vin en particulier et de la vigne en général qui traite de l'étude préparatoire à la production, techniquement en respectant la législation et la commercialisation, puis de la vinification et de la conservation. L'œnologie passe également par le contrôle des vins, par l'application des règles de la chimie, pour préserver le vin des risques naturels (maladies, oxydation...), par l'application de traitements préventifs ou curatifs, en cherchant au maximum d'aider la nature, de la corriger, sans toutefois vouloir la transformer totalement. L'art de l'œnologie passe par l'utilisation des forces et des richesses de la nature en tenant compte des possibilités de modelage, pour préserver la qualité des vins, de l'homme qui, nécessairement, doit intervenir en surveillant ou en agissant. La dégustation est une phase importante de l'œnologie.

œnologue. Technicien diplômé qui applique strictement les règles de l'œnologie.

œnomel. Ancienne boisson à base de jus de raisin et de miel fermentés ensemble.

Œsterreicher. Litt. : autrichien. Nom souvent donné, en Rheingau, au Sylvaner. Rien ne dit que le Sylvaner soit d'origine autrichienne. Rien ne dit non plus le contraire.

Œstrich. Avec ses 300 hectares de vignes, Œstrich est probablement la plus importante commune vinicole de Rheingau, entre Hattenheim et Winkel. La plupart des vignobles y sont plantés sur un terrain plat. La plupart des vins sont de seconde qualité, exception faite de ceux qui viennent des meilleurs îlots : Œstreicher Lenchen, Deez, Doosberg, Eiserberg, Klostergarten, etc.

œufs pourris (odeur d'). → Odeur d'œufs pourris.

oïdium. Champignon, probablement d'origine américaine, qui attaque les feuilles, les pousses et les vrilles de la vigne. Il a causé des dégâts considérables aux vignobles européens lors de sa première apparition, au milieu du XIXe siècle, et il est encore nuisible, bien qu'on puisse actuellement le combattre.

Olivier (Château). Vin blanc sec des Graves, bien connu. C'est un monopole de la maison Eschenauer. Le château Olivier est situé sur la commune de Léognan* et produit également une petite quantité de vin rouge, qui porte son nom lui aussi.

Oloroso. Un des deux types principaux du Xérès espagnol, l'autre étant le Fino*. Ce mot signifie littéralement *que huele bién*, ou d'odeur agréable. Un vieil Oloroso de grande qualité possède un bouquet fort développé, typique et très reconnaissable. D'une couleur plus foncée que le Fino, corsé, en général plus alcoolisé (18-21 degrés), le Xérès Oloroso se fait sans la *flor*** qui donne au Fino son caractère spécial et sa qualité, mais néanmoins en *solera***. On exporte très peu de Xérès à l'état naturel : il est adouci pour plaire à une certaine clientèle ; et les Olorosos peuvent présenter une gamme, allant du point trop sec à l'extrêmement doux (la crème de Xérès et l'Est India, par exemple). On considère généralement les Olorosos comme des vins de dessert, et ils sont servis à la température de la pièce, encore que certaines personnes les préfèrent frappés.

Ombrie. Région du centre de l'Italie, au nord de Rome et au sud de Florence, qui n'est en aucun cas une véritable région vinicole, mais qui produit néanmoins près de 750 000 hl de vin de table par an. Son seul vin dont la réputation dépasse les limites locales est l'Orvieto*.

onctueux. Se dit d'un vin corsé, très doux, souple, « gras », d'une forte teneur en glycérine et de bonne qualité. Les grands Sauternes sont d'excellents exemples de vins onctueux.

Oporto. → Porto.

Oppenheim. Importante ville vinicole de Hesse rhénane (Allemagne), au sud de Nierstein. La plupart des vignes (180 hectares : un tiers de Riesling et deux tiers de Sylvaner et de Müller-Thurgau) sont au sud de la ville, sur un sol légèrement accidenté. Les vins d'Oppenheim, bien que de grande classe, viennent après ceux de Nierstein : ils sont plus mous et sont moins

racés. Les meilleurs *Lagen* (îlots) sont : Kreuz, Sackträger, Herrenberg, Steig, Kröttenbrunnen, Goldberg, etc. Le meilleur producteur est le domaine de l'Etat.

Orange. Ville de la vallée inférieure du Rhône, au nord d'Avignon. Centre d'une importante région vinicole comprenant : Châteauneuf-du-Pape, au sud ; Gigondas, Cairanne, Vacqueyras, Rasteau, etc. à l'est et au nord-est.

ordinaire. Se dit d'un vin d'origine inconnue, vendu simplement comme vin rouge, vin blanc ou vin rosé, mais dont la teneur en alcool est spécifiée. Plus de 80 % des vins français consommés dans le pays sont des *vins ordinaires*. Ce terme s'applique donc à des vins de table communs et bon marché.

organoleptique. Se dit de l'examen d'un vin, mettant en œuvre les sens (goût, odorat, vue) et non l'analyse physique ou chimique du laboratoire. L'examen organoleptique réalisé par un expert donnera une idée plus exacte de la qualité d'un vin et de sa valeur que ne le ferait un examen de laboratoire.

Original-Abfüllung. La plus courante des expressions allemandes signifiant jusqu'ici « mise du domaine ». Souvent abrégée en *Orig.-Abfg.* Suivie du nom du producteur, elle constituait une bonne garantie d'authenticité, mais elle est désormais interdite par la loi (→ Allemagne). Seul le *Naturwein* (vin nature, non sucré, non chaptalisé) pouvait porter cette désignation, qu'on trouvera, au demeurant, quelque temps encore sur l'étiquette des grands vins allemands, sous cette forme ou sous une équivalente.

Orléanais. Petite région vinicole située

en grande partie sur la rive droite de la Loire, à l'ouest et donc en aval d'Orléans. La plupart des vignobles, réputés avant le XVIIe siècle, ont perdu depuis longtemps l'encépagement qui avait fait leur notoriété. Quelques îlots subsistent aujourd'hui, plantés encore en Pinot noir, en Chardonnay et en Cabernet, mais surtout en Pinot Meunier. Ils produisent, dans les environs de Beaugency notamment, un vin rosé, frais et très agréable, excellent comme vin de pays, mais qui ne mérite guère une plus large réputation.

Orvieto. Une des villes principales de l'Ombrie (Italie). Orvieto produit le vin du même nom, un blanc léger, parfois *secca* (sec), plus souvent *abboccato* (légèrement doux). L'Orvieto se vend dans les *pulcianelle*, petites bouteilles clissées. Le vignoble d'Orvieto ne ressemble à aucun autre au monde : les neuf dixièmes des raisins récoltés proviennent de ce que les Italiens appellent la *coltura promiscua*, les vignes étant interplantées de pommes de terre ou de choux, ou encore conduites sur des arbres, des pergolas ou des murs. Elles ressemblent à peine à des vignes ! Dans la province de Terni (où est située Orvieto), on compte 1 400 hectares de vrais vignobles et plus de 50 000 hectares de *coltura promiscua*. Le vin d'Orvieto, sans être remarquable, est néanmoins un très bon vin de consommation courante.

ouillage. Espace vide au-dessus du liquide, dans un tonneau de vin rempli incomplètement. La quantité de vin qui manque à ce tonneau pour être totalement rempli. Mais l'ouillage, c'est aussi l'action de remplir le tonneau. Chose curieuse, ce mot vient du latin *ad oculum* : remplissage jusqu'à « œil », ou la bonde, du tonneau.

ouvrée. En Bourgogne, autrefois, terme indiquant une superficie de vigne équivalent à environ 4 ares.

oxydé. Se dit d'un vin — particulièrement d'un vin blanc — qui, ayant été trop longtemps au contact de l'air, a perdu sa fraîcheur, a pris une teinte sombre et est en train de madériser*. On ne corrige jamais ce défaut : les vins oxydés doivent être consommés immédiatement ou détruits.

Paarl. Rivière et ville d'Afrique du Sud, dans la province du Cap. La vallée de Paarl, à l'ouest de la ville du Cap, comprend l'un des meilleurs districts vinicoles du Cap. → Afrique du Sud.

Pacherenc du Vic-Bilh. Vin blanc très doux, curieux (on pourrait le comparer au Jurançon). Produit au nord de Pau, dans le sud-ouest de la France. Son nom étrange vient du dialecte local : *pachet-en-renc*, piquets en rang. Les vignobles ont été les premiers, dans cette région de France, à être plantés selon la manière moderne : les ceps en rangées régulières, un piquet, ou tuteur, par cep. Vic-Bilh est le nom d'un petit district montagneux autour du village de Portet, au sud de l'Adour.

Pachino. Vin rouge, d'un pourpre clair, assez alcoolisé. Presque toujours bu jeune. Produit (et consommé) dans la province de Syracuse (Sicile). Rarement exporté, s'il l'est jamais.

Padenghe. Village proche de la rive sud-ouest du lac de Garde, dans le nord de l'Italie. Il produit principalement du Chiaretto* et une petite quantité de vin rouge et rosé vendu sous le nom de Padenghe.

paille (vin de). Vin blanc extrait de raisins qu'on a laissé sécher parfois au soleil, mais plus souvent à l'intérieur, sur des nattes de paille. Ces raisins produisent un vin doux, doré, en général fort riche en alcool. En France, les vins de paille les plus célèbres étaient ceux d'Alsace, de l'Hermitage et du Jura. On en produit encore une infime quantité dans le Jura. → Passito.

Palatinat rhénan (en allemand : Rheinpfalz). Une des autres principales régions vinicoles allemandes. Généralement la première pour ce qui est de la production : le vignoble s'en étend sur 14 000 hectares. Et ceci est vrai depuis le Moyen Age ; le Palatinat était alors considéré comme « le cellier du Saint Empire romain », *propter vini copiam,* par l'abondance de ses vins. En allemand comme en français, le nom de Palatinat vient du latin : Pfalz est une contraction de *Palast,* ou palais ; et Palatinat rappelle le mont Palatin, une des sept collines de

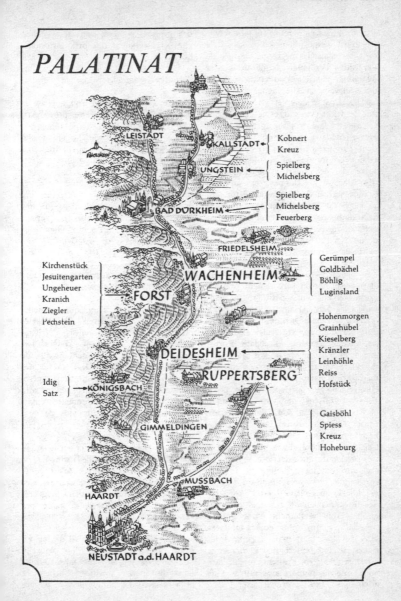

PALATINAT

LEISTADT

KALLSTADT ← Kobnert
Kreuz

UNGSTEIN ← Spielberg
Michelsberg

BAD DÜRKHEIM ← Spielberg
Michelsberg
Feuerberg

FRIEDELSHEIM

Kirchenstück
Jesuitengarten
Ungeheuer
Kranich
Ziegler
Pechstein

WACHENHEIM ← Gerümpel
Goldbächel
Böhlig
Luginsland

FORST

Hohenmorgen
Grainhubel
Kieselberg
DEIDESHEIM ← Kränzler
Leinhöhle
RUPPERTSBERG Reiss
Hofstück

Idig
Satz → KÖNIGSBACH

Gaisböhl
Spiess
Kreuz
Hoheburg

GIMMELDINGEN

MUSSBACH

HAARDT

NEUSTADT a.d. HAARDT

Rome, où les empereurs romains construisirent leurs palais, d'où aussi le mot de palais. La personne chargée de l'entretien des palais acquérait le titre de *comes palatinus*, ou comte palatin, qui a survécu en Allemagne.

Le Palatinat rhénan est bordé à l'est par le Rhin, au sud et à l'ouest par l'Alsace et la Lorraine, au nord par la Hesse rhénane. Les vignobles s'étendent sur les pentes inférieures d'une chaîne de montagnes appelée Haardt, sorte de prolongation septentrionale des Vosges alsaciennes, et sur une grande partie de la plaine fertile qui va vers l'est en direction du Rhin, face à Mannheim, Karlsruhe et Baden-Baden. Ils ne produisent pour la plupart qu'un vin de table très commun, qui peut être rouge ou, plus souvent, blanc.

Les vins propres à la mise en bouteille et à l'exportation proviennent presque exclusivement d'une petite région centrale, le Mittel-Haardt, située entre Neustadt et Bad Dürkheim. On y produit beaucoup de vin rouge ordinaire, issu principalement du cépage Portugieser, et plus encore de vin blanc qui, il faut le noter, est principalement issu du Riesling, parfois du Sylvaner.

Quatre villages particulièrement favorisés produisent un vin de grande classe : du nord au sud, Wachenheim*, Forst*, Deidesheim*, et Ruppertsberg*, mais Bad Dürkheim, Kallstadt, Leistadt et Königsbach se rangent à très peu de distance derrière.

Ces vins ont un caractère particulier. Les moins bons présentent un *Bodengeschmak*, ou goût de terroir ; mais les Rieslings provenant des meilleurs vignobles sont réellement d'une qualité supérieure : fins, plus corsés que les vins de Rheingau, mais à peine inférieurs. Ils ont un bouquet et une race considérable ; ils s'allient mieux aux mets que la plupart des autres vins allemands. Les *Beerenauslese**, etc.,

des grandes années, sont très recherchés et atteignent des prix astronomiques.

Palestine. → Israël.

Palette (vin de). Vin rouge, rosé et blanc originaire de Palette, près d'Aix-en-Provence. Il jouit d'une réputation locale, à peine méritée. Le vin de Palette bénéficie d'une appellation contrôlée.

Palmer (Château). Troisième cru classé de Cantenac-Margaux. C'est un cru exceptionnel du Bordelais, qui n'a cessé de produire, depuis la seconde guerre mondiale, un vin meilleur que la plupart des crus du Médoc, tout particulièrement en 1955 et en 1961. C'est un Bordeaux équilibré, qu'un expert français a décrit comme « tendre, élégant et bouqueté ».

palus. Ce terme s'applique actuellement, dans le Bordelais, aux prairies ou aux sols alluvionnaires défrichés s'étendant le long d'une rivière. Les *palus* ne sont que rarement plantés de vignes et sont, en général, exclus des zones délimitées d'appellation contrôlée. Les vignobles des *palus* sont d'ordinaire d'un haut rendement mais ne produisent jamais de vins de qualité.

panier à vendange. Panier en osier ou en matière plastique, de forme et de dimensions indéterminées (c'est généralement une question de coutume locale), dans lequel les raisins sont récoltés et transportés à l'époque des vendanges.

panier verseur. Panier en fil de fer, en osier ou en paille, où l'on place la bouteille de vin afin de la maintenir dans la même position horizontale qu'à la cave. Le panier permet d'amener le vin à table et de le servir sans troubler le dépôt. Les paniers s'avèrent utiles et presque nécessaires pour le service des vins rouges vieux ; l'usage du panier pour un vin sans dépôt relève de la prétention ou du snobisme.

Pape Clément (Château). Excellent vignoble de la commune de Pessac, dans les Graves, planté en 1300 par Bertrand de Goth, évêque de Bordeaux, devenu pape en 1305 sous le nom de Clément V. Il produit un vin rouge de grande classe, un des meilleurs des Graves.

Pape (Château Le). Excellent petit vignoble de Léognan, dans les Graves (Bordeaux). Il produit, en quantité infime, un vin rouge fin qui mériterait d'être mieux connu ; et une quantité encore plus réduite d'un vin blanc plus remarquable encore, lent à se faire : l'un des meilleurs Bordeaux blancs.

parfum. Terme de dégustation employé à tort pour désigner l'*odeur* (qualité que possède un vin jeune et qui provient du raisin), plutôt que le *bouquet*, que le vin acquiert en se faisant.

parfumé. Se dit d'un vin qui possède un bouquet — ou arôme — particulièrement prononcé et agréable.

Parnay. Village de la Loire, à l'est (donc en amont) de Saumur. Vins rouges, blancs et rosés d'excellente qualité, qui bénéficient de l'appellation Saumur, sous laquelle ils se vendent presque toujours. Le château de Parnay, domaine le plus fameux du district, appartint longtemps à M. Cristal, lequel comptait, au début de ce siècle, parmi les plus célèbres pionniers de la viticulture moderne en France.

Parsac Saint-Emilion. Un des moins

distingués parmi les districts secondaires qui touchent Saint-Emilion et qui en portent le nom sous une forme composée. Vins pleins, qui manquent généralement de classe.

passé. Se dit d'un vin trop vieux, sur le déclin, qui a perdu toutes ses qualités.

passerillage. On l'applique dans certaines régions viticoles. Au moment des vendanges on procède à cette opération pour faire sécher les raisins. L'évaporation de l'eau des grains permet au sucre de mieux se condenser donc de donner des vins assez doux, à richesse en sucre élevée. Le passerillage peut se faire en laissant les raisins au pied des ceps, on ramasse ensuite (comme on faisait dans le Sauternais autrefois) ou sur des claies de paille (on le fait encore dans le Jura).

Passe tout grain. Vin rouge de Bourgogne. Issu d'un mélange de Pinot noir et de Gamay, il doit contenir, selon les normes actuelles, au moins un tiers de Pinot noir. Vendu sous la dénomination de Bourgogne Passetout-grain, c'est un vin assez commun, et généralement bon marché.

Passito. Vin italien fait de raisins en partie séchés (ou parserillés), à l'extérieur ou sous abri. C'est généralement un vin de dessert, encore que des raisins traités de la sorte interviennent dans l'élaboration de nombreux vins secs italiens. (→ *governo*). Parmi les vins produits de la même manière, citons : le Vin Santo*, le Moscato* et le Malvasia*, le Caluso*, l'Enfer*, etc. En Corse, à Patrimonio et dans la région du cap Corse (Rogliano), on prépare des vins naturellement doux, après passerillage sur souche ou séchage sur les toits ou les terrasses faites de dalles de schiste vert. Ces vins, appelés *passiti* ou *impassiti*, sont produits avec le Muscat ou la Malvoisie (Vermentino). Ils peuvent être d'une excellente qualité.

Pasteur (Louis). Savant français (1822-1895), qui détermina le premier la véritable origine de la fermentation alcoolique ainsi que la cause et le traitement de nombreuses maladies du vin.

pasteurisation. Procédé de stérilisation du vin et d'autres liquides, consistant à les porter à une température de 75° à 85°, de façon à détruire les micro-organismes qu'ils contiennent, en empêchant ainsi toute fermentation.
La pasteurisation arrête évidemment le développement et l'amélioration d'un vin supérieur. Les vins fins ne sont donc jamais pasteurisés. Il n'y a rien d'illégal ni de répréhensible à pasteuriser des vins de table ou des vins de dessert ordinaires, destinés à une consommation rapide.

pasto → *vino da pasto* (italien), *vino de pasto* (espagnol). Ce mot désigne, en général, un vin qu'on peut boire à table pour accompagner la nourriture ; il s'applique même au Xérès.

Patras. Un des mieux connus parmi les vins grecs. D'habitude blanc et viné. Moins souvent, vin agréable, rouge ou rosé, originaire de la province d'Athènes.

Patrimonio. Région corse, d'appellation contrôlée, située aux environs de Saint-Florent, sur la côte nord-ouest de l'île, entre l'Ile-Rousse et Bastia. Il y existe un vin rouge (appelé parfois Cervione), un blanc et un rosé, tous de bonne qualité, surtout le rosé. Tous trois sont corsés et alcoolisés. Le vignoble couvre actuellement 800 ha et poursuit son extension Les principaux

cépages utilisés sont le Niellucio pour les vins rouges et la Malvoisie pour les vins blancs.

Pauillac. Célèbre petite ville du Haut-Médoc, peut-être la plus remarquable commune vinicole du monde. La commune de Pauillac produit bon nombre des plus grands vins rouges de France : Château Lafite, Château Latour, Château Mouton-Rothschild, et beaucoup d'autres qui les égalent presque : Pichon-Longueville, Pichon-Longueville-Lalande, Lynch-Bages, Pontet-Canet, Batailley, etc. Tous ces vins portent évidemment l'appellation Pauillac contrôlée ; mais aucun ne se vend sous le nom de Pauillac. Dans les bonnes années, les vins de Pauillac sont des Bordeaux classiques (dans tous les sens du terme) ; longs en bouche, de bonne garde, dotés d'un grand bouquet, ils ont une distinction incomparable. A leur apogée, ils défient tout éloge. Une coopérative, importante et bien connue, vend ses meilleurs vins sous la dénomination de La Rose-Pauillac.

Pavie (Château). Premier cru, bien connu, de Saint-Emilion. C'est un Bordeaux bien constitué, rarement remarquable mais d'une qualité constante. Le Château Pavie-Macquin et le Château Pavie-Decesse, tout proches, produisent des vins de qualité un peu inférieure.

pays (vin de). En France, un vin de pays est un vin de table sans appellation d'origine, mais portant une indication de provenance, généralement un nom de département. Actuellement, cette expression est employée presque uniquement pour des vins communs de la région méridionale (Aude, Hérault).
L'expression *vin du pays* a un sens différent. Elle doit désigner sur place

Echelle

St ESTÉPHE

GIRONDE Fl.

Ch.Rolland
Ch.Lafite-Rothschild · Ch.d'Anseillan
Ch.Latour du Roch.Milon
Ch.Montgrand-Milon
Ch.Duhart-Milon · Ch.Lafleur-Milon
Ch.Mouton-Rothschild · Ch.Padarnac
Ch.Mouton d'Armailhac · Ch.Pibran
Ch.Pontet-Canet · Ch.Calve-Croizet-Bages
Constant-Bages-Monpelou
Ch.Pedesclaux

PAUILLAC

St SAUVEUR

Ch.Lerc-Milon-Mondon
Ch.Haut-Bages-Libéral
Ch.du Colombier-Monpelou · Ch.G.d-Puy-Ducasse
Ch.Lynch-Bages
Ch.G.d Puy-Lacasse · Ch.Bellevue-Cordeillan-Bages
Ch.H.t-Bages-Drouillet · Ch.Bellegrave
Ch.Pauillac
Ch.Lynch-Moussas · Ch.Fonbadet
Ch.Bellevue-St-Lambert · Ch.Valecot
Ch.Pichon-Longueville-
Comtesse de Lalande · Ch.Latour
Ch.Batailley · Ch.Pichon-Longueville
Ch.Batailley l'Aspic · Cru La Couronne

St LAURENT DE MÉDOC · St JULIEN

PAUILLAC

le vin local, qui peut être un vin d'appellation d'origine.

peau. L'enveloppe extérieure du grain de raisin.

Pécharmant. Petit vin rouge frais et attrayant, produit sur les coteaux proches de Bergerac, dans le Sud-Ouest. Il est issu des mêmes cépages — Cabernet, Malbec, Merlot — que les Bordeaux rouges ; de caractère, le Pécharmant peut ressembler parfois au vin de Médoc.

Pedesclaux (Château). Cinquième cru classé de Pauillac (Haut-Médoc).

pédicelle. Petit pédoncule, ramification ultime de la branche portant le grain.

pédoncule. Tige par laquelle la grappe de raisin est attachée à la vigne.

Pedro Ximénez. Cépage espagnol, très répandu dans les régions de Montilla, de Malaga et de Jerez. Selon une histoire hautement improbable, ce cépage fut apporté en Espagne au XVIe siècle par un soldat allemand du nom de Peter Siemens (d'où son nom). De fait, il n'est autre que le Riesling de la vallée du Rhin. A Montilla*, où il prévaut, ce cépage donne un vin fin, sec, légèrement plus corsé et plus riche en alcool naturel que le vin produit par le Palomino aux environs de Jerez, et il est souvent vendu non viné, comme vin de 15 à 16 degrés. A Malaga et dans la région de Jerez, il est vinifié différemment : les raisins sont laissés au soleil pendant deux semaines ou davantage, et deviennent passerillés avant fermentation, si bien que le vin produit est très doux. En vieillissant, le vin devient ce qu'on appelle habituellement le P.X., c'est-à-dire le meilleur agent adoucissant pour le Xérès (et le moins cher). On le boit parfois tel quel, à la façon d'une liqueur.

pelure d'oignon. Couleur brun-roux ou fauve, que prennent certains vins rouges en vieillissant. Se dit aussi de certains vins rouges — d'un rouge clair — ou rosés, qui présentent cette nuance.

Perelada. Petite ville vinicole du versant espagnol des Pyrénées, sur la Costa Brava, au nord de Figueras. Son château, impressionnant, appartient à M. Mateu, ancien maire de Barcelone, puis ambassadeur à Londres. Les vins de Perelada comprennent : un rosé très acceptable et populaire ; un vin rouge et un vin blanc un peu moins bons ; et un vin mousseux, qui a donné lieu naguère à une fameuse controverse : le Perelada ayant été vendu à Londres comme Champagne espagnol, l'usage du nom a été contesté devant les tribunaux anglais par l'Institut (français) des appellations d'origine, qui a gagné le procès, confirmant ainsi le droit exclusif des producteurs français, selon la loi britannique, d'employer l'appellation Champagne.

perlant. Se dit d'un vin présentant un très léger dégagement gazeux (plus léger qu'un vin crémant ou pétillant), presque toujours naturel, accidentel et temporaire. Ce mot ne bénéficie d'aucun statut légal. En allemand : *spritzig*.

Perlwein. Mot allemand ; se dit de vins vinifiés en mousseux, ou rendus mousseux (→ pétillant). Ces vins, très populaires en Allemagne au cours des dernières années, sont frais, agréables et peu coûteux, mais jamais exceptionnels.

Pernand-Vergelesses. Petite commune bourguignonne, à l'ouest d'Aloxe-Corton. Ses vins les plus fins — des rouges et des blancs —, ne portent pas le nom de la commune. Ils se vendent, légalement et à juste titre, sous les appellations de Corton et Corton-Charlemagne.

Les vins vendus sous le nom de Pernand-Vergelesses peuvent néanmoins être très bons (aussi bons, à tout prendre, que la plupart des vins d'appellation Aloxe-Corton ou Savigny-lès-Beaune). Ils présentent l'avantage d'être peu connus et abordables.

Un climat de Pernand, Ile des Vergelesses, produit un vin rouge très agréable, à peine inférieur aux meil-

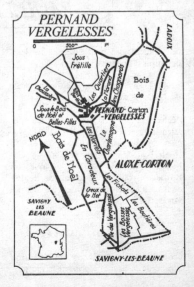

leurs Cortons, et digne d'attention. Ce vin, mis en bouteille au domaine par un bon producteur dans une grande année, ne peut que s'améliorer en vieillissant.

Perrière. Nom donné à plusieurs vignobles, plantés sur sol caillouteux. On en compte quatre en Bourgogne.
1° Le Clos de la Perrière, à Fixin* — à la pointe septentrionale de la Côte de Nuits — donne un vin rouge de grande distinction et délicat.
2° Le vignoble de Perrière, à Nuits-Saint-Georges, produit un des rares vins blancs de la région.
3° Le climat de Perrière (ou Perrières), à Meursault, produit l'un des plus grands vins blancs secs de France : un vin long et à la bouche.
4° Enfin Puligny-Montrachet-Perrières mérite pleinement sa cote de premier cru.

Pessac. Célèbre commune vinicole située à l'ouest de Bordeaux, dont elle constitue pratiquement un faubourg. Ses vins comprennent les plus fins des Graves rouges : Château-Haut-Brion, Mission-Haut-Brion, Pape Clément, etc.

pétillant. Se dit d'un vin légèrement mousseux (en italien : *frizzante* ; en allemand : *Perlwein*). Un accord international, à demi officialisé, fixe à deux atmosphères la pression maximale des vins pétillants et à quatre atmosphères minimum la pression des vins mousseux et du Champagne. La plupart des vins français — tel le Vouvray — présentent une pression de loin inférieure.
En dépit de ce que peuvent écrire des gens qui prétendent tout savoir, le pétillement n'est presque jamais accidentel ou naturel, mais il est le résultat escompté de méthodes spéciales de vinification.

Il s'agit de vins souvent agréables, frais et pleins de charme. En France, ceux de la vallée de la Loire sont les plus connus. Ils sont préparés par deuxième fermentation en bouteille (méthode champenoise), mais ne doivent pas être présentés sous l'habillage d'un vin mousseux. Ils bénéficient des appellations contrôlées Vouvray, Montlouis, Touraine, Saumur, Anjou, Rosé d'Anjou.

petit. Se dit d'un vin léger, faible en alcool, manquant de corps et qui ne présente aucun intérêt réel. Une exception : le Petit Chablis*. → Petit vin.

Petit Chablis. Vin blanc pâle, sec, agréable et rafraîchissant, de garde médiocre, produit par le cépage Chardonnay dans certaines parties de Chablis* et dans quelques communes proches, dont le sol est moins marneux et bien exposé. On l'appelait autrefois Bourgogne des environs de Chablis. De nos jours, comme son nom l'indique, c'est un petit* Chablis, qui ne présente d'intérêt que les années de bonne récolte : jeune, c'est un excellent vin de second rang, mais certains Petits Chablis ont la même qualité que le Chablis, sans valoir naturellement les premiers crus de l'appellation.

Petit Syrah. Nom donné en Californie à un cépage rouge, qui n'est vraisemblablement autre que la Syrah française de la vallée du Rhône.

Petit Village (Château). Un des meilleurs crus de Pomerol. Il donne des vins assez fermes et lents à se faire, qui acquièrent avec le temps beaucoup de bouquet et de distinction.

petit vin. Terme de dégustation servant à désigner un vin sans importance, qui manque de distinction et qui n'a pas de corps. Il peut s'agir

266 / *Dictionnaire de A à Z*

toutefois d'un vin fort agréable. Beaucoup de vins ordinaires sont de petits vins, mais bon nombre de gens les préfèrent à de grands vins pour l'usage quotidien : nous pouvons de même préférer une bonne cuisine simple à la grande cuisine.

Petite Champagne. Cette région ne se trouve pas en Champagne, mais dans le Cognaçais. Après la Grande Champagne, la Petite Champagne fournit d'excellents raisins pour la production de Cognac. Elle représente environ 15 % de la superficie totale du Cognac. La Petite Champagne donnera une eau-de-vie appelée Fine Champagne.

Pétrus (Château). Sans conteste le meilleur cru de Pomerol, classé actuellement (non officiellement, à dire vrai) au même rang que les grands premiers crus du Médoc, avec le Château Haut-Brion, le Mouton-Rothschild et le Cheval-Blanc. Donné un vin exceptionnel : gras, charnu, et de bonne qualité même dans les mauvaises années ; dans sa plénitude, il est velouté, admirablement équilibré, d'un grand bouquet et d'une grande classe, bien qu'il soit produit presque exclusivement par le Merlot.

Peyraguey. → Haut-Peyraguey, Lafaurie-Peyraguey.

Pez (Château). En Médoc dans la commune de Sᵗ Estèphe, ce cru bourgeois du Médoc donne des vins d'une excellente qualité, d'une réputation fort justifiée. Produit environ 1.300 hl sur une superficie d'une quarantaine d'hectares.

Pfalz. → Palatinat rhénan.

pH. → acidité réelle.

Phélan-Ségur (Château). Bon cru bourgeois de Saint-Estèphe (Haut-Médoc).

phylloxcra (ou phylloxéra). Insecte hémiptère (*Phillatera vastatrix*). Le parasite le plus dangereux de la vigne. Selon toute vraisemblance, il a existé de tout temps dans la partie orientale des Etats-Unis ; toutefois les vignobles indigènes lui offraient une résistance suffisante, du fait qu'ils résultaient de plants solides et accoutumés. Le phylloxera a été introduit accidentellement en Europe, vers 1860, par l'intermédiaire de boutures d'expérimentation. Aussitôt, en une vingtaine d'années, il a détruit, rien qu'en France, près d'un million d'hectares de vignobles. Les dégâts ont été aussi considérables dans d'autres pays, du fait que la *Vitis vinifera*, qui produit les grands vins, est presque toujours vulnérable au phylloxera. Des remèdes et des mesures préventives ont été proposés et expérimentés, mais sans jamais donner un résultat entièrement satisfaisant, jusqu'au moment où des espèces européennes ont été greffées sur des plants d'origine américaine, de manière à conférer aux racines de la vigne une bonne résistance aux piqûres de l'insecte. Quantité d'espèces américaines ou d'espèces issues de leur croisement — *Vitis riparia, Vitis rupestris, Vitis berlandieri*, etc. — ont ainsi été plantées en Europe, et presque tous les vins européens proviennent aujourd'hui de vignes greffées sur plants américains. On a beaucoup discuté le point de savoir si les vins européens produits par les vignes greffées présentent les mêmes qualités que les vins récoltés précédemment. Question plutôt vaine, puisqu'il n'existe presque plus de vin produit par des vignes non greffées.

pichet. Petit broc de terre, de grès ou de bois, en usage dans les restaurants pour servir les vins courants, ouvert.

Pichon-Longueville (Château).
Deuxième cru classé de Pauillac. L'un
des plus constants. Vin rond, fin, équi-
libré, quoique très corsé, et de bonne
garde.
Le vignoble touche à celui du Château
Latour ; on le désigne souvent sous
l'appellation de Pichon-Longueville-
Baron pour le distinguer de celui de
Pichon- Longueville-Lalande.

Pichon-Longueville-Lalande (Château),
ou **Pichon-Longueville-Comtesse de
Lalande.** Deuxième cru classé de
Pauillac, voisin de Pichon-Longueville, et de même qualité, encore que
ses vins aient un caractère et un type
différents : ils sont plus légers, plus
fruités, ce qui est dû, sans doute, au
fait que l'encépagement présente à Pichon-Longueville-Lalande une plus
grande proportion de Merlot et moins
de Cabernet Sauvignon.

Picpoul. Nom donné dans la région
d'Armagnac au cépage Folle Blanche*
qui, ici comme dans la région de Cognac, donne un vin médiocre, maigre
et acide, et une eau-de-vie remarquable. C'est la seule variété utilisée pour
les meilleurs Armagnacs.

Picpoul de Pinet. Du cépage blanc
Picpoul est né le Picpoul de Pinet,
VDQS du Languedoc, dans l'Hérault
près de Pézenas et Béziers dans la
commune de Pinet et quelques
communes environnantes. C'est un
excellent vin blanc sec d'une haute
valeur organoleptique.

pièce. Nom donné, en Bourgogne, au
tonneau de chêne servant à la conservation du vin. C'est l'équivalent de la
barrique du Bordelais. La pièce contient 228 litres dans la Côte-d'Or, et
215 litres dans le Beaujolais.

pied de vigne. Synonyme de *cep* et de
souche. On dit qu'un vignoble compte
3 000 *pieds* à l'hectare pour signifier
qu'il compte 3 000 vignes à l'hectare.

Piémont. La région vinicole la plus
importante d'Italie. La première, quant
à la qualité de la production ; la seconde, après l'Apulie, pour la quantité.
La plupart des vignobles y sont plantés sur les contreforts qui cernent, au
nord et au sud, la large vallée supérieure du Pô, et principalement dans
le Montferrat. Le Piémont produit de
fameux vins rouges : Barolo, Barbaresco, Barbera, Freisa, Grignolino,
etc., quantité de bons vins de table
blancs : Gavi, Cortese, et des vins
mousseux : Asti, etc., en fait, la plupart
des vins de ce genre produits en Italie.
Turin, capitale du Piémont, est le
principal centre du commerce des vermouths italiens.

pierre à fusil (goût de). Saveur de
terroir qu'ont certains vins et qui rappelle l'odeur du silex frotté par le
briquet. Se dit souvent des Chablis.

Piesport. Une des plus petites et des
plus réputées parmi les communes viticoles de la Moselle allemande. Piesport compte 48 hectares de vignobles
plantés sur des pentes abruptes et rocailleuses, exposées au sud. Les vins
de Piesport sont, dans leur plénitude,
les plus délicats, les plus parfumés des
vins allemands, avec un fruité étonnant : ils montrent une distinction
incomparable. Ces « reines de la
Moselle », comme on les a appelés,
portent le nom d'un vignoble spécifique : Piesporter Goldtröpfchen, Taubengarten, Lay, Treppchen, Falkenberg, Gräfenberg, Güntherslay, etc., et
sont mis en bouteille par le producteur. D'autre part, les vins étiquetés
simplement Piesporter (ou parfois
Piesporter Goldtröpfchen, sans la

mention *Wachstum* ou *Original Abfül-lung*) peuvent provenir — et provien-nent souvent — de communes pro-ches, moins fameuses : Dhron, Neu-magen, et parfois Longuich et Schweich. Cette pratique est malheu-reusement tolérée par la législation allemande.

pinard. Terme d'argot pour désigner le vin. Par extension, vin rouge de mau-vaise qualité. Dans ce sens, on dit aussi *piquette**.

Pineau d'Aunis . Cépage rouge d'An-jou, peu cultivé. C'est le même que Chenin noir*. Actuellement la coopéra-tive des vignerons de Oisly et Thésée (Loir et Cher) connue par la qualité de ses vins, produit une cuvée essentielle-ment composée de Pineau d'Aunis à 100 %. C'est un vin rosé d'une excep-tionnelle qualité.

Pineau de la Loire. On écrit parfois, à tort, Pinot. Cépage blanc d'excellente qualité, et gros producteur. Il produit la plupart des grands vins blancs de Touraine et d'Anjou. Il est connu en Anjou et à Chenin sous le nom de Chenin blanc*, mais en Touraine sous celui de Pineau de la Loire. Il mûrit tardivement et ses raisins prennent très bien la pourriture noble. Les vins qu'il donne se prêtent très- bien à la prise de mousse (Vouvray, Saumur). Ce cépage n'a rien de commun avec la famille des Pinots.

Pineau des Charentes. Vin de liqueur que l'on sert fréquemment, en France, comme apéritif. Il s'agit d'une *mistelle*, ou vin muté, c'est-à-dire d'un moût de raisin additionné d'alcool pour en arrê-ter la fermentation. Caractéristique que le Pineau des Charentes partage avec le Porto blanc, à ceci près que l'alcool employé pour le mutage est ici du Cognac au lieu d'eau-de-vie.

Pinot. Famille de cépages, la plus distinguée de toutes, le *Pinot noir* produit seul les grands Bourgognes rouges, du Pommard, du Beaune et du Corton au Romanée-Conti, au Musigny et au Chambertin.
Le *Chardonnay* — cépage blanc — n'est pas à proprement parler un Pinot. C'est un des principaux cépages de la Cham-pagne viticole, et la seule variété culti-vée — voire autorisée à Montrachet, à Chablis, à Pouilly-Fuissé.
Le *Pinot blanc* est rarement cultivé en Bourgogne, tandis que son cousin, le *Pinot gris** (appelé Ruländer et occa-sionnellement, mais à tort, Tokay) produit d'excellents vins en Alsace, dans le Bade et en Italie du Nord.
En Italie justement, aux environs d'Al-ba (Piémont), le Pinot blanc produit un vin blanc sec, agréable, vendu souvent comme Pinot d'Alba dans des bouteil-les vertes, hautes et minces.
En Lombardie, dans la région de Cas-teggio, le Pinot noir et le Pinot blanc produisent généralement des vins mousseux. Au Tyrol, les deux variétés — spécialement le Pinot gris, ou Rulän-der, qui est l'une des variétés utilisées pour le Terlano* — sont cultivées dans une faible proportion. En Alsace, Pinot blanc ou Klevner.

Pinot Chardonnay. → Chardonnay.

Pinot gris. Cépage appartenant à la grande famille des Pinots. Il est par-fois appelé *Ruländer* en Allemagne, *Auxerrois* dans certaines régions de France ainsi qu'au Luxembourg et — à tort — *Tokay* en Alsace. Le raisin est gris-rose quand il est mûr. Le Pinot gris produit souvent des vins plats, faibles en acide, mais qui peuvent pré-senter de la distinction, notamment dans le Bade, en Alsace et dans le Nord de l'Italie.

Pinot noir. L'un des plus grands cé

pages rouges. → Pinot.

pipe. Grand tonneau en bois, formé de deux troncs de cône assemblés par la base et pointus. Au Portugal, il sert à la conservation, et souvent à la vente, du Porto. De contenance variable : généralement 522 litres. La pipe standard de Madère ne contient que 418 litres.

piquant. Terme de dégustation. Se dit d'un vin blanc frais, plutôt acerbe, mais plein d'attrait et qui laisse en général une impression mordante. (En allemand : *pikant*).

piqué. Se dit d'un vin qui, atteint par l'acescence, commence à devenir aigre.

piquette. Se dit d'un vin piqué, ou plus généralement d'un vin qui n'a pas grand-chose pour lui. Oh, pas nécessairement mauvais : un pinard* médiocre et inintéressant.
Se dit aussi d'une boisson à base de marc, additionnée d'eau et de sucre : une sorte de « second vin », que l'on offre gratuitement aux ouvriers vignerons.

plant de semis. Presque toutes les vignes se reproduisent par bouturage. La bouture est plantée dans une serre et prend racine.
Le *plant de semis*, par contre, provient d'une graine (pépin) et, sauf contrôle, son origine ne peut être connue. Tous les hybrides, accidentels ou autres, sont des plants de semis. Les nouvelles variétés peuvent aussi être des plants de semis, quand elles ne sont pas obtenues par multiplication végétative (bouturage) d'un résultant remarquable de mutation.

plat. Dans le cas du Champagne ou d'autres vins mousseux, se dit d'un vin qui a perdu son pétillement. Dans le cas des vins tranquilles, se dit d'un vin trop peu acide, peu attrayant, neutre et grossier.

plâtrage. Addition de sulfate de calcium, ou gypse, aux raisins avant fermentation. Le *plâtrage* augmente l'acidité totale du vin, en avive la couleur et en accélère la vinification. C'est une opération normale dans la production du Xérès et d'autres vins, parfaitement légale — sans aucune restriction — en Espagne et en Amérique.

plein. Terme de dégustation qui se rapporte au *corps*, et qui n'en est pas moins souvent mal défini et employé abusivement. Sa place est dans la salle de dégustation, et non dans le laboratoire. Il n'a qu'un vague rapport avec la teneur en alcool et le poids spécifique. Une crème lourde pèse moins qu'une crème légère, et toutes les deux pèsent moins par litre que du lait écrémé. Si un expert en vins était amené à les goûter, il qualifierait la crème lourde de *corsée*, et le lait écrémé de *maigre* et *léger*. L'alcool pèse moins que l'eau et un litre de Xérès sec à 20° pèse moins qu'un litre de Moselle à 9° ; un litre de Moselle peut peser plus qu'un litre du Châteauneuf-du-Pape le plus vigoureux, à 14°. Néanmoins aucun dégustateur compétent ne dira jamais que le Moselle est « le plus plein » de ces deux vins. D'autre part, il dirait presque certainement que le Châteauneuf-du-Pape est « plus plein » que le Xérès sec.

Podensac. Petite ville des Graves (France). Produit des vins blancs assez doux, qui portent l'appellation Cérons*.

pointe. Dépression du fond de la plupart des bouteilles à vin, singulièrement de celles du Champagne.

La *mise sur pointe* désigne le placement des bouteilles de vin mousseux, le goulot en bas. Il s'agit par cette opération de rassembler les levures en dépôt sur le bouchon. Rassemblement hâté par « remuage » sur des pupitres. On conserve ensuite, « en masse », les bouteilles inclinées à la verticale, le goulot en bas, en attendant le dégorgement. Cette mise sur pointe prépare l'évacuation ultérieure du dépôt et permet une excellente conservation du vin, sans oxydation, car la matière organique des levures mortes joue un rôle réducteur. Toutes les vieilles bouteilles de Champagne que l'on déguste dans les grandes occasions ont été conservées sur pointe. Il ne reste qu'à les « dégorger » avant de les boire.

Pointe (Château La). Important premier cru de Pomerol. Vin rouge sé-

veux et corsé.

Polcevera. Bon vin de table blanc, souvent doux, produit aux environs de Gênes (Italie).

Polpenazze. Village et petite région d'Italie, à l'extrémité méridionale du lac de Garde*. Produisent le Chiaretto* et quelques vins rouges légers, assez agréables.

Pomerol. Le vignoble de Pomerol — qui constitue la plus petite région viticole du Bordelais — se situe à quarante kilomètres à l'est de Bordeaux. Touchant la région de Saint-Emilion, il couvre le haut plateau graveleux au nord de la Dordogne, et s'étend jusqu'aux portes de la commune de Libourne.

Dans les années de qualité moyenne, les vins d'appellation Pomerol comp-

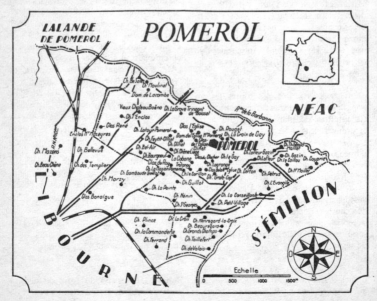

tent à coup sûr parmi les meilleurs du Bordelais : généreux, séduisants, d'une saveur profonde, d'une brillante couleur rubis foncé et d'un velouté particulier — des vins gras, comme on dit. Ils se font plus vite que les Médocs, sont moins racés et de moins bonne garde. Les meilleurs châteaux produisent évidemment des vins beaucoup plus complets : Château Pétrus (qui mérite la première place), Château Certan, Vieux Certan, Château La Conseillante, Trotanoy, Petit Village, L'Evangile, Lafleur, Gazin, La Fleur-Pétrus, Nénin, La Pointe, Beauregard, l'Eglise Clinet, Latour-Pomerol, etc.

Pommard. Le vin de Pommard est peut-être le plus connu des vins rouges de Bourgogne. Seule toutefois une partie de la production est de qualité supérieure : l'appellation Pommard, non accompagnée de la mention de l'un des climats exceptionnels de la commune, ne constitue qu'une garantie de qualité convenable.

La commune de Pommard, située au sud de Beaune, touche Volnay en direction du sud ; avec ses 340 ha de vignes, elle produit une des plus grandes quantités de vin de la Côte-d'Or. Pourtant, il s'en faut de beaucoup, en dépit de contrôles sévères, que tous les vins portant l'appellation Pommard soient authentiques. Mais certes, les vins « mis au domaine », provenant des meilleurs climats, sont dignes de toute confiance : ce sont des vins charnus et pleins, équilibrés, colorés mais sans excès, fruités et de grande race. Meilleurs climats : Rugiens, qui touche Volnay et qui produit un vin corsé ayant un goût de terroir ; Epenots (ou Epeneaux), qui touche Beaune et qui produit des vins d'une finesse et d'une classe remarquables ; puis Clos Blanc, Arvelets, Chaponières, Pézerolles, Poutures, Chanlins Bas, Les

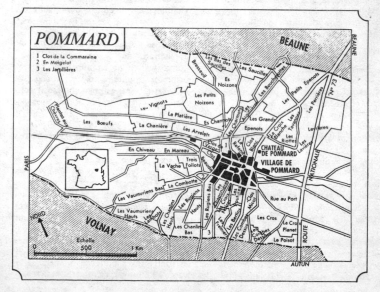

Croix Noires, La Platière, etc. (→ appendice). Il s'agit là de vins rouges exclusivement. Le petit climat appelé Le Cœur des Dames produit un peu de vin blanc. Deux cuvées des Hospices de Beaune, Dames de la Charité et Billardet, portent l'appellation contrôlée Pommard et atteignent des prix élevés.

Pontac-Montplaisir (Château). Petit vignoble de Villenave d'Ornon (Graves). Vin rouge franc et vin blanc de merveilleuse qualité.

Pontet-Canet (Château). Cinquième cru classé de Pauillac. Le plus étendu des crus classés du Médoc. Donne un vin rouge bien connu, qui ne bénéficie jamais d'une mise au château.

Porto. Seconde ville du Portugal, près de l'embouchure du Douro. Donne son nom à un vin de dessert, sans doute le plus célèbre du monde. C'est un vin viné doux. Il provient de vignobles situés dans une région délimitée du Portugal : le Haut-Douro, en amont de la ville et à l'est de celle-ci. Le Porto doit sa douceur à la forte teneur en sucre des raisins qui le produisent. A un moment donné de la fermentation, le moût est logé dans des cuves contenant une quantité prédéterminée d'eau-de-vie, ce qui arrête la fermentation. On obtient ainsi un vin tranquille et doux, contenant de dix-neuf à vingt pour cent d'alcool, et qui constitue, peut-on dire, la matière première du Porto. Le vin fini dépend dans une large mesure de la variété, de la qualité et du degré de maturation des raisins employés et du travail de vinification. Au Portugal, le Porto était déjà confectionné selon ce procédé aux environs de 1450, sans doute avec moins de bonheur qu'à présent, et il est connu en Europe septentrionale — singulièrement en Grande-Bretagne — depuis près de trois siècles.

Actuellement, la France a pris la relève de l'Angleterre pour l'importation de Porto. La consommation française a beaucoup augmenté depuis une quinzaine d'années et elle a pris la première place en valeur absolue, la Grande-Bretagne occupant à présent la deuxième place et la République fédérale d'Allemagne la troisième, dévolue des années durant à la Belgique. La consommation belge de Porto reste d'ailleurs la plus importante du monde par tête d'habitant. Enfin, une assez faible quantité de Porto prend le chemin des Etats-Unis.

Il existe actuellement plusieurs variétés de Porto : elles se différencient notablement.

On distinguera tout d'abord le *Vintage*, le meilleur et plus cher. Il provient de vins sélectionnés parmi les récoltes des meilleures années, non coupés et mis en bouteille quand ils sont jeunes (à Londres plus souvent qu'à Porto). Un vieillissement de quinze à cinquante ans est nécessaire pour qu'ils acquièrent leur plénitude. Un fort dépôt en croûte se forme dans la bouteille : il conviendra de décanter le vin avec grand soin pour en apprécier l'extraordinaire qualité. Seuls les Anglais savent en général estimer comme il convient — avec respect et dévotion — un Porto d'une grande année (1963, 1960, 1955, 1950, 1947, 1945, 1942, 1935, 1934, 1927, 1924). Les connaisseurs estiment que seuls les vieux Portos sont prêts à boire.

Il y a un type de Porto *Vintage* plus facile à trouver et moins coûteux qu'on appelle en anglais *Crusted Port,* ou *Vintage Character Port.* C'est un vin coupé, mis très tôt en bouteille et qui forme, lui aussi, un lourd dépôt.

Les Portos exportés ont le plus généralement vieilli dans des fûts en bois et sont prêts à boire au moment de la vente à l'étranger. Ces Portos-là se répartissent en deux catégories : le *Tawny* et le *Ruby*, selon le vin d'origine et la durée de la conservation.

Le *Tawny* a généralement séjourné plus longtemps en fût, acquérant ainsi une couleur plus claire, avec une nuance brunâtre. C'est un Porto plus souple, plus rond, qui mûrit plus vite et qui coûte d'ordinaire plus cher, à juste titre d'ailleurs.

Le *Ruby* est un Porto jeune, fruité, attrayant : la qualité en dépend totalement de l'exportateur et du prix.

Il existe en outre un Porto blanc (*White Port*), beaucoup moins apprécié des connaisseurs. Il est produit selon les mêmes procédés que le Porto rouge, mais à partir de cépages blancs, principalement le Rabigato, le Malvasia, le Gouveio, etc.

Les principaux cépages rouges cultivés dans la vallée du Douro comprennent la Touriga, le Bastardo, la Tinta Francisca, la Tinta Carvalha, la Tinta Madeira, le Mourisco, la Tinta Cão, etc.

Parmi les principaux exportateurs, il convient de citer : Cockburn, Croft, Delaforce, Dow, Ferreira, Feuerheerd, Graham, Mackenzie, Martinez, Offley Forester, Quarles Harris, Quinta da Noval, Robertson's, Sandeman, Taylor, Tuke Holdsworth et Warre.

Selon la loi portugaise, tous les vins appelés Portos doivent provenir des entrepôts de Porto ou de Vila Nova de Gaia, faubourg de la rive gauche du Douro.

Portugal. On tend généralement à confondre Portugal et Porto. Il faut dire que le Porto représente deux pour cent de la production vinicole du Portugal, et que plus de la moitié de la production de Porto est exportée. Les Portugais préfèrent, quant à eux, le vin de table, qu'ils consomment d'ailleurs abondamment (130 bouteilles par tête d'habitant annuellement).

La production de vin de table se compose d'un vin ordinaire — *consumo* — agréable et bon marché. Les vins rouges sont en général plus colorés et d'une plus forte teneur en alcool que les vins français correspondants. Les vins blancs sont plutôt lourds et communs, comme on doit s'y attendre sous une telle latitude. A noter aussi des vins rosés qui sont agréables et rafraîchissants. On enregistre depuis plusieurs années un progrès dans les méthodes de vinification : quantité de bons vins de table portugais trouvent maintenant place sur le marché mondial. Si on ne peut les qualifier de distingués, ils sont cependant souvent très agréables et constituent de bons placements. Plusieurs vins portugais se vendent simplement sous le nom d'une marque (Lagosta, Mateus, etc.), sans indication d'origine. D'autres, en nombre croissant, portent une appellation géographique strictement délimitée par le gouvernement portugais. A savoir :

1° *Vinho verde* (littéralement, *vin vert*, c'est-à-dire jeune et vif) : un vin rouge, blanc ou rosé, originaire du nord du pays ;

2° *Dão :* un vin rouge, blanc ou rosé, récolté dans une région montagneuse au sud de la vallée du Douro ;

3° *Colares :* un vin rouge, fin et léger, issu du cépage Ramisco cultivé dans les vignobles sablonneux de la côte, à l'ouest de Lisbonne ;

4° *Bucelas :* un vin de table blanc, assez doux, récolté au nord de Lisbonne.

Le Portugal produit en outre l'un des plus fameux Muscats d'Europe, le Moscatel de Setubal, de couleur dorée, presque une liqueur. A signaler évidemment le Porto et le Madère, qui constituent une gamme unique de vins vinés.

pot. Petite bouteille pansue (contenance 46 cl) en usage à Lyon et aux

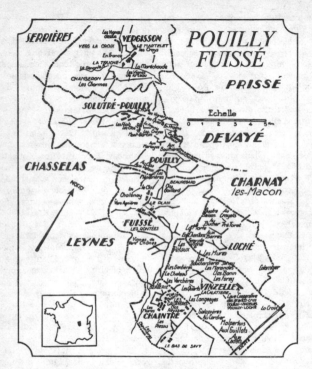

POUILLY FUISSÉ

environs pour servir le Beaujolais jeune, comme vin « ouvert ». Par sa forme et sa teinte, le pot rappelle, mais en plus mince, la bouteille de Sauternes. Les « pots » qui, depuis quelques années, servent à l'exportation affectent différentes formes et sont de contenance variée.

Pouget (Château). Quatrième cru classé de Cantenac-Margaux, donnant un vin rouge produit en infime quantité.

Pouilles. → Apulie.

Pouilly-Fuissé. Excellent vin blanc sec, provenant du cépage Chardonnay et récolté dans quatre communes du Mâconnais (sud de la Bourgogne) : Fuissé (dont dépend le hameau de Pouilly), Solutré, Chaintré et Vergisson. La production annuelle atteint 25 000 hl, en grande partie exportés aux Etats-Unis. La meilleure partie de la récolte bénéficie d'une mise du domaine.

Le Pouilly-Fuissé est un vin sec, à la robe d'or vert, racé et fruité, un vin bien équilibré et dont le bouquet est exquis. Non un grand vin peut-être, mais il s'en faut de peu ; par son caractère, il se situe entre le Meursault et le Chablis. Actuellement, le Pouilly-Fuissé est généralement mis en bouteille avant qu'il atteigne un an d'âge. On le dégustera de préférence avant sa

troisième année, sauf exception. →
Pouilly-Loché, Pouilly-Vinzelles.

Pouilly-Fumé, Blanc fumé de Pouilly.
Excellent vin blanc, généralement sec
mais avec une pointe de douceur dans
les grandes années. Récolté aux alentours de Pouilly-sur-Loire*. Il provient exclusivement du Sauvignon
blanc (ou Blanc fumé). C'est un vin
clair, racé, fruité, que l'on met en
bouteille avant l'âge d'un an. Il a
acquis, ces dernières années, un succès
bien mérité.

Pouilly-Loché. Vin blanc sec, clair,
frais et attrayant, provenant du cépage
Chardonnay et produit sur la commune de Loché, voisine de Pouilly en
Mâconnais. N'appartient pas, légalement, à l'appellation Pouilly-
Fuissé*. → Pouilly-Vinzelles.

Pouilly-sur-Loire. Village du département de la Nièvre, sur la Loire, qui
constitue le centre d'une région viticole comprenant les communes de
Pouilly-sur-Loire (avec le hameau des
Loges), de Saint-Andelain et de Tracy.
Le vignoble, planté de Chasselas (cépage commun) et de Sauvignon (admirable cépage, appelé ici Blanc fumé),
compte 400 ha environ. Le Chasselas y
disparaît peu à peu au profit du Sauvignon.
Le vignoble de Pouilly produit deux
vins totalement différents : l'appellation Pouilly-sur-Loire s'applique à des
vins issus du Chasselas, vins de carafe
agréables, frais, à boire jeunes, sans
beaucoup de caractère et de distinction ; celle de Pouilly-Fumé à un vin
autrement distingué, issu du Sauvignon. → Pouilly-Fumé.

Pouilly-Vinzelles. Excellent vin blanc
sec, issu du cépage Chardonnay et
produit sur la commune de Vinzelles,

dans le Mâconnais. Comme Loché,
Vinzelles touche le terroir de Pouilly-
Fuissé* et produit des vins qui rappellent le Pouilly-Fuissé, encore que plus
légers, parfois meilleurs mais de moins
bonne garde.

Poujeaux. Haut plateau graveleux situé
au centre du Haut-Médoc et englobé
dans la commune de Moulis. Plusieurs
vins de Poujeaux présentent des caractères et un goût particuliers. Il s'agit,
en général, de crus bourgeois vendus
sous le nom de Château Poujeaux-
Theil*, Poujeaux-Marly, Gressier-
Grand Poujeaux, Dutruch-Grand Poujeaux, Lestage-Darquier-Grand Poujeaux, etc.

pourriture noble. → *Botrytis cinerea.*

précipitation. Il s'agit de précipitation
de bitartrate de potassium ou crème de
tartre dans les fûts et bouteilles contenant des vins relativement jeunes. Ce
n'est pas un accident ou une maladie.
C'est tout à fait normal, surtout après
une exposition au froid.

précoce. Se dit d'un cépage dont la
maturité est hâtive. La plupart des
cépages cultivés dans les régions
septentrionales froides sont précoces,
sans quoi ils n'arriveraient pas à maturité.
Se dit aussi d'un vin qui se fait vite et
qui ne gagne guère à vieillir ; néanmoins un vin agréable et charmant,
mais sans plus : jamais un grand vin.

Preignac. Une des cinq communes du
Sauternais. Les meilleurs crus sont le
Château Suduiraut, le Château de
Malle, etc.

Prémeaux. Commune de Bourgogne
qui touche Nuits-Saint-Georges* par le
sud de celle-ci. Produit d'admirables

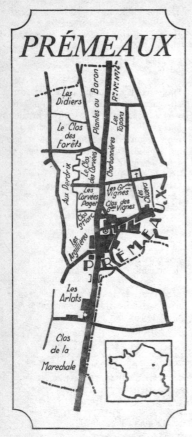

PRÉMEAUX

Les Didiers

Le Clos des Forêts

Plantes au Baron

La R⁰ N⁰ N° 74

Les Topons

Charbonnières

Le Clos des Corvées

Aux Perdrix

Les Corvées Pagets

Les Gr⁰⁵ Vignes

Clos des Gr⁰⁵ Vignes

Les Clizers

Clos St-Mort

Les Argillières

PRÉMEAUX

Les Arlots

Clos de la Maréchale

Premières Côtes de Bordeaux. Vaste région du Bordelais qui occupe la rive droite de la Garonne, entre Bordeaux et Langon, sur une soixantaine de kilomètres, en direction du sud-est. Les vignobles font face à ceux de Graves, de Cérons, de Barsac et de Sauternes, de l'autre côté de la vallée. Les vins rouges sont les plus plaisants, les meilleurs vins rouges bon marché du Bordelais. Les blancs sont légèrement moelleux ou fort doux, bien que l'on s'efforce actuellement, comme dans l'Entre-Deux-Mers, de les vinifier en sec. Les communes de Cadillac et de Langoiran sont les plus connues. Bien que faisant partie géographiquement des Premières Côtes, les communes de Loupiac et de Sainte-Croix-du-Mont ont droit à leur propre appellation contrôlée.

presse (vin de). Vin obtenu à partir du pressurage de la vendange. Ces vins sont plus tanniques et de moindre qualité par rapport aux vins de tête ou vins de coule.

pression. Force qui s'exerce à l'intérieur d'une bouteille de Champagne ou de mousseux en général, mesurée en atmosphères et qui caractérise les vins non tranquilles. Cette pression peut être de 2 à 5 atmosphères selon la nature et le type du vin : perlants, crémants, pétillants, mousseux…

vins rouges, qui ont droit à l'appellation Nuits-Saint-Georges et qui la portent suivie du nom d'un climat. Plusieurs climats de Prémeaux produisent des vins qui égalent sans conteste les meilleurs vins de Nuits-Saint-Georges, par exemple : le Clos des Corvées, Les Perdrix, Les Argillières et, à un rang à peine inférieur, le Clos des Forêts, Les Didiers, le Clos Arlots, le Clos de la Maréchale, etc.

pressoir. Machine servant, depuis un temps immémorial, à extraire le jus de la grappe, soit avant la fermentation (vin blanc) soit après (vin rouge). Il existe différents types de pressoirs.

Preuses. L'un des meilleurs parmi les sept grands crus de Chablis. Les vins, souvent un peu durs quand ils sont jeunes, se font lentement et acquièrent un bouquet et un parfum charmants, rappelant la noisette.

Prieuré-Lichine (Château). Quatrième cru classé de Cantenac-Margaux ; appelé autrefois Le Prieuré ou Cantenac-Prieuré.

Primativo. Remarquable vin médecin (vin destiné à corriger les insuffisances des vins faibles) produit au sud de Bari, dans les Pouilles (Italie du Sud). On l'exporte ou on le consomme aussitôt après la fermentation. La vendange commence tôt dans cette région chaude et l'on vend du Primativo dès le 15 septembre, mais coupé de vins plus vieux. Le meilleur Primativo est produit à Giovia, à partir du cépage Troja ; il titre près de 14 degrés.

primeurs. Vins régis par une loi qui les autorisaient à être mis en vente à partir du 15 novembre (depuis 1980, ces vins sont vendus au 20 novembre) pour régulariser le marché. Ont droit à cette dénomination de vins primeurs : les Beaujolais, le Gamay de Touraine, le Gamay de Gaillac et le vin du Pays Nantais : le Muscadet.
Indique sur une échelle plus large les vins issus de vendanges normales mais pouvant être consommés quelques mois après, dès qu'ils se sont dépouillés de leurs premières lies.

Priorato. Vin de dessert rouge, doux et corsé, d'ordinaire viné, que l'on produit à Tarragone, sur la côte méditerranéenne de l'Espagne. On l'emploie souvent pour la préparation de la *sangria** et de différentes boissons d'été.

proof. Terme utilisé aux Etats-Unis, en Grande-Bretagne, en Australie, etc., pour désigner la teneur en alcool des boissons.

Prosecco. Excellent vin blanc doux, produit aux environs de Conegliano*,

au nord de Venise (Italie). Comme le Verdiso*, qui est moins doux, le Prosecco est issu du cépage Verdiso. Il existe plusieurs types de Prosecco mousseux ou semi-mousseux, qui développent le même bouquet caractéristique.

Provence. Ancienne province française qui avait pour capitale Aix-en-Provence et qui englobe aujourd'hui les départements des Alpes, de Haute-Provence, des Alpes-Maritimes, du Vaucluse, des Bouches-du-Rhône, du Var et une partie de la Drôme. La région viticole de Provence, moins étendue, comprend les départements des Bouches-du-Rhône, du Var et des Alpes-Maritimes.
Appellations provençales : Bandol : AOC ; Bellet de Nice : AOC ; Cassis : AOC ; Côteaux des Baux de Provence : VDQS ; Côteaux d'Aix en Provence : VDQS ; Côtes du Lubéron : VDQS ; Côtes de Provence : AOC ; Palette : AOC.

Puglie (en français : Pouilles, ou Apulie). Région et importante zone viticole du sud de l'Italie. → Apulie.

Puisais (Jacques). Œnologue, directeur du laboratoire d'analyse et recherches à Tours, président de l'Union Nationale et de l'Union Internationale des Œnologues. Ses travaux sont dirigés essentiellement sur les nouvelles techniques d'élaboration des vins de qualité, sur la production et la conservation de vins de qualité, sur les facteurs influençant cette qualité, les pratiques œnologiques etc... Ses travaux font autorité dans le monde entier.

puissant. Se dit d'un vin riche en alcool, très corsé et très étoffé.

Puisseguin-Saint-Emilion. Région vini-

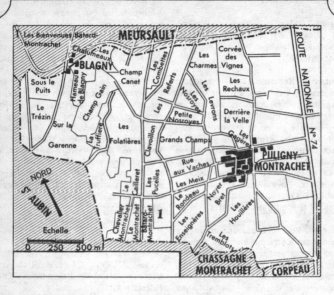

PULIGNY-MONTRACHET

cole secondaire (vin rouge) du Bordelais. La commune de Puisseguin, qui touche Saint-Emilion à l'ouest, a le droit de faire suivre son nom de Saint-Emilion. Elle produit un vin vigoureux, coloré, corsé, d'un prix raisonnable et qui, parmi les Bordeaux légers, est de ceux qui présentent de la valeur.

pulcianella. Fiasque *(fiasco)* de forme particulière, en usage pour les vins d'Orvieto*.

Puligny-Montrachet. Commune de la Côte de Beaune (Bourgogne) qui, avec la commune voisine de Chassagne-Montrachet, produit des vins blancs secs considérés à juste titre comme les meilleurs de France. A noter les grands crus suivants : Montrachet (situé pour moitié sur la commune de Chassagne), Chevalier-Montrachet* (sur la commune de Puligny), Bâtard-Montrachet* (situé pour moitié sur la commune de Chassagne), Bienvenue-Bâtard-Montrachet* (situé sur la commune de Puligny) et Criots-Bâtard-Montrachet* (sur la commune de Chassagne). Ces vins portent uniquement le nom du climat, sans mention de la commune d'origine, Puligny ou Chassagne. D'autres vins admirables, mais de moindre classe que les précédents, portent les noms de Puligny-Montrachet, Les Combettes, Les Perrières, Champ Canet, La Truffière, Les Chalumeaux, Les Pucelles, Clos du Meix, Referts, Les Charmes, Les Folatières, Clavoillon, Cailleret, La Garenne, Hameau de Blagny, etc. Le vignoble comprend 233 ha, plantés de Chardonnay, mis à part un finage planté de Pinot noir. Les vins les moins prestigieux de Puligny ont encore de la classe et de la race, et ils seraient qualifiés d'extraordinaires dans toute autre région.

pulpe. Partie charnue et juteuse du grain de raisin.

pulvérisation. Traitement de la vigne par projection d'insecticides et de fongicides sous pression. C'est une tâche pénible, mais essentielle, que les viticulteurs de tous les pays effectuent en été.

pupitre. Assemblage (en forme de lambda, ou de V renversé) de deux planches munies d'alvéoles, servant à la mise sur pointe et au remuage des bouteilles de Champagne. → Champagne, pointe.

puttonyos. Hottes servant à la vendange dans le pays du Tokay (Hongrie). Dans les années de bonne récolte, on produit un Tokay de qualité supérieure, appelé *aszu* (équivalent de l'allemand *Auslese*). Pour cela, on cueille séparément les grains d'une maturité très avancée et on ajoute au moût normal un nombre variable de *puttonyos* de cette récolte choisie. On obtient ainsi un Tokay étiqueté *Aszu 2 puttonyos, Aszu 5 puttonyos,* etc. Il va de soi que, plus il y a de *puttonyos,* plus le vin est doux, corsé et cher.

Quarts-de-Chaume. Célèbre cru des Coteaux de Layon*, en Anjou. Le vignoble, planté de Chenin blanc et exposé au sud, occupe une situation incomparable. Il produit certains des plus distingués et des plus chers parmi les vins dorés et fruités qui font la réputation de l'Anjou.

Quatourze. Vin rouge, blanc ou rosé, produit non loin de Narbonne. Issu des variétés de cépages communes dans le Midi, c'est un bon vin ordinaire, qui mérite à peine sa réputation locale et le label V.D.Q.S.

queue. Ancienne mesure de capacité ou de volume. Jusqu'il n'y a guère, à la vente des Hospices de Beaune, les vins se vendaient par *queues* (bien que logés dans des *pièces* ou *demi-queues*). En Bourgogne, la *queue* équivaut à 456 litres (deux *pièces*). Selon les régions, la capacité de la *queue* varie de 216 à 894 litres.

Quincy. Vin blanc sec, d'un goût particulier, fort plaisant. Récolté à Quincy, en Berri, sur les rives du Cher, à l'ouest de Bourges. Le Quincy, issu exclusivement du Sauvignon, rappelle le Sancerre ou le Pouilly-Fumé très sec.

quinta. Mot portugais pour désigner un domaine comportant des vignes. C'est l'équivalent de *château, domaine, tenuta, Weingut*, etc.

Rabaud-Promis (Château). Premier cru classé de Bommes (Sauternes) : délicat, corsé, en général plutôt doux. Pendant une vingtaine d'années, soit jusqu'en 1952, le Château Rabaud-Promis et le Château Rabaud-Sigalas ne formèrent qu'une seule propriété, connue sous le nom de Château Rabaud.

Rabaud-Sigalas (Château). Premier cru classé de Bommes (Sauternes). → Rabaud-Promis.

Rablay. Une des communes vinicoles des Coteaux du Layon (Anjou). Vin blanc doux, d'excellente qualité.

Raboso. Vin rouge italien, intéressant mais rare, issu du cépage du même nom et produit dans la province de Trévise, au nord de Venise. C'est un vin très acide, qui demande à vieillir. Faible en alcool, d'une couleur rubis pâle, il développe un bouquet remarquable. Quand il est à maturité, c'est un vin d'été très agréable.

race ou racé. Un vin qui a de la race (on dit aussi : un vin racé) est un vin qui manifeste des caractéristiques exceptionnelles lui conférant une supériorité gustative. Cela commence d'abord par le bouquet puis par la dégustation (en bouche) et ce vin prodigue des stimulations qui conduisent à des sensations peu communes.

rafle (goût de). Saveur herbacée désagréable que présentent parfois les vins qui ont fermenté avec les *rafles* ; c'est-à-dire l'ensemble des pédoncules et pédicelles qui soutiennent les grains de raisin.

Rainwater (litt. « eau de pluie »). Nom donné à une sorte de Madère très pâle et très léger. Au début du XIXᵉ siècle, du moins selon la tradition, un connaisseur de Savannah (Géorgie), du nom de Habisham, mit au point une méthode particulière et secrète de clarification et de traitement des Madères, visant à les améliorer tout en les clarifiant ainsi. Le produit obtenu devint bientôt célèbre sous l'appellation de Rainwater Madeira, tombée depuis longtemps dans le domaine public et aujourd'hui utilisée par plusieurs producteurs de Madère.

raisin. Selon toute probabilité (mise à

part toute considération sur la pomme originelle du paradis terrestre), le premier fruit cultivé par l'homme. Des grains de raisin ont été trouvés dans des tombes égyptiennes et dans des vestiges retrouvés aux emplacements de lacs datant de l'âge du bronze. La Bible dit que Noé a planté le premier vignoble. En tout cas l'art de la viticulture et de la fabrication du vin remonte au-delà des temps historiques.

Tous les raisins appartiennent au genre *Vitis* ; il en existe quelque quarante espèces, toutes originaires de la zone tempérée. La plus importante, et de loin, est la *Vitis vinifera*, la « vigne porteuse de vin » qui, dans le monde, est la seule espèce cultivée à grande échelle dans un but commercial. Il existe bien entendu un nombre presque illimité de variétés de la *vinifera* : les botanistes et les ampélographes en ont dénombré et classifié quelques milliers. Plusieurs centaines au moins possèdent des caractéristiques reconnaissables et sont cultivées. Elles sont propagées par bouturage et greffage, car par semis elles ne restent pas fidèles au type. Les plants de semis ne permettent pas qu'on en détermine l'origine précise, sauf dans les vignobles expérimentaux et sous contrôle scientifique.

Les différentes variétés ont leurs usages et présentent leurs avantages propres. Certaines donnent du raisin de table particulièrement bon, d'autres produisent les meilleurs raisins secs. Les unes sont extrêmement productives et donnent des vins communs ; les autres, peu productives, produisent les meilleurs vins. Certaines donneront de bons résultats sous presque toutes les conditions ; d'autres demanderont un sol et un climat spécifiques. Apparemment, il n'existe pas plus de vingt à quarante variétés capables de produire un vin excellent.

rancio. Saveur particulière, en rapport avec la madérisation mais laissant une impression agréable, que certains vins — singulièrement les vins vinés — acquièrent par un long vieillissement en fût. Le Madère, le Porto *Tawny* et certains Marsalas présentent cette saveur caractéristique, plus prononcée peut-être chez les vins de liqueur du midi de la France, tel le Banyuls.

Randersacken. Une des meilleures communes vinicoles de la vallée du Main (Franconie), en fait la plus importante après Wurzbourg. Les vins de Randersacken se vendent dans des *Bockbeutels**, comme les autres vins de la région. Meilleurs climats : Randersackerer Pfülben, Hohburg, Teufelskeller, Spielberg, etc.

Rasteau. Vin viné doux, couleur d'ambre, qui rappelle un peu un Porto blanc léger. Produit dans la vallée inférieure du Rhône, au nord-est d'Avignon. Le Rasteau titre généralement 15 degrés et parfois davantage.

Rauenthal. Petite commune de Rheingau, au pied du Taunus. Meilleurs climats : Baiken, Gehrn, Wieshell, Wülfen, Rothenberg, Herberg, etc. Ils ont le meilleur rendement à l'hectare de toute l'Allemagne et, au dire de plusieurs experts, ils donnent le vin le plus distingué de la vallée du Rhin. Ils se caractérisent par leur saveur épicée, leur fruité et leur racc ; dans les bonnes années, ils sont souvent incomparables. Principaux producteurs : le domaine de l'Etat, le comte Eltz, le chevalier Langwerth von Simmern et le Winzerverein.

Rausan-Ségla (Château). Ce vignoble, que l'on considère généralement comme le meilleur de la commune de Margaux après Château Margaux, produit un vin rouge distingué et bouqueté. Un des meilleurs deuxièmes crus classés.

Rauzan-Gassies (Château). Deuxième cru classé de Margaux, peut-être un peu moins exceptionnel que Rausan-Ségla, mais bon deuxième cru quand même.

Ravello. Ville d'Italie (Campanie), près de Naples. Produit une petite quantité de vin blanc, et plutôt du vin rosé, de bonne qualité mais non remarquable. Une bonne partie de la production prend le chemin de l'étranger, où elle rappelle, à ceux qui les connaissent, les enchantements de Ravello.

Rayne-Vigneau (Château). Premier cru classé de Bommes (Sauternes), l'un des plus remarquables parmi les grands crus de Sauternes. Vin doux, racé, doré et richement parfumé.

rebêche. Jus de raisins pressurés, en Champagne, qui vient après le jus de coule (vin de tête) et des deux premières tailles. Du jus est encore contenu dans le marc et, après pressurage, il représentera la « rebêche » qui ne peut, en aucun cas, avoir l'appellation Champagne. Ce vin provenant de la rebêche servira comme boisson de consommation courante à l'exploitation, (ouvriers, exploitants...). Le marc restant permettra d'élaborer le fameux « marc de Champagne », eau-de-vie assez rude, peu appréciée.

Recioto. Célèbre vin spécial du Valpolicella, près de Vérone, dans le nord de l'Italie. Extrait de raisins en partie séchés *(passiti)*, le Recioto non mousseux est un vin rouge doux, d'un fruité remarquable, richement parfumé ; il rappelle un Porto léger. Quand il est *frizzante* — ce qui arrive hélas souvent — il reste néanmoins un vin remarquable dans sa catégorie, qui ne plaira pas aux amateurs de vin sec.

Refosco. Cépage rouge de médiocre qualité, originaire du nord-est de l'Italie. Certains experts le tiennent pour le Mondeuse. Transplanté en Californie, le Refosco n'y produit, comme en Italie, qu'un vin fort ordinaire.

région (vin de). Se dit d'un vin qui ne doit pas son nom à une commune ou à un climat, mais à une région. Exemples : les vins étiquetés « Anjou », « Côte de Beaune », « Médoc », etc.

Reims. Avec Epernay, l'un des deux principaux centres de commerce du Champagne. Le sous-sol de la ville ressemble à une fourmilière : des galeries, des caves, des celliers sont creusés dans le sous-sol crayeux, où s'élabore le Champagne.

Reinhartshausen (Schloss). Célèbre domaine vinicole au cœur du Rheingau (Allemagne), entre Erbach et Hattenheim. Il appartient aux descendants de Guillaume II. L'étiquette du domaine porte la mention *Orig.-Abfg. Prinz Heinrich Friedrich von Prüssen*. La couleur en varie selon la qualité du vin : incarnat pour les vins de qualité inférieure ; un bleu brillant presque électrique pour les vins de qualité moyenne ; blanche avec un étroit bord rouge pour les vins *Kabinett**.
Le château (qui n'a rien d'imposant ni d'attirant) est devenu un hôtel ; il n'empêche que les vins du domaine restent tout aussi distingués et comptent parmi les meilleurs du Rhin. Ils proviennent d'importantes propriétés situées à Erbacher Marcobrunn, Brühl, Rheinhell, Siegelsberg, Steinmorgen, Gemark, Hattenheimer Willborn, Hassel, Honigberg, etc.

remuage. Une des opérations essentielles à l'élaboration du Champagne. Les bouteilles sont placées sur des *pupitres**, de telle sorte que le dépôt se rassemble vers le bouchon afin de l'expulser (dégorgement). Le « remueur » fait subir un mouvement de rotation à la bouteille en la secouant légèrement : le dépôt finira par se fixer sur le bouchon.

réserve. Ce mot figure sur les étiquettes des vins de marque. Il est dépourvu de signification légale — et de toute signification d'ailleurs, à moins que par la qualité de ses produits, le producteur ou l'exportateur fasse en sorte de lui en donner une.

retsina ou **vin résiné.** En Grèce, c'est un vin auquel on a ajouté, lors d'une opération spécifique, de la résine de pin. On en consomme énormément. Ce goût de résine plaît beaucoup aux Grecs, mais pas tellement aux touristes qui ont du mal à s'y faire.

Retz (pays de). Région de la Loire-Atlantique, proche de Pornic, sur l'océan Atlantique. Connue pour ses rosés de Groslot planté franc de pied.

Reuilly. Vin blanc sec, de bonne qualité, mais de plus en plus rare, produit non loin de Quincy*, dans le Berri. Cépage : Sauvignon. Souvent endommagés par les gelées printanières, les vignobles sont progressivement abandonnés ; il se peut que le Reuilly disparaisse un jour.

A côté de ce vin blanc, on produit un vin rouge et surtout un rosé, à partir du Pinot gris et du Pinot noir. Le rosé de Pinot gris est une curiosité : sa couleur est particulière, mordorée.

Rheingau. Importante région vinicole d'Allemagne, selon certains connaisseurs la meilleure au monde pour ce qui est des vins blancs. Ses vignobles s'étendent au pied du Taunus, à l'ouest de Wiesbaden, faisant face au Rhin qui y décrit, d'est en ouest, une grande boucle d'une trentaine de kilomètres. Ils s'étirent le long de la rive droite du fleuve où ils bénéficient d'une exposition idéale, quasiment plein sud et leur procurant la chaleur des rayons solaires réfléchis par le Rhin.

L'appellation Rheingau s'applique légalement aussi aux vignobles de Hochheim qui dominent le Main, à l'est du Rheingau proprement dit, et aux vins d'Assmannshausen et de Lorch, qui se trouvent au nord, sur les pentes escarpées des gorges du Rhin.

La production annuelle totale du Rheingau est fort limitée par rapport à la moyenne internationale. Une large part en sert à la consommation locale. Le Riesling constitue la base d'encépagement (70 pour cent), et c'est au demeurant le cépage qui donne les plus grands vins de Rheingau.

On chaptalise souvent les vins bon marché, afin d'obtenir le degré alcoolique minimal. Ces vins portent uniquement l'appellation du village d'origine (ainsi Rüdesheimer, Johannisberger, Hochheimer, etc.). Il va de soi que les grands vins portent l'appellation du vignoble d'origine et bénéficient d'une mise du domaine*.

Le village d'Assmannshausen produit, en faible quantité, un vin rouge de bonne tenue. On trouve ailleurs quelques plantations de raisins à vin rouge, mais c'est l'exception : le Rheingau doit sa réputation à ses vins blancs.

L'appellation obéit aux règles en vigueur en Allemagne : le nom d'un village, accompagné du *Lagename* (nom du vignoble) : Rüdesheimer Bischofsberg, Johannisberg Klaus, Rauenthaler Wieshell, Hochheimer Domdechaney... Certains vins, les plus fameux, ne portent que le nom du vignoble : Schloss Johannisberg, Schloss Vollradser, Steinberger... En outre, les

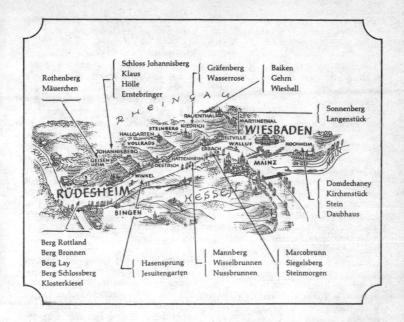

Rothenberg
Mäuerchen

Schloss Johannisberg
Klaus
Hölle
Erntebringer

Gräfenberg
Wasserrose

Baiken
Gehrn
Wieshell

Sonnenberg
Langenstück

Domdechaney
Kirchenstück
Stein
Daubhaus

Berg Rottland
Berg Bronnen
Berg Lay
Berg Schlossberg
Klosterkiesel

Hasensprung
Jesuitengarten

Mannberg
Wisselbrunnen
Nussbrunnen

Marcobrunn
Siegelsberg
Steinmorgen

vins de qualité supérieure portent souvent l'une des mentions suivantes : *Kabinett, Spätlese, Auslese.* On indique s'il s'agit d'une mise du domaine (nom du producteur) et cette indication s'accompagnait jusqu'ici des mentions *Original-Abfüllung, Schlossabzug, Keller-Abfüllung* (→ Allemagne).

Peu de régions viticoles au monde peuvent se comparer au Rheingau pour la qualité moyenne de la production. Il y a pourtant une différence étonnante entre les vins d'une bonne année et ceux d'une mauvaise, voire entre les différents vins d'une même récolte. Les *Auslesen,* les *Beerenauslesen* et les *Trockenbeerenauslesen* — les plus chers — sont généralement fort doux : ce sont de vrais vins de dessert, comparables aux plus grands Sauternes français, quoique moins riches en alcool. Les autres vins de Rheingau sont secs, mais sans excès, extrêmement fruités, avec un bouquet caractéristique et inoubliable ; ils titrent rarement plus de 11 degrés. Les grands vins des grandes années sont de bonne garde, et assez lents à se faire. Ils atteignent leur plénitude entre quatre et dix ans. Enfin les moins prestigieux, des vins légers et plus secs, sont généralement mis en bouteille aux environs de leur premier anniversaire : ils sont prêts à boire l'année suivante, au plus tard.

Entre Hochheim, à l'est, et Rüdesheim, à l'ouest (en excluant donc Lorch et Assmannshausen), il y a quatorze villages producteurs. Neuf se trouvent le long du fleuve et les cinq autres sur les collines. Neuf à dix d'entre eux jouissent d'une réputation mondiale. → **Hochheim, *Walluf, **Eltville, ***Rauenthal, **Kiedrich,

***Erbach, ***Hattenheim, *Œstrich, **Hallgarten, ***Winkel, ***Johannisberg, **Geisenheim, ***Rüdesheim. (Les astérisques indiquent la hiérarchie de la qualité.) Voir aussi Schloss Eltz, Schloss Reinhartshausen, Steinberg, Schloss Vollrads, Schloss Johannisberg.

Rheinpfalz. → Palatinat rhénan.

Rhin. Les vallées du Rhin et de ses affluents, le Neckar, le Main, la Nahe, la Moselle et l'Ahr (ainsi que de leurs propres affluents) forment une région vinicole. On ne désigne généralement sous le nom de *vins du Rhin* que ceux qui proviennent des meilleures régions : Rheingau, Hesse rhénane et Palatinat, dans la partie centrale du cours du Rhin.

Rhône. Plusieurs régions vinicoles s'étendent le long de la vallée du Rhône. En Suisse, le Valais, le pays de Vaud, Lavaux, la Côte. Seyssel, entre Genève et Lyon. Les Côtes-du-Rhône, entre Lyon et la Méditerranée. Les Côtes-du-Rhône comprennent de nombreux crus : Côte Rôtie, Condrieu, Château-Grillet, Crozes-Hermitage, Hermitage, Cornas, Saint-Péray, Gigondas. Châteauneuf-du-Pape, Tavel, Lirac, etc.
Le Rhône est aussi le nom d'un département français, qui comprend la région du Beaujolais et celle de Lyon.

Ribeauvillé. Importante ville vinicole du Haut-Rhin. Produit des vins blancs de qualité exceptionnelle.

Riceys (Rosé des). Vin rosé frais, souvent fort plaisant, produit sur la commune de Riceys, dans le département de l'Aube, à la limite sud de la région du Champagne. C'est un objet de collection, pourrait-on dire, mais non un grand vin. Le Pinot noir est pratiquement le seul cépage cultivé, avec quelques pieds de Traminer rose.

Richebourg. Un des grands Bourgognes rouges, produit par un climat (8 ha) de Vosne-Romanée. Le climat de Richebourg est borné au sud par Romanée-Conti et La Romanée ; et à l'est par Romanée-Saint-Vivant. Le Richebourg est en général plus vigoureux, plus « plein » et plus foncé que ses illustres voisins : c'est le plus grand vin de Vosne-Romanée. Il n'y a pas si longtemps, le vignoble comportait encore des plants non greffés, d'avant le phylloxera, et passait donc pour donner un vin encore plus fin. Une grande partie de l'appellation Richebourg appartient au Domaine de la Romanée-Conti*.

Riesling. L'un des plus nobles cépages blancs. Originaire, selon toute apparence, de la vallée du Rhin. Il y était déjà cultivé à l'époque romaine et rien ne permet de contester son origine.
Selon des traditions peu dignes de foi, le Riesling se confondrait avec le Sercial de Madère et le Pedro Ximénez d'Espagne. À l'époque moderne, le Riesling a été introduit dans plusieurs pays où il produit presque toujours des vins supérieurs ; ainsi au Chili, en Californie, en Autriche. Il produit ses meilleurs vins, quand on n'exige pas de lui un rendement excessif, dans les régions froides et sur des sols schisteux ou rocheux.
C'est le cépage des meilleurs vignobles de la Moselle et du Rheingau. On le rencontre en quantité dans la Hesse rhénane et dans le Palatinat, où il surclasse tous ses rivaux en qualité, mais pas toujours en quantité. Son vin est le meilleur d'Alsace. Il donne également fort bien en Autriche. Le vin chilien dit de Riesling (mais qui peut provenir du Sylvaner, plus productif), et qui est vendu en *Bocksbeutel**, fi-

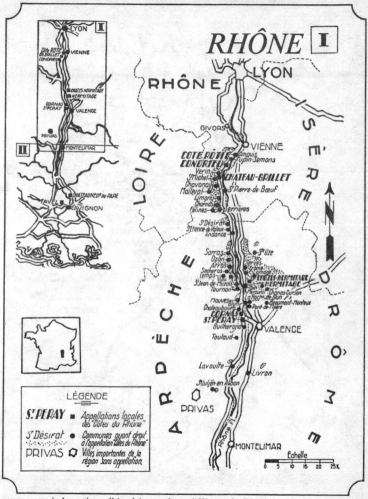

gure parmi les vins d'Amérique du Sud qu'on apprécie le plus à l'étranger. On vend parfois sous le nom de Riesling des vins d'autres cépages, dont le Sylvaner. Le cépage appelé Riesling dans le Tyrol italien (Haut-Adige*) est différent du Riesling rhénan.

Rieussec (Château). Premier cru classé de Fargues (Sauternes). C'est un Sauternes corsé, de teinte foncée, en général moins doux et moins distingué

RHÔNE II

Echelle
0   5   10   15   20   25 k.

MONTELIMAR

DRÔME

ARDÈCHE

GARD

VAUCLUSE

• Taulignan

• Valréas

Bourg St Andéol
St Marcel d'Ardèche
St Martin d'Ardèche
St Just
Pont St Esprit
St Alexandre
St Michel d'Euzet
St Gervais
Bagnols-s-Cèze
St Nazaire
Vénejan
Chusclan
Orsan
Tresques
Gaujac
St Victor-la-Coste
St Laurent-les-Arbres
Lirac
TAVEL
Rochefort-du-Gard
Villeneuve-les-Avignon
Estezargues
Domazan
Montfrin

Visan
Bouchet
Tulette
Suze-la-Rousse
Bollène
Rochegude
Ste Cécile-les-Vignes
Lagarde-Paréol
Sérignan
Piolenc
Camaret
Orange
Cadolet
Laudun
St Geniès
Courthézon
Roquemaure
Sauveterre
Pujaut
Sorgues
Vedènes
St Saturnin-les-Avignon
Jonquerettes
Châteauneuf-de-Gadagne
Caumont

Villedieu
Tignan-de-Mobegorde
Rigal
Clairanne
Travaillan
Jonquières
Sorrians
Bédarrides

Vinsobres

Buisson
Vaison-la-Romaine
Rasteau
Sablet
Séguret
Bigondas
Vacqueyras

CHÂTEAUNEUF-DU-PAPE

AVIGNON
Morières

NIMES

Montfrin

CAVAILLON

ARLES

B ches DU RHÔNE

MÉDITERRANÉE

MARSEILLE

que la plupart des autres premiers crus.

Rilly-la-Montagne. Commune secondaire de la Champagne vinicole, dans la Montagne de Reims.

Rioja. La plus importante région vinicole d'Espagne. Elle produit les meilleurs vins de table du pays. Elle tire son nom d'un petit affluent de l'Ebre, le Rio Oja, qui se jette dans l'Ebre à l'extrémité du Pays basque, près de Pampelune. C'est une région montagneuse, au climat froid : les montagnes au nord et au sud de la vallée sont souvent encore couvertes de neige à la fin d'avril. Les vignobles se trouvent à une altitude moyenne de 450 mètres.

Les vins de la Rioja sont dès lors loin d'être puissants et corsés (contrairement à ce que disent parfois ceux qui ne les connaissent pas). Ils sont plus légers, moins riches en alcool et plus secs que les vins de Bordeaux, avec lesquels ils présentent une certaine ressemblance superficielle. Cette ressemblance, plus marquée dans les rouges que dans les blancs, n'est pas un effet du hasard. Quand, en 1880, le phylloxera eut attaqué leurs vignobles, plusieurs centaines de familles de vignerons bordelais émigrèrent dans la vallée de l'Ebre et s'établirent à Haro et à Logroño, à l'heure actuelle encore les principaux centres de commerce des vins de la Rioja. Les émigrés emportaient avec eux les traditions et les méthodes bordelaises de vinification. A la lumière de ce que nous savons actuellement sur la fabrication du vin, celles-ci devraient d'ailleurs être remises à neuf — surtout en ce qui concerne les vins blancs — car les vins de la Rioja sont toujours vinifiés selon les méthodes utilisées à Bordeaux il y a quatre-vingts ans : le vin séjourne de trois à cinq ans en fût, les vins blancs

sont légèrement sulfités. La pourriture noble est inconnue dans ces régions au climat rude ; aussi n'existe-t-il pas, dans la Rioja, de vin correspondant aux Sauternes. Les vins blancs secs sont en général louches, neutres et assez communs. Les rouges sortent souvent de l'ordinaire et, vu leur qualité, le prix en est fort raisonnable.

Les principaux cépages blancs sont la Viura, la Maturana, le Calgraño et la Turrantés (*ni la comas ni la des, / que par vino buena es* — ne la mange ni ne la donne point, / car elle est bonne pour le vin). La plupart des cépages rouges sont également espagnols : Garnacha (Grenache), Graciano, Mazuela, Tempranillo. Il ne s'agit pas de ce qu'on appelle des cépages nobles. Moyennant un faible rendement à l'hectare, ils donnent des vins rouges excellents : assez légers et fins, avec un léger goût de terroir et du corps.

La Rioja a été officiellement délimitée et il existe à Haro un centre gouvernemental de viticulture bien équipé. Malheureusement, il n'existe pas d'appellation particulière (encore que certains vins soient vendus sous des noms qui semblent en être (ainsi « Viña X », etc.) : il faut se fier au nom du producteur ou à la marque. On n'attache en général aucune importance au millésime, d'ailleurs utilisé abusivement. La plupart des producteurs appellent *clarete* les vins jeunes, légers et bon marché. *Gran Reserva, Imperial* désignent des vins plus vieux et généralement plus fins. Les producteurs les plus dignes de confiance se sont groupés sous le sigle C.V.N.E. (Compañia Vinicola del Norte de España). Ce sont : Marqués de Riscal, Marqués de Murrieta, Federico Paternina, Bodegas Bilbaimas, Bodegas Franco-Españolas, La Rioja Alta, etc. Les principales villes vinicoles sont — outre Haro — Elciego, Fuenmayor, Cenicero et Ollauri.

Ripaille. Vin blanc secondaire de Haute-Savoie, issu du Chasselas et produit près de Thonon-les-Bains, sur le lac Léman. Ce vin, qui ne se trouve que dans la région, est classé V.D.Q.S. de la Savoie.

Riquewihr. Un des meilleurs villages vinicoles d'Alsace (à 13 km au nord-ouest de Colmar), célèbre par ses Rieslings.

Rivero. Région vinicole d'Espagne, dans la province de Galice, le long de la frontière portugaise. La plupart des *vinos de Rivero* (appellation légale) sont d'un rouge pourpre, très fruités, avec une saveur particulière fort accusée, qui ne ressemble à aucune autre. La région produit aussi un vin viné doux, le Tostado del Rivero.

Rivesaltes. Petite ville vinicole du Roussillon (Pyrénées-Orientales), qui a donné son nom à une région assez vaste produisant des vins de dessert, généralement blancs, par mutage à l'alcool. Une partie de la production porte l'appellation Muscat de Rivesaltes (cépages Muscat blanc à petits grains et Muscat romain, dit d'Alexandrie). L'autre, connue sous le nom de Rivesaltes, est issue du Grenache blanc ou gris, plus rarement du Grenache noir, du Maccabeo et exceptionnellement du Tourbat, appelé improprement Malvoisie.

Roannais. Dans la région de Roanne, à l'ouest de Lyon, on produit sur des sols granitiques des vins rouges précoces, frais et plaisants. Ils sont issus du Gamay. Ils portent le label V.D.Q.S. et l'appellation Côtes roannaises, ou vins de Renaison. Ils ne se rencontrent guère que dans la région.

robuste. Terme de dégustateur. Se dit d'un vin corsé et puissant.

Roche-aux-Moines. Un des meilleurs crus de Savennières*. Grand vin blanc doux, qui compte parmi les plus distingués de l'Anjou.

Rochecorbon. Une des plus importantes communes du pays de Vouvray, à l'est de Tours (Loire).

Rochefort-sur-Loire. Petite ville de la vallée de la Loire, à l'ouest d'Angers. Elle produit certains des vins blancs les plus fins de l'Anjou. Ceux-ci, issus du Chenin blanc, portent rarement le nom de leur ville d'origine (si ce n'est l'adresse du producteur) mais l'appellation (régionale) de Coteaux-du-Layon* ou de Quarts-de-Chaume*.

Rochet (Château). Quatrième cru classé de Saint-Estèphe (Haut-Médoc). Bordeaux rouge léger.

Romanèche-Thorins. Village situé à l'extrémité orientale du Beaujolais. Il ne s'agit pas d'une appellation. Les vins de Romanèche-Thorins portent légalement l'appellation Moulin-à-vent.

Romanée (La). Petit climat (80 ares à peine) situé sur la commune de Vosne-Romanée, à l'ouest de Romanée-Conti. Le vignoble produit le Bourgogne rouge le plus rare, mais qui, au cours des dernières années, a parfois laissé à désirer.

Romanée-Conti. Le Bourgogne rouge le plus célèbre, à coup sûr le *nec plus ultra* parmi les vins rouges, et qui a souvent mérité — particulièrement avant la dernière guerre mondiale — sa flatteuse réputation. Le vignoble compte 1,80 ha environ. Ils ne comportait naguère encore que des plants anciens non greffés (du Pinot noir, faut-il le dire). Il a été reconstitué en 1946 avec des souches greffées sur des porte-greffes américains, et la qualité de sa production se rapproche à nouveau, et de plus en plus, de celle d'autrefois.

Le vignoble doit son nom au prince de Conti, auquel il appartint de 1760 à 1795 ; il devint en 1869 la propriété de M. Duvault-Blochet, le principal propriétaire vigneron de Bourgogne à l'époque, et l'arrière-grand-père de l'un des propriétaires actuels, M. de Villaine. Le vignoble fait partie du domaine de la Romanée-Conti, le plus important de la Côte-d'Or, et qui comprend notamment Romanée-Conti, la Tâche et une grande partie de Richebourg, des Echézeaux et des Grands Echézeaux. Les vins de ces vignobles, de « grands seigneurs » dans tous les sens du terme, sont vinifiés et mis en bouteille au domaine et présentent un air de famille. De tous, le Romanée-Conti atteint les prix les plus élevés ; souvent même, il est parmi les plus chers de tous les Bourgognes rouges. Il s'agit d'un vin fort rare, d'un très grand vin.

Romanée Saint-Vivant. Remarquable vignoble de Bourgogne, voisin direct de Romanée-Conti et de Richebourg, sur la commune de Vosne-Romanée (9 ha 43 a). Il doit son nom au prieuré de Saint-Vivant ; il a été offert en 1232 aux moines du prieuré (situé à 4 km à l'ouest de Vosne) par la duchesse de Bourgogne. Il est resté la propriété des moines jusqu'à la Révolution française. Le vignoble est aujourd'hui partagé entre plusieurs propriétaires.

Le Romanée Saint-Vivant est un Bourgogne rouge d'une grande finesse, plein, souple, avec un grand bouquet. Il possède la distinction incomparable des Romanée. Peu de vins français le surpassent.

Romer (Château). Deuxième cru classé de Fargues (Sauternes). Donne un excellent vin, assez doux. Production fort limitée.

rond. Se dit d'un vin bien équilibré, sans défauts, loyal.

Rondinella. Cépage rouge italien, d'intérêt secondaire. Cultivé, sur une faible étendue, dans le Valpolicella et ailleurs.

rosato et **rosatello.** En italien : rosé. Les meilleurs rosés italiens — peu nombreux d'ailleurs — proviennent du lac de Garde*, du Trentin* et du Haut-Adige*. Ils comprennent le Chiaretto*, le Chiarello*, le Lagrein rosato*, le Marzemino d'Isera* et le Rosato d'Avio, originaire du Trentin. On trouve un *rosato* dans la zone du Chianti et à Ravello, près de Naples.

rosé (vin). Un vin rosé n'est jamais un mélange de vin rouge et de vin blanc. Les rosés sont le plus souvent issus de raisins noirs seuls : ils doivent leur couleur à une cuvaison courte ou à une macération de quelques heures avant le pressurage.

La plupart des régions vinicoles produisent des rosés. Les meilleurs sont issus du Grenache, du Pinot noir, du Cabernet franc, du Gamay et de différentes variétés italiennes. La Californie produit des rosés issus du Grenache. Les meilleurs rosés français proviennent de Tavel*, de Marsannay*, de la vallée de la Loire, du Beaujolais, du nord de l'Alsace et de Provence. Les rosés doivent être bus jeunes et frais.

Rosé de Béarn. Excellent rosé V.D.Q.S. (issu de plusieurs cépages), produit dans le département des Basses-Pyrénées, non loin de Pau.

Rosette. Vin blanc demi-sec, récolté au nord de Bergerac. Issu du Sémillon, associé au Sauvignon et à la Muscadelle.

Rossara. Cépage rouge italien de qualité supérieure. Cultivé dans les vignobles de la région de Vérone, il concourt à la production du Valpolicella* et du Bardolino*, ainsi que d'autres vins.

rosso. En italien : rouge. Un *vino rosso* est n'importe quel vin rouge.

Rouget (Château). Premier cru de Pomerol.

Roussanne. On dit aussi Roussette, Altesse ou Bergeron. Cépage blanc de grande qualité, cultivé sur de petites superficies dans la vallée du Rhône, en aval et en amont de Lyon, ainsi qu'en Savoie. Ce cépage produit plusieurs vins blancs frais, parfumés, fort agréables, généralement secs. Le Seyssel tranquille est issu exclusivement de la Roussette. Il bénéficie de l'appellation contrôlée. Les vins de Savoie et du Bugey, classés V.D.Q.S., représentent une petite production de Roussette à Marestel, Jongieux, Montagnieu...

Roussillon. Cette ancienne province, dont la ville principale est Perpignan, occupe le département actuel des Pyrénées-Orientales sur la côte méditerranéenne, le long de la frontière espagnole. Sa production est l'une des plus importantes d'Europe ; elle comprend une importante quantité de vins de table et de vins de pays, une AOC (depuis 1977) les Côtes du Roussillon et Côtes du Roussillon-Villages, et les trois quarts des vins français mutés à l'alcool, dénommés improprement vins doux naturels et produits par un encépagement où domine largement le Grenache. Roussillon n'est pas une appellation, si ce n'est en association : Grand Roussillon* est l'une des appellations contrôlées de la région, avec notamment Banyuls* (la plus importante), Rivesaltes*, Maury*.

Rousselet. Vin blanc sec, agréable, produit dans l'ancienne province du Béarn, près de Pau, et issu de plusieurs cépages, dont le Raffiat (synonyme de Rousselet). Il porte le label V.D.Q.S.

Roxheim. Une des meilleures villes vinicoles de la Nahe (Allemagne).

Ruchottes. Climat de Bourgogne. Par allusion à la douceur de ses raisins, ou au bouquet et au parfum spécial de son vin, il dérive probablement du mot *ruche*, qui rappelle le miel. Le vignoble se trouve sur la commune de Chassagne-Montrachet ; il produit l'un des crus blancs les plus fins de France. Le Ruchottes-Chambertin* est un grand cru.

Ruchottes-Chambertin. Climat minuscule (3 ha), classé grand cru de Bourgogne. L'un des fameux voisins de Chambertin. Il est situé en amont de Mazis-Chambertin. Produit un vin rouge délicat, l'un des plus grands de la célèbre commune.

Rüdesheim. Petite ville pittoresque de Rheingau (Allemagne) ; centre touristique où on ne compte plus les *Weinstuben* (débits de vin) : les vins que produisent ses 250 hectares de vignes (Riesling) sont en grande partie consommés sur place.
Les meilleurs vins de Rüdesheim sont extraordinaires. Dans les mauvaises ou les moins bonnes années, ils deviennent les meilleurs du Rheingau : corsés et distingués. Dans les grandes années, ils sont malheureusement trop lourds et trop riches en alcool. Ils doivent leurs qualités et leurs défauts à la situation des vignobles, plantés en terrasse sur les pentes des collines. De ce

fait, les vignobles souffrent gravement de la sécheresse des étés chauds ; spécialement ceux qui sont situés à l'ouest de la ville, sur le Rüdesheimer Berg.

Le mot de *Berg* figure dans l'appellation des vins provenant de ces vignobles-là. On recherchera les appellations suivantes : Rüdesheimer Berg Rottland, Berg Roseneck, Berg Bronnen, Berg Lay, Berg Hellpfad, Berg Schlossberg, Berg Zollhaus, Berg Kronest. On y ajoutera (non originaires du Berg) : Rüdesheimer Klosterkiesel, Wilgert, Hinterhaus, Bischofsberg, etc. Les grands producteurs sont : Espenchied, Graf von Schöborn, Ritter zu Groensteyn, le Domaine de l'Etat, etc.

Rüdesheim est aussi le nom d'une petite ville vinicole, sans grande importance, de la Nahe, dont les vins sont souvent confondus inconsidérément avec ceux de Rüdesheim-en-Rheingau. Les vins de Rüdesheim-sur-Nahe, s'ils sont correctement étiquetés, doivent porter la mention Nahe ; et ceux de Rüdesheim-en-Rheingau la mention Rheingau. A noter que le Rüdesheimer Rosegarten est un vin de la Nahe.

Rueda. Un des bons vins blancs peu connus du nord de l'Espagne. Produit entre Valladolid et Zamora, dans la vallée du Douro.

Ruffino. Marque bien connue de Chianti* non *classico*, produit et vendu par la firme du même nom, établie à Pontassieve, sur l'Arno, en amont de Florence.

Rufina. Ville et petite zone vinicole de la région du Chianti*, situées dans la vallée de la Sieve, à 30 km au nord-est de Florence. Les vins de Rufina se vendent presque toujours, actuellement, sous la simple appellation Chianti, et ils comptent parmi les meilleurs de ceux qui n'ont pas droit à l'appellation Chianti *classico*. Les vins de Rufina ont du corps, une couleur foncée et un bouquet délicat.

Rully. Commune de la Côte chalonnaise (Bourgogne), surtout connue pour sa production de Bourgogne mousseux. Le vin blanc (cépage Chardonnay) constitue les trois quarts de la production de Rully : un vin frais, sec, fruité, d'une saveur agréable. Le vin rouge, issu du Pinot noir, porte aussi l'appellation Rully.

Ruppertsberg. Une des quatre meilleures villes vinicoles du Palatinat rhénan (Allemagne). Sous le rapport de la qualité moyenne, le vignoble de Ruppertsberg présente peut-être un peu moins de distinction que ceux de Forst et de Deidesheim : vingt pour cent seulement de ses 168 hectares sont plantés de Riesling, le reste l'étant principalement de Sylvaner.

Toutefois, il donne des vins remarquables : ils ont du corps, ils sont riches en alcool, ce sont des vins accomplis. Les meilleurs, dus à des producteurs renommés, sont de grands vins dans toute la force du terme. Ils proviennent des vignobles suivants : Gaisböhl, Spiess, Kreuz, Nussbien, Reiterpfad, Hofstück, Hoheburg, etc. Ils sont mis en bouteilles au domaine par Bassermann-Jordan, Bürklin-Wolf, von Buhl et quelques autres producteurs.

Rust. Vin blanc assez doux, originaire du Burgenland (Autriche).

Ruwer. Petit affluent — un ruisseau, en fait — de la Moselle. Le confluent se trouve à une cinquantaine de kilomètres à l'est de Trèves. Les vins de la Ruwer — légalement des Moselles — portent un nom de région : Mosel-Saar-Ruwer. Les meilleurs se rangent parmi les grands vins allemands et sont très proches — tant par la qualité que par le caractère — des vins de la Sarre. Les vignobles de la vallée de la Ruwer sont entièrement plantés de Riesling. Ils s'étagent sur des pentes fort abruptes de schiste noir, exposées au sud.

Deux vignobles de réputation internationale : l'Eitelsbacher Karthäuserhofberg (propriété de la famille Rautenstrauch) et le Maximin Grünhausen (un fief des von Schubert). Plusieurs viticulteurs de Casel, commune située en amont, produisent d'excellents vins, mais plus légers. → Eitelsbach, Maximin-Grünhaus, Casel.

Saarburg (en français : Sarrebourg). Petite ville sur la Sarre (Allemagne), proche de la frontière française. La plupart de ses vins blancs, pâles et acides, sont vendus comme *Sekt*, ou Moselle mousseux, et ne présentent de qualité réelle comme vins tranquilles que dans des années exceptionnelles.

sables (vins des). On découvre des vins des sables dans les environs de Sète (dans le bassin de Thau), à l'île d'Oléron et l'île de Ré. Ce sont des vins fruités, légers, mais très agréables, surtout sans prétention. La Compagnie des Salins du Midi a profité d'une superficie importante de sables désalinisés, en bordure de la Méditerranée, près de Sète, pour exploiter un vignoble de qualité aux résultats surprenants. On n'y cultive pas uniquement des cépages du Midi, mais ce qui est plus surprenant, des cépages d'Alsace, de Bourgogne, de Touraine et de Bordeaux.

Sables-Saint-Emilion. Région vinicole voisine de Saint-Emilion*, à l'ouest : produit des vins rouges récoltés sur un sol de sables alluvionnaires (d'où leur nom), dans la plaine qui descend vers la Dordogne, du côté de Libourne. La région ne produit pas de grands vins, mais quelques-uns présentent du fruité : ce sont des vins précoces, de garde médiocre, mais très agréables. Le meilleur cru est sans doute le Château-Martinet.

Saccharomyces. Levures de la fermentation des vins.

Sack. Nom donné, à l'époque élizabéthaine, au Sherry (on disait aussi *Sherry Sack*). Le verbe *sacar*, en espagnol, signifie entre autres choses transporter d'un endroit, ou d'un pays, à l'autre. Un *vino de saca* désignait alors — et désigne encore aujourd'hui — un vin destiné à l'exportation. Le *Dry Sack* toutefois, est un alcool de Sherry, un Amoroso de bonne qualité, fabriqué par la maison Williams & Humbert.

saggiavino. Nom italien de la *pipette*, petit tube de verre qui permet de prélever un échantillon dans une cuve ou un tonneau.

sain. Terme de dégustation. Se dit d'un vin franc de goût, bien constitué, sans défauts.

Saint-Amour. La plus septentrionale des importantes communes viticoles du Beaujolais. Officiellement classée comme l'une des neuf meilleures. Saint-Amour se trouve au nord-est de Juliénas ; son nom complet est Saint-Amour-Bellevue (à ne pas confondre avec la ville de Saint-Amour dans le Jura). Saint-Amour produit des vins dont la popularité est sans doute le fait de leur nom romantique. Dans l'ensemble, ils méritent leur rang et leur réputation ; ce sont des vins rouges fruités et toujours prêts à boire.

Saint-Aubin. Village vinicole — peu connu — de Bourgogne, en arrière de Puligny-Montrachet et de Chassagne-Montrachet. Les meilleurs vins blancs de ce village se vendent sous le nom de la commune, et les vins rouges sous l'appellation Côte-de-Beaune. La production de Bourgogne aligoté y est importante.

Saint-Chinian. Vin rouge de l'Hérault. Bonne qualité. Vin délimité de qualité supérieure (V.D.Q.S.).

Saint-Denis. → Clos Saint-Denis.

Sainte-Croix-du-Mont. Les coteaux escarpés de cette pittoresque commune dominent la rive droite de la Garonne, à une quarantaine de kilomètres au sud-est de Bordeaux, en face de Sauternes et de Barsac. On y produit un Bordeaux blanc moelleux, fruité, d'une couleur dorée, riche en alcool (plus de 13 degrés) et que l'on peut comparer aux Sauternes, mais en plus lourd et en moins fin. Les meilleurs châteaux sont : Lamarque, Loubens, de Tastes, Grand Peyrot, Coulac, etc. → Premières Côtes de Bordeaux.

Sainte-Foy-Bordeaux. Petite région vinicole du Bordelais qui, bien que faisant partie géographiquement de l'Entre-Deux-Mers, bénéficie d'une appellation particulière. Elle produit des vins blancs demi-secs, de qualité moyenne, peu coûteux en général. Ils rappellent un peu le Monbazillac, récolté non loin de là, encore que ce ne soit pas un Bordeaux.

La région produit, sous la même appellation, une petite quantité de vin rouge sans intérêt.

Saint-Emilion. Ville ancienne, située sur les pentes qui surplombent la Dordogne, à l'est de Bordeaux. Célèbre par ses vins depuis le IVe siècle. Avec ses 8 000 hectares de vignes, dont 5 000 ha produisent le vin d'appellation contrôlée Saint-Emilion, la région récolte un grand volume d'excellents vins. La plupart des meilleurs crus se trouvent sur le territoire de la ville, mais sept communes voisines ont droit aussi à l'appellation, tandis que cinq communes et une partie d'une sixième peuvent ajouter l'appellation Saint-Emilion à leur nom : Lussac-Saint-Emilion, etc.

Les crus les plus fins sont récoltés sur les pentes escarpées et calcaires (vins des côtes) et sur le haut plateau caillouteux situé à l'arrière (vins des Graves, ou Graves-Saint-Emilion). Parmi les premiers, citons les châteaux Ausone, Belair, Magdelaine, Canon, Clos Fourtet, Beauséjour, La Gaffilière-Naudes. Ces châteaux sont sans doute les plus fameux, mais trente ou quarante autres les valent. Parmi les derniers, le Château Cheval-Blanc tient à coup sûr la première place, suivi des châteaux Figeac, Croque-Michotte, Corbin, etc., qui ne se trouvent pas trop loin derrière.

Les vins d'appellation Saint-Emilion proviennent souvent des sept communes voisines, moins distinguées (Saint-Christophe-de-Bardes, Saint-Etienne-de-Lisse, Saint-Hippolyte, Saint-Laurent-des-Combes, Saint-Pey-

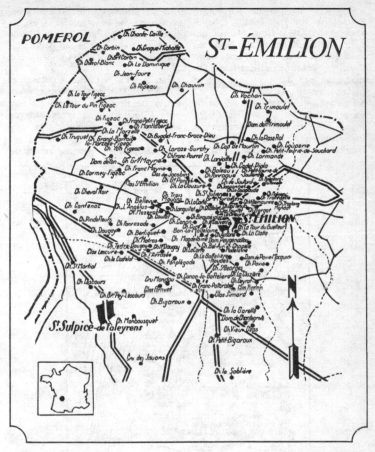

d'Armens, Saint-Sulpice-de-Faleyrens et Vignone). Mais les vins de ces communes peuvent présenter une qualité relativement élevée : ils sont fermes, chauds, généreux, ce sont des Bordeaux très agréables, plaisants, même quand ils sont jeunes, même quand ce ne sont pas de grands vins. On les a appelés les « Bourgognes du Bordelais ».

Les grands vins mis en bouteille au château sont évidemment d'une qualité supérieure, et ils ne sont en aucun cas inférieurs aux grands Médocs, bien qu'ils présentent un caractère tout différent.

Ceux des communes à appellation mixte ont bien moins de classe et parfois un goût de terroir ; mais, peu coûteux en général, ils sont souvent intéressants. Ils portent six appellations (par ordre de qualité) : Saint-Georges-Saint-Emilion, Montagne-Saint-Emilion, Lussac-Saint-Emilion, Puisseguin-Saint-Emilion, Parsac-Saint-Emilion, Sables-Saint-Emilion. On trouve un peu de vin blanc, qui ne porte pas ces appellations.

Saint-Emilion est aussi le nom donné dans le pays de Cognac, à l'Ugni blanc, ou Trebbiano. Le cépage dit Saint-Emilion a presque entièrement remplacé dans cette région, pour les vins de distillation, la Folle-Blanche, cépage de meilleure qualité. C'est un cépage bon producteur, qui donne exactement ce qu'on attend de lui : un vin faible en alcool et très acide.

Sainte-Roseline (Château). Rosé et rouge agréables, fort en vogue, originaires de Provence. Ils doivent leur nom à une propriété située dans un village proche de Draguignan, Les Arcs.

Saint-Estèphe. La plus septentrionale

des principales communes viticoles du Haut-Médoc. Voisine directe de Pauillac. Les meilleurs crus — Château Cos d'Estournel, Calon-Ségur, Montrose, etc. — sont des vins vigoureux, corsés, généreux et pleins d'attrait. Ils présentent peut-être moins de classe et de finesse que les crus assez semblables de Margaux, Saint-Julien et Pauillac, mais en revanche ils possèdent un charme qui les rend agréables. Il existe quantité d'excellents crus de qualité inférieure, des *crus bourgeois*. L'étiquette Saint-Estèphe, sans plus, annonce des vins de la région qui sont dignes d'intérêt, bien qu'à l'occasion ils présentent un léger goût de terroir.

Saint-Georges (Château). Le meilleur cru, et le plus étendu, de Saint-Georges-Saint-Emilion*. Aucun château du Bordelais ne surclasse en quantité la production (30 000 caisses) du Château-Saint-Georges, dont la qualité reste constante.

Saint-Georges d'Orgues. Vin rouge de l'Hérault. Bonne qualité. Vin délimité de qualité supérieure (V.D.Q.S.).

Saint-Georges-Saint-Emilion. Une des meilleures communes secondaires voisines de Saint-Emilion. A le droit d'adjoindre à son nom celui de Saint-Emilion. Ses vins sont en général supérieurs à ceux que l'on vend sous l'appellation fort cotée de Saint-Emilion. Les meilleurs châteaux sont : Saint-Georges, Saint-Georges Macquin, Samion, Jacquet, Tourteau, etc.

Saint-Jean de Minervois. Vin de dessert de l'Hérault. Très petite production. Produit à partir du Muscat.

Saint-Joseph. Appellation contrôlée de la rive droite du Rhône, entre Condrieu et Cornas, en face de l'Hermitage. Concerne principalement les communes de Tournon et de Mauves. Vins rouges de Syrah, bouquetés et

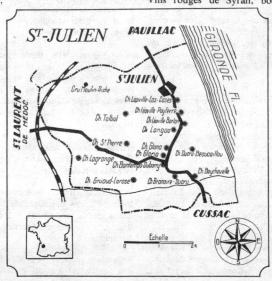

corsés, plus vite prêts à boire que ceux de l'Hermitage.

Saint-Julien. Commune située en plein cœur du Haut-Médoc. Limitrophe de Pauillac, au sud. Elle n'a pas de crus classés premiers en 1855, mais un grand nombre de seconds crus. Ses vins tiennent le milieu entre ceux de Margaux et ceux de Pauillac, un peu plus corsés que les premiers, se faisant plus rapidement que les seconds. Ils sont caractéristiques des très bons vins du Médoc. Les châteaux les plus réputés sont : Léoville-Poyferré, Léoville-Barton, Léoville-Las-Cases, Gruaud-Larose, Ducru-Beaucaillou, Beychevelle, Talbot, etc.

Saint-Laurent. Commune du Haut-Médoc, à l'ouest de Saint-Julien. Trois châteaux classés en 1855 : Château La Tour-Carnet (quatrième cru), Château Belgrave (cinquième cru), Château Camensac (cinquième cru).

Saint-Macaire. → Côtes-de-Bordeaux.

Saint-Nicolas de Bourgueil. Commune de Touraine qui produit d'excellents vins rouges issus du Cabernet franc. → Bourgueil.

Saint-Péray. Commune de la vallée du Rhône, située près de Valence, sur la rive droite du Rhône. Elle produit des vins blancs secs, souvent traités selon la méthode champenoise. Le Saint-Péray, issu du même cépage (la Marsanne) que l'Hermitage blanc, est un vin doré, assez corsé, avec un arôme particulier. A coup sûr l'un des meilleurs vins français mousseux. Le Saint-Péray tranquille est plus léger que l'Hermitage blanc.

Saint-Pierre-Bontemps (Château). Excellent quatrième cru classé de Saint-Julien. C'est un Bordeaux rouge franc,

bien équilibré, particulièrement apprécié en Grande-Bretagne et en Belgique. Le vignoble de Saint-Pierre-Bontemps et celui du Château Saint-Pierre Sevaistre, son voisin et son jumeau, ont été récemment réunis.

Saint-Pierre-Sevaistre (Château). Quatrième cru classé de Saint-Julien. → Saint-Pierre-Bontemps.

Saint-Pourçain. Vins délimités de qualité supérieure (V.D.Q.S.) récoltés sur les rives de la Sioule, affluent de l'Allier. Vins rouges et rosés, agréables, à base de Gamay ; vins blancs de Lacy (Tressaillier), Sauvignon...

Saint-Romain. Commune de Bourgogne, près de Meursault. Elle produit des vins rouges et des vins blancs de seconde qualité, fruités.

Saint-Saphorin. Un des meilleurs vins blancs suisses. Assez pâle, issu du Fendant (ou Chasselas) et produit sur la rive septentrionale du lac de Genève, à l'est de Lausanne.

Saint-Véran. Vin blanc produit en Bourgogne avec le Chardonnay, dans des communes situées au sud et au nord-est de la région délimitée de Pouilly-Fuissé. Bonne qualité, quoique inférieure à celle de son voisin. Prix modestes.

Salina. Une des îles Lipari, au large de la côte nord de la Sicile, d'où provient la Malvasia di Lipari.

salmanazar. Bouteille énorme, dans la hiérarchie des capacités de bouteilles, contenant actuellement 9 l (autrefois 9,6 l), c'est-à-dire l'équivalent de 12 bouteilles.

Samos. Ile grecque de la Mer Égée (une des Sporades) où on cultive un vin provenant du Muscat (Muscat de Samos). C'est un vin d'excellente qualité.

Sampigny-lès-Marangues. Commune située à la limite méridionale de la Côte-d'Or (Bourgogne). Elle produit une quantité insignifiante d'un vin rouge vendu sous l'appellation Côte-de-Beaune-Village.

San Benito. Comté vinicole de Californie, considéré à juste titre comme un des comtés de la Côte Nord, bien que n'étant pas sur le Pacifique.

Sancerre. Ville pittoresque surplombant la Loire, à l'entrée de sa courbe, entre Nevers et Gien. Son vin blanc, pâle, frais, très racé et doté d'un fruité et d'un bouquet engageants, ressemble beaucoup au Pouilly-Fumé* tout proche. Il est issu du même cépage, le Sauvignon blanc. Plus vite prêt que son voisin, le Sancerre est très prisé dans les restaurants parisiens. Dans sa plénitude, c'est certainement l'un des plus agréables parmi les vins blancs de France. Le meilleur Sancerre provient notamment de la ville de Sancerre même, mais surtout des villages avoisinants, dont Amigny, Bué, Champtin, Chavignol, Reigny et Verdigny méritent d'être cités. La production totale varie beaucoup d'une année à l'autre. Elle atteint 25 à 40 000 litres.

La région du Sancerrois produit, à partir du Pinot noir, un excellent petit rosé que certains experts considèrent comme le meilleur de France, et des vins rouges à boire sur place.

San Francisco (baie de). Centre de production des vins fins de Californie, avec les comtés de Napa, de Sonoma, de Santa Clara et ceux de la Côte Nord.

San Gioveto. Excellent cépage rouge d'Italie, souvent appelé aussi Sangio-

vese. C'est la variété dominante en Toscane, et principalement dans le pays du Chianti. Dans d'autres régions, les provinces de l'Adriatique par exemple, le San Gioveto produit un bon vin, certes, mais de moins bonne garde et moins distingué.

Le Nielluccio, l'excellent cépage de Patrimonio, en Corse, ne serait autre que le Sangiovese.

sangria. En Espagne, boisson rafraîchissante à base de vin rouge additionné de jus de citron, de sucre et d'eau. On la sert avec de la glace et parfois des fruits, pendant les grandes chaleurs d'été.

Sangue di Guida. Vigoureux vin rouge produit au sud de Pavie (Lombardie).

Sankt Martin. Village secondaire du Palatinat rhénan (Allemagne). Il produit des vins blancs assez lourds.

Sankt Nikolaus Hospital. Célèbre fondation charitable de Cues (fr. : Cuse), en face de Bernkastel, sur la Moselle. Les dotations consistent, pour une large part, en vignobles situés à Graach, Bernkastel, Brauneberg, Lieser, etc. Les vins, généralement de grande qualité, sont mis en bouteille au domaine et vendus aux enchères. Une certaine quantité d'entre eux proviennent de climats *(Lagen)* légués par le cardinal de Cuse et portent le nom de *Cardinal-Cusanus-Stiftswein.*

Sansevero. Vin blanc sec de bonne qualité, pâle, frais, produit au nord de Foggia, dans le sud-est de l'Italie.

Santa Clara. Vallée et comté au nord de la baie de San Francisco. On y trouvait jusqu'il n'y a guère d'excellents vignobles, qui tendent à disparaître pour céder la place aux immeubles. Plusieurs des principaux producteurs (notamment Almadén et Paul Masson) se sont vus dans l'obligation de planter de nouveaux vignobles plus au sud, dans des régions moins peuplées ; d'autres ont cessé toute activité.

Santa Cruz. Un des comtés de la Côte Nord de Californie, qui ne présente que peu d'intérêt pour la production de vin.

Santa Giustina. Vin rouge léger et parfumé, fort attrayant, produit aux portes de Bolzano, dans le Tyrol italien (Haut-Adige).

Santa Maddalena. Le meilleur vin rouge probablement du Tyrol italien (Haut-Adige) : frais, délicat, fruité et friand. Peu coloré, la Santa Maddalena n'en est pas moins un vin équilibré et qui a du corps. On le produit à la limite nord-est de la ville de Bolzano ; il est extrait du cépage Schiava*. C'est un vin bien connu et fort en vogue en Suisse, en Autriche et en Italie.

Santenay. La commune la plus méridionale de la Côte-d'Or (Bourgogne). Elle produit une petite quantité de vin

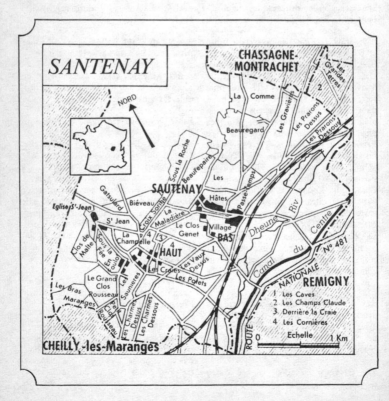

blanc sec très acceptable, issu du Chardonnay.

Les vins rouges, de meilleure qualité, ressemblent aux vins rouges de Chassagne-Montrachet (commune proche) ; ils sont assez pleins et veloutés. Ils contiennent une bonne part de tanin et présentent parfois un goût de terroir. Pas trop coûteux, les vins rouges de Santenay sont dignes d'intérêt. Le meilleur climat est Les Gravières.

Saône. Rivière française, affluent du Rhône. Arrose la Côte-d'Or, le Mâconnais et le Beaujolais. Le Mâconnais se trouve dans le département de Saône-et-Loire.

Sardaigne. Ile située au large de la côte ouest de l'Italie. La Sardaigne produit surtout du vin de table ordinaire, souvent assez riche en alcool. → Campidano, Vernaccia. Elle produit aussi, en petite quantité, des vins de liqueur exceptionnels : le Monica* et le Giro*, rouges, qui peuvent se comparer au Porto ; et en blanc, le Nasco*, le Moscato di Cagliari*, le Malvasia di Bosa*.

sarment. Rameau vert que la vigne pousse chaque année.

Sarre. Rivière d'Allemagne (all. : Saar) ; affluent de la Moselle, qu'elle rejoint à Conz, à l'ouest de Trèves. Elle prend sa source dans le bassin de la Sarre, renommé pour son industrie lourde ; en aval, près de la frontière française et luxembourgeoise, elle traverse une vallée encaissée, aussi célèbre pour ses vins. Selon la loi, ces vins se rangent parmi les vins de la Moselle : leur étiquette porte la mention Mosel-Saar-Ruwer. Ils présentent néanmoins un caractère spécial : ce sont des vins austères, de teinte pâle, faibles en alcool et d'un bouquet remarquable. Ils proviennent du Ries-

ling. On les récolte dans l'une des régions vinicoles les plus froides du monde.

Dans l'ensemble, ces vins sont acerbes et verts, sauf pour les bons millésimes, et ils sont souvent vinifiés en mousseux *(Sekt)*. Toutefois les années 1949, 1953, 1959 sont absolument extraordinaires et les produits en égalent, en tout point, maints autres vins blancs du monde.

Le vignoble le plus réputé est le Scharzhofberg*. Principaux centres de production (par ordre de qualité) : Wiltingen, Ockfen, Ayl, Kanzem (ou Canzem), Oberemmel, Wawern, Niedermennig, Serrig, Eilzen, Saarburg. Pour la carte → Moselle.

Sarrebourg. → Saarburg.

Sassella. Un des meilleurs vins de la Valtelline*, produit dans le nord de la Lombardie. Cépage Nebbiolo.

Saumur. Importante ville vinicole, située sur la rive gauche de la Loire. Bien que classée en Anjou, elle produit des vins qui ressemblent bien plus à ceux de la Touraine. Les meilleurs vignobles se situent au sud et à l'est de la ville.

La production se compose d'une bonne moitié de vins blancs, issus du Chenin blanc ; l'autre moitié comprend des rosés et des rouges issus du Cabernet franc et d'une qualité supérieure à la moyenne. On ne cultive guère dans le Saumurois les cépages de haut rendement ou de qualité inférieure ; au demeurant les vins qu'ils produisent ne portent pas l'appellation Saumur ou Coteaux-de-Saumur.

Sous l'appellation Saumur mousseux, on produit une grande quantité de vin mousseux (6 à 7 millions de bouteilles) issu du Chenin blanc et, dans une proportion moindre, du Cabernet franc et de quelques autres cépages rouges, tels le Groslot et le Gamay.

Les vins blancs tranquilles de Saumur sont en général plus secs que les vins de l'ouest de l'Anjou, mais avec une pointe de douceur ; les meilleurs proviennent de Montsoreau, Brézé, Bizay, Parnay, Saint-Cyr, Dampierre, Turquant, Varrains. Ils s'améliorent notablement en bouteille et se conservent longtemps.

Les rosés, de bonne qualité, issus du Cabernet franc, peu colorés, souvent même trop pâles, se différencient difficilement, à la vue comme au goût, des vins blancs.

Les vins rouges, obtenus avec le Cabernet franc, sont connus sous le nom de Saumur-Champigny ; Champigny étant le nom d'un hameau d'une commune voisine de Saumur, Souzay-Champigny. Ce sont des vins de qualité inégale mais, dans un bon millésime, un vin bien vinifié peut avoir une qualité surprenante et rappeler à la fois un vin du Médoc et un Chinon.

Saussignac (Côtes de Bergerac). AOC près de Bergerac (sud-ouest de la ville) 75 % en blancs moelleux et 25 % en rouges ; existe depuis 1936. Depuis 1955 on peut remplacer cette AOC par l'AOC Bergerac.

Sauternes. La petite commune de Sauternes, à quarante kilomètres au sud de Bordeaux, jouit d'une réputation mondiale grâce à ses vins blancs doux, couleur d'or. L'appellation Sauternes s'applique à cinq communes : Preignac, Bommes, Fargues, Barsac et Sauternes.

Le vrai Sauternes est riche en alcool, fort doux et onctueux ; il s'épanouit dans la bouche. Les meilleurs Sauternes portent le nom d'un château et bénéficient d'une mise du domaine. A noter les principaux crus : le Château Yquem (un cru prestigieux, d'une classe sans égale), puis les châteaux La

Tour Blanche, Lafaurie-Peyraguey, Rayne-Vigneau, Suduiraut, Rieussec, Rabaud Sigalas, Rabaud-Promis (→ appendice pour la classification).

Les cépages employés sont le Sémillon et le Sauvignon blanc, associés à un peu de Muscadelle. Le Sauternes se vendange grain par grain, par tries successives, quand les grains présentent une surmaturité spéciale, avec forte concentration de jus, du fait de la « pourriture noble » *(Botrytis cinerea).* Il s'ensuit que le Sauternes se range parmi les vins naturels les plus doux : on devrait, à proprement parler, le considérer comme un vin de dessert naturel.

A son apogée, le Sauternes est, en tout point, extraordinaire : velouté, onctueux en dépit de sa puissance ; d'un fruité, d'une classe et d'un bouquet remarquables.

Haut-Sauternes est un nom commercial illégal, mais toléré à l'exportation, qui n'a aucune signification autre que Sauternes.

Sauvignon ou **Sauvignon blanc.** Magnifique cépage blanc. Parmi les variétés connues dans le monde, la qualité du Sauvignon n'a été surpassée que par le Chardonnay et l'authentique Riesling. Dans la région de Bordeaux, il est cultivé dans les Graves, avec le Sémillon qui domine dans l'encépagement. Il est aussi cultivé à Sauternes. En France encore, dans la vallée de la Loire, où il est également connu sous le nom de Blanc-Fumé, il donne des vins charmants, fruités et racés, tels que le Pouilly-Fumé, le Sancerre, le Quincy et le Reuilly.

Savagnin. Cépage particulier cultivé dans le Jura. Il entre dans la vinification des vins jaunes et du Château-Chalon. Donne à ces vins un goût particulier de feuille de noyer.

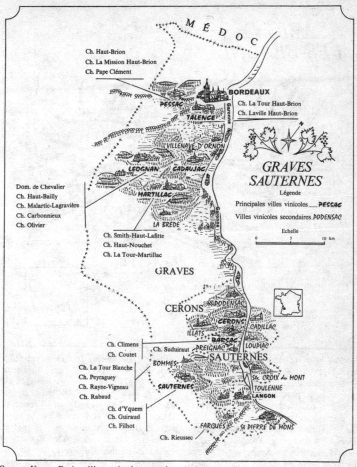

Ch. Haut-Brion
Ch. La Mission Haut-Brion
Ch. Pape Clément

MÉDOC

BORDEAUX

Ch. La Tour Haut-Brion
Ch. Laville Haut-Brion

PESSAC

TALENCE

VILLENAVE-D'ORNON

LEOGNAN   CADAUJAC

GRAVES
SAUTERNES

Légende

Dom. de Chevalier
Ch. Haut-Bailly
Ch. Malartic-Lagravière
Ch. Carbonnieux
Ch. Olivier

MARTILLAC

Principales villes vinicoles ____ **PESSAC**

Villes vinicoles secondaires *PODENSAC*

LA BRÈDE

Échelle

Ch. Smith-Haut-Lafitte
Ch. Haut-Nouchet
Ch. La Tour-Martillac

0   5   10 km

GRAVES

CÉRONS   PODENSAC

CÉRONS

ILLATS   CADILLAC

Ch. Climens
Ch. Coutet

Ch. Suduiraut   BARSAC
PREIGNAC   LOUPIAC

Ch. La Tour Blanche
Ch. Peyraguey
Ch. Rayne-Vigneau
Ch. Rabaud

BOMMES

SAUTERNES

Ste CROIX du MONT

SAUTERNES

TOULENNE

LANGON

Ch. d'Yquem
Ch. Guiraud
Ch. Filhot

FARGUES   Ste PIERRE de MONS

Ch. Rieussec

Savennières. Petit village situé au sud-ouest d'Angers ; il produit les vins blancs les plus fins des Coteaux de la Loire (Anjou). Savennières possède deux vignobles fameux : la Coulée-de-Serrant* (7 ha) et la Roche aux Moines (24 ha environ), ainsi que d'autres vignobles renommés : Bécherelle, Château d'Epiré, Château de Cham-

bourreau, Château de Savennières, etc.

Savigny-lès-Beaune. Petite ville de Bourgogne, située dans un « pli » de la Côte-d'Or, au nord-ouest de Beaune. Elle produit principalement des vins rouges (95 pour 100). Ces vins sont légers, frais et tendres. Si l'on en croit l'inscription qui sur-

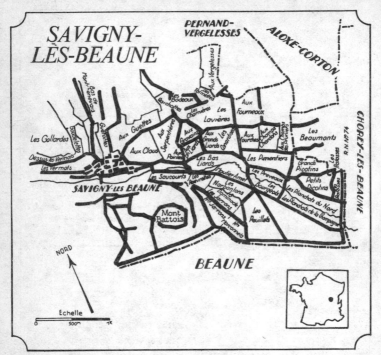

SAVIGNY-LÈS-BEAUNE

plombe la porte du cellier du château de Savigny, ils sont également « nourrissants, théologiques et morbifuges ». Quant à la production, Savigny est, avec 378 ha, l'une des plus importantes communes de la Côte-d'Or.

Les meilleurs climats sont : Vergelesses, Marconnets, Dominode, Jarrons, Lavières. Le Savigny — rouge ou blanc — n'est jamais très capiteux. En général, il ne coûte pas trop cher. C'est un vin souvent délicat et fin ; il se range parmi les meilleurs Bourgognes de qualité secondaire.

Savoie. Région du sud-est de la France qui recouvre les départements de Savoie et de Haute-Savoie. Mis à part le Seyssel et le Crépy, vins d'ap-

pellation contrôlée, la Savoie produit d'excellents V.D.Q.S., qui méritent mieux que leur classement actuel. Les vins blancs sont surtout issus de la Jacquère, mais aussi du Chasselas (Fendant) et de la Roussanne, appelée ici Roussette Altesse ou Bergeron (Marestel, Jongieux, Monthouse...). Les vins rouges sont produits par la Mondeuse et le Gamay (Apremont, Montmélian, Abymes).

Savuto. Bon vin rouge de Calabre (Italie du Sud).

Scharlachberg. Litt. : Mont-Ecarlate, encore que le sol y soit rouge brique. C'est le vignoble le plus connu de Bingen*, juste en face de Rüdesheim, sur le Rhin allemand. Il domine le confluent de la Nahe et du fleuve. Ses vins se rangent, après ceux de Nierstein et de Nackenheim, parmi les meilleurs de Hesse. Plusieurs des meilleurs *Lagen* (climats) se trouvent aux portes de Bingen-Rüdesheim et de Bingen-Kempten : on ne peut les voir du Rhin, car ils sont exposés au sud.

Scharzberg. Vignoble de la Sarre — excellent mais non exceptionnel — situé sur le territoire de Wiltingen et d'Oberemmel (Allemagne). Il produit des vins blancs plutôt acerbes, de bonne qualité dans les grandes années uniquement. A ne pas confondre avec le vignoble voisin de Scharzhofberg*.

Scharzhofberg. Un des plus grands crus blancs du monde. Le vignoble (moins de 12 ha), planté de Riesling, est situé à Wiltingen, dans la Sarre (Allemagne). La Scharzhof est un ancien manoir, qui a appartenu pendant plusieurs générations à la famille d'Egon Müller. La plupart des vignes sont la propriété d'Egon Müller lui-même, mais son cousin A.J. Koch possède une partie du vignoble, tandis qu'une autre partie est en dotation à la cathédrale de Trèves. Les vins récoltés dans cette dernière se vendent sous l'appellation de Dom Scharzhofberg, les autres sous celle de Scharzhofberger, sans mention du nom de Wiltingen car le nom de Scharzhofberg inspire le respect dans le monde entier. Il n'existe que peu de vins aussi remarquables qu'un Scharzhofberger de 1959 ou 1964. Même de moins bonnes années, comme 1961 et 1962, ont produit des vins d'une étonnante distinction : légers, mais avec une saveur étonnante, austères, parfumés, frais. Les grands Scharzhofbergers ne sont pas loin de la perfection.

Schaumwein. En allemand, *vin mousseux*. Selon la législation allemande, le

MOSEL-SAAR-RUWER

1959ʳ

Grand Prix Paris 1900
Grand Prize St. Louis 1904

Scharzhofberger feine Auslese

Gewächs von Egon Müller zu Scharzhof

Original-Kellerabfüllung zu Scharzhof

Schaumwein peut être produit selon le procédé Charmat (fermentation en cuves closes). Il doit avoir une pression de quatre atmosphères au moins. Il ne peut provenir que de cépages européens *(Vitis vinifera)* et non de variétés américaines ou d'hybrides.

Schiava. Excellent cépage rouge, largement cultivé dans le Tyrol italien (Haut-Adige) et, dans une certaine mesure, sur la rive occidentale du lac de Garde. La Schiava est un des rares cépages qui produisent des raisins de cuve et des raisins de table de même qualité. Généralement conduite en pergolas, elle donne des vins pâles, faibles en tanin, frais, parfumés et précoces. → Lago di Caldaro, Küchelberger, Santa Maddalena.
Il existe des sous-variétés : la meilleure, la Schiava *gentile* (son nom dialectal allemand est Kleinvernatch), est d'un rendement très faible ; le Schiavone, ou Schiava *meranese*, est d'un meilleur rendement ; la Schiava *grigia* est la troisième parmi les plus importantes.
Les trois sous-variétés sont souvent cultivées dans le même vignoble ; il en est ainsi à Santa Maddelena.

Schillerwein. Médiocre vin rosé, produit dans le Wurtemberg (Allemagne). Il est généralement issu de cépages rouges et blancs plantés, sans méthode préméditée, dans le même vignoble et récoltés ensemble. Le Schillerwein ne doit pas son nom au poète Schiller, mais au verbe allemand *schillern* (chatoyer). En Alsace, le Schillerwein est issu du Pinot noir, c'est-à-dire qu'il est de bonne qualité.

Schloss. Mot allemand, synonyme du français *château. Schlossabzug* désigne une *mise du château.*

Schlossberg. Mot allemand : château fort. Mais c'est aussi un nom de climat assez commun, qui a survécu, dans de nombreux cas, alors que le château en question est en ruines ou complètement détruit. Citons Zeltinger Schlossberg, Bernkasteler Schlossberg, Lieserer Schlossberg, sur la Moselle ; Saarburger Schlossberg, sur la Sarre ; Rüdesheimer Berg Schlossberg, sur le Rhin, etc.

Schloss Böckelheim. Le meilleur vignoble, probablement, de la vallée de la Nahe. Il est situé en amont et au sud-ouest de Kreuznach et appartient à l'Etat. Il produit des vins blancs d'excellente qualité.

Schloss Johannisberg. → Johannisberg (Schloss).

Schloss Reinhartshausen. → Reinhartshausen (Schloss).

Schloss Vollrads. → Vollrads (Schloss).

Schoppenwein. Mot allemand pour désigner un *vin de carafe,* voire un vin ordinaire : un vin de qualité inférieure, mais pas nécessairement médiocre.

sec. En matière de vin, le contraire de *doux* n'est pas *acide,* mais *sec* ; et même un vin extrêmement sec n'est pas nécessairement plus acide que ne l'est un café non sucré. Pratiquement, tous les vins de table largement consommés de par le monde sont plutôt secs que doux, comme c'est le cas pour de nombreux apéritifs, tels que les Xérès Fino et Amontillado, les Madères Verdelho et Rainwater, et certains Marsalas.
Toutefois, à propos du Champagne, les choses ne sont pas aussi simples. Un champagne *sec* n'est rien moins que sec : à peu de chose près, c'est le plus doux des Champagnes dosés mis en vente. Georges Canning, le grand

homme d'Etat anglais, disait : « *Sir*, celui qui prétend aimer le Champagne sec ment. » Ceci parce que le Champagne-doux n'a pas été à la mode pendant au moins un siècle, de sorte que même ceux qui le préfèrent le supportent plus facilement, semble-t-il, si on le leur présente comme sec. Les vins français non mousseux ne connaissent pas toutes ces subtilités et le mot *sec* conserve à leur sujet sa signification propre.

seau à glace. Les seaux à glace semblent (sauf dans les restaurants) de moins en moins utilisés à notre époque de réfrigération électrique. Il faut le regretter : les vins blancs, les rosés et les Champagnes sont de loin meilleurs servis dans un seau à glace. Frappés à l'avance, ils perdent leur fraîcheur, leur vivacité et leur charme au fur et à mesure qu'ils se réchauffent en cours de repas : le dernier verre a rarement aussi bon goût que le premier. Au contraire, le vin rouge servi à une température légèrement inférieure à la température ambiante s'améliore et acquiert un meilleur goût en se réchauffant.
Bon nombre de seaux à glace sont mal conçus et le vin contenu dans le col d'une bouteille de vin du Rhin ou de Moselle, par exemple, n'est jamais frappé. Dans ce cas, il est parfaitement permis de mettre la bouteille tête en bas dans le seau, pendant dix minutes environ, avant d'enlever la capsule et de la déboucher.

secco. Mot italien, *sec* ; le contraire d'*abboccato** ou d'*amabile**.

séché. Terme de dégustation. Se dit d'un vin qui a perdu sa fraîcheur et son fruité, soit au cours d'une trop longue conservation en fût, soit à cause du contact de l'air, une fois le vin débouché.

Seeweine. Nom donné à plusieurs vins sans grande importance, produits sur la rive allemande du lac de Constance (ou Bodensee). On distingue : plusieurs vins blancs issus du Ruländer (ou Pinot gris) et récoltés aux environs de Meersburg et Hagnau ; un curieux rosé fort pâle (presque un blanc de noirs), issu du Pinot noir et qui, sous le nom de Weissherbst, connaît une renommée purement locale.

Seibel. Un des hybrides français les mieux connus. Quantité de croisements, qui résistent au phylloxera, ont été couronnés de succès tant en Europe qu'aux Etats-Unis. → Hybride.

Sekt. Mot allemand désignant un vin mousseux produit presque toujours en cuve close. Il n'y a pas de vins mousseux à appellation d'origine en Allemagne.

Selle (Château de). Vin rouge, rosé et blanc de Provence, produit par le vignoble du même nom à Taradedu, près de Draguignan. Le Cabernet Sauvignon entre dans l'encépagement du domaine, dont les vins sont parmi les meilleurs de Provence.

Sémillon. Excellent cépage blanc, largement cultivé dans le sud-ouest de la France et, dans une certaine mesure, en Australie et en Californie. Il donne les meilleurs résultats quand il est interplanté ou vinifié en association avec une autre variété : le Sauvignon blanc spécialement, comme c'est le cas dans le Sauternais ou dans les Graves. Vinifié seul, il produit un vin d'un caractère bien défini et d'une grande classe, mais souvent trop faible en acide et manquant de fraîcheur et de fruité (tels souvent le Montravel* et le Monbazillac*). Dans l'ensemble, les meilleurs vins issus du Sémillon sont ceux qui présentent au moins une pointe de douceur : s'ils sont très secs, ils risquent d'être un peu amers, spécialement s'ils proviennent d'une région chaude.

Sercial. Excellent cépage blanc, produisant en général les meilleurs vins blancs secs de l'île de Madère*.

serpette. Petite serpe utilisée pour élaguer les pépinières et, pendant les vendanges, pour cueillir les grappes de raisin.

Serrig. Le village le plus élevé et le plus froid de la vallée de la Sarre (Allemagne). Son vignoble (100 ha) produit quelques vins fins, mais dans les bonnes années uniquement. La production comprend principalement un vin très acerbe, pâle, faible en alcool, que l'on utilise pour la fabrication du *Sekt* (vin mousseux).

service du vin. Pour bien servir le vin, il y a des règles qui relèvent du bon sens. Ainsi, on servira d'abord le maître de maison, de façon qu'il goûte le vin et s'assure qu'il peut l'offrir à ses invités. Les vins blancs et les rosés sont frappés, pour la bonne raison que quatre-vingt-dix-neuf personnes sur cent les trouvent de la sorte plus rafraîchissants et plus agréables. Les vins rouges accompagnent traditionnellement les viandes rouges, parce que la plupart des gens estiment que cette association est parfaite. Les vins doux — de dessert — seront servis à la fin du repas et non au début, tout comme s'il s'agissait de fraises ou de crème au chocolat.

Quand, au cours d'un repas, on sert des vins différents — le cas est moins fréquent de nos jours —, le problème paraît un peu plus compliqué ; mais, une fois encore, il faut s'en remettre au bon sens. Un vin ne doit jamais faire regretter celui qui l'a précédé ;

un vin corsé vient après un vin plus léger ; un vin doux après un vin sec. Quand on sert un poisson et une viande, le poisson (qu'accompagne un vin blanc sec) précède la viande (qu'accompagne selon toute vraisemblance un vin rouge). → Décantation, verres, température. Voir aussi « Les vins et les mets ».

Setubal. Commune du Portugal connue surtout par ses Muscats.

sève (avoir de la). Un vin qui a de la sève est un vin qui présente de réelles qualités d'élégance et de finesse qu'on ressent à la dégustation d'une manière gracieuse et subtile.

Sèvre-et-Maine. Région vinicole située au sud-est de Nantes (Bretagne inférieure). Produit la plus importante quantité de Muscadet. Celui-ci a droit à l'appellation Muscadet de Sèvre-et-Maine.

Seyssel. Intéressant et rare vin blanc, pâle, frais, généralement très sec. Produit sur les deux rives du Rhône, en amont de Lyon, avec le cépage Roussette (Roussanne). Le vin mousseux de Seyssel est issu d'un autre cépage, la Molette.

Sherry. Nom anglais du Xérès. → Xérès.

Sicile. La Sicile produit deux millions d'hectolitres de vin par an. A de rares exceptions près (les vins rouges, ou encore et surtout les vins blancs de l'Etna, le Corvo di Casteldaccia, etc.), ce sont des vins assez ordinaires qui servent, sur place, à la consommation courante, et qui font l'objet d'exportations comme vins de coupage.

Le Marsala* est évidemment le principal vin viné d'Italie : un vin ambré, qui titre de 17 à 19 degrés et que l'on peut comparer au Xérès. La Sicile produit aussi quantité de vins de dessert dont la réputation n'est pas uniquement locale : le Moscato di Siracusa*, le Zucco*, la Malvasia di Lipari*, le Moscato di Pantelleria*, l'Albanello*, etc.

sifone. Jus de raisin réduit au tiers de son volume, et de la consistance du sirop, ou presque. On l'utilise pour rendre doux les vins de Marsala*.

Sillery. Commune de la Champagne, au sud-est de Reims. Célèbre autrefois, car ses chais rassemblaient des vins de grande qualité de la Montagne de Reims, notamment ceux de Verzenay.

Sion. Chef-lieu du canton du Valais (Suisse). Parmi les vins produits dans les environs de Sion, il faut citer la Dôle* (un excellent vin rouge), l'Ermitage (rouge, blanc), le Johannisberg (vin blanc qui, malgré son nom, est souvent issu du Sylvaner) et nombre de Fendants ou Chasselas de qualité supérieure, notamment ceux de l'Uvrier, de Clavoz et du Mont d'Or.

Smith-Haut-Lafitte (Château). Excellent cru rouge des Graves, récolté à Martillac. Vin lent à se faire et de longue vie.

Soave. Commune viticole produisant un excellent vin blanc sec, qui compte parmi les meilleurs d'Italie. Produit à l'est de Vérone. Les cépages dominants sont le Garganega et le Trebbiano, ainsi qu'une petite quantité de Riesling italien. Les vignes sont conduites en hauteur, sur pergolas, de 1 m 80 à 2 m du sol. Le village voisin de Monforte est considéré comme faisant partie du district de Soave. Une grande partie de la production de Soave et de Monforte est vinifiée par une cave coopérative locale, la *Cantina sociale,* l'une des plus importantes et des mieux équipées de l'Italie. Le Soave est vendu dans de minces bouteilles vertes, comme les vins d'Alsace ou du Rhin.

C'est un vin couleur de paille, net, qui laisse une sensation de fraîcheur, sec sans acidité : en un mot, un vin fort agréable, mais non un grand vin. Le Soave est vite prêt à boire : il est préférable de le consommer avant sa troisième année.

solera. Ce terme désigne la manière dont s'effectuent le mûrissement et l'assemblage de certains vins vinés (le Xérès principalement), de manière à produire, au fil des années, des vins d'une qualité constante et correspondant parfaitement à leur type. C'est ce que réussissent merveilleusement d'experts maîtres de chais. Pour plus de détails → Xérès.

Solutré. Une des quatre communes qui produisent le Pouilly-Fuissé*. Solutré produit un vin un peu plus léger et plus fin que les autres communes. Le rocher qui domine la commune est reproduit sur quantité d'étiquettes de Pouilly-Fuissé.

sommelier. Dans les restaurants, le sommelier s'occupe du traitement et du service des vins.

Sondrio. Ville du nord de l'Italie ; centre de production du vin rouge de la Valtelline*.

Sonoma. Un des plus importants comtés vinicoles du nord de San Francisco, et dont la partie sud est baignée par la baie. Des vignobles avaient été plantés aux environs de Sonoma avant la guerre de l'Indépendance ; le plus connu est celui de Buena Vista, qui appartient au colonel (ou comte) Haraszthy, appelé à juste titre le père de la viticulture californienne.

Sonoma a des climats et des sols variés. L'intérieur, de la baie de San Francisco et de Sonoma à Santa Rosa et à Guerneville, connaît un climat ni plus ni moins froid que celui de la Bourgogne et convient admirablement à la viticulture. La côte ouest, le long du Pacifique, trop froide et trop humide, ne permet pas la culture de la vigne.

La partie nord, dans la vallée de Russian River, de Healdsburg à Asti, jouit d'un climat aussi chaud que le centre de l'Italie et produit autant de vins, des vins rouges issus de cépages communs : Carignan, Petit Syrah, Mataro et Grenache. Le Zinfandel donne un vin ordinaire plus que respectable, supérieur au vin du midi de la France. Les vins blancs provenant du nord du comté — région plus chaude, nous l'avons dit — sont beaucoup moins bons que les rouges.

Sorni. Vin rouge fort plaisant du Trentin (Italie), produit aux environs du village homonyme et issu principalement de la Schiava, associée au Merlot et au Teroldego. Le Sorni est un vin léger, équilibré.

souche. Tronc d'un pied de vigne. On dit aussi *cep.*

soufre. On emploie le soufre aux différents stades de la culture de la vigne et de la vinification. L'épandage ou la pulvérisation de soufre sur les vignes permet de lutter efficacement contre les maladies de la vigne, en particulier contre l'oïdium. Dans les chais, le soufre sert à la stérilisation des fûts, des tonneaux, etc. Mais (→ sulfitage) on utilise souvent le soufre — et souvent abusivement — pour préserver de l'oxydation des vins blancs mal équilibrés, ou pour conserver une certaine douceur à un vin qui risquerait sans cela de continuer à fermenter et devenir très sec. Il n'y a rien à redire touchant cette pratique, à la condition qu'on veille à ce que le vin fini n'ait pas un goût de soufre. Un dégustateur décèlera dans un vin la moindre trace de soufre si le vin provoque un léger picotement dans le nez et laisse, sur la pointe de la langue, une curieuse sensation de pâteux.

soufrage. Le soufrage, opération à ne pas confondre avec le sulfitage*, assure la stérilisation des fûts et des tonneaux dans le cellier, et le traitement des vignes sur le terrain. Pendant leur croissance, les vignes sont régulièrement saupoudrées de fleur de soufre pour prévenir l'oïdium. De plus, des mèches de soufre sont fréquemment brûlées dans les fûts vides pour en éliminer les bactéries.

souple. Terme de dégustation. Se dit d'un vin sans excès de tanin, « glissant », agréable et prêt à boire.

soutirage. Opération qui consiste à transvaser le vin d'un fût dans un autre, afin de séparer le vin clair de ses dépôts ou de ses lies.

soyeux. Terme de dégustation. Se dit d'un vin onctueux et souple.

Spanna. Autre nom du cépage Nebbiolo*.

Spätlese. Mot allemand, litt. cueilli (mûri) tard. Le mot *Spätlese* qualifie un vin naturel (non chaptalisé) de qualité supérieure, extrait de raisins récoltés après le gros de la vendange. Ces raisins sont, en général, plus mûrs que les autres : aussi un *Spätlese* est-il un vin plus charnu, plus mûr et présente-t-il généralement une pointe de douceur plus accusée que les autres vins du même vignoble et de la même année. Un *Spätlese* coûte d'habitude 30 à 40 pour cent plus cher.

spiritueux. Se dit d'un vin riche en alcool.

spumante. Mot italien : mousseux. Un vin *spumante* est vraiment pétillant, contrairement au *frizzante*, qui ne l'est que légèrement. On produit des *spumanti* selon différentes méthodes. Le *gran spumante*, selon la méthode champenoise (fermentation en bouteille) ; les autres *spumanti*, par le procédé Charmat (cuve close).

stabilisation. Ensemble des traitements (y compris la réfrigération et, dans les

cas extrêmes, la pasteurisation) que l'on fait subir à beaucoup de vins afin qu'ils supportent, autant que possible, la chaleur, le froid et la lumière, sans perdre leur limpidité et leur tenue.

Steinberg. Célèbre vignoble (25 ha), situé au cœur du Rheingau (Allemagne). Il a été planté au XIIᵉ siècle (le mur qui l'entoure est d'époque) par des moines cisterciens à qui l'on doit le Clos de Vougeot (Bourgogne). Saint Bernard de Clairvaux a d'ailleurs surveillé la plantation des deux vignobles. Comme le monastère voisin d'Eberbach, le vignoble a été acheté par l'Etat, et il fait partie actuellement du *Staatsweingut.* Il est situé sur les collines

cailouteuses qui dominent Hattenheim. Les vins se vendent sous les appellations Steinberger, Steinberger Kabinett, Steinberger Spatlese Kabinett, Auslese, Trockenbeerenauslese, etc. Entre ces vins, non chaptalisés et mis en bouteille au domaine, il existe évidemment d'importantes différences de qualité, même pour un millésime identique. Il ont cependant tous un air de famille : ce sont des vins charnus, pleins d'autorité, d'une grande classe, puissants, d'une grande saveur, qu'on voudrait parfois plus discrète. Les vins de Steinberg sont moins bons dans les années de grande sécheresse que les vins de Marcobrunn, et moins attrayants dans les années pauvres que les vins de Rüdesheim, qui sont plus mûrs et plus fruités. Mais dans leur plénitude, les vins de Steinberg sont tout simplement incomparables.

Steinwein. Nom donné parfois (à tort) aux Frankenweine allemands, c'est-à-dire aux vins de Franconie qui se vendent en *Bocksbeutels**. A proprement parler, un Steinwein est un vin originaire de Wurzbourg*, récolté sur les coteaux escarpés de la vallée du Main. Il est issu des cépages Riesling, Sylvaner ou Muller-Thurgau. Les meilleurs Steinweine sont secs, charnus, bien équilibrés et d'une qualité exceptionnelle.

suffig. Terme allemand de dégustation. Se dit d'un vin léger, frais et qui se laisse boire facilement.

Suau (Château). Deuxième cru classé de Barsac. Il existe, à Capian (Côtes de Bordeaux*), un vignoble du même nom qui est beaucoup plus étendu.

sucrage. → chaptalisation.

sucres. Composants du moût, qui produisent de l'alcool sous l'action des levures, autrement dit des sucres fermentescibles. Le jus de raisin, et la plupart des vins, contiennent normalement aussi une infime quantité de sucres non fermentescibles, tels que les pentoses. Les sucres dits réducteurs constituent l'ensemble des deux autres. Le sucre résiduaire est celui qui subsiste dans le vin après la fermentation.

Suduiraut (Château de). Premier cru classé de Preignac (Sauternes). C'est un vignoble célèbre qui, après une décadence de vingt ans, produit à nouveau des vins charnus, qui ont de la bouche, assez doux : des vins qui honorent le grand nom qu'ils portent.

Suisse. Bien qu'elle compte 12 000 hectares de vignobles, la Suisse importe beaucoup plus de vin qu'elle n'en produit ; et elle importe plus de vin par tête d'habitant que n'importe quel autre pays au monde : elle importe en effet plus de 150 millions de bouteilles par an, plus que la Grande-Bretagne et trois fois plus que les Etats-Unis. Près de 90 pour cent des importations consistent en vin de table rouge bon marché, acheté en masse en Italie, en Espagne et, dans une mesure moindre, en France. Mais la Suisse produit assez de vin blanc pour satisfaire ses propres besoins, et même pour en exporter une certaine quantité.

La vigne existe dans plus d'une douzaine de cantons, mais quatre seulement ont une réelle importance : le Valais, qui occupe la haute vallée du Rhône, parallèle à la frontière entre la Suisse et l'Italie ; le canton de Vaud, sur la rive nord du lac de Genève ; le canton de Neuchâtel, dont les vignobles s'étendent le long de la rive nord du lac homonyme, au nord-ouest du pays, non loin de la France ; le Tessin, autour des lacs de Locarno et de Lugano.

Le Tessin produit surtout des vins rouges de table, ordinaires, et, depuis quelques années, un vin rouge de meilleure qualité, le Merlot (un des cépages du Bordelais). Toutefois, le vin rouge le plus connu est la Dôle*, produite dans le Valais, aux environs de Sion. Le reste de la production se compose pratiquement de vins blancs issus du Chasselas (appelé ici Fendant) : on les vend souvent sous le nom de Fendant. Quelques-uns des meilleurs sont le Dézaley*, le Saint-Saphorin*, l'Yvorne*, l'Aigle*, le Sion* et le Neuchâtel*.

Si, dans l'ensemble, la Suisse ne possède pas de grands vins, elle offre des vins frais, généralement peu coûteux, légers et charmants. La plupart sont mis en bouteille au cours de leur première année.

sulfitage. Addition de soufre au moût ou au vin, sous forme de sulfite ou d'anhydride sulfureux, afin de retarder ou d'empêcher la fermentation. Il s'agit de nos jours d'une opération habituelle : ainsi stérilisé, le moût reçoit une nouvelle dose de levures sélectionnées. Toutefois, quand le sulfitage tend à « maintenir » la douceur d'un vin léger, fermenté en partie, il peut se révéler fâcheux, sauf grandes précautions : le vin sent le soufre. C'est le cas des Liebfraumilch et des Bordeaux blancs bon marché.

Sylvaner. Cépage blanc supérieur et d'assez bon rendement. Probablement d'origine allemande ou autrichienne, le Sylvaner est répandu dans de nombreux pays. En Allemagne, c'est le cépage dominant, encore qu'il donne un vin plus léger et de vie plus courte que le Riesling, qui a plus de distinction. En Alsace, le Sylvaner produit un vin de carafe frais, fruité et agréable, qui peut atteindre une bonne classe dans certains terroirs, tels ceux de la région de Barr (Bas-Rhin). On trouve aussi le Sylvaner en Autriche, dans le Tyrol italien (surtout aux environs de Bressanone), en Suisse, au Luxembourg, en Californie et au Chili. Au cours de ses pérégrinations, le Sylvaner a acquis de curieux pseudonymes : Œsterreicher dans le Rheingau, Franken Traube dans le Palatinat, et même Franken Riesling en Franconie, où il se rapproche en qualité de l'authentique Riesling. En Suisse, on le connaît parfois sous le nom de Johannisberg et il porte aussi, légalement d'ailleurs, le nom de Riesling en Californie.

Le Sylvaner a souvent servi à des croisements avec le Riesling*. Le Müller-Thurgau* passe pour être le résultat d'un tel croisement, mais rien n'a été prouvé à cet égard, et d'ailleurs ce métis n'a aucune des qualités de ses deux parents supposés.

Syrah. Excellent cépage rouge, qui donne l'Hermitage* rouge. C'est l'un des composants du Châteauneuf-du-Pape*. La Syrah donne un vin de teinte foncée, lent à se faire, riche en tanin, doté d'un bouquet caractéristique que l'on n'oublie pas. Il semble que le cépage connu en Australie et en Afrique du Sud sous le nom d'Hermitage et de Sirah soit bien la Syrah : elle y donne d'ailleurs une bonne part des meilleurs vins rouges (meilleurs... avec des réserves). En France, la Syrah ne donne de très bons vins que dans sa région d'origine (Côté Rôtie, Hermitage). Plantée plus au sud, elle perd une grande partie de ses qualités et l'encépagement doit en être très limité.

Szeksard. Vin rouge de Hongrie, produit dans la région du même nom.

table (vins de). Le terme « vin de table » remplace depuis peu celui de vin de consommation courante qui, avec le temps, prenait un aspect assez vulgaire et même péjoratif. Les vins de table sont produits un peu partout dans les vignobles de France, là où ils ne peuvent bénéficier ni de l'appellation VDQS, ni de l'AOC.

Tâche (La). Un des grands Bourgognes rouges. Récolté dans un petit vignoble situé sur la commune de Vosne-Romanée. La Tâche appartient entièrement aux propriétaires de la Romanée-Conti*. Avant la seconde guerre mondiale, la Tâche comprenait 1,4 ha, situé entre les Gaudichots et les Malconsorts (→ Vosne-Romanée). Au cours de l'occupation allemande, en 1943, un décret a conféré l'appellation La Tâche à une importante partie des Gaudichots, si bien que près de 6 ha de vignes portent actuellement cette appellation. L'extension du vignoble a eu pour effet d'augmenter la production. Le vin n'en a guère souffert, car les Gaudichots sont un très grand vignoble. C'est un vin velouté, charnu, doté d'un bouquet extraordinaire et d'un parfum prenant.

taille. La taille est l'opération qui, après la vendange, en hiver, permet de modifier le port du cep afin de le rendre productif pour l'année qui vient. Il existe plusieurs tailles : taille en gobelet, taille Guyot* (simple ou double), taille en Cordon de Royat... sont les principales appliquées à la vigne. C'est aussi le terme qui désigne le produit du pressurage en Champagne.

taché. Se dit d'un vin blanc qui a pris — souvent accidentellement — une teinte plus ou moins rosée à la suite d'un séjour dans de la futaille ayant contenu un vin rouge.

Tain-l'Hermitage. Ville des Côtes-du-Rhône, au sud de Lyon. On y produit les vins de l'Hermitage ou Ermitage (Rouges et blancs).

Talbot (Château). Vignoble étendu de la commune de Saint-Julien. Quatrième cru classé, qui se vend comme les seconds. C'est un Bordeaux très corsé, charnu, de teinte foncée et assez lent à se faire.

Talence. Commune des Graves, aujourd'hui presque entièrement englobée dans la banlieue de Bordeaux. Les constructions ont ruiné une grande partie des vignobles ; seuls deux d'entre eux conservent une véritable importance : le Château La Tour-Haut-Brion, un bon vin rouge, et le Château Laville-Haut-Brion, l'un des plus grands vins blancs des Graves.

tanin. Groupe de produits organiques qui se trouvent dans la peau, les pépins et la rafle du raisin, et que contient aussi le vin, principalement le vin rouge. Le tanin donne au vin une saveur amère, que l'on connaît aux meilleurs Bordeaux rouges jeunes, de grands millésimes. Le goût de tanin (on dit aussi de rafle) est fort prononcé dans les vins qui n'ont pas été égrappés. Il augmente aussi dans les vins qui ont séjourné en fûts de bois — spécialement dans les fûts neufs —, et souvent, cela accroît considérablement leur qualité. Le tanin constitue une partie des dépôts que présentent, en vieillissant, les grands vins rouges. Un vin parvenu à maturité contient moins de tanin qu'un vin jeune. D'autre part, certains cépages sont plus riches en tanin que d'autres ; ils donnent généralement des vins qui bonifient en vieillissant.

Tannat. Cépage originaire du Béarn et du Pays Basque. Autrefois, il entrait à presque 80 % dans les vinifications du Madiran et du vin d'Irouléguy. Aujourd'hui on conserve ses qualités mais à cause de la dureté (tanicité) qu'il conférait aux vins, on lui a adjoint le Cabernet (franc et sauvignon). Si bien que le Tannat représente environ 40 % des encépagements et parfois 20 % seulement au moment des vinifications.

Tarragone. Ville et province d'Espagne, au sud de Barcelone, sur la côte méditerranéenne. On y produit un important volume de vin de table ordi-

naire et quelques vins rouges doux et vinés (d'une qualité légèrement supérieure), appelés Priorato en Espagne, et Tarragona (ou même Porto de Tarragone) pour l'exportation.

tartre. L'acide tartrique est le principal acide des vins issus des raisins arrivés à maturation. Le tartre se dépose dans les fûts, et parfois dans les bouteilles, sous la forme de cristaux de bitartrate de potasse, ou crème de tartre (en allemand, *Weinstein*).

tasse à déguster. Petite coupelle en argent, utilisée pour la dégustation des vins jeunes. On dit aussi *tastevin* ou *tâtevin*.

tastevin. → Tasse à déguster. On dit aussi *tâtevin*. Le *tastevin* est le symbole de la confrérie des Chevaliers du Tastevin, dont le siège est au château du Clos de Vougeot, et qui compte des filiales et des chapitres dans de nombreux pays.

tastevinage. Sorte de label attribué à certains vins de Bourgogne par la confrérie des Chevaliers du Tastevin, moyennant paiement d'une redevance. Les vins *tastevinés* portent le label du tastevinage et le nom du fournisseur (non toujours celui du producteur). Le tastevinage constitue une indication, mais non une garantie de qualité supérieure.

Taurasi. Vin rouge italien de Campanie, produit dans le village homonyme et appelé aussi Aglianico di Taurasi. Appellation contrôlée (D.O.C.) depuis 1970.

Tavel. Le plus fameux vin rosé de France, et probablement un des plus anciens : vin favori de François Ier et célébré par Ronsard. Le vignoble du Tavel est situé autour du village

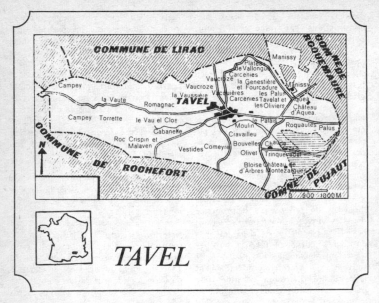

homonyme, sur la rive droite du Rhône, en face d'Avignon. Les cépages sont principalement le Grenache et le Cinsault, puis la Clairette, le Bourboulenc, le Carignan, etc. La zone de production, très limitée, a connu une certaine extension dans les dernières années. Le sol est rocailleux et aride. Le rendement à l'hectare est minime : aussi le Tavel a-t-il plus de saveur et de bouquet que les autres rosés du Rhône ; il titre aussi davantage (12 à 14 degrés). Son rival le plus proche est le Lirac*, produit dans la commune voisine. La production de Tavel s'élève actuellement à près de deux millions de bouteilles : plus de la moitié provient d'une importante coopérative équipée d'un matériel moderne. Il existe aussi un certain nombre de plus petits producteurs, dont une partie mettent leur vin en bouteille.

Certains prétendent que le Tavel est le seul vin rosé qui gagne à vieillir. Ce n'est pas l'avis des vignerons qui produisent le Tavel : ils préfèrent le boire avant qu'il atteigne deux ans, et ils considèrent une bouteille de cinq ans comme une curiosité.

Tchécoslovaquie. Ce pays possède 20 000 hectares de vignobles, situés principalement autour de Melnik, dans la vallée de l'Elbe, au nord de Prague, et aux environs de Brno, en Moravie. Les vins, presque tous consommés sur place, n'ont rien d'exceptionnel.

Teinturier. Nom donné à plusieurs variétés de cépages, relativement rares, qui donnent un jus rouge ou pourpre et non blanc. Le Salvador et l'Alicante Bouschet en sont des exemples, que l'on cultive d'ailleurs pour cette raison.

tempérance. Modération, particulièrement dans l'usage des boissons alcooli-sées. On a donné à ce terme la signifi-cation incorrecte d'abstinence com-plète : acception étymologiquement aussi absurde que le serait celle d'une zone tempérée complètement privée de chaleur. Une expérience séculaire montre d'ailleurs que la vraie tempé-rance est bien plus répandue dans les pays où les vins de table légers sont boisson courante, populaire et quoti-dienne ; cette thèse en tout cas est soutenue par plus d'un observateur avisé. C'est pourquoi Pasteur appelait le vin « la plus hygiénique et la plus saine des boissons ». Quant à Adam Smith, il déclarait : « Le bon marché du vin semble être source de sobriété et non d'ivrognerie. » Et Thomas Jef-ferson concluait : « Nulle nation n'est alcoolique si le vin y coûte peu, et nulle n'est sobre si le prix élevé du vin le fait remplacer par l'alcool comme boisson courante. »

température de service des vins. La température de service est un facteur important de la dégustation des vins, et spécialement des vins fins. Un vin blanc servi tiède paraîtra plat, désa-gréable ; un vin rouge servi trop frais paraîtra engourdi, astringent, et man-quera presque toujours de bouquet. Il ne s'agit pas, en l'occurrence, d'un cérémonial mais d'une exigence bien fondée : quiconque prendra la peine d'y réfléchir s'en rendra compte. Un principe généralement admis veut que l'on serve les vins blancs frappés et les vins rouges « chambrés », et ce prin-cipe ne manque pas de justification. Mais la température des pièces varie selon les exigences de ceux qui y vivent. Aussi convient-il de donner quelques conseils pratiques :
1° On ne servira aucun vin à une tem-pérature de plus de 20 degrés, quelle que soit par ailleurs la température de la salle à manger.

2° Les grands vins rouges, surtout vieux, se révèlent vers 15 ou 16 de-grés. A noter qu'un vin s'échauffera au cours du service : aussi vaut-il mieux les servir à une température un peu inférieure à la température idéale.
3° Les vins rouges de moins grand lignage, et singulièrement les vins jeu-nes, devraient se servir plus frais : la température de 12 degrés est idéale (c'est la température d'une bonne cave).
4° Les vins blancs secs et les vins rosés doivent être servis frappés : les vins les plus distingués et les moins alcoolisés (les Moselles, par exemple) à 11 degrés, les autres à 10 degrés.
5° Les vins mousseux et, en général, la plupart des vins de table doux (les Sauternes, par exemple) seront servis glacés. Les grands vins doux alle-mands (Beerenauslesen, etc.) ne de-mandent pas une température infé-rieure à 8 degrés.
Il nous faut répéter qu'il faut éviter à tout prix, pour frapper un vin, de le mettre dans un réfrigérateur. Le seau à glace présente l'avantage de conser-ver le vin à une bonne température pendant le service, mais le principal inconvénient tient au fait que le goulot de la bouteille ne se trouve pas dans la glace. Encore que cela paraisse fort peu orthodoxe, on n'hésitera pas à retourner une bouteille de vin blanc dans le seau à glace, quelques minutes avant de la servir.

tendre. Terme de dégustation. Se dit d'un vin jeune, frais, plein de charme, léger et facile à boire.

Tent. Vieux vocable anglais désignant un vin rouge originaire d'Espagne et particulièrement d'Alicante. Le mot *Tent* vient probablement de l'espagnol *tinto**.

tenuta vinicola. En Italie, propriété vinicole comportant des bâtiments et des vignes. C'est l'équivalent du français *domaine* ou *château*.

Terlano. Un des plus fameux et des meilleurs vins blancs du Tyrol italien (Haut-Adige). Il est récolté autour du village homonyme, dans les gorges profondes et pittoresques de l'Adige, entre Bolzano et Merano. Le Terlano est issu de plusieurs cépages : Riesling, Pinot *bianco*, Pinot *grigio*, Terlano (un cépage local, appelé aussi Blatterle).
La qualité et le caractère du Terlano varient selon le principal cépage utilisé (dont le nom ne figure pas sur l'étiquette). En général, le Terlano est un vin blanc sec, bien équilibré, d'une pâle couleur d'or vert, mais sans grand bouquet ni saveur spéciale : un vin délicat et agréable. Il est vendu en hautes bouteilles comme les vins d'Alsace.

Termeno. Village du Haut-Adige (Tyrol italien), au sud du lac de Caldaro*. Appartenant avant 1918 à l'empire autrichien, il porte en allemand le nom de Tramin et, selon la tradition, il serait la patrie d'origine du cépage Traminer. Mais on sait que le Traminer était connu en France sous des synonymes tels que Ségnié, Savagnin et Naturé, ce qui prouve les origines multiples du cépage en cause.

terne. Se dit d'un vin manquant de brillant, de vivacité et de caractère.

Teroldego. Vin rouge italien léger, frais et parfumé, issu du cépage du même nom. Il est récolté dans le Trentin, où on le considère comme le vin typique du pays. Le centre de production se situe autour de Mezzolombardo et de Mezzocorona, au nordouest de Trente.

terroir. Ce mot, qui désigne le sol, la terre, prend, quand il s'applique aux vins, un sens spécial, comme dans l'expression *goût de terroir*. Certains vins, récoltés sur un sol lourd, ont un goût caractéristique, particulier, difficile à décrire : un goût de *terroir*, plutôt désagréable, commun et persistant, du moins dans la plupart des cas. Car, si les grands vins ont rarement un goût de terroir, quand ils l'ont il est aussi léger qu'inoubliable. En allemand : *Bodenton, Bodengeschmack*.

Tertre (Château du). Cinquième cru classé d'Arsac (Haut-Médoc), originaire de la limite sud du Médoc. C'est un Bordeaux assez léger, agréable et parfumé.

Tertre-Daugay (Château). Premier cru de Saint-Emilion, de bonne qualité. La production est minime.

Tessin. Canton de la Suisse italienne, au sud des Alpes. Le vignoble (18 000 hectares) produit, pour la plus grande part, des vins rouges assez communs. Le Merlot (issu du cépage du même nom, un cépage du Bordelais) est le meilleur vin du Tessin.

thermorégulation. Ce terme s'emploie plus spécifiquement en matière de vinification pendant la fermentation. Une fermentation conduite en thermorégulation (ou fermentation thermorégulée), surtout employée dans les vinifications en vin blanc, permet de baisser la température de fermentation qui a tendance à augmenter au-delà des limites raisonnables pour atteindre 25 à 30°C. Pour la plupart des vins blancs ces températures favorisent le dégagement des arômes des vins qui sont donc purement perdus. La thermorégulation offre la possibilité d'emprisonner ces arômes pour obtenir des vins plus bouquetés, plus frais et plus légers en maintenant les fermentations plus basses au dessous de 20°C. Plusieurs types de cuve permettent d'assurer cette thermorégulation, avec des procédés divers mais à résultante identique : une forme de réfrigération autour des cuves de fermentation.

Thouarcé. Une des meilleures communes des Coteaux du Layon* (Anjou). Vins blancs doux de qualité supérieure. Domaine de Bonnezeaux.

Tigné. Commune proche des Coteaux du Layon*, dans le val de Loire. On y récolte, ainsi que dans les communes voisines, le meilleur rosé d'Anjou. Le Château de Tigné et le Clos du Moulin sont les principaux domaines.

tinaja. En Espagne, amphore de terre, de grande capacité, destinée à la fermentation et au logement des vins de Montilla*.

Tinta. Au Portugal et à Madère, nom donné à une famille de cépages rouges, produisant des vins très colorés et corsés, que l'on utilise pour l'élaboration du Porto et de certains vins de table rouges tels que le Dão. On distingue les cépages suivants : Tinta Cão, Tinta Madeira, Tinta Francisca, Tinta Miuda, Tinta Alvarelhão, Tinta Pinheira, Tinta Carvalha, etc.

Tintilla. Vin rouge espagnol doux, récolté à la limite du pays de Jerez et, notamment, autour de la ville de Rota.

Tintillo. En Espagne, vin rouge pâle, presque rosé, du type de la plupart des vins de Valdepeñas.

tinto. Mot espagnol : teinté. Un *vino tinto* est un vin rouge. On dit aussi familièrement, et moins à propos, *rojo* (rouge) et *negro* (noir).

tipico. Mot italien : typique. Ce terme n'est pas l'équivalent italien de l'appellation contrôlée française ; mais on confondait souvent les *vini tipici* avec des vins d'origine, avant que la loi italienne n'instituât la *denominazione di origine controllata**.

tirage. Prélèvement du vin d'un tonneau pour le mettre en bouteilles. Dans la Champagne viticole, mise en bouteille du vin tranquille, préalablement additionné de la liqueur de tirage qui provoquera la fermentation complémentaire et la prise de mousse.

tire-bouchon. Instrument servant à enlever le bouchon de la bouteille. Sous sa forme traditionnelle, la plus simple, il s'agit d'une spirale métallique attachée à un simple manche perpendiculaire. Mais il en existe aujourd'hui des centaines de variantes ingénieuses, les unes admirablement efficaces, les autres tout à fait inutiles. Un amateur de vin devrait se rappeler, lorsqu'il choisit un tire-bouchon, que la *mèche* elle-même est de loin plus importante que tous les leviers, double-leviers compliqués ou spirales inversées, en argent plaqué ou en bois, qui sont censés extraire le bouchon avec un minimum d'efforts. Tous ces appareils sont prétentieux et ridicules si la mèche elle-même n'est pas correctement dessinée. Une bonne mèche est facile à reconnaître : ce n'est pas une vrille mais une spirale ouverte, dans laquelle on peut facilement introduire une allumette, et qui a un diamètre extérieur de 8 à 9,5 mm. La mèche elle-même devrait être mince et conique (elles sont rares) avec une pointe effilée qui suit le mouvement de la spirale et n'est pas centrée. Les mèches d'acier étiré, de section transversale, plutôt rectangulaires que rondes, sont les meilleures ; mais elles sont difficiles à trouver. Un bon tire-bouchon ne doit jamais être tranchant sur le côté extérieur de la spirale. Si elle doit être utilisée pour des vins fins, il est *indispensable* que la mèche ait de 5,5 à 7 cm de long.

Ceci dit, un amateur de vin peut satisfaire sa fantaisie, mais il est certain qu'un tire-bouchon muni d'un levier ou d'une double mèche est de loin préférable lorsqu'on a affaire à de longs bouchons, à de vieilles bouteilles et surtout à des vins que l'on désire ouvrir dans un panier verseur.

Un type particulier de tire-bouchon, peu recommandable, se compose de deux lames parallèles, minces et flexibles, attachées à un manche et séparées par le diamètre approximatif d'un bouchon de bouteille. Les deux lames introduites de chaque côté du bouchon, cet instrument permet, après force manœuvres, de retirer le bouchon sans le percer, et donc de le réutiliser. Ce système peut présenter un certain intérêt pour une cave commerciale, aucun chez un particulier.

Un type entièrement nouveau est apparu récemment sur le marché ; il est constitué, pour l'essentiel, d'une aiguille creuse et d'une cartouche d'air comprimé, de CO_2 ou d'un autre gaz, qu'on injecte dans l'espace compris entre l'extrémité inférieure du bouchon et le vin lui-même ; de la sorte, le bouchon est véritablement expulsé de la bouteille, au lieu d'en être extrait. Cette idée ingénieuse offre de nombreux avantages ; et, lorsqu'ils seront perfectionnés, ces instruments pourront parfaitement remplacer les tire-bouchons communément utilisés. Ils sont particulièrement efficaces lorsqu'il s'agit d'un vieux bouchon, friable, risquant de s'effriter ou de se casser. L'air ou le gaz injecté n'a aucun effet sur le vin. Malheureusement, dans la plupart des cas, les aiguilles de ces instruments sont trop courtes pour transpercer les longs bouchons utilisés pour les vins fins.

tireuse. 1° Appareil servant au remplissage automatique des bouteilles 2° Ouvrière chargée de la mise en bouteille.

Tischwein. Mot allemand : *vin de table*. Se dit habituellement d'un vin léger sans qualité particulière : un vin ordinaire.

Tokay (en hongrois : Tokaj). Un des vins les plus fameux de Hongrie et, dans sa plénitude, l'un des plus grands vins du monde. Le meilleur Tokay est rare et coûteux. Le Tokay authentique est produit par la petite région viticole de Tokaj-Hegyalja, dans les Carpathes (nord-est du pays). Il est issu principalement du cépage Furmint, qui n'a jamais été cultivé ailleurs à des fins commerciales. Le Tokay est exporté uniquement par le gouvernement hongrois, en bouteilles à long col, de 50 cl.

Le meilleur Tokay, et le plus rare, est bien plus un cordial *(eszencia)* faible en alcool qu'un vin : il rappelle un *Trockenbeerenauslese* allemand. Le Tokay le moins cher et le plus commun est appelé *szamorodni* : il est tantôt très sec, tantôt franchement doux, selon les millésimes, mais il est toujours assez alcoolisé (il titre rarement moins de 13 degrés). Le Tokay *aszu* (*aszu* est l'équivalent allemand d'*Auslese*) est d'une toute autre qualité que le *szamorodni* ; c'est un vin plus doux et plus cher. Il contient une proportion déterminée de raisins atteints par la pourriture noble : la quantité de ces raisins utilisée, par fût, pour la vinification finale, est spécifiée sur l'étiquette, en *puttonyos**. Plus il y a de *puttonyos*, plus l'*aszu* est bon, plus il est doux, et cher.

Tous les vins de Tokay authentiques ont un bouquet et une saveur caractéristiques. Même les vins communs sont souvent intéressants, et d'une bonne qualité. Les meilleurs sont de très grands vins.

Egalement, nom donné en Alsace, depuis plusieurs siècles, au Pinot gris, ou Ruländer, et aux vins qui en sont issus. A noter que ce cépage n'a rien à voir avec le Furmint, et donne d'ailleurs des vins tout à fait différents.

Enfin, le Tokay (en italien : Tocai) du Frioul est un cépage local qui n'a, lui non plus, rien à voir avec le Furmint ni avec le Harslevelu (autre cépage concourant à la production du Tokay authentique).

tonne. Tonneau de grande dimension.

tonneau. Récipient en bois, de contenance variable, servant au transport et à la conservation du vin.

Dans le Bordelais, le *tonneau* est une unité de contenance équivalant à quatre *barriques* (4 × 225 litres = 900 litres). Presque tous les vins de Bordeaux, avant la mise en bouteille, se vendent en *tonneau* (il s'agit, il faut y insister, d'une mesure marchande : les tonneaux n'existent que rarement dans les chais).

Dans l'usage commercial, le *tonneau* équivaut à 96 *caisses* ou 1 152 *bouteilles* de vin fini. En général, le propriétaire du château expédie son vin, soit « frais compris jusqu'à la mise » (frais de soutirage, de collage, d'entonnage, etc., jusqu'à la mise en bouteille au château) : c'est l'usage pour la plupart des châteaux les plus fameux ; soit « sans frais », c'est-à-dire que l'acheteur doit supporter les frais des différentes opérations, qui s'élèvent à trois quart de pour cent par mois, avec, en général, une charge de trois à six pour cent pour le collage. Les frais de mise en bouteille ne sont donc jamais inclus.

Toscane. Région de l'Italie centrale

(comprenant le pays du Chianti), dont la capitale est Florence. Sa production de vin (plus de 3 millions d'hl) vient en troisième ou quatrième place dans la production totale de l'Italie (après les Pouilles, le Piémont et, d'aventure, la Sicile). La production de la Toscane se compose, à 99 pour cent, de vin de table, en grande majorité rouge, dont un important volume se vend sous le nom de Chianti. Outre le Chianti *classico*, produit dans une petite zone délimitée, entre Florence et Sienne, la plupart des vins de Toscane, autrefois réputés (Carmignano, Pomino, Rufina), se vendent en effet sous le nom passe-partout de Chianti, et ne se différencient guère entre eux, du moins sur les marchés étrangers. → Aleatico, Montepulciano, Vin Santo.

Toul. Ville de Lorraine. On récolte sur les coteaux proches de la ville — les Côtes de Toul —, des vins gris issus du Gamay : vins fort légers, de qualité moyenne, qui bénéficient du label V.D.Q.S.

Touraine. Cette ancienne et charmante province française (dans le Val de Loire) comprend les départements d'Indre-et-Loire, de Loir-et-Cher, et une partie de l'Indre. Touraine est une appellation contrôlée, qui recouvre une production de 100 000 à 200 000 hectolitres par an, dont plus de la moitié de vin blanc. Parmi les grands vins de Touraine, d'appellation spécifique, les plus connus sont : en blanc (parfois mousseux), le Vouvray* et le Montlouis* ; en rouge, le Chinon*, le Bourgueil*, le Saint-Nicolas-de-Bourgueil*. Des vins moins nobles portent les appellations Touraine-Amboise, Touraine-Azay-le-Rideau, Touraine-Mesland. Un important volume de vins rouges (légers et plaisants), de vins blancs et de rosés portent simplement l'appellation Touraine.

Les cépages autorisés sont : le Chenin Blanc, ou Pineau de la Loire, le Sauvignon et un cépage appelé Arbois, ou Menu Pineau, pour les vins blancs ; le Cabernet franc, le Malbec et le Groslot, pour les rouges et les rosés.
Les vins d'appellation Touraine sont peu exportés ; bus dans leur deuxième année, ils font les délices des touristes et des habitants du « jardin de la France ».

Tour Blanche (Château La). Célèbre premier cru classé de Bomnes (Sauternes). Le vignoble appartient à l'Etat français et est cultivé en partie par les élèves d'une école de viticulture. Le vin de la Tour Blanche est en général un peu moins doux et un peu moins riche en alcool que les premiers crus de Sauternes, et il merite le crédit dont il jouit en France comme à l'étranger.

Tour-Carnet (Château La). Quatrième cru classé de Saint-Laurent (Haut-Médoc).

Tour-du-Pin-Figeac (Château La). Excellent cru, voisin direct du Cheval-Blanc, dans la zone de Saint-Emilion, qui fait partie des Graves. Le vignoble est actuellement partagé en deux propriétés, lesquelles produisent un vin rouge très robuste et corsé.

Tour-Haut-Brion (Château La). Excellent vignoble, de faible étendue, qui est situé pratiquement dans la banlieue de Bordeaux. Il produit un vin rouge supérieur.

Traben-Trarbach. Nom de deux villes jumelées, dans la Moselle allemande, en aval de Bernkastel et de Wehlen. Traben-Trarbach fait partie de la région de la Mittel-Mosel (Moselle moyenne), connue pour ses grands vins blancs. Traben est sur la rive gauche, Trarbach sur la rive droite. Le vignoble commun compte 160 hectares. Principaux *Lagen* (climats) : Trarbacher Schlossberg, Huhnersberg, Ungsberg.

Traminer. Un des plus connus parmi les cépages blancs d'Alsace, du Rhin, du Tyrol italien et de Californie. Son nom provient, croit-on, de celui du village de Termino* (en allemand Tramin), dans le Haut-Adige. Mais le même cépage est connu sous d'autres noms (Ségnié dans l'Aube et Savagnin dans le Jura). D'un rosé grisâtre au moment de la maturation, le Traminer a un parfum spécial, bien caractéristique. Les vins issus du Traminer sont, en général, suaves, assez faibles en acide ; ils tirent souvent sur le doux.
En Alsace, le Traminer a fait l'objet de multiples sélections massales, depuis au moins un siècle, afin d'obtenir une population de ceps donnant des vins au caractère très accentué. Ces plants ont pris le nom de Gewürztraminer.

tranquille. Se dit d'un vin qui n'est ni pétillant, ni mousseux : soit un vin jeune qui a fini sa fermentation, soit un vin moins jeune qui ne contient plus d'acide carbonique.

Traubensaft. Terme allemand désignant du jus de raisin (blanc) destiné à être consommé nature (non fermenté).

Trebbiano. Cépage blanc italien, de bonne qualité mais sans distinction. Il est très répandu en Italie et, dans une mesure moindre, dans le sud de la France, où il porte le nom d'Ugni blanc*. Dans les environs de Marseille, il donne le vin blanc de Cassis*, en association notamment avec le Sauvignon. On le rencontre aussi sous le nom d'Ugni blanc en Californie : il constitue bonne part de l'encépagement de Livermore Valley. En Italie, le Trebbiano produit des vins blancs de Chianti et les vins blancs de Lugana*, sur le lac de Garde ; c'est aussi l'un des deux principaux cépages de Soave*. Les vins issus du Trebbiano sont couleur d'or pâle, charnus, bien équilibrés et souvent sans grand bouquet.

Dans les Charentes, où il est à la limite septentrionale de sa culture, c'est lui qui produit, presque seul maintenant, le Cognac.

Trentin. Province du nord de l'Italie, située au nord et à l'est du lac de Garde, au sud du Tyrol (Trente est la capitale de la région Trentin-Haut-Adige). Le Trentin viticole occupe essentiellement les gorges profondes et pittoresques de l'Adige et les coteaux qui entourent la vallée. La production annuelle s'élève néanmoins à près de trois millions huit cent mille hectolitres : en grande partie des vins de carafe rouges, légers, d'assez bonne qualité ; des vins blancs et des rosés. Les cépages sont : le Teroldego, le Schiava, le Marzemino et des cépages plus connus tels que le Traminer, le Pinot, le Merlot, le Trebbiano et aussi le Lambrusco*. Le Trentin produit également un gros volume de Vin Santo* ; doux. Les meilleurs vins du Trentin sont le Teroldego*, le Rosato d'Avio*, le Valdadige*, le Vallagarna* et d'autres, qui portent le nom du cépage dont ils sont issus.

Trèves (all. : Trier). La ville principale de la vallée de la Moselle. Les caves de la plupart des principaux producteurs de vin de Moselle se trouvent à Trèves : le Bischöfliches Priesterseminar, le Bischöfliches Konvikt, les Vereinigte Hospitien, le Friedrich Wilhelm Gymnasium, Von Kesselstatt, le Staatsweingut, etc. C'est aussi à Trèves que se tient deux fois par an la vente aux enchères des meilleurs vins de Moselle. La ville compte quelques vignobles sans grand intérêt.

triage. Ce terme, pratiquement synonyme d'épluchage, désigne l'opération manuelle consistant à séparer le mauvais raisin du bon, avant le foulage et la fermentation. Le *triage* est une opération normale dans les caves qui visent à la qualité.

tries. Cueillettes successives, ayant pour but de ramasser, au fur et à mesure de leur maturation, des raisins destinés à produire des vins liquoreux : les Sauternes, les vins du Rhin et, d'une manière générale, les vins extraits des raisins atteints par la pourriture noble.

Trittenheim. Un des bons villages viticoles de la Mittel-Mosel (Moselle moyenne, Allemagne). Les vignobles couvrent une superficie de 900 hectares. Trittenheim produit des vins légers et pleins d'attrait, prêts à boire. Les meilleurs climats sont, par ordre de qualité : Trittenheimer Laurentiusberg, Apotheke, Altärchen, Clemensberg, Sonnenberg.

trocken. Mot allemand : littéralement, *sec*, mais, en tant que terme de dégustation, le mot *trocken* a une nuance péjorative, que ne comporte pas le français *sec*. Sauf en ce qui concerne les vins mousseux, le mot *trocken* peut aussi signifier *séché**, manquant de fraîcheur et de fruité.

Trockenbeerenauslese. Parmi les nombreux types de vins allemands de qualité, les *Trockenbeerenauslese* sont les meilleurs, les plus doux et les plus chers. Le mot désigne littéralement un vin produit par des grains *(Beeren)* cueillis *(Auslese* = trie*) un à un après les autres et qui, de ce fait, sont plus mûrs, pratiquement desséchés *(trocken)*. Ces raisins ne se récoltent que dans les grandes années et ne produisent qu'une quantité infime d'un vin très doux, remarquable et excessivement cher.

trois étoiles. Pour les Cognac et Armagnac on utilise ce terme pour désigner un jeune Cognac de 4 à 5 ans d'âge et un Armagnac d'au moins cinq ans d'âge. Mais les « trois étoiles » ne suivent, en réalité, pas de règles précises. De toute façon un « trois étoiles » sera plus jeune qu'un VSOP et qu'une eau-de-vie Réserve ou Grande Réserve.

Troja. Cépage rouge italien de haut rendement, qui donne un vin foncé, corsé, un vin médecin* riche en alcool. Le Troja est très répandu en Italie et, notamment, dans les Pouilles.

Troplong-Mondot (Château). Premier cru classé de Saint-Émilion. Vin corsé et robuste.

Trotanoy (Château). Un des meilleurs petits vignobles de Pomerol. Un Bordeaux vraiment remarquable.

Trottevieille (Château). Premier cru de Saint-Émilion. Des vins d'une finesse et d'une classe remarquables.

trouble. Se dit d'un vin qui peut être clair, mais certainement pas brillant ; c'est généralement le premier pas en direction du vin *louche*. Un vin *trouble* est presque certainement anormal ; il est peut-être malade. → Dépôt.

tuilé. Terme de dégustation qui s'applique à des vins rouges qui ont pris la teinte rouge brique des tuiles. C'est généralement le signe que le vin devient sénile.

Tunisie. La Tunisie produit des vins de table assez communs, qui comprennent des rouges corsés, noirs et lourds ; des blancs très secs, avec un arrière-goût musqué ; des rosés agréables. La Tunisie produit aussi des vins de liqueur issus des cépages Muscat d'Alexandrie, Muscat de Frontignan et Muscat de Terranina. Ce sont des Muscats puissants et fins, qui titrent généralement 17 degrés.

Tursan. Vin récolté sur les coteaux de Tursan, dans le département des Landes, non loin de la rivière Adour (Sud-ouest). Des rouges, des blancs et des rosés classés V.D.Q.S.*

tuteur. Petit poteau ou piquet de bois ou de métal, servant à soutenir une vigne ; ou, dans certains cas, le fil métallique sur lequel on fait courir la vigne.

Tyrol italien, Tyrol du Sud ou **Haut-Adige** (all. : Südtirol, ital. : Alto Adige). Région montagneuse d'Italie, autrefois autrichienne, qui correspond actuellement à la province de Bolzano*, moitié nord de la région Trentin-Haut-Adige. L'allemand y est encore largement parlé. Le Tyrol italien produit, dans l'ensemble, les meilleurs vins (rouges et blancs) du nord de l'Italie. → Haut-Adige, Trentin.

Uer. Petit village de la Mittel-Mosel (Moselle moyenne, Allemagne) dont le vignoble (44 ha) est planté en terrasse dans un sol rouge brique. Les vins d'Uerzig ont, dans les bonnes années, un caractère particulier, de la vivacité et une saveur épicée. Les meilleurs vignobles sont : Würzgarten, Schwarzlay, Kranklay.

Ugni blanc. Cépage blanc de bon rendement, que l'on connaît sous le nom de Trebbiano* en Italie, et sous celui de Saint-Emilion dans le pays de Cognac. Il mûrit dans le sud de la France, et notamment en Provence, où il donne des vins assez neutres ; mais il n'est jamais cultivé seul.

U.R.S.S. La vigne ne se trouve qu'aux frontières sud de l'U.R.S.S., soit de la Moldavie (ancienne province roumaine) à l'Arménie, en passant par la Crimée. On y compte, dit-on, plus d'un million d'hectares de vignobles. Les vins portent pour la plupart des noms de cépage, comme c'est souvent le cas dans les pays socialistes. Seuls quelques vins présentent un certain intérêt. Notamment, certains Rieslings sont convenables. Le Tsinandali est l'un des vins blancs les plus fréquents. Les vins rouges sont peut être légèrement supérieurs : le Mukuzani, le Saperavi et le Negru de Purkar, vin moldave, comptent parmi les plus connus. Sans doute les meilleurs vins d'U.R.S.S. sont-ils les vins de dessert produits à Massandra (Crimée).

usé. Se dit d'un vin rouge qui a perdu son caractère, ses qualités, sa couleur, son arôme.

Vacqueyras. Ville vinicole de la vallée inférieure du Rhône, au nord-est d'Avignon. On y produit principalement un vin rouge et une petite quantité de rosé. → Côtes-du-Rhône.

Valais. Ce canton produit la plupart des meilleurs vins rouges de la Suisse (→ Tessin) et quelques-uns de ses meilleurs vins blancs. Les vignobles (3 700 hectares) sont plantés le long de la haute vallée du Rhône, depuis les environs de Martigny*, au pied du mont Blanc, presque jusqu'à Brig, à l'extrémité septentrionale du tunnel du Simplon, en passant par Sion*, Sierre et Visp. Parmi les meilleurs vins du Valais, il faut citer la Dôle*, l'Ermitage, le Johannisberg et quantité de Fendants.

Valdadige (fr. : Val d'Adige). Vin italien, originaire du Trentin ; c'est un vin de table rouge assez commun, léger, sans distinction, qui se révèle généralement frais et agréable.

Valdepeñas. Autrefois, importante région vinicole, située au sud de Madrid, en Nouvelle-Castille, et dont la ville principale était Ciudad Real. Comprenant la Manche, patrie de Don Quichotte, elle correspondait aux provinces de Ciudad Real et Albacete, et à une partie de Cuenca et de Tolède.

On désignait, de ce fait, communément et abusivement (mais cela a été rectifié depuis peu), sous le nom de Valdepeñas, la production de la Manche : vins de table rouges et blancs, c'est le *vino corriente* — le vin ordinaire — que l'on sert à Madrid. Les vignobles de la région s'étendent sur 400 000 ha. Ce vin porte à présent l'appellation *vino Manchego* ou *vino de la Mancha* et non plus celle de Valdepeñas.

La nouvelle appellation Valdepeñas s'applique uniquement à cinq villages de la province de Ciudad Real. Valdepeñas même en est le village le plus important. Les vins vieillissent dans des fûts de chêne, du moins le prétend-on. Seuls certains cépages sont autorisés : l'Airén et une proportion limitée de Jaén pour les vins blancs ; le Cencibel (il semble que ce soit le Tempramillo de la Rioja) et une certaine proportion de Borrachón pour les vins rouges. Toutefois, il est permis — et on n'y manque pas — d'associer, dans la vinification du Valdepeñas rouge, une forte proportion d'Airén (cépage blanc) aux cépages rouges : ainsi, le vin prend une teinte plus claire et comporte moins de tanin.

Les vins blancs sont, dans l'ensemble, moins bons que les vins rouges : ce sont des vins dorés, équilibrés, mais qui manquent de vivacité et de bouquet ; du vin ordinaire franc, pas cher, qui se boit dans sa jeunesse.

Les vins rouges, qui titrent plus de 13 degrés, ont plus de charme et de fruité : ils sont un peu plus foncés qu'un rosé sombre. Ce sont des vins légers, rafraîchissants, sans rudesse, qu'on pourrait servir frappés et qui se révèlent meilleurs dans leur jeunesse.

Tous ces vins gagnent du crédit depuis que la nouvelle réglementation est entrée en vigueur. Du fait qu'ils ne coûtent pas cher, ils ne manqueront pas de trouver un marché à l'étranger.

Val Lagarina. Nom donné à la zone du sud du Trentin* (Italie). Les vignobles, situés le long de l'Adige, produisent un gros volume d'un vin rouge assez commun, léger et agréable, ainsi qu'une ou deux spécialités, dont le Marzemino d'Isera*, qui justifie une meilleure appréciation.

Valmur. Un des six grands crus de Chablis*.

Valpantena. Un des meilleurs vins rouges ordinaires de Vérone (Italie), récolté à l'est du Valpolicella. Il rappelle un peu celui-ci, mais avec moins de classe et de bouquet.

Valpolicella. Admirable vin rouge du nord de l'Italie, produit au nord-ouest de Vérone. C'est un vin velouté, parfumé, fruité, assez faible en alcool et peu corsé, mais d'une délicatesse remarquable. Issu des cépages Corvina veronese, Molinara, Negrara, Rondinella et Rossignola, le Valpolicella est récolté dans une zone délimitée, sur le territoire de cinq communes : Negrar, Fumane, Marano, San Pietro in Cariano et Santambrogio. Le Valpolicella de qualité inférieure (plus léger) est consommé comme vin de carafe dans sa première année (dans le genre, il n'existe pas au monde de meilleur vin). Le Valpolicella *superiore*, de qualité supérieure, est mis en bouteille après dix-huit mois de fût (en bois) et bonifie en bouteille, encore qu'il soit préférable de le boire dans sa quatrième année.

Valtellina (fr. : Valteline). Région viticole du nord de l'Italie, près de la frontière suisse, dont les vins rouges sont parmi les meilleurs d'Italie. Le cépage, connu sous le nom local de Chiavennasca, est en réalité le fameux Nebbiolo* du Piémont, qui produit des vins fermes, corsés et de grande classe. Les vins les plus fins sont produits sur cinq versants montagneux, à l'est de la ville de Sondrio : ce sont les appellations de Sassella, Grumello, Inferno, Valgella et Fracia. Les vins issus des trois premières zones sont considérés comme les meilleurs et sont vendus sous leur nom propre, sans l'appellation Valtellina. Ce sont des vins intéressants et peu fréquents : d'un rouge sombre mâtiné de noir, pourrait-on dire, vigoureux, bien charpentés, trop fermes dans leur jeunesse, mais qui bonifient admirablement en bouteille.

Var. Département de Provence, sur la Méditerranée, entre Marseille et Cannes. Les vignobles sont disséminés tant au bord de la mer qu'à l'intérieur. Ils produisent les vins de Bandol, d'appellation contrôlée, et des V.D.Q.S. Côtes de Provence : des rosés surtout, mais aussi des rouges et des blancs plaisants, bien que manquant généralement de distinction. Quelques domai-

A FRANK SCHOONMAKER SELECTION

PRODUCT OF ITALY   CONTENTS $\frac{3}{4}$ QUART   ALC. 12% BY VOL.

VALPOLICELLA
RISERVA
CANTINA SOCIALE DI SOAVE
SOAVE (VERONA)

nes proposent des vins très supérieurs à l'ensemble : Château de Selle, Sainte-Roseline, domaine des Moulières, Château Minuty, mis en bouteille au domaine. → Côtes de Provence.

Vaucluse. Département français, sur la rive gauche de la vallée inférieure du Rhône. Produit des vins d'appellation contrôlée Châteauneuf-du-Pape*, Gigondas*, Rasteau*, Muscat* de Beaumes et de Venise et Côte-du-Rhône* (rouges, rosés et blancs), ainsi que des V.D.Q.S. de bonne qualité.

Vaud. Canton suisse, qui possède le vignoble le plus étendu de la Confédération. Le canton de Vaud produit presque exclusivement des vins blancs issus du Fendant (ou Chasselas). Les vignobles les plus importants s'étendent le long de la rive septentrionale du lac de Genève, de Nyon à Lausanne — la Côte* — et de Lausanne jusqu'au-delà de Vevey - Lavaux. La région appelée Chablais* se trouve aussi dans le canton de Vaud, ainsi que les côtes de l'Orbe, près de Neuchâtel.

Vaudésir. Un des meilleurs parmi les grands crus de Chablis. Exceptionnel.

V.p.L. ou vin de liqueur. Vin préparé par mutage du moût de raisin avec l'alcool de vin en quantité telle que la richesse alcoolique du produit fini soit au minimum de 16° et au maximum de 22°. Seuls sont utilisés les moûts de goutte et ceux provenant du premier pressurage léger. ex : le Pineau des Charentes muté (ou viné) au Cognac.

V.D.N. ou vin doux naturel. Ces vins sont obtenus avec des moûts possédant une richesse naturelle initiale en sucre d'environ 252 grammes par litre, dans lesquels on ajoute en cours de fermentation de l'alcool pur de 5 à 10 % (minimum et maximum) du volume de moût (alcool à 95°) donnant aux vins faits une richesse minimum totale de 21°5 avec minimum de 15° d'alcool acquis.
Ex. : Rivesaltes, Rasteau, Muscat de Rivesaltes, Muscat de St Jean de Minervois, Muscat de Lunel, Muscat de Beaumes de Venise, Muscat de Mireval, Maury, Banyuls, Muscat de Frontignan et Grand Roussillon.

V.D.Q.S. ou vins délimités de qualité supérieure. On désigne de la sorte, en France, une catégorie de vins qui n'ont pas droit à une appellation contrôlée. Cependant ces vins sont contrôlés par le gouvernement quant à l'aire de production et à l'encépagement. Les bouteilles portent un label spécial, avec le sigle V.D.Q.S. et la mention « label de garantie ». La garantie a un caractère officiel et le label ne peut accompagner que les vins produits dans les conditions définies par le gouvernement. En outre, ces vins ont été dégustés, après analyse, par des commissions de dégustation. On compte actuellement plus de soixante V.D.Q.S. Ils figurent tous dans le présent dictionnaire, à leur place alphabétique. Parmi les meilleurs, citons : vins de Savoie, Côtes du Ventoux, Côtes de Provence, Saint-Pourçain, Côtes de Toul, Châteaumeillant, vin du Haut Poitou...

velouté. Terme de dégustation. Se dit d'un vin bien fait, moelleux, qui laisse une impression de douceur, comme du velours.

Veltliner. Cépage blanc de bonne qualité, répandu surtout en Autriche, encore qu'il soit cultivé, dans une certaine mesure, dans le Trentin-Haut-Adige, en Vénétie julienne et dans les comtés les plus froids de Californie. Le vin qu'il donne ressemble à un Traminer*, mais avec un bouquet et une saveur moins prononcés.

vendange. Récolte des raisins. En italien, *vendemmia* ; en espagnol, *vendimia* ; en allemand, *Weinlese*.

vendemmia. Mot italien : *vendange**.

vendimia. Mot espagnol : *vendange**.

venencia. Dans l'aire de production du Xérès et de la Manzanilla, appareil (une sorte de pipette) utilisé pour prélever un échantillon de vin par le trou de bonde d'un tonneau. Sous sa forme la plus simple, le *venencia* se compose d'un morceau de bambou (*caña*), de section cylindrique et qui, à son extrémité, forme une sorte de petite tasse. De nos jours, cette tasse est plus souvent en argent et fixée à une baleine flexible, avec un crochet d'argent qui sert de poignée. Dans la région de Jerez, un *bodeguero* parvient à se servir de sa *venencia* avec une grâce et une adresse extraordinaires.

Vénétie (ital : Veneto). Au sens strict, la région de Venise, qui occupe la cinquième place dans la production totale de l'Italie. La Vénétie produit beaucoup de vins ordinaires, mais aussi pas mal de vins de bonne qualité. Les vins de Vérone — le Bardolino*, le Valpolicella*, le Soave* sont particulièrement remarquables, tout comme les vins de la province de Trévise (→ Conegliano) ; mais on trouve beaucoup d'autres vins d'une catégorie quelque peu inférieure : le Raboso, le Friularo, le Colli Euganei, etc.

Au sens large, la Vénétie (ital. : le Tre Venezie) comprend tout l'ancien territoire de la République vénitienne, avec le Trentin*, le Frioul et la Vénétie julienne dont la capitale est Trieste et dont la région vinicole se trouve aujourd'hui, pour une bonne part, en Yougoslavie* ou le long de la frontière (→ Collio).

vente sur souches. Pratique commerciale, qui, au cours des dernières années, s'est malheureusement fort répandue dans le Bordelais. Elle consiste à vendre, à un prix fixé des mois avant la vendange, le vin d'un vignoble déterminé, et ce avant de connaître l'importance de la récolte et la qualité du vin qui sera récolté. Il s'agit là, évidemment, d'une pure spéculation, qui a entraîné une forte hausse des prix, ainsi que d'une tendance, regrettable pour le commerce de Bordeaux, à surfaire la qualité de la production, même pour les millésimes les plus médiocres.

Ventoux (mont). Montagne du département du Vaucluse*. Les vignes en couvrent largement les pentes. On y récolte une grande quantité d'un excellent rosé (généralement vendu sous le nom de Côtes-du-Ventoux), certains vins rouges de bonne qualité, dont le Gigondas*, une faible quantité de vin blanc moins intéressant, et même un vin de liqueur doux, le Rasteau*.

Verdelho. Un des meilleurs cépages de l'île de Madère. Il donne un vin inté-

ressant, qui porte le même nom de Verdelho. C'est un vin plutôt sec, qui rappelle un peu le Sercial*, avec un caractère bien particulier.

Verdicchio. Cépage blanc italien de qualité supérieure. Le vin qu'il produit. → Castelli di Jesi.

Verdiso. Cépage blanc italien de qualité supérieure. Le vin qu'il produit : un vin blanc sec, intéressant, récolté aux environs de Conegliano, au nord de Trévise (Vénétie). Ce même cépage produit aussi un vin tranquille plus doux et une certaine quantité d'un vin mousseux, le Prosecco*. Il y a là un risque de confusion, car sec en italien se dit *secco* ; or le Prosecco est le plus doux des deux Verdiso.

Verdot (Petit). Cépage rouge de qualité supérieure du Bordelais, où on le trouve généralement cultivé avec le Cabernet, le Merlot, etc. Le Verdot donne un vin d'une certaine acidité (d'où son nom), corsé, de teinte foncée, lent à se faire, riche en tanin. Il est peu cultivé, mais on le rencontre dans le Médoc et les Graves, où la fraîcheur de ses vins est appréciée dans les années chaudes.

Vergisson. Une des quatre communes produisant le Pouilly-Fuissé*. D'altitude supérieure, elle donne des vins un peu moins bons que ceux des trois autres.

verjus. Jus d'un raisin non encore mûr, riche en acide.

Vermentino. Peut-être le meilleur vin blanc sec de la Riviera italienne : un vin frais, d'une teinte pâle, acerbe, excellent pour accompagner les fruits de mer. Le Vermentino produit dans les environs de Pietra Ligure est exceptionnel.

vermouth. (De l'allemand *Wermut*, absinthe). Vin blanc viné, additionné de différentes sortes d'herbes aromatiques, d'écorces, de graines et d'épices. Le principal ingrédient aromatique du vermouth se trouve dans les fleurs de la plante appelée *Artemisia absinthium* (les feuilles, de loin les plus toxiques, entrent dans la fabrication de l'*absinthe*). Actuellement, le vermouth est principalement servi comme apéritif ou entre dans la composition des cocktails. On distingue deux types principaux de vermouth : le *vermouth français* et le *vermouth italien*. Le vermouth français est d'une teinte pâle, assez sec. Le vermouth italien d'une teinte plus foncée, contient généralement un peu de Muscat et est assez doux. Il n'empêche qu'on fabrique du vermouth italien en France, et du vermouth français en Italie. Ces deux types de vermouth sont également produits dans beaucoup d'autres pays, dont l'Espagne, l'Argentine et les États-Unis, avec des vins similaires et les mêmes plantes aromatiques : fleurs d'*Artemisia*, zestes d'oranges amères, camomille, aloès, cardamone et anis.

Vernaccia. Vin blanc, peu commun, de Sardaigne. C'est un vin sec, assez aromatique, plus riche en alcool (il titre parfois plus de 17 degrés) que n'importe quel autre vin naturel (non viné) du monde. Il doit son nom au cépage.

Vernatsch. Nom allemand dialectal donné, dans le Tyrol italien, au cépage Schiava*.

Vérone. Ville du nord de l'Italie, célèbre notamment pour les vins produits dans sa région et qui sont appréciés par la population locale. Actuellement, ces vins sont largement exportés. Ils comprennent le Soave*, le Valpolicella*, le Valpantena*, le Bardolino*, le Chiarello*.

verres. Les véritables verres à vin jouent un rôle extrêmement important dans la dégustation et l'appréciation d'un vin fin. Au point de vue du dégustateur, les meilleurs verres sont les verres à pied, en cristal mince et limpide, ayant plus ou moins la forme d'une tulipe, et très larges ; ils doivent avoir une capacité minimale de 16 cl, et de 25 à 30 cl de préférence. On ne les remplit évidemment jamais plus qu'au tiers. Ce n'est pas une simple question de fantaisie ou de mode, car les vins fins se goûtent mieux dans de tels verres. On peut y voir et y juger la robe du vin, et le verre en forme de tulipe fait en quelque sorte office de cheminée, qui concentre le bouquet du vin et le conduit au nez du dégustateur. Certaines régions vinicoles — la Moselle, la Champagne, Vouvray, l'Anjou ou la Manzanilla, par exemple — possèdent leur verre régional spécial ; et d'autres formes que la tulipe sont traditionnelles dans d'autres régions encore. Tous ces verres peuvent susciter, et suscitent souvent, l'amusement et l'intérêt des amateurs et des spécialistes, bien qu'il semble douteux, pour ne pas dire plus, que l'un ou l'autre d'entre eux soit aussi bon, ou meilleur, que le simple verre en forme de tulipe.

vert. Terme de dégustation. Se dit d'un vin provenant de raisins insuffisamment mûrs, d'une acidité désagréable, acerbe. Dans de nombreux cas, ce défaut se corrige avec le temps et, si le vin est par ailleurs bien équilibré, la verdeur peut constituer une indication (mais nullement une assurance) qu'il se fera bien et qu'il sera de bonne garde.

Verzenay. Un des meilleurs villages de la Champagne viticole, dans la Montagne de Reims. Coté cent pour cent dans la classification officielle. Le vignoble de Verzenay, fort touché pendant la première guerre mondiale, est exclusivement planté de Pinot noir. → Champagne.

veste. Mot italien, équivalent au français *robe* employé pour décrire un vin.

Vesuvio. Vin blanc sec, récolté sur les pentes du Vésuve, près de Naples.

vidange. Espace vide d'un tonneau qui n'est pas complètement rempli. Plus rarement, la *vidange* désigne la couche d'air située sous le bouchon d'une bouteille de vin. Si la vidange est anormalement grande, c'est, dans presque tous les cas, le signe d'un danger.

vieux. Se dit d'un vin qui a vieilli en bouteille.

Vieux-Château Certan. L'un des meilleurs crus de Pomerol, le second peut-être après le Château Petrus. C'est un Bordeaux robuste, velouté, d'une excellente qualité, qui s'améliore notablement en bouteille.

vif. Terme de dégustation. Se dit d'un vin jeune, frais, léger, agréable. Un vin *vif* est peut-être un peu plus acerbe qu'un vin *tendre*, et légèrement moins acerbe qu'un vin *vivace:*

vigne. Peut se dire d'un petit vignoble, d'une parcelle de terrain plantée de vignes.

vigneron. Personne qui cultive la vigne, à son propre compte ou non.

vignoble. Ensemble de vignes. Ensemble des vignes d'une région, portant généralement une appellation.

vigoureux. Terme de dégustation. Sans doute un peu moins favorable que *robuste*.

Vila Nova de Gaia. Ville du Portugal située sur le Douro, en face de Porto. → Porto.

Villafranca del Panadès. Important centre du commerce des vins, au sud de Barcelone (Espagne). On y produit, ainsi que dans la ville voisine de San Sandurni de Naja, une certaine quantité de vin blanc étonnamment léger, d'une qualité passable, des vins rouges un peu moins bons et des vins mousseux qui, dans l'ensemble, sont les meilleurs mousseux d'Espagne. Ces derniers fermentent généralement en fût ; rares sont ceux qui subissent l'authentique méthode champenoise.

Villaudric. Vin, blanc et rouge, produit dans la région de Toulouse. Vins délimités de qualité supérieure (V.D.Q.S.).

Villenave d'Ornon. Village vinicole de la région des Graves. Ses meilleurs châteaux sont Gouhins, Baret et Pontac-Montplaisir.

vin. Selon la définition légale en vigueur dans la plupart des pays, boisson provenant de la fermentation partielle ou totale du jus des raisins frais.

viña. Mot espagnol : vignoble. Souvent suivi d'un nom propre.

vinagrinho. Mot portugais : saveur caractéristique de certains vieux vins de Madère et de Porto. Le *vinagrinho*, qui a un rapport avec le *rancio*, résulte pour une bonne part d'une oxydation partielle et d'une légère augmentation de l'acidité volatile.

vin cuit. Terme de dégustation. Se dit d'un vin qui semble avoir le parfum et le goût d'un moût concentré ; ou d'un vin qui a été chauffé avant la fermentation, afin de réduire son volume et d'augmenter ainsi son taux d'alcool, ce qui le rend plus corsé.

vin de café. En France, vin rouge léger, obtenu par cuvaison courte, que l'on consomme comme vin de comptoir. On le produit dans la vallée du Rhône et en Languedoc.

vin de cuisine. Ce terme est impardonnable, car il pourrait donner à croire que quelque chose qui n'est pas assez bon à boire pourrait l'être à préparer de la nourriture. La vérité, c'est que les deux seuls éléments que les mauvais vin et les bons ont en commun — l'eau et l'alcool — sont largement éliminés en cuisine par l'évaporation (l'alcool, plus volatil, disparaît complètement). Ce qui reste, c'est l'arôme, qualité tout aussi importante dans la saucière que dans le verre à vin. Quelques réserves toutefois sont à formuler, et non des moindres. Un reste de vin (s'il n'y a pas de dépôt) peut certainement être conservé une nuit et servir en cuisine le lendemain, ou même, s'il est mis au réfrigérateur, deux ou trois jours plus tard. Un vin gardé ainsi perd son bouquet et prend légèrement ce que les experts appellent l'*acidité volatile** ; en cuisine, cela ne présente aucun inconvénient, car le bouquet est de toute façon évanescent, et l'acidité volatile peut, si elle est modérée, convenir à la cuisine. Dites, par exemple, aux sceptiques de préparer le même plat avec du Madère, du Xérès et du Marsala ; le Madère donnera presque toujours le meilleur résultat, pour la simple raison qu'il a plus de teneur en acidité volatile. Les Français le savent depuis longtemps ; aussi ont-ils tant de préparations différentes au Madère, et laissent-ils généralement le Xérès aux Espagnols et le Marsala aux Italiens.

vin de dessert. Un vin de dessert est un vin que l'on peut servir à bon escient avec le dessert, quel que soit son taux d'alcool ; pour la plupart des amateurs, le Sauternes entrera dans cette catégorie avec le Xérès doux, le Porto, le Banyuls, ou même les *Beerenauslesen* et *Trockenbeerenauslesen* du Rhin.

vin de garde. Terme de dégustation. Se dit d'un vin qui bonifie en vieillissant.

vin de l'année. Se dit d'un vin, fût-il de bonne qualité ou médiocre, qui a moins d'un an.

vin délimité. → V.D.Q.S.

vin de mai (all. : *Maitranch*). Spécialité allemande : vin blanc léger, adouci, parfumé avec les feuilles aromatiques de l'aspérule odorante (*Waldmeister*). Il est servi, bien frappé, dans un bol, avec des fruits de saison, traditionnellement des fraises.

vin de paille. → Paille.

vin de pays → Pays.

vin de presse. Vin obtenu par pressurage du marc. Le premier vin de presse est généralement mélangé au vin d'égouttage, auquel il donne plus de substance, plus de tanin et plus de couleur, toutes qualités qui manquent souvent à celui-ci.

vin de primeur. Vin bon à boire deux mois après les vendanges. Le Beaujolais est le type des vins de primeur.

vin de tête. Se dit d'un vin de qualité exceptionnelle, le meilleur d'une cave.

vin d'une nuit. Vin rouge léger et bon marché, produit par un cuvage court (12 heures ou moins) et qui, par conséquent, est peu coloré, ne contenant que peu de tanin. Le vin de café est souvent un vin d'une nuit.

viné. Se dit d'un vin additionné d'eau-de-vie de vin.

vinetto. Mot italien désignant un petit vin, faible en alcool et peu corsé.

vineux. Terme de dégustation. Se dit d'un vin d'une forte teneur en alcool et dépourvu de finesse. En allemand, *weinig*.

vin fin. Se dit, fort librement en général, d'un vin de qualité supérieure, d'un vin issu de cépages supérieurs.

vin gris. Se dit des rosés fort pâles produits à partir de raisins noirs, pressés aussitôt après avoir été vendangés. Quelques-uns d'entre eux sont pratiquement blancs, avec un soupçon presque imperceptible de rose ou de bronzé. Cette expression est notamment employée à Châteaumeillant* et à Toul.

vinho. Mot portugais : *vin.*

vinho generoso. En portugais, se dit de certains vins vinés de qualité supérieure et d'une origine déterminée.

vinho de ramo. Au Portugal, nom légal du *consumo* (vin ordinaire) provenant de la région de Porto et qui est vendu non viné pour l'usage courant, au lieu d'être vinifié en Porto.

vinho de torna viagem. Ancienne expression portugaise qui s'appliquait aux vins qui avaient fait, en tonneau, le voyage aller et retour des Indes orientales ; ce qui, supposait-on, devait les améliorer notablement. Certains vins de Porto et de Madère portaient cette mention sur l'étiquette : ils

étaient les équivalents portugais des *East India Sherries*.

vinho verde. En portugais, *vin vert*. Nom donné à des vins rouges, blancs et rosés frais, produits dans le nord du Portugal, non loin de la Galicie espagnole. La plupart de ces vins sont vraiment plaisants, et légèrement mousseux. Le pétillement est produit par la fermentation malolactique, les raisins de cette région étant très riches en acide malique pour la raison suivante : ils n'arrivent pas à maturité complète, car ils sont très loin de terre, les vignes étant très hautes sur des supports divers.

vinification. Ensemble des opérations (fermentation, etc.) visant à produire, conserver et améliorer les vins.

vinillo. Mot espagnol correspondant au français *petit vin*. Vin peu corsé, peu alcoolique, de qualité médiocre.

vin jaune. Vin curieux et spécial, produit dans le Jura français, particulièrement aux environs de Château-Chalon*, et dont le caractère rappelle un peu celui du Xérès.

vin nature. Se dit, assez librement en général, d'un vin qui n'a été ni viné ni adouci. Dans certains cas, il s'agit d'un vin tranquille récolté en Champagne.

vin non mousseux. Ce terme désigne simplement un vin tranquille, non pétillant.

vin nouveau. A proprement parler, se dit d'un vin dont la fermentation est achevée et qui a moins d'un an.

vino. En italien et en espagnol : *vin.*

vino corriente. En espagnol, *vin ordinaire*. Vin jeune, bon marché, relativement commun, que les Espagnols consomment souvent en carafe.

vino da arrosto. En italien, vin rouge assez corsé, d'une qualité supérieure à la moyenne, et qu'on sert de préférence avec les viandes rouges.

vino da pasto. En italien, *vin de table*.

vino da taglio. En italien, *vin de coupage* présentant certaines caractéristiques, telles qu'une teinte foncée, une forte teneur en alcool, etc., et qu'on utilise par conséquent pour améliorer des vins de qualité inférieure.

vino de mesa. En espagnol, *vin de table*.

vino de yema. En espagnol, se dit d'un vin — généralement de qualité supérieure — issu d'un léger pressage.

vino di lusso. En italien, *vin de luxe*. On range dans cette catégorie les vins mousseux, les vins vinés, etc.

vin ordinaire. → Ordinaire.

vino rosato. → Rosato.

vino rosso. → Rosso.

vino tinto. → Tinto.

vino tipico. → Tipico.

vin rosé. → Rosé.

Vin Santo ou **Vino Santo.** Vin blanc italien, produit principalement en Toscane, mais aussi, dans une certaine mesure, dans le Trentin. Il est issu de raisins passerillés, soit sur les vignes, soit à l'intérieur. On utilise différentes variétés de cépages — le plus souvent le Trebbiano — et on obtient un vin de teinte dorée, assez doux, généralement mis en bouteille après deux années, ou plus, de tonneau. → Passito.

vins délimités de qualité supérieure. → V.D.Q.S.

vins de qualité produits dans des régions déterminées (V.Q.P.R.D.). Le règlement européen communautaire 817-70 du 28 avril 1970 concerne la catégorie des « vins de qualité produits dans des régions déterminées ». C'est un règlement cadre pour ces vins dits V.Q.P.R.D. Il laisse aux Etats membres producteurs la possibilité de définir, compte tenu des usages, des caractéristiques et des conditions de production et de circulation complémentaires ou plus rigoureuses pour leurs V.Q.P.R.D.
La mention communautaire V.Q.P.R.D. est facultative (en fait n'a pas été employée jusqu'ici), car une mention spécifique traditionnelle peut être utilisée par les Etats membres. Ces mentions spécifiques sont les suivantes :
a) pour l'Allemagne : *Qualitätswein* et *Qualitätswein mit Prädikat*.
b) pour la France : *appellation d'origine contrôlée, appellation contrôlée, Champagne, vin délimité de qualité supérieure*.
c) pour l'Italie : *denominazione di origine controllata* et *denominazione di origine controllata e garantita*.
d) pour le Luxembourg : *marque nationale du vin luxembourgeois*.

vin sur lie(s). En France et en Suisse, se dit de certains vins blancs qui ont été tirés en bouteille avant le soutirage, en d'autres termes lorsqu'il subsiste des dépôts dans les tonneaux. C'est un procédé commun dans le pays du Muscadet et, plus encore, sur les rives du lac de Genève. Les vins sur lie ont un léger goût de levure, assez agréable, et tendance à perler légèrement.

vintage. En anglais, mot équivalent au français : millésimé. Vintage wine signifie que le vin millésimé possède la date de sa vendange sur l'étiquette.

Vinzelles. Village du Mâconnais, non loin de Pouilly. → Pouilly-Vinzelles.

Viognier. Cépage blanc de la vallée du Rhône, qui produit un vin d'excellente qualité, doué d'un caractère spécifique, assez accusé. On orthographie parfois le mot Vionnier. C'est le cépage employé pour le Château-Grillet, le Condrieu ; il entre aussi, pour une certaine proportion, dans la vinification du Côte Rôtie rouge.

Viré. Commune située au nord de Mâcon, dans le sud de la Bourgogne. On y produit des vins blancs frais, secs, parfumés, issus du Chardonnay. Avec ceux de Clessé, les vins de Viré comptent parmi les meilleurs du Mâconnais. Un vignoble exceptionnel : le Clos du Chapitre*.

Visperterminen. Petit vignoble du Valais (Suisse). C'est le vignoble le plus élevé d'Europe (1 200 m au-dessus du niveau de la mer). On connaît parfois ses vins — en général des rouges — sous le nom de Païens.

vite alberata ou **maritata.** Vigne conduite sur des arbres. à la manière italienne. L'arbre porte souvent le nom de *marito*, mari.

viticulteur. Personne qui cultive la vigne.

viticulture. Science et art de cultiver la vigne. Quant il s'agit de production du vin, le terme propre est *viniculture*.

vivace. Terme de dégustation. Se dit généralement d'un vin jeune, frais, vif, souvent un peu acerbe, et qui vraisemblablement se gardera bien et bonifiera.

Vœgtlinshoffen. Ville vinicole d'Alsace, au pied des Vosges, au sud de Colmar (Haut-Rhin). Produit des vins blancs fort légers, d'une finesse peu commune, et notamment du Muscat.

Vollrads (Schloss). Le plus grand, et l'un des plus réputés parmi les climats du Rheingau. Situé en arrière du village de Winkel et juste à l'est du Schloss Johannisberg. Le château, dont le donjon est très pittoresque, et qui date de 1355, est un splendide manoir. Ses 32,5 hectares de vignes donnent une gamme extrêmement large de mises du domaine, de l'*Original-Abfüllung* des années secondaires — léger, sec et modeste — aux incomparables *Trockenbeerenauslesen* des grandes années. Les vins considérés comme indignes de l'étiquette du *Schloss* (château) ne sont jamais autorisés à la porter ; mais ceux qui ont reçu ce privilège composent ce qui est sans doute la hiérarchie la plus compliquée de classes, qualités, étiquettes et capsules dans le monde. Avant de tenter de l'expliquer, il serait bon de dire que les vins de Vollrads possèdent pratiquement sans exception, à un degré plus ou moins élevé, une élégance caractéristique, un bouquet très fin, une légèreté et un fruité bien plaisants.
Parmi ceux qui peuvent porter le *nom du propriétaire* (le comte Matuschka-Greiffenklau, un joueur d'échecs) et ses armoiries, les moins chers sont ceux, dits *Original-Abfüllung**, qui portent une capsule verte. Ceux qui ont une capsule verte avec une bande argentée sont d'une qualité légèrement supérieure. Si la bande est dorée, ils sont considérés comme un peu meilleurs encore. Au-dessus de ceux-ci (un

expert pourrait déceler la différence, mais il ne s'agit en aucun cas d'un écart important), nous trouvons trois représentants de la famille des capsules rouges : rouge, rouge avec bande argent et rouge avec bande or.

Les vins portant la mention *Schlossabzug* (mise en bouteille au château), d'une qualité supérieure aux précédents, sont également répartis de la même manière : deux couleurs, vert et rouge, et trois divisions, uni, bande argent, bande or.

Pour les qualités supérieures, le Schloss Vollrads n'utilise pas la mention *Spätlese* (bien qu'on sache que certains marchands malhonnêtes l'aient utilisée à son propos), mais bien l'équivalent *Kabinett*. Ces vins portent une capsule bleue. Ici aussi existent les trois catégories : bleu, bleu avec bande argent, bleu avec bande or.

Ensuite nous avons, bien sûr, les *Auslesen, Beerenauslesen, Trockenbeerenauslesen, Bestes Fass*, par ordre croissant. Ils sont presque tous superbes et valent leur prix (astronomique).

Volnay. Commune justement célèbre de la Côte de Beaune (Bourgogne). Le vignoble est limité au nord par celui de Pommard et au sud par celui de Meursault. La qualité moyenne des vins rouges de Volnay est extrêmement élevée et bien souvent supérieure à celle de Pommard. Le Volnay des bonnes années surclasse tous les Bourgognes de la Côte de Beaune, sauf le Corton ; c'est un vin étonnamment souple et fin, bouqueté, ayant un velouté spécial, et de grande classe. Les meilleurs climats sont : Le Clos des Ducs, Caillerets, Champans, Chevret, Frémiet, Pousse d'Or (souvent orthographié, mais moins correctement, Bousse d'Or), Clos des Chênes, etc.

Note : Le Clos des Ducs, sans doute le meilleur vignoble de Volnay, a été inexplicablement laissé en blanc sur la carte, déjà ancienne, que l'on trouve page ci-contre. Il se situe immédiatement au-dessus du village de Volnay et fait partie du domaine de l'actuel marquis d'Angerville, dont le père fut, pour une bonne part, responsable de

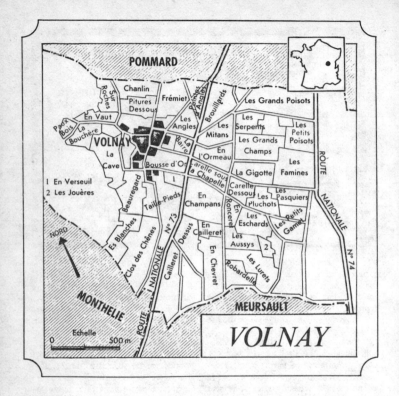

VOLNAY

la création des appellations contrôlées en Bourgogne.

Vorlauf. Vin issu d'un premier pressurage — modéré — de raisins rouges. En général, un rosé peu coloré.
Nom souvent donné en Alsace à un vin rosé léger, issu du Pinot noir et du Pinot meunier.

Vosges. Les vins d'Alsace proviennent des vignobles plantés sur les côtes orientales des Vosges.

Vosne-Romanée. Peut-être la plus re-marquable commune viticole de toute la France, encore que sa production soit comparativement réduite. La commune produit quelques rares vins rouges vraiment incomparables, les gloires de la Bourgogne — Romanée-Conti*, Richebourg*, La Tâche*, La Romanée*, Romanée-Saint Vivant* — qui portent simplement leur nom de climat et non celui de Vosne. Viennent alors les crus qui portent en composition le nom de Vosne-Romanée : Vosne-Romanée La Grande Rue, les Malconsorts, les Suchots, les Beaux-Monts, et d'autres. Tous ces vins (même les vins de moins bonne qualité, d'appellation simple Vosne-Romanée) ont en commun certaines caractéristiques : classe, élégance, un équilibre exceptionnel, un bouquet délicat.

Vougeot. Bourgogne rouge provenant d'un îlot de vignes qui touche directement le Clos de Vougeot*, mais sans en avoir l'appellation. Il s'agit d'un vin de qualité inférieure à celui du Clos de Vougeot, et qui a souvent un goût de terroir prononcé.

Vouvray. Le vin blanc le plus célèbre de Touraine (vallée de la Loire). Issu du Chenin blanc exclusivement, le Vouvray provient d'une aire de production délimitée par la loi et qui comprend huit communes : Vouvray, Sainte-Radegonde, Rochecorbon, Vernou, Noizay, Chançay, Reugny et Parçay-Meslay. C'est un vin, disons, capricieux : le Vouvray peut être (selon les années et la vinification) un vin fruité, très sec, quelque peu acerbe ; il peut être aussi un vin qui a de la bouche — une sorte d'élixir doré, comparable à un grand Sauternes ou à un grand vin du Rhin ; il peut être un vin pâle, attrayant et légèrement pétillant ; il peut être enfin un vin vraiment mousseux — l'un des meilleurs de France. Bien qu'on ait dit et écrit le contraire, le Vouvray « voyage » bien. C'est aussi l'un des vins blancs du monde qui se conserve le plus longtemps. La production totale est de 7 à 8 millions de bouteilles par an, dont 4 à 5 millions de bouteilles de vins mousseux.

VSOP. Signifie Very Special Old Pale. Utilisé sur des bouteilles d'Armagnac et de Cognac. En principe les VSOP ont plus de 5 ans d'âge. Il existe aussi les X.O.* (Extra Old) bien plus vieux que les VSOP.

Vully. Région viticole située non loin de Neuchâtel (canton de Vaud, Suisse). On y produit des vins blancs, issus du Fendant (ou Chasselas).

Wachenheim. Une des quatre meilleures villes vinicoles du Palatinat rhénan (Allemagne). Ses vins sont un peu plus légers que ceux des villes proches de Forst et de Deidesheim, mais ils ont la même noblesse. Le vignoble compte 336 ha, dont près du quart est planté de Riesling, et le reste, pour la plus large part, de Sylvaner. Les principaux vignobles sont : Wachenheimer Gerümpel, Böhlig, Rechbächel, Goldbächel, Luginsland, Langebächel. Principal producteur : Dr. Bürklin-Wolf.

Wachstum. Terme allemand signifiant *domaine*, lorsqu'il est suivi du nom d'un producteur spécifique. Les vins dont l'étiquette porte cette mention ne peuvent, selon la loi allemande, être chaptalisés ; mais cela ne garantit pas la mise du domaine.

Waldmeister. Nom allemand de l'aspérule (*Asperula odorata*, de la famille des Rubiacées), qui entre dans la composition d'un punch populaire en Allemagne, le *vin de mai**.

Waldrach. Village viticole, d'importance secondaire, de la vallée de la Ruwer, près de Trèves. Le vignoble le plus connu en est le Schloss Marienlay.

Walluf. Nom adopté récemment pour désigner les vins produits dans deux villes, naguère distinctes, du Rheingau (Allemagne) : Nieder-Walluf et Ober-Walluf. Meilleurs vignobles : Wallufer Walkenberg, Mittelberg, Unterberg, Röderweg. Les vins blancs, principalement des Rieslings, sont d'une excellente qualité, mais ils ont un léger goût de terroir (*Bodenton*). On produit aussi quelques vins rouges, issus du Pinot noir. Principal producteur : J.B. Becker.

Wawern. L'un des bons vignobles d'intérêt secondaire de la Sarre (Allemagne). Environ 28 ha plantés de Riesling. Meilleurs îlots : Wawerner, Herrenberg, Goldberg.

Wehlen. Petite ville de la Moselle, entre Bernkastel et Zeltingen, que la plupart des experts considèrent actuellement comme les meilleurs de la région — petite mais renommée — qu'on appelle Mittel-Mosel. Il y a cent, voire cinquante ans, ce n'était

pas le cas. On rangeait Wehlen bien en dessous de Brauneberg et de Bernkastel et, pour ainsi dire, de pair avec Graach, Zeltingen et Piesport. La promotion de Wehlen est due pour une large part aux efforts de la famille Prüm, dont les vins atteignent régulièrement les plus hauts prix aux enchères qui se déroulent deux fois par an à Trèves et où l'on vend les meilleurs vins de Moselle. Le village est situé sur la rive gauche de la Moselle (au sud) et fait face au vignoble, incroyablement élevé et abrupt, au centre duquel se trouve le *Sonnenuhr,* cadran solaire qui a donné son nom au meilleur vin de Wehlen. Celui-ci, dans les bonnes années, n'a que peu d'égaux, s'il en a. C'est un vin fleuri, bien équilibré, avec un mélange presque surnaturel de délicatesse et de saveur : une perfection. Outre Sonnenuhr, les principaux îlots sont : Lay, Klosterlay, Nonnenberg, Rosenberg, Abtei, etc. Quelques-uns des vins les plus fins proviennent d'îlots situés à la limite de Wehlen et de Zeltingen et qui portent parfois l'appellation Wehlener-Zeltinger suivi du nom d'un vignoble. Les producteurs les plus fameux sont : Johann-Joseph Prüm, Sebastien Alois Prüm, Peter Prüm, Dr Bergweiller, Dr Weins Erben (ces deux derniers appartiennent aussi à la famille Prüm), Hauth-Herpen, l'hôpital Saint-Nicolas, etc.

Weinbaubesitzer. En Allemagne, propriétaire d'un vignoble qui ne cultive pas lui-même ses vignes.

Weinberg. En Allemagne, vignoble.

Weingut. En Allemagne, domaine comprenant des vignes et l'équipement nécessaire à la viticulture.

Weinstrasse. Mot allemand : litt. *route du vin.* Itinéraire à travers l'Allemagne viticole. La *Weinstrasse* la plus connue traverse le Palatinat et conduit de Kleinbockenheim, à l'ouest de Mannheim, à Schweigen, à la frontière française.

Weissherbst. Mot allemand : *récolte blanche*. Se dit d'un vin blanc extrait de raisins noirs, ce qu'on appelle en France un *blanc de noirs*. C'est une spécialité de petits villages situés sur la rive septentrionale du lac de Constance. Le meilleur vin de cette sorte provient du village de Meersburg et est issu du Pinot noir.

Wiltingen. Une des meilleures et plus célèbre villes viticoles d'Allemagne, sur la Sarre, au sud-ouest de Trèves. Ses 132 hectares de vignobles sont entièrement plantés de Riesling. Les meilleurs *Lagen* (domaines) sont : l'incomparable Scharzhofberg* qui, selon de nombreux experts, produit le plus grand vin blanc du monde, ainsi que Wiltinger Braune Kupp, Rosenberg, Gottesfüss, Klosterberg, Braunfels et Kupp.
Les vins provenant de ces climats sont souvent, dans les mauvaises années, si durs et si austères qu'on pourrait à juste titre les croire d'acier. Dans les années vraiment médiocres, beaucoup de ces vins sont vendus comme vin de coupage ou pour être vinifiés en mousseux. Dans les années favorables et dans les grandes années toutefois, les meilleurs vins de Wiltingen ne sont surclassés par aucun autre vin blanc d'Allemagne, voire du monde.

Winkel. Petit village, mais important au point de vue de la viticulture. Situé au centre du Rhingau (Allemagne), juste à l'ouest de Johannisberg. Le mot *Winkel*, en allemand, signifie angle, coin ; et le coin, qui ressemble plutôt à une équerre de menuisier, figure dans les armoiries de Winkel comme sur les étiquettes de plusieurs

des meilleurs producteurs de l'endroit. Le principal vignoble est le Schloss Vollrads* ; parmi les autres, il faut citer Winkeler Hasensprung, Kläuserweg, Jesuitengarten, Dachsberg.

Wintrich. Une des meilleures villes viticoles secondaires de la Moselle moyenne (Allemagne) : 80 hectares de vignobles plantés de Riesling. Les îlots les plus connus sont : Wintricher Ohligsberg, Sonnseite, Grosser Herrgott, Geyerslay.

Winzer. En allemand, *viticulteur, vigneron* ; particulièrement celui qui travaille sur son propre vignoble.

Winzergenossenschaft. En Allemagne, association ou coopérative de viticulteurs.

Winzerverein. En Allemagne, association ou coopérative de viticulteurs.

Worms. Ville d'Allemagne, en Hesse, sur le Rhin. La cathédrale de Worms, la Liebfraukirche, est cernée par un vignoble, le Liebfrauenstift (ce qui signifie, littéralement : dotation de la cathédrale). C'est ce vignoble qui a donné son nom au Liebfraumilch. Le vin qu'il produit — et qui, malheureusement, n'est jamais d'une qualité fort haute — se vend actuellement sous le nom de *Liebfrauenmilch* ou de *Liebfrauenstiftswein*. En dépit de sa réputation, il n'égale pas les meilleurs vins de Hesse : Niersteiner, Nackenheimer, etc.

Würzberg. Vignoble peu connu de Serrig, sur la Sarre (Allemagne). Il produit un vin qui n'est bon que dans les années exceptionnellement favorables.

Würzburg (en français : Wurzbourg). Capitale et ville principale de Franconie (Allemagne), aussi célèbre pour sa bière, la Würzburger, que pour son vin, également appelé le Würzburger et récolté sur les pentes rocailleuses de la vallée du Main. C'est la patrie du Steinwein*. En effet, le vignoble principal de la localité porte le nom de Würzburger Stein.

Les vignes ne comptent que 208 hectares au total. Les cépages les plus cultivés sont le Sylvaner et le Riesling. Mis à part le Würzburger Stein, les meilleurs *Lagen* (îlots) sont : Aussere Leiste, Innere Leiste, Neuberg, Abstleite, Harfe, Ständerbühl, Scholksberg, Steinmantel.

Xérès (esp. : Jerez ; angl. : Sherry). A l'origine, et authentiquement, vin viné de couleur or pâle ou ambrée, fabriqué dans une région spécifique et délimitée, au sud de l'Espagne, autour de la petite ville de Jerez de la Frontera, entre Séville et Cadix. Il tire son nom de cette ville de Jerez, jadis écrit Xerez, francisé en Xérès et anglicisé en Sherry. Dans sa plénitude, c'est sans conteste l'apéritif le plus fin du monde, et à juste titre le plus réputé. Lorsqu'il est traité différemment pour le commerce, il peut constituer un admirable vin de dessert.

Les vignobles de Xérès, dont l'étendue et la production annuelle moyenne ont à peine changé ces cent dernières années, sont principalement situés au nord, à l'ouest et au sud-ouest de la ville et ne sont pas visibles de la route principale ou de la ligne de chemin de fer qui vient de Séville. On ne peut les atteindre que par des chemins charretiers poussiéreux, à travers un paysage accidenté, rocailleux, aride, désert et généralement dépourvu d'arbres. Les meilleures parcelles, ou *pagos* (dont le nom n'apparaît *jamais* sur les étiquettes de Xérès), sont : Macharnudo, Carrascal, Aniña et Balbaina. Quelques autres, non moins distingués, produi-

sent la Manzanilla* et sont situées plus à l'ouest, près de Sanlucar de Barrameda et de l'océan Atlantique. Des vins plus communs proviennent de vignobles situés au sud et surplombant la baie de Cadix, ainsi que de certains villages « autorisés », entre Séville et Huelva.

En ce qui concerne la qualité du vin, la situation des parcelles a moins d'importance que le type précis de sol sur lequel sont plantées les vignes. Le meilleur terrain, et le moins productif, est connu sous le nom d'*albariza* : une chaux dure et blanche, très semblable au sol qui prévaut dans les vignobles de Chablis et de Champagne, et qui donne un vin d'un bouquet exceptionnel et d'une grande finesse ; le *barro* (littéralement, argile) est d'une couleur plus brune, le sol en est plus fertile, et il donne de plus grandes récoltes d'un vin généralement plus corsé ; enfin l'*arena* (littéralement, sable) produit le plus à l'hectare, mais donne en général des vins qui ont moins de corps et de caractère.

Le cépage prédominant est, de loin, le Palomino, ou Listan, particulièrement dans les régions crayeuses d'*albariza*, d'où proviennent les meilleurs Finos et Amontillados ; mais une demi-douzaine d'autres variétés sont également cultivées de façon extensive : Albillo, Perruno, Mantuo Castellano, Mantuo de Pila, Beba et Mollar. La variété Pedro Ximénez* revêt également une importance considérable, bien qu'elle ne soit pas largement cultivée : ces raisins sont généralement séchés au soleil avant d'être pressés, et ils donnent un vin admirable, doux, lourd, utilisé comme vin médecin.

La *vendimia*, ou vendange, se situe normalement au début du mois de septembre, et elle vaut la peine d'être vécue : de nombreuses *fiestas* sont organisées et toute l'opération est à la fois primitive et pittoresque. Les grappes sont conduites aux pressoirs à dos d'âne, sélectionnées manuellement et mises à sécher quelques heures au soleil, sur des nattes de paille. Les raisins sont ensuite placés dans des *lagares*, ou pressoirs, et foulés par des ouvriers munis de chaussures spéciales. Une fois que le vin de goutte en est extrait, le *marc* est entassé, mis en faisceaux liés de sparte et pressé. Le jus, appelé *mosto*, n'est évidemment que la matière première du Xérès, et le vin terminé doit en grande partie son caractère, et bon nombre de ses qualités, aux différents traitements qu'il reçoit une fois en fût. Mais avant d'être foulé et pressé, le raisin est littéralement saupoudré de chaux ou de gypse — l'*albariza* sur laquelle mûrissent les meilleurs d'entre eux — et cette addition, tout à fait légale, de sulfate de calcium tend à améliorer l'acidité tout comme la limpidité du vin. De même que le Champagne, le Porto, le Madère et de nombreux autres vins, le Xérès est fondamentalement un vin « fabriqué » plutôt qu'un vin naturel, donc beaucoup plus aisément contrôlable et imitable que, disons, un Montrachet ou un Scharzhofberger. Par exemple, il ne pourrait exister sous sa forme actuelle, ni s'appeler Xérès, sans l'addition d'une forte eau-de-vie, qui le fait passer de son taux naturel de 13 à 14° au taux de 17 à 20° qu'il possède lorsqu'il est vendu.

Dès le début de la fermentation, c'est-à-dire presque immédiatement après le foulage, et jusqu'à ce que le vin terminé et coupé soit prêt à être mis en bouteille, le Xérès passe sa vie dans des fûts de 56 litres, en chêne blanc d'Amérique. Il ne peut vieillir correctement que de cette façon. Au cours du mois de décembre suivant la récolte, le vin nouvellement fermenté est clair et prêt à être goûté. A ce stade, il est invariablement de couleur paille claire, et très sec. La douceur et la robe plus foncée s'ajoutent plus tard, et ne doivent absolument rien au hasard.

La première tâche du goûteur, pour qui la vue et l'odorat ont autant d'importance que le goût, consiste à déterminer dans laquelle des deux grandes catégories générales entre chaque vin nouveau. Ceux qui sont remarquablement francs de goût et légers, qui ont un bouquet fin et un peu de *flor* (fleur de vin) à la surface, sont destinés à devenir des Finos et des Amontillados ; ils passent dans de nouveaux fûts, sont vinifiés à 15,5 pour cent et mis dans des *criaderas*, ou « pépinières », réservées aux jeunes Xérès de ce type. Les vins plus corsés, plus lourds, moins bouquetés et sans *flor* sont vinifiés à 17-18 pour cent et envoyés dans des *criaderas* à part ; ils reparaîtront peut-être en Olorosos.

Cette *flor*, ou pellicule de levure, qui porte le nom scientifique de *Mycoderma vini*, est apparemment indigène au pays du Xérès et à la région de Château-Chalon, dans le Jura français. C'est un élément essentiel à la fabrication du Xérès fin et sec. En apparence, c'est tout d'abord une sorte de film blanc, qui se transforme ensuite en croûte blanche granuleuse à la surface du vin. Elle a une odeur curieuse, assez agréable et appétissante, qu'on a comparée à celle du pain frais et chaud ; elle communique au vin un caractère et un parfum particuliers. Les vins couverts de *flor*, contrairement à tous les autres qui possèdent un taux d'alcool comparable, ne se gâteront pas et ne tourneront pas en vinaigre une fois exposés à l'air. Dans les *bodegas* de Jerez, les fûts ne sont remplis qu'aux trois quarts.

Une fois que le Xérès jeune a achevé son développement préliminaire dans la *criadera* (un an, deux ans ou plus), il est à nouveau classé et il prend le chemin de la rangée supérieure dans la *solera* adéquate. Sous sa forme la plus simple, une *solera* est un ensemble de fûts, ou barils, disposés de façon à former au moins trois étages, ou rangées (généralement mais pas nécessairement superposées), où les vins de même type, mais d'âge différent, subissent un coupage fractionné et progressif, au fur et à mesure de leur mûrissement. Le mot *solera* est lié à l'espagnol *suelo*, qui signifie sol, et l'étage final de la *solera*, d'où les vins sont retirés pour la mise en bouteille ou pour un coupage supplémentaire, est invariablement situé à même le sol. En règle générale, pas plus de la moitié, et dans la plupart des cas moins d'un tiers du vin qui se trouve dans cette rangée du bas est retiré en un an, pour être aussitôt remplacé par le vin qui se trouve à la rangée immédiatement supérieure, et ainsi de suite jusqu'à la *criadera*. Ainsi, le vin qui provient d'une *solera* peut se composer de petites quantités issues de six, sept ou même cent récoltes différentes. C'est pourquoi il n'existe pas de Xérès millésimé. Et comme, en bouteille, le Xérès se gâte généralement, plutôt qu'il ne s'épanouit, le millésime ne se justifie pas.

Avec l'âge, et dans le chêne, le Xérès a tendance à prendre une couleur légèrement plus foncée, à devenir beaucoup plus sec et, contrairement à presque tous les autres vins, plus alcoolisé. Les Manzanillas et les Finos de 15,5° atteignent 21° après cinquante années, ou plus, en fût. Ils acquièrent en même temps une saveur si intense qu'elle les rend presque imbuvables, mais ils font encore merveille et restent prisés comme vins médecins.

Les Xérès vendus dans le commerce ne proviennent presque jamais du stade final d'une seule *solera* ; ce sont des mélanges de ces mélanges, sans doute « améliorés » par l'addition d'une petite quantité de vieille réserve précieuse, et auxquels on donne de la douceur, du charme et une robe plus foncée grâce à divers procédés (dont la plupart sont justifiés et quelques-uns moins). Les agents adoucissants et colorants utilisés par des maisons réputées sont appelés, à juste titre d'ailleurs, *vino dulce* et *vino de color*. Il peut arriver qu'un seul vin remplisse ces deux fonctions, mais c'est plutôt l'exception. Le meilleur *dulce* est incontestablement le P.X., qui tire son nom du cépage Pedro Ximénez dont il est issu. Lorsqu'il a bien vieilli, il peut faire partie des nectars les plus appréciés : les Oloroses et les crèmes de Xérès ne pourraient être fabriqués sans lui. C'est ce que les Français appellent un *vin de paille*, et les Italiens un *passito* : vin pressé de raisins séchés au soleil, au point de devenir presque des raisins secs, puis fermenté, vinifié et vieilli pendant de longues années dans du chêne. Le *mosto apagado* est beaucoup moins bon : c'est un jus de raisin doux, dont la fermentation a été arrêtée par addition d'une forte eau-de-vie. Lui aussi doit vieillir pour perdre son âpreté première et son caractère alcoolique.

En ce qui concerne la robe, les *catadores* — ou goûteurs — espagnols divisent les Xérès en catégories : *muy palido*, très pâle, comme la Manzanilla et la plupart des Finos ; *palido*, couleur normale de l'Amontillado ; *ambar*, ambre, comme la plupart des Xérès « moyens » ; *oro*, or, pour les Olorosos les plus secs ; *oscuro*, sombre, pour les Olorosos plus doux, liquoreux (crèmes) ; *muy oscuro* pour ce que les Anglais appellent *brown Sherry*. Il existe bien sûr des gradations subtiles et nombreuses à l'intérieur de chaque catégorie, et la plupart des vins les moins pâles contiennent une petite quantité de *vino de color*. Celui-ci est de deux types, tous deux faits de jus concentré et réduit très lentement, par ébullition, au tiers *(sancocho)* ou au cinquième *(arrone*, littéralement la quintessence) de son volume initial. Ils acquièrent ainsi tous les deux un goût de caramel, ainsi qu'une couleur acajou. Les vins lourdement additionnés de *vino de color* sont souvent appelés Pajarete, ou Paxarete (du nom de la région où ils furent autrefois largement fabriqués).

Le Xérès ne se détériore pas aussi rapidement que le vin de table une fois ouvert, mais il « s'évente » cependant : les plus secs en un jour ou deux, les autres un peu plus lentement. La plupart des Xérès secs (certains experts diraient *tous* les Xérès) sont meilleurs lorsqu'ils sont frappés et servis dans des verres en forme de tulipe d'au moins 17,7 cl, remplis à moitié. Une ration minimum de Xérès doit être d'au moins 8,8 cl.

→ Californie, Manzanilla, Montilla, Amontillado, Amoroso, Fino, flor, Oloroso, Pedro Ximénez, Sanlucar de Barrameda.

X.O. ou Extra Old. Terme consacré aux Cognac et Armagnac. Peu utilisé. Indique que ces eaux-de-vie ont au moins 20 ans d'âge. Dans le commerce ce sont les plus vieux Armagnac ou Cognac que l'on puisse trouver.

Yonne. Département français, le plus septentrional de ceux qui forment la Bourgogne. Son vin le plus connu est le Chablis*, mais on y trouve aussi quelques vins agréables, tels que l'Irancy*.

Yougoslavie. Le nord de la Yougoslavie jouit de conditions climatiques qui permettent la production de vin, surtout le long de la frontière autrichienne. Le vin le plus connu est le Riesling de Slovénie, le meilleur provenant des environs de Ljutomer. Le cépage Riesling est également cultivé en Serbie. Plus au sud, en Macédoine et en Bosnie — le meilleur étant produit aux environs de Mostar —, le Žilavka est un vin blanc plus lourd, sec, corsé, avec un goût de terroir prononcé. Le cépage Prokupac donne certains vins rouges plaisants et le Kavadarka un bon rosé : le Ružica. La production dépasse 6 millions d'hectolitres par an. → Dalmatie.

Yquem (Château d'). L'incomparable grand premier cru de Sauternes (Bordeaux blanc). Le seul vin, parmi les rouges aussi bien que les blancs, qui ait reçu ce titre envié dans la classifi-

cation de 1855, un titre plus éminent que celui des plus grands Bordeaux rouges. Le château d'Yquem est probablement le domaine le plus célèbre du monde, celui aussi qui possède le plus de valeur. Depuis deux cent ans, le château appartient à la famille de Lur-Saluces. Il y a un siècle, le grand-duc Constantin de Russie (frère du tsar) a payé, dit-on, la somme de 20 000 francs or pour quatre tonneaux de vin du millésime 1847. Le Château d'Yquem a toujours été un des vins blancs les plus chers. Le vignoble du château est, comme il faut s'y attendre, l'un de ceux qui produisent le moins à l'hectare. De 80 hectares, il est complanté de Sémillon, de Sauvignon et d'une faible proportion de Muscadelle du Bordelais. Chaque cep est vendangé en plusieurs fois pour ne récolter que les grains atteint par la pourriture noble *(Botrytis)* : c'est ce que l'on appelle une *trie*. Inutile de dire que le vin a une forte teneur en alcool (13 à 16 pour cent), est très doux (de 3 à 7 degrés de sucre non fermenté), onctueux, presque crémeux, avec un fruité extraordinaire.

Le Château d'Yquem des grandes années est un vin vraiment fabuleux : le *nec plus ultra* parmi les vins de dessert. Mais même les moins bons millésimes sont remarquables, et possèdent finesse et distinction. Jusqu'il y a peu, dans les années médiocres, les vins du château d'Yquem qui ne possédaient ni leur titre normal d'alcool, ni leur moelleux, étaient vendus en fût comme Bordeaux supérieur, et ne portaient pas l'étiquette du château.

On trouve sous le nom de Château Y, ou Ygrec, un vin sec produit par le château d'Yquem et qui possède, lui aussi, une classe et un bouquet incomparables.

Yverdon. Ville vinicole, à la limite occidentale du lac de Neuchâtel (Suisse). On y produit des vins blancs issus du Fendant, dont aucun ne présente de qualité exceptionnelle.

Yvorne. Un des meilleurs vins blancs suisses, issu du Fendant et récolté dans le Lavaux, au nord-est du lac Léman.

Zahnacker. Fameux vignoble alsacien de Ribeauvillé (Haut-Rhin).

Zell. Petite ville vinicole de la vallée inférieure de la Moselle, située en dehors de la région vinicole de qualité supérieure. Zell est considérée comme la patrie du fameux Zeller Schwarze Katz, vin de coupage qui doit sa popularité à son nom (litt. : chat noir). Un chat figure sur l'étiquette.

Zellenberg. Village d'Alsace, aux pieds des Vosges, près de Riquewihr, produisant des vins blancs de bonne qualité.

Zeltingen. Une des grandes villes vinicoles de la Moselle moyenne (Mittel-Mosel) : la première quant à la production totale, une des neuf ou dix meilleures quant à la qualité moyenne. Le vignoble (188 ha) fait partie du même ensemble que ceux de Wehlen, Graach et Bernkastel, et il jouit d'une excellente exposition au sud-ouest. Les vins de Zeltingen, avec ceux de Brauneberg, comptent parmi les plus corsé des Moselles. Les meilleurs d'entre eux portent le nom d'un vignoble et sont mis en bouteille au domaine. Les vignobles à distinguer sont : Zeltinger Schlossberg, Sonnenuhr (ou Sonnuhr), Himmelreich, Rotlay, Steinmauer, Kirchenpfad, Stephanslay, etc.

Zucco. Célèbre vin de Muscat de Sicile, produit près de Palerme.

Zürich. Importante ville suisse. Le canton du même nom comptait, au début du siècle, 4 000 hectares de vignes. Il n'en subsiste actuellement que 680 hectares ; les meilleurs sont situés au sud-est de la ville, sur la rive septentrionale du lac de Zürich. On y produit des vins rouges et blancs : les premiers issus du Pinot noir (appellation locale : Klevner) ; les seconds, du Rauschling (à ne pas confondre avec le Riesling) et du Müller-Thurgau. Une certaine partie de la production est de bonne qualité, mais elle est presque entièrement consommée sur place.

Zwicker. Nom qui était donné en Alsace à des vins issus d'un mélange de plusieurs cépages, où dominait souvent le Chasselas, en voie de disparition dans cette province française. La dénomination actuelle de ces vins d'Alsace provenant de plusieurs cépages est *Edelzwicker**.

zymase. Ensemble de diastases des levures qui provoquent la fermentation et transforment les sucres du raisin en alcool et en gaz carbonique.

Frank SCHOONMAKER. *Américain, fils de professeur de lettres dans une Université. Avant d'être dégustateur averti, il fut journaliste et écrivain de talent. Très jeune, il fut enthousiasmé par l'Europe qu'il visita fréquemment. Attiré par les vins, il eut comme premier professeur un vieux vigneron des Côtes de Provence. Raymond Baudouin lui fit découvrir les vignobles, en professionnel, et l'initia à la législation des Appellations Contrôlées qui venait de naître. De retour à New York, il créa une société d'importation de vins « Bates & Schoonmaker » en 1934. Sa parfaite maîtrise du sujet en avait fait une autorité reconnue tant du gouvernement qui le consultait souvent, que des professionnels du vin.*

Christian R. SAINT ROCHE. *Fils de viticulteurs, consacre ses études à l'agronomie, se spécialise en viticulture et œnologie. Puis travaille au Service de la Protection des Végétaux (circonscription phytopathologique de Montpellier), à l'Institut National des Appellations d'Origine, des Vins et Eaux de vie, enfin comme conseiller viti-vinicole à la Chambre d'Agriculture d'Indre-et-Loire. Entre ensuite (1968) dans le journalisme agricole (Figaro agricole). Entre-temps, il a préparé un doctorat en sciences, sur les vins bien entendu. Parallèlement au journalisme, il suit des cours à l'Ecole des Hautes Etudes en sciences sociales pour présenter et défendre une thèse sur l'économie du tiers monde, et plus précisément sur la nutrition. Aujourd'hui, il consacre tout son temps au journalisme (gastronomie, vins et spiritueux et plus précisément dégustation des produits et présentation de leurs valeurs et qualités organoleptiques), à la littérature et à l'Académie Nationale des Arts et Sciences du Goût dont il est le président perpétuel.*

Achevé d'imprimer sur les presses de **Scorpion**,
à Verviers pour le compte des nouvelles éditions **Marabout**.
D. 1981/0099/161
ISBN 2-501-00139-7